Pesquisa-ensino

Coleção Educação em foco

Ação pedagógica: entre verticalismo pedagógico e práxis dialógica –
Rodinei Balbinot

Educação e extensão universitária – Foco Vestibular: um experimento da diferença – Edélcio Ottavianni e Silvana Tótora

Educar perguntando: ajuda filosófica na escola e na vida –
Pedro Ortega Campos

Pedagogia filosófica: cercanias de um diálogo –
Cláudio Almir Dalbosco

Pesquisa-ensino: a comunicação escolar na formação do professor –
Heloísa Dupas Penteado e Elsa Garrido

Propostas metodológicas para professores reflexivos:
como trabalhar com a diversidade em sala de aula –
Maria Dolores Muzás e Mercedes Blanchard

HELOÍSA DUPAS PENTEADO
ELSA GARRIDO (ORGS.)

Pesquisa-ensino

A comunicação escolar
na formação do professor

Dados Internacionais de Catalogação na Publicação (CIP)
(Câmara Brasileira do Livro, SP, Brasil)

Pesquisa-ensino : a comunicação escolar na formação do professor / Heloísa Dupas Penteado, Elsa Garrido (organizadoras). – São Paulo : Paulinas, 2010. – (Coleção educação em foco)

ISBN 978-85-356-2632-2

1. Aprendizagem   2. Comunicação na educação   3. Ensino   4. Prática de ensino   5. Professores – Formação   I. Penteado, Heloisa Dupas.   II. Garrido, Elsa.   III. Série.

10-03817   CDD-370.71

Índice para catálogo sistemático:
1. Comunicação escolar : Pesquisa-ensino : Professores : Formação : Educação   370.71

1ª edição – 2010

Direção-geral: *Flávia Reginatto*
Conselho editorial: *Dr. Afonso M. L. Soares*
Dr. Antonio Francisco Lelo
Luzia M. de Oliveira Sena
Dra. Maria Alexandre de Oliveira
Dr. Matthias Grenzer
Dra. Vera Ivanise Bombonatto

Editora responsável: *Maria Alexandre de Oliveira*
Assistente de edição: *Rosane Aparecida da Silva*
Copidesque: *Ana Cecilia Mari*
Coordenação de revisão: *Marina Mendonça*
Revisão: *Sandra Sinzato*
Direção de arte: *Irma Cipriani*
Assistente de arte: *Sandra Braga*
Gerente de produção: *Felício Calegaro Neto*
Projeto gráfico: *Telma Custódio*
Capa e diagramação: *Wilson Teodoro Garcia*

Nenhuma parte desta obra poderá ser reproduzida ou transmitida por qualquer forma e/ou quaisquer meios (eletrônico ou mecânico, incluindo fotocópia e gravação) ou arquivada em qualquer sistema ou banco de dados sem permissão escrita da Editora. Direitos reservados.

Paulinas
Rua Dona Inácia Uchoa, 62
04110-020 – São Paulo – SP (Brasil)
Tel.: (11) 2125-3500
http://www.paulinas.org.br – editora@paulinas.com.br
Telemarketing e SAC: 0800-7010081
© Pia Sociedade Filhas de São Paulo – São Paulo, 2010

*Educa quem educará e for capaz de fundir
ontens, hojes e amanhãs, transformando-os num presente
onde amor, senso de justiça e livre-arbítrio sejam as bases.
Educa quem educará, porque capaz de dotar os seres
dos elementos de interpretação dos vários "presentes"
que lhe surgirão, repletos de "passados",
em seus "futuros".*

Artur da Távola

SUMÁRIO

Apresentação 9

PARTE I
Pesquisa-ensino: aspectos conceituais

Capítulo 1 – A relação docência ciência sob a perspectiva da pesquisa-ação
Heloísa Dupas Penteado 21

Capítulo 2 – Pesquisa-ensino: uma modalidade de pesquisa-ação
Heloísa Dupas Penteado 33

Capítulo 3 – Pesquisa-ensino e formação de professores
Heloísa Dupas Penteado 45

Capítulo 4 – Pesquisa-ensino: comunicação, significação e mídias
Heloísa Dupas Penteado 71

Capítulo 5 – Pesquisa-ensino: relação universidade/escola
e articulação teoria/prática
Tania Maria Esperon Porto 95

Capítulo 6 – Desafios à pesquisa que o professor faz sobre sua prática
Elsa Garrido 105

PARTE II
Relatos de pesquisa-ensino e de pesquisa-ensino colaborativa

Capítulo 7 – A pesquisa-ensino no ensino de história
Olavo Pereira Soares 125

Capítulo 8 – O registro reflexivo: ferramenta de pesquisa-ensino
para a construção da autoria docente
Maria Alice de Rezende Proença 155

Capítulo 9 – A escrita funcional do professor como ferramenta
para a qualificação do ensino e da aprendizagem
Benedita de Almeida 177

Capítulo 10 – Portfólios do ensino: ferramentas de pesquisa-ensino
e de formação continuada
Antonio Costa Andrade Filho 215

Capítulo 11 – Ensino de Literatura Infantil: ferramentas de pesquisa-ensino
Maria Alexandre de Oliveira 245

Capítulo 12 – Projetos escolares com imagens de satélite: ferramentas
de pesquisa-ensino para o estudo do ambiente
Vânia Maria Nunes dos Santos 271

Capítulo 13 – Pesquisa-ensino na formação do professor-pesquisador:
(re)leitura de uma experiência docente
Miriam Darlete Seade Guerra 299

Capítulo 14 – Uma prática de pesquisa-ensino:
articulando linguagens artísticas na formação docente
Tania Maria Esperon Porto 335

Capítulo 15 – Contribuição da pesquisa-ensino colaborativa:
análise de dissertações e teses
Rinaldo Molina 351

Sobre os autores 387

APRESENTAÇÃO

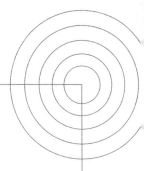

Heloísa Dupas Penteado
Elsa Garrido

Este livro reúne resultados de pesquisas realizadas por componentes do grupo de pesquisa do Conselho Nacional de Desenvolvimento Científico e Tecnológico (CNPq), intitulado "Pesquisa-ensino: pedagogia da comunicação e formação de professores" e criado, em 2002, pelas organizadoras e coautoras desta obra, Heloísa Dupas Penteado e Elsa Garrido, professoras da FE-USP.

Partimos da compreensão de educação escolar como um processo de comunicação caracterizado pela concepção do ser humano como ser social, dotado de significação – o que lhe garante a possibilidade de criar cultura –, bem como pela marcante presença das mídias tecnológicas na sociedade contemporânea (Penteado, 2002).

A compreensão da educação escolar enquanto processo comunicacional exige, por parte do professor, postura de valorização da alteridade (colocar-se no lugar do "outro seu aluno") para:

- o necessário conhecimento do universo cultural de seus alunos;
- a adequação de modos de ensino às características de seus alunos reais;
- a criação de uma relação significativa com o conhecimento, a ser realizada por meio de linguagens as mais diversas; e
- a sensibilização para formas de relacionamentos sociopedagógicos, afetivo-cognitivos, entre docentes e discentes, mais próximas e humanizadas.

Reconhecemos que as mídias tecnológicas atravessam o processo de educação escolar, mesmo quando da ausência de seus suportes na escola, por serem os sujeitos do processo de ensino-aprendizagem – professores e alunos – usuários dessas mídias e, portanto, portadores da cultura midiática. Tal fato torna urgente a necessidade de um ensino com e para mídias – acrescentando à linguagem escrita o uso de diferentes linguagens (televisual, musical, corporal, fotográfica, psicodramática etc.), voltado para a formação de cidadãos conscientes das possibilidades, limitações e problemas das diferentes mídias, mas, ao mesmo tempo, proativos, criativos e participativos na reivindicação/construção de melhor qualidade das mesmas – e de processos de qualificação da vida social.

Esse cenário amplia as demandas e as expectativas em relação à escola, bem como as funções que o professor é chamado a desempenhar. Cabe a ele o papel de agente dessas mudanças na escola, não só disponibilizando ao aluno o conhecimento cultural hoje acumulado e o uso de diferentes recursos tecnológicos, mas, sobretudo, comprometendo-se com o sucesso de sua aprendizagem através do estímulo de sua autonomia intelectual e de seu espírito crítico.

Acreditamos, entretanto, que as mudanças mais difíceis de serem conduzidas dizem respeito à transformação das práticas sociais na escola: deixar de lado o processo de dominação/subordinação, competitividade e individualismo, característico das relações sociopedagógicas tradicionais, passando a pôr em prática relações mais cooperativas, participativas, includentes e responsivas entre professores e alunos e entre pares.

Nessa perspectiva, as mudanças no ensino e na escola não se limitam à melhoria da aprendizagem do aluno, mas têm também dimensão ética, voltada para a transformação pessoal e social. Dessa forma, à medida que professores e alunos forem desenvolvendo novas formas de convívio social e de gestão institucional, estarão criando cultura.

Como transformar as relações sociais na escola para fazer dela espaço de comunicação e cidadania?

Como trabalhar na escola a cultura elaborada, de modo que seja significativa e compreensiva para os alunos, favorecendo a apropriação de ferramentas teóricas e metodológicas, úteis na vida profissional e pessoal, de modo a superar os baixos índices de aproveitamento que comprometem a inclusão do jovem na sociedade adulta?

Como transformar tais processos de mudança em experiências conduzidas de forma lúcida, consequente, metódica?

As pesquisas que vêm sendo realizadas pelos participantes do nosso grupo caracterizam-se pelo desenvolvimento de projetos com mídias no ensino escolar e pelo uso de metodologias de ensino construídas simultaneamente como metodologia de pesquisa do processo de ensino-aprendizagem (pesquisa-ensino), compondo o que entendemos como uma modalidade de metodologia comunicacional de ensino.

Neste livro apresentamos pesquisas realizadas nas seguintes situações:

- docência no Ensino Fundamental e Médio, na modalidade pesquisa-ensino;
- formação inicial de professores, na modalidade pesquisa-ensino;
- formação continuada de professores, na modalidade pesquisa-ensino colaborativa.

Tais pesquisas consistem em intervenções investigativas do professor no processo da docência que realiza. A sala de aula passa a ser espaço não só de ensino, mas também de investigação sobre o ensino e a aprendizagem.

Esse tipo de pesquisa é denominado "pesquisa-ensino". Ela produz mudanças nos alunos, qualificando seus processos de aprendizagem, e também no docente pesquisador, em sua prática de ensino, tornando-o mais autoconfiante, autônomo e comprometido com o que faz. Produz, ainda, conhecimentos sobre a docência.

O professor-pesquisador pode contar com o suporte de colaboradores. Isso acontece por iniciativa do próprio docente, que providencia a continuidade de seu processo de formação inscrevendo-se em programas de pós-graduação, tomando por foco de pesquisa sua prática docente.

A modalidade pesquisa-ensino colaborativa se dá quando os professores contam com a ajuda sistemática de pesquisadores que se tornam parceiros do processo de investigação e mudança das práticas docentes. A parceria entre a instituição de Ensino Básico e a universidade ocorre por iniciativa da própria escola, que busca apoio acadêmico para a realização de seus propósitos de inovação, assim como para o desenvolvimento profissional de seus docentes; ou por iniciativa da universidade, que procura aproximar-se mais da escola básica, disponibilizando participação em seus processos investigativos do ensino-aprendizagem, com a elaboração conjunta de projetos.

As pesquisas têm mostrado tanto o importante papel das lideranças institucionais – coordenadores e diretores – na promoção e consolidação de experiências inovadoras centradas na escola quanto o aporte de parcerias feitas com pesquisadores, centros de Ensino Superior, grupos de pesquisa, organizações não governamentais, e também com setores empresariais, configurando a pesquisa-ensino como pesquisa-ensino colaborativa. Nesses casos registram-se dois tipos de pesquisa: uma realizada nas salas de aula pelos professores participantes, e outra feita pelo pesquisador sobre o processo de formação continuada dos professores por ele coordenado (Garrido et alii, 2002).

Dos nove relatos de pesquisas aqui apresentados, três são exemplos de pesquisa-ensino. Os capítulos 7, 13 e 14, de autoria respectivamente dos professores Olavo Pereira Soares, Miriam Guerra e Tania Esperon Porto, se inscrevem nessa modalidade.

Há seis capítulos que abordam experiências de pesquisa-ensino colaborativa. Em dois deles, o trabalho esteve centrado na escola: no primeiro, o processo formativo foi estimulado pela coordenadora da escola, a professora Maria Alice Proença (capítulo 8); no segundo, a reflexão e mudança das práticas pedagógicas foram coordenadas por uma pesquisadora da universidade, Benedita de Almeida (capítulo 9). Em outros três relatos, professores provenientes de diferentes escolas contaram com o suporte de um pesquisador da universidade para implementar projetos inovadores e analisar o processo vivido por eles. É o caso dos trabalhos desenvolvidos por Antonio Costa Andrade Filho (capítulo 10), Maria Alexandre de Oliveira (capítulo 11) e Vânia Maria Nunes dos Santos (capítulo 12).

Dada a complexidade da pesquisa-ensino colaborativa e considerando-se a relevância de seus resultados, Rinaldo Molina apresenta, no capítulo 15, um levantamento sobre dissertações de mestrado e teses de doutorado, produzidas nos cursos de pós-graduação de educação do Brasil.

Diferentes aportes teóricos foram utilizados como suporte dessas investigações, abrangendo temas relativos a ensino-aprendizagem, formação de professores, comunicação escolar: Leontiev, Vigotski, Piaget,

Wallon, Bakhtin, Paulo Freire, Schön, Stenhouse, Elliott, Nóvoa, Perrenoud, Morin, Larrosa, Zabalza, Tardiff, Brandão, Garrido, Penteado, Pimenta, Porto, entre outros. Em todos há um ponto comum: a preocupação com a relação comunicacional entre pessoas e com o conhecimento – todas elas situadas em seus contextos, todas elas partilhando os conhecimentos diversos de que são portadoras.

A orientação e acompanhamento dessas pesquisas possibilitaram a melhor compreensão da articulação entre docência e pesquisa no ensino e na formação de professores, o que nos encaminhou à organização deste livro em duas partes:

- uma primeira parte teórica sobre pesquisa-ensino, na qual detalhamos especificidades metodológicas exigidas pela natureza da ação pesquisada – práticas escolares/sociais realizadas simultaneamente enquanto docência e enquanto pesquisa – e pelas características dos agentes envolvidos, seres humanos dotados de capacidade de comunicação e de significação, portanto aptos a transformar o próprio fenômeno pesquisado;

- uma segunda parte constituída de relatos de pesquisa-ensino e de pesquisa-ensino colaborativa, realizadas em diferentes níveis de ensino. Tais relatos explicitam os fundamentos teóricos, os procedimentos metodológicos e os processos de mudança. Além disso, representam importante contribuição para a formação inicial e continuada de professores, bem como para o conhecimento sobre a docência e a aprendizagem escolar.

Compõem a primeira parte do livro os seguintes capítulos:

Capítulo 1 – A relação docência/ciência sob a perspectiva da pesquisa-ação.

Capítulo 2 – Pesquisa-ensino: uma modalidade de pesquisa-ação.

Capítulo 3 – Pesquisa-ensino e formação de professores.

Capítulo 4 – Pesquisa-ensino: comunicação, significação e mídias.

Capítulo 5 – Pesquisa-ensino: relação universidade escola e articulação teoria/prática.

Capítulo 6 – Desafios à pesquisa que o professor faz sobre sua prática.

No primeiro capítulo explora-se, ainda que não exaustivamente, a relação entre docência e ciência. Enquanto práticas sociais, a docência e a pesquisa revestem-se da complexidade das relações humanas.

Nos capítulos seguintes, procura-se esclarecer a natureza de uma docência investigativa, voltada para a resolução de problemas de ensino-aprendizagem constatados pelo professor no exercício de sua docência.

Além disso, procedimentos colaborativos são levados em conta na formação inicial e continuada do professor, articulando instituições do Ensino Básico e instituições universitárias, delineando-se nessas articulações os papéis de "professor-pesquisador" do Ensino Básico e de "pesquisador-professor" (formador acadêmico).

Por fim, no último capítulo da primeira parte consideram-se os desafios e as dificuldades encontradas pelo nosso grupo de pesquisa e os caminhos construídos para obter a transformação das representações e das práticas docentes, o desenvolvimento profissional dos professores e a qualificação do ensino e da aprendizagem.

Os capítulos que compõem a segunda parte deste livro apresentam-se na seguinte sequência:

Capítulo 7 – A pesquisa-ensino no ensino de história.

Capítulo 8 – O registro reflexivo: ferramenta de pesquisa-ensino para a construção da autoria docente.

Capítulo 9 – A escrita funcional do professor como ferramenta para a qualificação do ensino e da aprendizagem.

Capítulo 10 – Portfólios do ensino: ferramentas de pesquisa-ensino e de formação continuada de professores.

Capítulo 11 – Ensino de Literatura Infantil: ferramentas de pesquisa-ensino.

Capítulo 12 – Projetos escolares com imagens de satélite: ferramentas de pesquisa-ensino para o estudo do ambiente.

Capítulo 13 – Pesquisa-ensino na formação do professor-pesquisador: (re)leitura de uma experiência docente.

Capítulo 14 – Uma prática de pesquisa-ensino: articulando linguagens artísticas na formação docente.

Capítulo 15 – Contribuição da pesquisa-ensino colaborativa: análise de dissertações e teses.

No capítulo 7, o professor Olavo nos relata sua experiência de professor-pesquisador, tendo por foco a sua prática de ensino em uma classe de 8ª série do Ensino Fundamental e em uma classe de 3º ano do Ensino Médio. Apresenta, assim, a construção de atividades de ensino de história realizadas com música, uma das várias linguagens com que trabalha em sua docência com e para mídias no Ensino Básico.

No capítulo 8, a coordenadora Maria Alice introduz em uma escola de educação infantil reuniões regulares do corpo docente para a partilha de experiências e a reflexão coletiva, complementando-as com a prática da escrita. Esse recurso foi usado não só como fonte de documentação do processo formativo que se iniciava, mas também como instrumento para aguçar a sensibilidade dos professores em relação às crianças, seus interesses, suas reações, de modo a favorecer o ajuste e a mudança das práticas docentes. A iniciativa articulou múltiplas linguagens (universos cognitivo, artístico e lúdico) e envolveu membros da comunidade escolar (pais, avós) nos projetos de ensino. Tais mudanças, embora gestadas coletivamente, tiveram marca pessoal, indicadora de que a transformação do ensino é sempre obra de cada sujeito.

No capítulo 9, a pesquisadora Benedita de Almeida também utiliza, em uma escola primária da zona rural do Paraná, a escrita como forma privilegiada de os professores pensarem sua prática.

O texto trata de uma pesquisa-ensino colaborativa realizada, no ano letivo de 2005, com professores de uma escola do campo de educação infantil e Ensino Fundamental, com o objetivo de investigar as relações entre escrita e desenvolvimento profissional docente. O movimento de falar sobre a prática e de escrever sobre o processo, retomando as discussões, as aprendizagens e dificuldades, desenvolveu uma atitude de análise e reflexão e tornou os professores mais conectados com seu trabalho, suas necessidades, suas buscas e com a apropriação de conhecimentos.

Consciente do impacto que o escrever tem sobre o ensino, professores e pesquisadores estenderam essa prática a seus alunos, que passaram a escrever e ler sobre suas histórias de vida e sobre as histórias de sua comunidade, superando o ensino mecânico e pouco produtivo da leitura e da escrita.

No capítulo 10, o professor Antonio, assistente técnico-pedagógico da Diretoria de Ensino de Carapicuíba, em São Paulo, apresenta uma experiência de formação continuada de professores de arte das séries iniciais, que se desenvolveu por dois anos. Ao longo desse período, os professores registraram as atividades desenvolvidas, bem como a produção dos alunos em portfólios. Esse material serviu não só como documentação do processo formativo, mas, sobretudo, como fonte para pesquisar, avaliar e ressignificar as experiências inovadoras que introduziram em suas classes de 1ª a 4ª séries. O projeto envolveu sessenta professores pertencentes a quarenta e cinco escolas e contou com suporte da Secretaria de Educação do Estado.

No capítulo 11, a professora Maria Alexandre aborda as possibilidades formativas da Literatura Infantil. Considerando a insuficiência e as deficiências na formação inicial de professores para esse trabalho, assim como as necessidades por eles declaradas em pesquisa anterior, apresenta sugestões pedagógicas de docência investigativa e uma periodização da Literatura Infantil, produzida no Brasil no século XX, como ferramenta de pesquisa-ensino que torna possível ao professor uma escolha criteriosa da obra a ser trabalhada com crianças.

No capítulo 12, a pesquisadora Vânia Maria introduz o recurso "imagens de satélites" no ensino como rica ferramenta de pesquisa-ensino para conhecimento e compreensão do meio ambiente. Leva a efeito, com seu trabalho, a visualização da atual deterioração ambiental, sensibilizando para a formação de condutas preservadoras e construtivas do nosso planeta e viabilizando ações colaborativas de escola/poderes públicos nessa tarefa, sendo os "núcleos de cidadania" um exemplo de tais ações.

No capítulo 13, a professora Miriam descreve de que forma trabalhou a disciplina didática em um curso superior de pedagogia para alunos que já exerciam o magistério. Relata também como foi sua experiência de pesquisadora-professora (acadêmica), em que exerceu o papel de professora-pesquisadora de sua própria prática de ensino. Para tanto, recorreu a diferentes mídias e linguagens, usando textos literários, literatura especializada, filmes. Trouxe, ainda, experiências e saberes de seus alunos-mestres para a sala de aula. E, tendo a pesquisa-ensino como referência para os procedimentos didáticos adotados, introduziu seus alunos-mestres em processos de transformação de suas práticas, o que pôde verificar em visitas posteriores às salas de aulas desses alunos, ao término do curso.

No capítulo 14, a pesquisadora Tania apresenta um recorte de pesquisa-ensino realizada na disciplina práticas educativas V, que focaliza propostas metodológicas para as séries iniciais do Ensino Fundamental, ministradas por ela e por Waldir Würdig no quinto semestre do curso de pedagogia da UFPel. Através da organização de vivências teoricamente fundamentadas, propiciou reflexões sobre culturas da infância, resgatou marcas deixadas nos corpos de professorandos, reinventou brinquedos e linguagens expressivas para trabalhar o corpo e as artes, e propiciou a elaboração de projetos pedagógicos articulando linguagens como música, dança, poesia, teatro, pinturas. Estimulou, também, a produção de cadernos de registro da aprendizagem, escritos pelas alunas, como ferramenta pedagógica que garantiu a parceria professores/alunas na experiência de construção conjunta (coletiva) do curso e na produção cotidiana de conhecimentos sobre docência e aprendizagem.

Finalmente, no capítulo 15, o professor Rinaldo faz um levantamento das experiências de pesquisa colaborativa desenvolvidas por pesquisadores inscritos nos programas brasileiros de pós-graduação em Educação. Para aprofundar o entendimento sobre os contextos em que tais experiências se realizaram, as bases teóricas e os procedimentos que as caracterizaram, os processos de transformação desencadeados e as dificuldades encontradas, ele analisou trinta e duas pesquisas, dezessete teses de doutorado e quinze dissertações de mestrado, defendidas entre 1997 e 2002, período a partir do qual esse campo de investigação se consolida em nosso meio.

Verifica-se que, dos nove relatos de pesquisa das práticas de docência apresentados na segunda parte, seis se referem a experiências cuja iniciativa pártiu de profissionais da educação (coordenador de escola, professor do Ensino Básico).

Tais trabalhos revelam a importância que o papel da academia assume em processos de formação continuada de professores, sinalizando assim a necessidade de ampliação dessa parceria, seja incluindo a pesquisa-ensino como método de docência nos cursos superiores de formação de professores, seja providenciando projetos de pesquisa-ensino colaborativa sobre o processo de ensino-aprendizagem que articulem saberes do pesquisador-professor acadêmico com os saberes dos professores-pesquisadores do Ensino Básico, para o aprofundamento da cultura docente desses dois níveis de ensino.

Finalmente, esperamos que este livro seja, para professores e pesquisadores, leitores desses textos, um convite e fonte de inspiração para superar o isolamento, associando-se a seus pares ou a grupos de estudo e pesquisa com o intuito de pensar suas práticas, partilhar questionamentos e experiências, analisar e compreender as relações de seus alunos com o conhecimento e as dificuldades que este lhes apresenta, para transformar sua atividade profissional em atividade de pesquisa, reflexiva e criadora.

PARTE I

Pesquisa-ensino:
Aspectos conceituais

CAPÍTULO 1

A relação docência/ciência sob a perspectiva da pesquisa-ação

HELOÍSA DUPAS PENTEADO

A pesquisa-ação é um método de pesquisa qualitativa que reúne o pesquisador acadêmico e o professor do Ensino Fundamental e Médio num mesmo projeto, a ser realizado no ambiente escolar, e que prevê interferências no trabalho docente com o objetivo de favorecer a qualidade deste.

O inusitado dessa nova situação de trabalho tem colocado aos profissionais nela envolvidos algumas questões sobre os respectivos papéis, de cuja clareza de respostas depende o aprimoramento e a consistência dessa metodologia que cria novos vínculos entre os três graus de ensino e abre novas perspectivas para a democratização da ciência, colocando-a a serviço da sociedade.

Há decisões de ensino e decisões de pesquisa a serem tomadas. No que consistem umas e outras? O que compete respectivamente a cada profissional, pesquisador acadêmico e professor do Ensino Fundamental e Médio? Seria legítimo conceberem-se, a partir do envolvimento nesse trabalho, duas novas categorias de profissionais, o "pesquisador-professor" e o "professor-pesquisador"? Quais seriam os resultados possíveis e os limites de tal metodologia para os profissionais envolvidos e para cada um dos campos de trabalho: o da docência e o da ciência?

Para podermos encontrar respostas a essas questões, é conveniente iniciar refletindo um pouco sobre razões de diferentes ordens que encaminham essa proposta metodológica.

VÁRIAS RAZÕES PARA UMA NOVA METODOLOGIA

Razões de diferentes ordens suportam a iniciativa conjunta de professores de diferentes níveis de ensino para trabalhar com essa metodologia. Talvez as mais relevantes, por serem responsáveis pelo desencadeamento do processo, sejam, de um lado, a identificação, por parte do professor – do Ensino Fundamental e Médio –, de problemas no processo de ensino-aprendizagem que deseja superar, os quais foram constatados no exercício de sua prática docente; de outro lado, o reconhecimento, tanto do professor quanto do pesquisador acadêmico, dos limites de suas atuações profissionais, quando praticadas isoladamente, bem como das possibilidades realizadoras dessas atuações, quando exercidas conjuntamente.

Uma razão de ordem epistemológica, segundo a qual o conhecimento sobre o ensino se produz a partir de situações de ensino, e não fora nem antes delas, responde por uma concepção de escola que encaminha à nova metodologia.

Segundo essa concepção, a escola não é um local reprodutivo, meramente de passagem de informações, mas um espaço onde sujeitos de diferentes acessos culturais se encontram com a incumbência específica de lidar com o saber produzido, valorizado e preservado pela humanidade, procedente do campo científico, filosófico, artístico, reelaborando-o a partir de suas questões e conhecimentos prévios, para transformá-lo em conhecimento escolar.

Nessa perspectiva a escola, em quaisquer de seus níveis – Ensinos Fundamental, Médio e Superior –, é um local de produção de conhecimento, o que amplia o âmbito dessa função que, numa perspectiva tradicional, era atribuída apenas ao Ensino Superior, reservando-se às demais escolas a função de transmissora de conhecimentos.

Outra razão de ordem epistemológica, importante de ser aqui retomada, refere-se à consideração de que o laboratório de produção do conhecimento científico no campo das ciências humanas e sociais é o próprio lugar em que as relações sociais se dão, palco onde as variáveis estudadas podem ser observadas e dimensionadas sob as condições em que ocorrem, bem como redimensionadas de maneira controlada e controlável. Trata-se, na verdade, de um conjunto de ciências de uma outra natureza, em função mesmo da especificidade de seu objeto: o comportamento humano. Poder-se-ia dizer que nos encontramos diante de "ciências experienciais ou vivenciais" em oposição às "ciências experimentais".

Sem pretender esgotar as várias ordens de razões que encaminham a nova metodologia de pesquisa aqui focalizada, é preciso considerar, ainda que brevemente, razões de ordem histórica, as quais justificam novos encaminhamentos metodológicos de pesquisa em ensino.

Tais razões ligam-se tanto à história da ciência quanto à história da educação em nosso país.

No que se refere à história da ciência, a crise dos paradigmas instaura toda uma revisão dos princípios da ciência positivista, colocando o próprio pesquisador como variável a ser considerada no processo de produção de conhecimento, desneutralizando a pesquisa a partir de seus objetivos, historicizando-a e politizando-a a partir de suas metas e repercussões e, com isso, relativizando seus resultados.

Com respeito à história da educação em nosso país, vivemos um momento de reconhecimento de que o professor executor de propostas de ensino programadas a distância e por outros não é um modelo recomendável para a educação escolar, uma vez que isso o desresponsabiliza das medidas necessárias à boa condução do ensino, desconsidera seu poder de observação e de tomada de iniciativas consequentes no trabalho docente. Portanto, despotencializando sua capacidade profissional, desgastando-o no exercício do Magistério e, também, a sua imagem perante a sociedade. Tudo isso recomenda novas condutas e maneiras de ser professor que viabilizem a recuperação da autoestima, princípio básico mobilizador da necessária e urgente recuperação da valorização social da profissão.

Assistimos hoje ao início de uma percepção segundo a qual a qualidade da educação escolar atingirá melhores padrões a partir de mudanças endógenas, que partam de dentro da escola. Uma vez que as tentativas de mudanças exógenas, provocadas por decretos ou propostas vindas de fora para dentro da escola, já deixaram claro seus limites de atuação.

No Estado de São Paulo, poderíamos lembrar o Projeto Escola Padrão que, embora visasse à autonomia da escola pela proposição do Projeto Político-pedagógico de Escola, teve seus limites explicitados, dentre outras razões, pela impossibilidade com que se defrontaram professores de inúmeras escolas – segundo o depoimento de seus diretores – de elaborarem um projeto de ação educativa que tivesse por meta enfrentar e lidar, de maneira didaticamente construtiva, com as questões do ensino mais aflitivas de sua unidade escolar, atrelados que estavam há anos à mera condição de executores de programas.

A passagem da condição de executores à de proponentes de programas de ação não se dá automaticamente nem a partir de um decreto (ações exógenas, vindas de Secretarias de Educação), e tampouco através do reconhecimento, por parte dos mesmos professores, da necessidade dessa transformação.

Novas experiências e vivências profissionais se fazem necessárias a fim de superar o modo fragmentado do agir profissional no campo da educação escolar, esfacelado em disciplinas estanques e em rígidas dicotomias – ensino/pesquisa, teoria/prática, professor/aluno, disciplina escolar/ciência.

Uma coordenação de tão múltiplas e diversificadas variáveis parcelares, componentes do processo ensino-aprendizagem escolar num todo orgânico, é imprescindível para transformar fragmentos em elos de um processo que se desenvolva em fluxo constante, autoalimentador de um fecundo processo criativo, como exige a nova concepção de escola produtora de conhecimento, em todos os níveis de ensino, com destaque para a produção da cultura docente, constitutiva da profissão de professor, revigorada e autônoma.

CULTURA EDUCACIONAL E CULTURA CIENTÍFICA

Docência e pesquisa são dois campos de trabalho que colocam seus profissionais em relações específicas com o conhecimento.[1]

Quando o objeto de pesquisa é o processo de ensino-aprendizagem escolar, as fronteiras desses campos se interseccionam pelo objeto comum e se especificam pelos objetivos peculiares.

Enquanto o pesquisador tem por meta produzir conhecimento sobre seu objeto de estudo, e que se vai constituir em confirmação, acréscimo, revisão ou inovação do conhecimento já produzido, o professor tem por meta colocar o aluno em relação com o conhecimento já produzido sobre

---

[1] Ver a respeito: A relação docência/ciência na perspectiva da pedagogia da comunicação (Penteado, 1996).

determinado objeto, o que vai resultar numa reelaboração desse conhecimento, filtrado por outros conhecimentos e experiências dos alunos e do professor e orientado pelas propostas didáticas e questões de ensino apresentadas pelo professor.

Os propósitos de trabalho de cada um desses profissionais definem procedimentos de pesquisa e de ensino, que se especificam, respectivamente, em metodologias de trabalho: metodologia científica e metodologia didática.

Questões de pesquisa são um traço tradicional do acervo de elementos que compõem o universo da ciência. Incursões pela história da ciência permitem a suposição de que esta nasce sob a égide de uma inquirição ou de hipóteses questionadoras de "verdades" estabelecidas. Tão forte é esse traço questionador da cultura científica que talvez seja mesmo possível se afirmar que a ciência constitui-se no "exercício da dúvida sistemática". Enquanto tal, questionar sobre si mesma, sobre seus procedimentos, sobre o pesquisador, sobre os interesses que a envolvem, quem a promove, a quem serve seus resultados, a quem poderia e a quem deveria servir, passa a ser uma ampliação quase natural decorrente da característica fundamental desse campo e que, quando incursiona em outras áreas, com as da filosofia e da ética, acaba alargando regiões fronteiriças, esmaecendo limites, delineando o campo da epistemologia do conhecimento como campo de intersecção. De tal forma que não só não é mais possível, atualmente, se fazer pesquisa sem ter presentes as questões mencionadas, como também avançamos em direção à pesquisa qualitativa, modalidade relativamente nova na história da ciência, que atenta para peculiaridades não apenas do objeto das ciências humanas (o comportamento humano) mas também do próprio pesquisador, que ao investigar procede a um comportamento humano.

Tal fato teve repercussões na ciência como um todo, de tal modo que as chamadas ciências da natureza não ficaram imunes a tais questionamentos.

Como resultado assistimos à chamada crise dos paradigmas, que pôs em xeque paradigmas positivistas, segundo os quais a ciência era tida como prescritiva, normativa, ditando normas de conduta para a prática, que assim ficava identificada com ciência aplicada, numa relação de mão única ciência/prática.

Já a educação escolar na cultura ocidental ganha existência como instituição a partir da Revolução Francesa. A cultura educacional que a orientava crescia sobre o reflexo das luzes e concebia a escola como um local de acesso ao conhecimento, consagrado pela humanidade em moldes positivistas, e o professor como seu transmissor.

Nessa perspectiva a figura do professor não era prevista como "produtora de cultura", mas como difundidora de uma cultura produzida alhures, identificando o processo de ensino como transmissão cultural. O eventual insucesso ou dificuldade nessa transmissão levava os pesquisadores, tidos como produtores dos conhecimentos, a indagações, cujas respostas originaram ao longo do tempo teorias sobre ensino, que em épocas sucessivas ditaram as normas de conduta docente.

Geradas fora de nosso país, essas normas tiveram aqui seus representantes e foram postas em prática por políticas públicas que até recentemente viam o professor como um executor de receitas, o que foi historicamente desqualificando a formação e o trabalho desse profissional. Isso fez com que se acumulassem fracassos sucessivos de tais políticas e descrédito da comunidade sobre o trabalho docente.

A sociedade passa a cobrar da universidade um saber acadêmico a serviço de problemas, dentre os quais se destacam os educacionais. Questionam-se os pesquisadores acadêmicos sobre as razões do descompasso verificado entre as teorias aprendidas na academia e as práticas no campo da educação escolarizada.

Indagam-se os professores do Ensino Fundamental e do Médio a respeito do sentido de suas intervenções no processo de educação escolar. Qual o significado de suas provocações didáticas que, junto a diferentes agrupamentos discentes, recolhem resultados tão díspares? Qual seria a função da escola diante das mídias? Como relacionar o papel da escola com alunos envolvidos pela mídia sedutora? Seria possível competir com elas? A sociedade industrial, berço da instituição escola, transforma-se em sociedade tecnológica, em que as mídias eletrônicas cumprem, de maneira cada vez mais especializada, o papel de transmissoras de informações, obrigando a escola no mínimo a rever sua função original de transmissora de conhecimento.

Quem poderia esclarecer a respeito, senão a própria universidade, instituição entendida como produtora de conhecimento, já que entre suas funções, além da docência e da pesquisa, encontra-se a extensão à comunidade de seus serviços?

A universidade, procurada enquanto fonte de respostas, é percebida não como portadora de um receituário para cada caso, mas como uma questionadora que, em cumprimento de um de seus papéis, o de pesquisadora e produtora de conhecimentos, nesse preciso momento discute seus próprios procedimentos de pesquisa no campo da educação, identificando problemas como a escassez de resultados de pesquisa sobre ensino que pudessem suportar e aprofundar a formação inicial de professor que proporciona e, também, quanto à dificuldade e insucesso no exercício do Magistério, sugestivos da necessidade de um acompanhamento do processo de ensino-aprendizagem por equipe multi e interdisciplinar com formação diferente e complementar, com vistas a intervenções construtivas e controladas que qualifiquem a formação dos educadores e possibilitem a geração de conhecimentos sobre o ensino na sociedade atual; mudanças, tanto no que diz respeito ao processo de transmissão de conhecimentos quanto no que se refere a padrões de relacionamento e de comportamento que estão a exigir um repensar a escola, a fim de esclarecer o seu papel específico neste mundo, profundamente marcado pela tecnologia e pela cultura das mídias.

Esse encontro de indagações – aquelas vindas de professores de Ensinos Fundamental e Médio e as levantadas pelos pesquisadores/professores das faculdades de educação, responsáveis pelas licenciaturas – pôs em evidência o fato de que a "problemática viva" trazida pelo professor da escola básica exige, para ser compreendida, um processo de produção de conhecimento de natureza coletiva sobre ensino, que não se esgota nem na experiência pessoal do professor e em sua reflexão sobre ela, nem na experiência pessoal do pesquisador com o "novo objeto de pesquisa" – a problemática posta pelo professor.

Tais indagações instauram práticas de interlocução crítica das práticas de ensino do professor – do professor acadêmico e do professor do Ensino Fundamental e do Médio –, problematizadas de forma sistemática e intencional pelo pesquisador, provocando conflitos cognitivos, buscando suporte teórico, monitorando processos de reestruturação da prática, gerando condutas docentes indagativas sobre as práticas, exigindo produção de registros e de conhecimentos teóricos que deem conta de explicar os novos processos docentes e seus resultados.

O que se constituiu, dessa forma, em espaço para a produção de uma "cultura docente" dentro da cultura educacional, até então produzida sem a participação ativa do docente protagonista das situações de ensino focalizadas, e para a transformação da cultura científica que, ao trabalhar com a problemática viva do ensino junto aos professores, tem o seu poder amplificado. Se, de um lado, ganham em qualidade o trabalho dos professores e o dos pesquisadores nesse "encontro", de outro, é preciso ter clareza dos papéis, possibilidades e limites que ficam postos a uns e outros, nessa nova situação de trabalho, a fim de que suas contribuições possam ser cada vez mais férteis no campo da docência e da pesquisa.

Os próximos itens dizem respeito a ensaios desses passos iniciais necessários. Para tanto, as questões iniciais desse artigo serão enfrentadas como contribuição/provocação para esse novo momento de pesquisa em ensino.

DECISÕES DE ENSINO E DECISÕES DE PESQUISA

De há muito circula entre nós um ditado popular que consagra a concepção de escola transmissora, ao mesmo tempo que registra o desprestígio social atribuído ao professor, ao longo da vigência do ensino calcado em moldes tradicionais: "Quem sabe faz, quem não sabe ensina".

Tal ditado sempre representou para mim, professora e pesquisadora, uma provocação. Indagava-me: O que sabe o professor? A resposta primeira era: sabe sociologia, sabe história, sabe português, sabe artes, e assim por diante. Essa resposta imediatamente provocava outra questão: Ele sabe como se faz sociologia? Como se produz conhecimento sociológico? Ou o conhecimento histórico? Ou o conhecimento sobre língua portuguesa?

Ora, todos esses conhecimentos são produzidos a partir de pesquisas. Tem o professor uma formação consistente em metodologia de pesquisa? E de pesquisa no campo específico do conhecimento a cujo ensino se dedica?

Num dos cursos ministrados pelo professor Antônio Nóvoa na FE-USP, ouvi dele uma outra versão desse velho ditado. Dizia ele: "Quem sabe faz. Quem compreende ensina".

Pois bem, compreender um fenômeno, seja ele uma teoria, seja um fato concreto, demanda entender princípios.

Essa nova colocação resolvia, num primeiro momento, a questão do desprestígio atribuído ao professor. Afinal, compreender princípios implica uma apreensão mais aprimorada do fenômeno em causa, um passo diferente da capacidade de produzi-lo, ou de reproduzi-lo.

Se um marceneiro sabe fazer uma mesa, isso não significa que saiba ensinar a fazê-la, ainda que alguém, observando o seu trabalho, possa conseguir também construí-la, sem ter tido nunca uma experiência anterior. Não é a capacidade prática do marceneiro a responsável pela aprendizagem de seu observador, mas, antes de tudo, são as características deste que garantiram o aprendizado, dentre as quais se destacam a vontade de aprender e a capacidade de observação.

Já aquele que conseguir apreender os princípios essenciais à construção de uma mesa sem nunca ter construído uma anteriormente será capaz de, a partir desse saber teórico, fazê-la, ainda que possa cometer pequenos enganos devidos à falta de prática, o que será sanável no decorrer de um exercício mais frequente dessa prática.

Então, segundo a versão do professor Nóvoa, "quem sabe faz, quem compreende ensina", não é aquele que não sabe que ensina, mas aquele que domina um conhecimento teórico (princípios) referente ao fenômeno prático ou concreto, e que o focaliza em sua docência, independentemente de saber ou não como se fazem os princípios, ou mesmo sem saber produzi-los.

Permanecia como incógnita a questão: "O que faz o professor?".

Essa questão traz para consideração nesse estudo/ensaio os diferentes modos de acesso aos "princípios", os diferentes tipos de saber, como o saber teórico (dos princípios) e o saber prático (o do fazer), as possíveis relações entre diferentes tipos de saber e a consequência dessas relações para a construção mesma de diferentes corpos de conhecimento, dentre eles o conhecimento científico e o conhecimento escolar, compreendidos, respectivamente, pela cultura docente e cultura científica.

A independência entre os diferentes tipos de saber – o do fazer e o dos princípios, o prático e o teórico – põe em evidência diferentes possibilidades de acesso aos princípios. É possível apreendê-los tanto por uma aproximação teórico-cognitiva como a partir da participação em processos de pesquisa que resultam em sua produção. Enquanto o saber fazer, de natureza prática, é apreensível, a partir de um raciocínio concreto, o saber teórico é acessível a partir de abstrações, que podem prescindir da experiência concreta e se realizam com base em operações formais.

De modo geral, o que preocupa os professores no processo de ensino-aprendizagem de seus alunos, quando trabalham com eles os princípios de sua disciplina, é o fato de terem dificuldade de transferir os princípios aprendidos para outras situações concretas, conseguindo, no máximo, reproduzi-los, o que não significa compreensão. Operação aparentemente simples, mas que, na verdade, encerra habilidades em lidar com conhecimentos de diferentes tipos e transitar entre diversos raciocínios, dentre os quais o concreto e o formal. O que nos leva à necessidade de considerar as relações possíveis de serem estabelecidas entre pelo menos esses dois tipos de raciocínio, apesar da relativa independência entre eles, bem como à de termos clareza sobre as características de pensamento dos nossos alunos do Ensino Fundamental e do Médio.

Toda pesquisa é um fazer, uma prática que busca um outro saber. Um saber prático (de como fazer a pesquisa) que permite refinar cada vez mais a produção teórica do conhecimento científico, que é a sua meta maior. Um saber teórico capaz de influenciar fenômenos concretos através da possibilidade de alteração (seja pelo refinamento, seja pela renovação, seja pela substituição) de práticas anteriormente estabelecidas.

Portanto, uma pesquisa é desencadeada quando o saber teórico disponível não dá mais conta, de maneira satisfatória, de intervir nos fenômenos por ela explicados.

O que se percebe então é que, tanto o explicitado conhecimento teórico (de princípios e conceitos) dá suporte ao saber prático, quanto o saber prático, bem como a maneira de praticá-lo, redimensiona o saber teórico. Existe, portanto, entre ambos um efeito reciprocamente potencializador.

Quando um professor que compreende os princípios do campo de conhecimento em que atua, sem contudo estar familiarizado com a prática de pesquisa, se dá conta da dificuldade de seu aluno em aplicar os princípios ensinados em outras situações, é frequente recorrer à exemplificação de uma determinada situação para, assim, se chegar aos princípios, estimulando operações de natureza indutiva/dedutiva (do particular para o geral). Já quando pede aos alunos que utilize os princípios numa situação nova, não está, na verdade, estimulando apenas um exercício de transferência, mas sim uma operação de natureza dedutiva/indutiva, ou seja, partindo dos princípios gerais para explicar uma situação específica (particular). Na realidade, está em questão um exercício de reversibilidade, característica de um raciocínio formal já estável.

Isso coloca para nós, professores, a necessidade de conhecimentos sobre nossos alunos que nos situem em relação às capacidades afetivo-cognitivas de que dispõem em sua fase de desenvolvimento biopsicossocial, assim como a disponibilidade para relações de alteridade (colocar-se no lugar do "outro") com relação a eles.

Tais conhecimentos podem e devem nos ser providenciados já nos cursos de formação inicial.

Todavia, é preciso não perder de vista que as situações de ensino-aprendizagem são sempre únicas. A pesquisa-ensino, da maneira como a consideramos na primeira parte deste livro, e tal como a apresentamos em experiências práticas que compõem a segunda parte, revela-se como recurso promissor para a contínua atualização de conhecimentos, nesse inesgotável percurso da educação escolar.

Esperamos que este nosso livro, sobre nossas experiências vividas e aqui registradas, possa ser uma contribuição para essa eterna construção da cultura docente.

CAPÍTULO 2

Pesquisa-ensino: uma modalidade de pesquisa-ação

HELOÍSA DUPAS PENTEADO

INTRODUÇÃO

A pesquisa-ação vem sendo abordada a partir de diferentes perspectivas, dificultando uma visão integrada desse procedimento de investigação.

Ora focalizada a partir dos agentes pesquisadores, ora pelos seus objetivos, ora pelos procedimentos empregados, e com diferentes intencionalidades, ainda que percebendo a importância de todos esses ângulos de abordagem, eles têm se constituído para mim em diferentes "pontos de fuga", causando-me um mal-estar da visão dispersiva que experimento.

A possibilidade vivida por mim de adicionar à minha formação inicial de professora normalista e de professora licenciada em Ciências Sociais os papéis de docente de diferentes níveis de ensino (Ensino Fundamental I e II, Ensino Médio e Ensino Superior, neste atuando na formação de professores), de pesquisadora no campo da educação e comunicação Escolar, de orientadora de mestrandos e doutorandos, atuando com a linha de pesquisa em pedagogia da comunicação no Programa de Pós-graduação da FE-USP, comprometida sempre com a qualificação da prática docente, levou-me a tomar a pesquisa-ação como objeto de estudo, análise, reflexões.

Mas foi somente a partir da leitura do artigo inédito da professora Maria Amélia Santoro Franco que consegui explicitar pressupostos, valores, procedimentos que norteiam o que venho chamando de pesquisa-ensino, articulando-a com as perspectivas já abordadas da pesquisa-ação, e cuja compreensão, entendo, pode levar a superar idiossincrasias (?), medos (?), corporativismos (?), que percebo muito presentes –, e, acredito, nem sempre de forma consciente – nos trabalhos e discussões atuais.

A leitura do referido texto encaminhou-me a um mapeamento, no qual busco articular as reflexões múltiplas e díspares que vinha tecendo a partir das diferentes abordagens da pesquisa-ação, em torno da pesquisa-ensino, não fugindo assim do atual paradigma da ciência, esclarecedor de que "não há como separar o sujeito que conhece do objeto a ser conhecido" (Franco, 2005).

Ao assumir a pesquisa-ação a partir da perspectiva de seu objeto de estudo, o ensino escolar, tenho a pretensão de não estar criando mais um "ponto de fuga", mas de estar situando a pesquisa-ensino:

- entre as múltiplas possibilidades de abordagem da pesquisa-ação, que propiciam diferentes aproximações do fenômeno "ensino" que pretendemos melhor conhecer;
- em relação aos agentes dessa modalidade específica de pesquisa-ação, aos seus papéis e às contribuições específicas, complementares e inalienáveis que produzem;
- no que se refere a ações e procedimentos desencadeados ao longo dessa modalidade do processo de "conhecer";
- em relação aos múltiplos alcances dos produtos dessa modalidade de pesquisa, nos caminhos do "desvelamento" de seu complexo objeto.

O MAPEAMENTO DA PESQUISA-ENSINO: UMA REDE DE MÚLTIPLOS NÓS

Da leitura do texto de Maria Amélia Santoro Franco tomei, como critérios para a organização do mapeamento da pesquisa-ensino, as três dimensões da pesquisa-ação por ela abordada:

- *dimensão ontológica*: referente à natureza do objeto a ser conhecido;
- *dimensão epistemológica*: referente à relação sujeito-conhecimento;
- *dimensão metodológica*: referente a processos de conhecimento utilizados pelo pesquisador (Franco, 2005, p. 489).

A compreensão tanto da prática docente como da prática de pesquisa como práticas sociais, e da multiplicidade de pontos, a partir dos quais

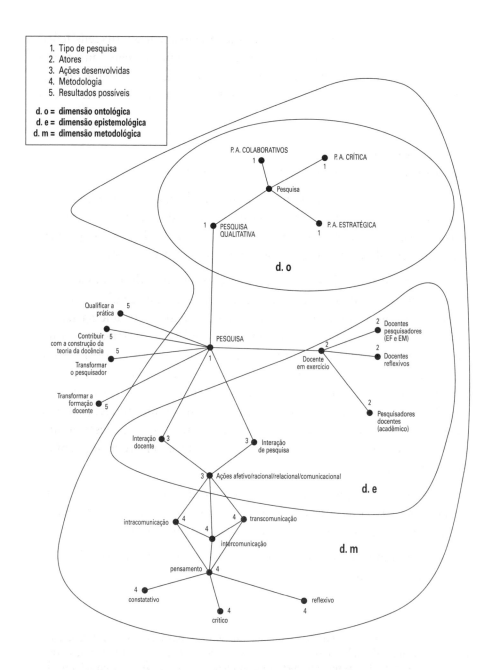

A leitura deste mapa tem por meta situar a pesquisa-ensino, objeto de conhecimento deste texto. Foi colocado no início deste trabalho para servir de roteiro de leitura, mas certamente, uma compreensão mais plena dele poderá ser alcançada no final da leitura deste texto. Como todo mapa, seu esclarecimento maior ocorre no percurso de seus caminhos.

elas podem ser realizadas, bem como focalizadas em abordagens teóricas, permite que se tenha noção da natureza complexa delas e justifica o desenho do *conhecimento em rede* como instrumento para entendê-las, quando se entrecruzam em busca de esclarecimentos sobre o fenômeno "ensino".

Dimensão ontológica:
a natureza da pesquisa-ensino, pelo seu objeto

Denomina-se pesquisa-ensino a que é realizada durante e como ato docente, pelo profissional responsável por essa docência. Essa atuação visa à vivência de condutas investigativas na prática do ensino, que permitem exercê-lo como um processo criativo do saber docente.

Enquanto tal, abrange uma interação docente, do professor com seus alunos, mediada pelo saber escolar,[1] e que é simultaneamente assumida como interação de pesquisa – indagativa, problematizadora – do ato de ensinar. Isso resulta na "docência investigativa" que, ao se realizar, propicia um tipo de relação dos alunos entre si, com o conhecimento e com o professor, adequado ao ensino de uma conduta indagativa diante do real e do que se afirma sobre o real, introduzindo todos os envolvidos no exercício de autonomia intelectual e na necessidade de socialização do conhecimento, que vai, desse modo, sendo apreendido como sempre parcial, sempre em processo, sempre em construção.

Motiva a pesquisa-ensino o desejo de transformação da prática docente, que parece insatisfatória ao professor, sob algum aspecto. Daí o seu caráter de pesquisa intervenção, ou seja, de pesquisa-ação.

Chamamos o professor de sala de aula que assim procede de "professor-pesquisador".

---

[1] Ele não é idêntico ao conhecimento proveniente das ciências de referência das diferentes disciplinas escolares. As ciências de referência constituem o seu ponto de partida. Pressupõe um método científico no processo de transposição para a situação de ensino, "permeando-se em sua reelaboração, com o conhecimento proveniente do senso comum, de representações sociais dos professores e alunos, e que são redefinidos de forma dinâmica e contínua na sala de aula". (Bittencourt, (1996), apud Penteado, (2002), p. 33).

Dimensão epistemológica:
a relação sujeito/conhecimento na pesquisa-ensino

O que pretende conhecer melhor o pesquisador da pesquisa-ensino?

As interações humanas que se corporificam no desenvolvimento do processo de ensino-aprendizagem, durante o exercício da docência. E isso envolve dois tipos de ação que acontecem simultaneamente: a ação docente e a ação pesquisadora, ambas caracterizando-se por serem uma ação do tipo afetivo/racional/relacional/comunicacional com o conhecimento.

- O *afetivo*, compreendendo a intersubjetividade dos seres humanos envolvidos, que desejam e buscam ensinar e conhecer; constitui-se mesmo na energia dos processos cognitivos a serem desencadeados.

- O *racional*, compreendendo a capacidade de intelecção do ser humano, que se desdobra em diferentes tipos de pensamento, aqui sinteticamente apresentados como pensamento constatativo, que registra os fatos; pensamento crítico, que estabelece relações entre os fatos verificados e o seu entorno ou contexto; pensamento reflexivo, que, como o fenômeno físico do reflexo, se volta para os fatos comprovados e apreendidos em suas relações, de maneira intervencionista transformadora.

- O *relacional*, abrangendo os "outros" da interação, em meio aos quais o afetivo e o intelectivo se entretecem – e subjetividades se instauram – na construção da alteridade exigida necessariamente pelos dois tipos de ações constitutivas da pesquisa-ensino (ação docente e ação pesquisadora).

- O *comunicacional*, compreendendo a "interação simbolicamente mediada, utilizada na esfera da compreensão do outro" (Franco, 2005, p. 491).

Em recente trabalho sobre a educação como um processo específico de comunicação (Penteado, 2002), afirmamos que essa especificidade reside na "relação com o conhecimento". Relação esta cuja natureza desdobramos agora em relação pessoal, relação social presencial e relação social a distância.

A *relação pessoal* com o conhecimento constitui uma relação individual, intransferível, única, a realizar-se pela *introspecção*, pela intracomunicação, ou seja, pela comunicação do professor consigo mesmo, tendo por foco o conhecimento.

Relação com que conhecimento?

No caso do professor-pesquisador, relação com o conhecimento elaborado, ciência de referência de sua disciplina, e com o conhecimento a ser formado, no processo de ensino-aprendizagem dos alunos e no processo de construção da cultura docente, capacitadora da prática de ensino.

Que relação íntima com o conhecimento mantém o professor-pesquisador? Que caminhos de pensamento percorre? Compara-o com outros conhecimentos provenientes de sua experiência e/ou leituras? Interroga-o? Problematiza-o? Elabora hipóteses para as razões de trabalhar com ele junto a seus alunos?

Ou apenas se encharca desse conhecimento, entendendo assim se apropriar dele para poder disponibilizá-lo a seus alunos, em uma linha de transmissão simplesmente? Move-o tão somente o afeto ao conhecimento elaborado que deseja propalar, definindo assim uma relação docente/discente de baixa comunicabilidade, pouco sensível à realidade do aluno e ao entorno em que a interação docente ocorre? E detendo-se dessa forma no pensamento constatativo, no conhecimento já produzido?

Não é esse o caso do professor-pesquisador.

Ao realizar a intracomunicação e explicitar para si os caminhos de pensamento percorridos, sensibiliza-se e potencializa-se afetivamente para a necessidade, percepção e intelecção do "outro", abrindo caminhos para uma *intercomunicação* que seja "mansa na escuta e forte na tomada de decisões" (Rojo apud Franco, 2005, p. 492).

Intercomunicação em uma *relação social presencial* com os alunos, no ensino escolar, no caso do professor-pesquisador, que visa transformar a prática social da docência que realiza e que está posta, a fim de conhecer o conhecimento de seus alunos sobre aquilo que pretende ensinar, e explicitar os significados que tal ensino pode ter ou não para esse grupo específico com que trabalha.

Intercomunicação com obras de autores estudiosos do assunto, caso as consulte, em uma *relação social virtual a distância*, a fim de conhecer experiências já vividas e saberes já produzidos sobre ensino.

Intercomunicação em uma *relação social presencial ou semipresencial* com o "pesquisador-professor" (professor acadêmico que tem por ofício ensinar a pesquisar e produzir conhecimento sobre o que pesquisa), caso solicite a colaboração desse especialista para a realização da pretendida transformação em sua prática docente.

Assim, o professor-pesquisador que ora focalizamos só chega à conduta de professor-pesquisador se, e somente se, exercer o pensamento reflexivo sobre o ensino que pratica. Todo professor-pesquisador é necessariamente um professor reflexivo.

Mas é preciso considerar que nem todo "professor-reflexivo" é um "professor-pesquisador". E isso acontece quando, depois de organizar um delicado diagnóstico dos problemas do ensino, fixa-se na elaboração de hipóteses interpretativas que atribuem ao "outro" – o "outro" aluno, o "outro" família do estudante, o "outro" governo etc. – as mazelas do ensino, e aí se detém. Como se a atuação docente não contasse como parte do problema. Já o "professor-pesquisador" é aquele que inclui a docência como uma das variáveis a ser considerada, problematizada, transformada.

Retomando: o "professor-pesquisador" é aquele que, ao ensinar, pesquisa o seu ensino; toma conhecimento sobre o ensino e sobre a prática docente como cerne do seu ofício. Já o "pesquisador-professor" é o acadêmico que pesquisa e ensina a pesquisar, tendo na pesquisa o cerne de seu ofício. Encontram-se umbelicalmente reunidos na e pela realização da pesquisa-ensino, de maneira unívoca, da qual depende o produto de seus trabalhos, diferentes entre si, mas de igual importância e significado nos processos científicos de produção do conhecimento sobre o ensino escolar.

Dimensão metodológica:
procedimentos utilizados na pesquisa-ensino

Diferentes modalidades metodológicas configuram múltiplos procedimentos possíveis na realização da pesquisa-ensino, que na verdade não se excluem mutuamente.

Pode ser realizada pelo "professor-pesquisador" tão somente, quando é o próprio docente que a planeja, procede à intervenção, avalia resultados, integrando trabalho denominado, por Maria Amélia S. Franco, de "pesquisa-ação estratégica", ao tipificar os trabalhos de pesquisa-ação no Brasil.

Todavia, sabemos que na vivência do real os "tipos" classificatórios não alcançam uma existência pura. No entanto, eles são valiosos instrumentos de análise que nos permitem discernir as nuanças do real, sempre multifacetado.

Já consideramos que o professor-pesquisador é necessariamente um professor reflexivo, o que nos permite identificar a pesquisa-ensino desse pesquisador "solitário" de que ora falamos de "pesquisa-ação crítico-estratégica", servindo-nos da classificação de pesquisa-ação de Franco, com a flexibilidade exigida pela complexidade da prática social docente.

A propósito do "solitário", usamos o termo à falta de melhor qualificador. Visto que, na verdade, enquanto professor-pesquisador, atuando como acabamos de descrever, ele age individualmente, pois é pesquisador de sua própria ação. Todavia, como a ação docente escolar é uma prática social, é uma ação que se desenvolve em interação com os alunos, o professor realiza sua pesquisa (que, portanto, é interativa e que o modifica, ao mesmo tempo que transforma sua docência) sozinho, mas não solitariamente, na medida em que essa pesquisa ocorre dentro de uma vivência coletiva, e dela decorre.

Quando, todavia, o professor-pesquisador sente a necessidade de buscar recursos para a realização de sua pesquisa junto ao pesquisador-professor ou professor acadêmico, diz-nos Maria Amelia S. Franco que "a função do pesquisador (acadêmico) será a de cientifizar um processo de mudança anteriormente desencadeado" por esse professor-pesquisador.

O que significa "cientifizar", na afirmação da autora?

No caso da pesquisa-ensino significa partilhar com o professor-pesquisador uma sustentação teórica para as reflexões conjuntas sobre as ações decorrentes das intervenções e propulsoras de novas compreensões e, consequentemente, de novas mediações.

Partilha essa que dá consistência às participações tanto do professor-pesquisador (da escola) quanto do pesquisador-professor (da academia), bem como aos resultados almejados por esses dois agentes. E que potencializa e qualifica produções de conhecimento da ação docente de ambos.

Que intencionalidade os une nessa empreitada comum em que se comprometem?

A do professor-pesquisador, já aludida, é promover uma intervenção transformadora em sua prática docente que venha a resolver o problema que encaminhou sua ação de pesquisa.

A intencionalidade do pesquisador-professor (acadêmico) é poder, a partir dessa parceira de trabalho, contribuir com a construção de teoria da docência, ou do ensino, pelo acesso compreensivo e científico às características de uma prática docente que não é a sua, em um ambiente escolar que não é o seu, mas no qual passa a ter uma dada modalidade de participação e cujo conhecimento mais íntimo é tecido no dia a dia do exercício do magistério do professor-pesquisador, que detém informações significativas sobre essa prática docente.

As reflexões conjuntas e trocas de experiências realizadas no decurso dessa pesquisa permitem que, servindo-nos novamente da classificação de Franco, e de maneira flexível como o exige a complexidade do real, a classifiquemos de pesquisa crítico-colaborativa.

Guardam-se assim as respectivas identidades e funções profissionais, que se organizam, nesse trabalho colaborativo, de equipe, em um novo arranjo, potencializador da prática profissional/social de ambos.

RESULTADOS E ALCANCE DA PESQUISA-ENSINO

Nessa compreensão posta pela pesquisa-ensino, a visão hierárquica e pretensiosa da propalada assimetria entre os pesquisadores cede lugar a um outro entendimento. Configuram-se "nós" complementares de uma mesma rede de conhecimento, complexa como a realidade que pretendem desvelar. E que tem como resultado a qualificação dos agentes pesquisadores, ambos professores com distintos, mas complementares e insubstituíveis, compromissos investigativos: o do professor-pesquisador, de gerar processos de ação docente que contemplem um ensino comunicativo e emancipador (em que todos aprendem com todos, ganham autonomia para a construção do conhecimento, senso crítico para a seleção de informações, para revisão de posturas, capacidade de relacionamento, de trabalho em equipe, de observação, de registro de dados, de organização de dados, de argumentação, de levantamento de hipóteses, de interpretação etc.); o pesquisador-professor (acadêmico), de sistematizar o conhecimento adquirido a partir do envolvimento próximo com o fenômeno educação escolar, seu objeto de estudo, sobre o qual cumpre produzir conhecimento teórico. Superam-se assim restrições impostas pelas múltiplas exigências da vida acadêmica, dentre elas a própria docência em diferentes níveis (graduação e pós-graduação), outros tipos de pesquisa e de compromissos que a vida universitária impõe simultaneamente, bem como torna possível o preenchimento da lacuna, muito frequente entre pesquisadores acadêmicos, da falta de experiência docente em outros níveis de ensino, que não o superior.

O que, certamente, é um fator limitante de seus trabalhos teóricos, sem sua inserção na escola, uma vez que a fundamentação teórica que oferece é ao mesmo tempo sustentada pela problematização do professor de sala de aula e pela vivência didática e reflexiva com seus alunos; uma vez que a imersão na organização escolar permite situá-lo no ambiente e na ambiência de seu objeto de pesquisa, realizando-se assim o necessário aquecimento para o entendimento afetivo-cognitivo do fenômeno educação escolar, nos níveis anteriores à educação universitária, sobre o qual lhe cumpre sistematizar os conhecimentos alcançados.

Inserção e imersão estas que se realizam em um processo interdisciplinar de produção de conhecimento, em que o inevitável e insubstituível conhecimento parcial, decorrente das experiências seletivas de vida e de profissão, se mescla, se entretece, se funde, propiciando maior amplitude da compreensão do fenômeno que se pretende conhecer melhor, ainda que nos encontremos diante de algo sempre inacabado, sempre em construção.

Essa incompletude permite apreender com serenidade as peculiaridades identitárias do professor-pesquisador (professor dos níveis de ensino anteriores ao universitário) e do pesquisador-professor (professor acadêmico ou de nível superior), suas possibilidades e limites de gerar conhecimento, impostos pela característica divisão social do trabalho em sociedades complexas, como a contemporânea em que vivemos.

Nestas, somente a vivência de processos colaborativos de produção do conhecimento, no ensino e na pesquisa, simultaneamente, como os da pesquisa-ensino, tal como é aqui compreendida, enquanto uma das modalidades de pesquisa-ação, pode propiciar a superação da compreensão de supostas expectativas contraditórias de professor-pesquisador e de pesquisador-professor. Isto porque estão imersos em uma mesma ação, de pesquisa-ensino, em que os agentes da pesquisa ensinam uns aos outros e aos alunos envolvidos, aprendem uns com os outros, aprendem as limitações de procedimentos estanques e isolados. Descobrem-se também pioneiros, abrindo "picadas" em terrenos da colaboração, ainda virgem, em sociedades que se pautam por selvagens processos competitivos, levados a seu extremo.

Tão selvagens que começam a destruir a si mesmos, dando já lugar, ainda que de maneira pontual, a ações superadoras como as da pesquisa-ação.

De maneira resumida, podemos assim enumerar os alcances da pesquisa-ensino até aqui considerados:

1) qualificar a prática docente em processo de formação contínua;

2) qualificar a prática de pesquisa em processo de formação contínua;

3) transformar o professor;

4) transformar o pesquisador;

5) contribuir com a construção de teoria da docência com sólida fundamentação e referendada na ação.

Mas é preciso destacar que, para além desses resultados, que são processuais, decorrentes da vivência do processo de pesquisa-ensino, o relatório final da pesquisa constitui importante matéria para a formação inicial de professores, esclarecendo-a como uma sensibilização/capacitação inicial para a profissão; permitindo elucidar que o professor se forma a cada dia; disponibilizando um referencial teórico/prático que elucida cada situação de ensino escolar como sempre única; solicitando condutas criativas, inventivas, de cada professor. Desinstalando, assim, receitas de condutas; enfatizando a necessidade de uma sólida formação teórica, disponibilizadora de instrumentos conceituais de intervenção docente e, também, de um cuidadoso exercício do olhar indagador da situação de ensino, que aliados venham a possibilitar uma conduta docente própria da pesquisa-ação crítico-estratégica – no caso de o professorando vir a atuar como professor-pesquisador solitário –, ou da pesquisa-ação crítico-colaborativa, no caso de vir a atuar em conjunto com o professor-pesquisador acadêmico.

Por tudo que foi aqui considerado neste texto, que se explicitou a partir da leitura do texto lúcido e denso da professora Maria Amélia S. Franco, pela minha participação na pesquisa-ensino colaborativa de Garrido, Pimenta e Moura (2002), citada pela referida autora, e pela conduta de pesquisa-ensino desenvolvida em várias situações ao longo de meu exercício docente, permito-me finalizar parafraseando Maria Amélia, ao mesmo tempo que pedindo licença para fazer pequenas alterações.

> Quero realçar que, quando me refiro à pesquisa-ensino como uma modalidade de pesquisa-ação, embaso-me também nos pressupostos teóricos da concomitância/intercomunicação/interfecundidade entre pesquisa e ação docente. Trabalhar cientificamente na concomitância de papéis, na complementaridade de expectativas (Franco fala de contradição de expectativas), na incerteza dos acontecimentos que darão rumos e novas direções ao processo requer muita convicção, muita ousadia, muita persistência.

Pois dificuldades operacionais/existenciais de se empreender a modalidade metodológica da pesquisa-ação, da qual a pesquisa-ensino é variante, é inerente a qualquer ação comunicativa, em sociedades em que a competição é elevada a seu grau extremo.

REFERÊNCIAS BIBLIOGRÁFICAS

FRANCO, M. A. S. Pedagogia da pesquisa-ação. *Educação e Pesquisa*, 31 (3): 483-502, 2005.

GARRIDO, E.; PIMENTA, S. G.; MOURA, O. A pesquisa colaborativa na escola como abordagem facilitadora para o desenvolvimento da profissão do professor. In: MARIN, Alda J. *Educação continuada*. Campinas: Papirus, 2002, pp. 89-112.

PENTEADO, H. D. *Pedagogia da comunicação;* teorias e práticas. São Paulo: Cortez, 2002.

_____. *Comunicação escolar:* uma metodologia de ensino. São Paulo: Salesiana, 2002.

CAPÍTULO 3

Pesquisa-ensino e formação de professores

Heloísa Dupas Penteado

INTRODUÇÃO

A formação de professores é tema frequentemente presente nas discussões atuais sobre a qualificação da docência.

O enfoque desse debate tem incidido predominantemente sobre duas etapas desse processo: a formação inicial feita nos cursos superiores e a formação continuada, providenciada ao longo da carreira profissional do docente, seja para a constante atualização exigida pelo acelerado processo de produção de conhecimento desenvolvido nas sociedades tecnológicas contemporâneas, seja para suprir lacunas da formação anterior, nem sempre realizada com os desejáveis e imprescindíveis padrões de qualidade.

No entanto, um longo período de "formação docente", informal, porém de intensa significação, tem início na Educação Infantil (para aqueles que a cursaram) e se prolonga por pelo menos nove anos do Ensino Fundamental e por mais três anos do Ensino Médio, contabilizando um total de quinze anos. A estes se somam mais quatro anos da formação inicial docente no Ensino Superior, totalizando dezenove anos de convivência sistemática diária com o profissional professor.

Ao longo desse tempo, uma dada imagem de docente foi sendo incorporada, subliminarmente. Trata-se de uma formação peculiar a essa profissão, posto que, para as demais que exigem formação escolar, o encontro e a convivência com o profissional em que se transformarão os estudantes ou ocorre esporadicamente, ou tende a se dar bem mais tarde, no caso das profissões de nível técnico, no Ensino Médio, e no Ensino Superior, para as demais.

Os significados e a intensidade dessa etapa nos processos formadores são de expressiva relevância, se levarmos em consideração a importância da tenra idade em que ocorre e sua extensa duração em anos. Fica, em todos nós que passamos pelos bancos escolares, um professor silenciosamente introjetado, que é preciso desvendar.

O "PROFESSOR INTROJETADO"

Somos todos, ao longo da vida, ensinantes e aprendentes. Ensinamos e aprendemos com nossos pais, com nossos filhos, com os amigos, com nossos alunos, com nossos colegas de trabalho, com os diferentes profissionais com quem nos relacionamos no dia a dia de nossas convivências.

De tal sorte se dá tal processo de ensino-aprendizagem informal e silencioso – a socialização –, que muitas vezes nos flagramos modificando decisões profissionais, tais como prescrições médicas, como, por exemplo, sem sequer expor ao médico nossas considerações, que poderiam, ou não, encaminhar as supostas necessárias alterações.

Ao mesmo tempo que, com esse processo de socialização, se ganha a possibilidade de enriquecimento da complementaridade dos papéis sociais, corre-se o risco de perder a visão dos limites de cada parte. É frequente, por exemplo, observarmos mulheres sugerindo "jogadas", de maneira convicta, ao assistirem partidas de futebol profissional, quando na verdade jamais sequer brincaram de futebol. O que lhes proporcionaria tal "segurança" ou tal "ausência de senso crítico"? Onde "aprenderam" futebol a tal ponto de "ensiná-lo" a jogadores profissionais?

Nas sociedades tecnológicas da atualidade, certamente a mídia televisual responde pela sensação de familiaridade, com ações reais ou representadas, de profissionais dos diversos setores da vida que assistimos na tela, as quais não praticamos e sobre as quais se vai construindo um falso e convicto universo teórico. Falso, porque a verdadeira teoria é uma construção que decorre de uma reflexão fundamentada sobre uma experiência prática ou de uma reflexão sobre teoria já legitimamente constituída, e que teve seus princípios e conceitos desestabilizados por não dar conta de explicar uma dada prática, ou uma dada situação.

Cria-se dessa forma um caldo de cultura cindida, uma teoria sem prática, de que os seus portadores não se dão conta, tal a cotidianidade com que se encontram expostos a tais práticas que não exercem no dia a dia.

Mas a prática dos profissionais prescinde de teoria?

Sabe-se hoje que a apropriação de teoria sobre determinada prática só é produtiva quando incorporada como instrumental investigativo que possibilite referendar tal prática, reforçar a teoria ou problematizar ambas, a prática e a teoria que a orienta.

Já vimos que o ser humano é dotado de pensamento constatativo. E, no caso de profissionais, a extensão do exercício intelectual até o pensamento crítico – que é indagador, comparativo – sobre sua prática é estímulo sempre presente, diante das armadilhas da experiência.

Temos então que a diferença da relação entre a teoria e a prática de um profissional e de um leigo, nas sociedades contemporâneas, é que o caldo de cultura profissional mantém uma relação de reciprocidade necessária entre a concepção da ação praticada (teoria) e a prática vivida dessa ação, enquanto o caldo de cultura teórica do leigo na atualidade é marcado por uma "teoria sem prática".

Agora, quando a convivência de leigos com um determinado profissional passa de uma ocorrência fortuita e informal a uma convivência sistemática, como é o caso da relação do aluno com o professor na experiência de educação escolarizada, os efeitos de tal convivência se estendem para muito além do que nos damos conta. Esses efeitos da socialização, decorrentes da convivência cotidiana com o professor na escola, adicionados à recepção de imagens televisuais ou cinematográficas desse profissional, bem como o papel de ensinantes-aprendentes que todos desempenhamos na vida, se fazem sentir para muito mais além do que imaginamos. Se todos nos sentimos "um pouco médicos", "um pouco jogadores de futebol", certamente todos nos sentimos muito mais "professores", até mesmo sem nos darmos conta disso, como consequência mesmo da extensa convivência sistemática com docentes ao longo de nossa escolaridade.

Portanto, ao organizarmos a formação sistemática do profissional professor, é preciso desvendar esse professor oculto, introjetado, que reside em todos nós. Esse professor fantasma que aparece em horas inesperadas, que atua em momentos inoportunos, sem a nossa licença, sem nos pedir permissão.

A PESQUISA-ENSINO

A pesquisa-ensino, enquanto uma modalidade de pesquisa-ação, como podemos compreendê-la, tendo por referência Franco (2005), é um processo comunicacional docente, inquiridor e problematizador da docência, do processo de ensino-aprendizagem e do próprio professor introjetado que reside em todos nós, com vistas à superação de problemas pedagógicos constatados.

Nesse sentido a pesquisa-ensino constitui fértil referencial para a formação inicial e continuada de professores, propiciando:

- a recuperação do "modelo" de professor entranhado em cada professorando, para exorcizá-lo ou embalá-lo, na dependência da imagem recuperada;
- a observação das características da docência investigativa e a comparação e problematização com a docência de que eles foram alvo;
- a identificação de características dos contextos sociais, imediatos e amplos, em que se inserem as escolas da atualidade, que os aguardam como docentes, e as possibilidades de relações reciprocamente construtivas e inclusivas com esses contextos;
- a compreensão e o uso de conhecimentos teórico-científicos já produzidos como instrumentos intelectuais e comunicacionais do trabalho docente;
- a assunção da conduta docente como importante variável do processo de ensino-aprendizagem, cuja intervenção reflexiva, teoricamente fundamentada e investigativa, precisa imprescindivelmente ser realizada, controlada, estudada por ele, professor, para constituir um processo:
  - formador dos alunos e dos professores;
  - adequado à elaboração de conhecimentos úteis à vida dos alunos;
  - amplificador da construção da cultura docente;
  - transformador de práticas sociais indesejáveis;

- o conhecimento da metodologia científica de trabalho e das respectivas fundamentações teóricas, que alertem para possibilidades e limites dos diferentes procedimentos investigativos, bem como para os valores a que estão atrelados, já que metodologias de pesquisa não são neutras;
- a oportunidade, para professores formadores de professores (acadêmicos), de participar e acompanhar trabalhos de pesquisa-ensino, compondo equipes com professores em exercício no Ensino Básico que pesquisam a sua prática docente por meio de intervenções investigativas;
- o discernimento da educação escolarizada e, consequentemente, da atuação docente, como atuação intencional;
- a clareza da escala de valores com que quer nortear sua prática docente, que lhe possibilite escolhas metodológicas e condutas profissionais coerentes.

Desse modo, a pesquisa-ensino oportuniza aos professorandos a construção de sua identidade de profissionais que se sabem (desvendaram o seu professor introjetado); de profissionais do "saber" e do "saber fazer com o saber", já durante sua formação inicial. Em outras palavras: é preciso que o professor não só se conheça e conheça consistentemente o campo de saber com cujos conhecimentos vai trabalhar na escola (por exemplo, história, matemática, língua portuguesa etc.), mas também que saiba trabalhar com esse saber no ensino escolar.

A pesquisa-ensino, tal como tem sido praticada entre nós, é realizada pelo professor-pesquisador do Ensino Básico, ao longo de seu exercício docente e junto com seus alunos, na modalidade de formação continuada docente, resultando em uma transformação de sua prática, tendo por meta a qualificação do processo de ensino-aprendizagem.

Quando realizada em parceria com o pesquisador-professor (acadêmico), resulta em elaborações teóricas, compondo importante acervo de material de estudo, cuja importância para os cursos de formação inicial vem sendo reconhecida.

A experiência de países onde os professores-pesquisadores do Ensino Básico dispõem de tempo previsto em seus horários de trabalho para escrever sobre suas experiências de pesquisa-ensino, bem como de espaços de socialização e divulgação de seus trabalhos, permite superar a falsa concepção de que o "professor-pesquisador" é um "ser do fazer", enquanto o "pesquisador-professor" (acadêmico) é um "ser do saber". Alcança-se a compreensão de que o saber constitui uma ampla rede tecida a partir de múltiplas perspectivas (múltiplos nós) que se complementam e se alimentam reciprocamente, possibilitando uma aproximação maior do conhecimento dos fenômenos pesquisados.

NA TRILHA FORMADORA DA PESQUISA-ENSINO

Delinear o percurso formador do "professor introjetado" ao "professor projetado", tendo como referência a pesquisa-ensino, é a utopia necessária para implementar as transformações que sentimos/entendemos como necessárias e urgentes para a qualificação do ensino de nossas crianças e jovens. E é isso que ousamos vislumbrar neste texto.

Para formar um professor-pesquisador necessário se faz que o seu processo de formação tenha na pesquisa-ensino, e portanto na docência investigativa, o seu referencial.

Se assim concebermos essa formação, o "pesquisador-professor", acadêmico formador de professores, precisará fundir em sua conduta docente o papel de "professor pesquisador" de sua própria docência.

O espaço para essa aprendizagem até já existe no curso de pós-graduação, que legalmente tem por meta a formação do pesquisador e do professor de nível superior.

Todavia, sabemos como a formação para o magistério em nível superior fica subsumida, no percurso da pós-graduação, à formação do pesquisador. Sem desconsiderar recentes iniciativas de estágio de pós-graduandos em salas de aula do ensino superior, indicadoras de um início de sensibilização institucional para essa questão, tais medidas são ainda inusitadas. Tudo se passa como se, ao formar o pesquisador, o professor do ensino superior estivesse formado. Como se "pesquisar" e "saber ensinar" fosse uma só e mesma atuação. Como se os papéis de "pesquisador" e "professor" fossem idênticos.

A constatação, por inúmeros estudantes universitários, de experiências de eminentes pesquisadores, não tão bem-sucedidos quando professores no Ensino Superior, é um dos indícios de que "pesquisar" e "ensinar" são competências diferentes.

Tive a oportunidade de ouvir do Professor Nóvoa, em aula por ele ministrada na Faculdade de Educação da USP, a seguinte frase: "Quem sabe faz; quem compreende ensina".

O que significa compreender o que se sabe fazer, no caso do pesquisador-professor (acadêmico)?

Significa apreender os princípios básicos orientadores do seu fazer (pesquisar), que o libertam tanto do produto em si, resultado de sua pesquisa, quanto do contexto específico em que tal produção se deu.

Em outras palavras, com a posse de tais princípios, ele é levado a perceber o "significado" do resultado alcançado em seu contexto de atuação e a considerar outros possíveis significados, quando transferidos para outros contextos.

Ao considerar a pesquisa em diferentes contextos, precisa necessariamente levar em conta "outros" seres humanos componentes de outros contextos, cidadãos significadores, portadores de valores e configuradores de sentidos.

Tais considerações o encaminham ao campo da filosofia e da ética, fazendo com que indague-se sobre a importância da conduta investigativa para um docente, sobre a relação ensino-aprendizagem, sobre o sentido da conduta docente do pesquisador-professor universitário na formação dos futuros professores que tem a seu encargo.

E, ao lidar com pessoas, estará sempre em contato com um "ser novo", um "ser diferente". Portanto, a cada novo grupo de alunos estará entrando em contato com formandos ainda desconhecidos e com conhecimentos que se renovam cada dia, nas sociedades tecnológicas.

Isso quer dizer que o ato de ensinar não se pode resumir a apresentar resultados de pesquisa-ensino, uma vez que seus significados se relacionam sempre a contextos únicos. Uma vez que se deter em seus efeitos de forma descontextualizada seria fazer da pesquisa-ensino um uso normativo, em moldes positivistas, para uma realidade concebida como estática. Os resultados de práticas de ensino exercidas como condutas de docência investigativa são elucidativos na medida em que esclarecem sobre os processos que encaminharam as transformações superativas de problemas de ensino-aprendizagem.

Mas condutas são aprendidas na medida em que são vivenciadas. Providenciar, então, a vivência do processo da pesquisa-ensino como eixo, espinha dorsal, da formação escolar de professores é o que poderá fazer a diferença na qualificação de nossos mestres.

Isso implica que o pesquisador-professor universitário também assuma na docência das disciplinas componentes do curso de formação inicial de professores o papel de professor-pesquisador, o que implicará a superação da atual dicotomia de papéis – "pesquisador-professor acadêmico e professor-pesquisador" do Ensino Básico –, que ficará então configurada como uma etapa histórica nesse eterno processo de construção da cultura docente rumo ao "professor-criador" e à indissolubilidade necessária entre teoria/prática, na construção/transformação da cultura e na formação do professor cidadão e do aluno cidadão.

DO "PROFESSOR INTROJETADO" AO "PROFESSOR PROJETADO"

Um longo caminho nos conduzirá do "professor introjetado" ao "professor projetado", ou seja, ao professor desejado.

A construção desse "projeto" abrange experiências coletivas que constituem o curso de formação inicial de professores e experiências pessoais, individuais de vida, a serem aí trabalhadas.

Como o percurso de formação do profissional professor deverá ser desenvolvido de forma a resultar em um profissional com autonomia suficiente para realizar os poderes docentes sem, no entanto, aniquilar ou limitar os poderes de seus alunos? Para reconhecer seus próprios limites, sem deixar de ousar possibilidades? Para considerar os saberes e experiências de seus alunos sem, contudo, deixar de levá-los adiante? Para considerar a escola no mundo e o mundo na escola de maneira crítico-construtiva?

Mais do que respostas a essas questões, se tomarmos a pesquisa-ensino como referencial de formação, será com perguntas que esse percurso formativo deverá ser delineado, que as repostas deverão ser construídas pelos seus caminhantes.

CINCO PERGUNTAS GERADORAS DO CAMINHO FORMADOR DO PROFESSOR-PESQUISADOR

Mais do que resposta sobre como formar o professor-pesquisador, serão indagações sobre a pessoa do professor em formação e sobre o exercício da profissão docente, tal como se encontra organizada e como vem sendo vivida na atualidade, que poderão melhor funcionar como "organizadores" do novo modelo de formação docente que almejamos.

Serão elas os "nós" centrais articuladores dos conhecimentos necessários à construção das respostas que se procura, e que esclarecerão áreas de conhecimento, procedimentos metodológicos e disciplinas que comporão um novo currículo, provedor de instrumentos intelectuais e comunicacionais de busca, de compreensão e de geração de conhecimentos sobre o fenômeno da docência, no processo de ensino-aprendizagem escolar e no processo de formação acadêmica do professor-pesquisador.

Sem a pretensão de esgotar as indagações pertinentes à construção dessa nova formação, mas tendo por meta provocar uma reflexão que possa apontar para esse novo percurso formativo, consideramos inicialmente cinco questões centrais, em torno das quais gravitam outras tantas referentes ao "professor introjetado" e ao "professor projetado" a partir do "professor observado".

São elas:

a) Quem são os nossos professorandos?

b) Que perfil de professor contempla um projeto político-pedagógico de formação docente que atenda às necessidades do contexto brasileiro e mundial em que atuarão nossos professorandos?

c) Quem é o professor atualmente em exercício? Como é sua docência? O que pensa sobre ela no processo de ensino-aprendizagem que desenvolve? E o que pensa o professorando sobre a docência observada/compartilhada e sobre as concepções do professor que a desempenha?

d) Que professor quer ser o nosso formando? Por que valores quer se orientar? Que compromissos quer assumir? Quais são seus poderes e limites?

e) Como viabilizar um curso superior de formação docente que possibilite a nosso formando se tornar o professor que quer ser e o professor-pesquisador de que necessitamos?

REFLEXÃO INICIAL SOBRE CINCO POSSÍVEIS QUESTÕES REFERENTES À FORMAÇÃO DE PROFESSORES-PESQUISADORES

A reflexão sobre cada uma dessas questões poderá produzir várias alternativas para a organização de cursos formadores de professores-pesquisadores.

Apenas para dar início, procedemos a seguir a um exercício introdutório de reflexão sobre cada uma delas, na expectativa de que a discussão que possam a vir suscitar, permita desenhar "o formato em rede" do curso de formação do professor-pesquisador. Formato que tem na pesquisa-ensino o suporte maior de uma docência de qualidade que responda construtivamente às exigências e possibilidades da sociedade atual.

Quem são os nossos professores?

A problematização do dito popular "De médico e de louco todos nós temos um pouco", indagando: "E de professor"?, pode ser muito útil, quando apresentada a seus pares e a seus alunos, para proporcionar aos professores formadores um primeiro conhecimento de nossos formandos e de suas representações profissionais docentes; e aos professorandos a descoberta da primeira etapa do processo de formação de professores, anterior à chamada formação inicial, quase sempre oculta nas brumas do subconsciente.

Desdobrar essa problematização em perguntas simples e menores, para serem respondidas individualmente e por escrito pelos professorandos, inicialmente pode auxiliar na descoberta do aluno real que teremos pela frente.

Tal desdobramento pode constituir um primeiro instrumento de pesquisa, que permitirá melhor conhecimento dos professorandos por eles mesmos e por seus docentes.

Os cinco itens relacionados a seguir, a serem respondidos por escrito, em uma folha de respostas, por professorandos ingressantes em curso de formação inicial, constituem um de vários recursos que podem dar início à aproximação professores formadores/professorandos.

a) Evoque, liste e numere as principais aprendizagens que já realizou até hoje.

b) Indique, com F, na lista anterior, aquelas que não foram aprendidas na escola; e com E, aquelas que foram aprendidas na escola.

c) Liste o número de aprendizagens realizadas fora da escola (F) e indique o autor (ou autores) desse ensinamento.

d) Você ensinou, até hoje, alguma coisa a alguém? Sim ( ) Não ( ).

e) Liste os ensinamentos que acredita ter propiciado e identifique na frente de cada um deles os aprendizes.

O registro das respostas constituirá um primeiro documento de pesquisa a ser preservado ao longo de todo o curso e que dará ao professorando a possibilidade de verificar o desenvolvimento do aprendizado de seu ofício no decorrer do curso, ao compará-lo com outros documentos – registros de trabalhos realizados – que irão sendo arquivados.

A organização sistemática das informações obtidas e registradas permitirá elucidar:

- a consciência (ou não) dos alunos de categorias como: condutas, valores, habilidades, informações, conhecimentos, que não nasceram conosco, e que ao serem ativados desencadearam o desenvolvimento de competências para a vida, inclusive aquelas necessárias à vida escolar;

- a predominância, entre os alunos, da percepção de um ou outro tipo dessas categorias;

- a ausência de percepção de algumas delas;

- a amplitude maior ou menor de consciência dos alunos sobre "os mestres da vida";
- a amplitude maior ou menor de autoconsciência de "mestres da vida" que são.

Para além desse encontro inicial dos professorandos com si mesmos (intracomunicação) e provavelmente com seus ex-professores, colocá-los em comunicação com os professores significativos encontrados ao longo de seu percurso escolar, por processos de intracomunicação, é uma experiência necessária para que descubram "o professor" que silenciosamente os habita.

Para os professores do chamado curso de formação inicial desses professorandos informantes, os dados resultantes de atividades iniciais como essas revelam as referências docentes de onde partem os alunos com os quais trabalharão, conhecimento esse indispensável à organização de um curso que pretenda tomar como ponto de partida o aluno concreto que se tem pela frente; que se paute pelo princípio da educação escolar como um processo de comunicação, permitindo a construção de um projeto político-pedagógico com clareza do tipo de professor de que necessitamos, no contexto do mundo atual e de nosso país.

Isso é algo também indispensável ao autoconhecimento do próprio educando e ao exercício de sua capacidade de elaboração pessoal de conhecimento, de si e do mundo.

Tania Porto (2005) esclarece, a partir de suas conclusões de pesquisas, que a escola não se pode furtar à sua responsabilidade com os saberes historicamente acumulados, mas que a aprendizagem implica, além da instrução formativa, a reinvenção e construção personalizada do conhecimento.

A "construção personalizada do conhecimento" nas sociedades tecnológicas da atualidade passa necessariamente por vivências de intracomunicação, de intercomunicação entre professores e entre estes e seus alunos, além das experiências com as mídias tecnológicas que nos cercam e cujas relações serão objeto de um capítulo específico.

Ainda é Tania Porto (2003, p. 92) que nos adverte: "na comunicação expressamos o que pensamos e somos, procurando interagir nos diferentes espaços dos quais participamos. Adquirirmos elementos para perceber o outro, perceber o que somos para e com o outro e, principalmente, perceber como somos".

Pesquisas e estudos anteriores e mais recentes deixam cada dia mais nítida a importância da comunicação escolar, em suas diferentes dimensões e modalidades (Nóvoa, 1992; Freire, 1996; Costa, 2001; Cunha, 2000, Fischer, 2007; Kenski, 2000; Perrenoud, 2000, 1999, 1999a; Pretto, 2000; Batista, 2005; Penteado, 1997, 1998, 2002, 2002a, 2003a, 2003b, 2005, 2007, 2008, 2009; Arroyo, 2000; Peres, 2004; Porto, 2001, 2003, 2005 e 2008).

Pelo exercício da comunicação escolar é que se desenvolve a alteridade necessária ao bom desempenho docente/discente. Desenvolver a capacidade de pôr-se no lugar do outro, ou seja, o professor deslocar-se para o lugar de seu aluno, para o aluno que também foi um dia e para o aluno que simultaneamente somos no exercício da docência, é fundamental para um desempenho docente que possa conduzir os professorandos em formação, do "professor introjetado" ao "professor projetado", pelos caminhos observados no cotidiano de docentes em exercício, pela partilha dos problemas observados nesse cotidiano e pelas condutas colaborativas de intervenção nesse cotidiano, visando à superação dos mesmos.

Relatos de diferentes tipos de pesquisa-ação que tiveram por objeto a docência (artigos, teses, documentários videográficos etc.) alargam o conhecimento do cotidiano profissional que espera os formandos, expondo-os a múltiplas problematizações germinadoras de outras tantas, em exercícios de condutas investigativas no ensino, razão pela qual tais pesquisas precisam compor fontes de referência de cursos de formação. Referências de onde partir ao iniciar a introdução investigativa do formando no universo de trabalho para o qual se prepara, já ao longo do curso de formação, partilhando intervenções colaborativas com o professor em exercício.

Que perfil de professor contempla um projeto político-pedagógico de formação docente que atenda às necessidades do contexto em que atuarão nossos professorandos?

Em um mundo globalizado economicamente e mundializado culturalmente é preciso que as relações dialéticas entre o local e o global sejam conhecidas e consideradas em relações sociopedagógicas que tenham por meta a formação do "ser humano humanizado, crítico-construtivo e colaborativo", para que se construa uma sociedade mais justa e humana.

Como a educação escolar é uma ação intencional, e que ocorre localizada no tempo e no espaço, a organização de uma consistente formação docente precisa providenciar um professor que sinta a necessidade de conhecer características do lugar imediato de sua atuação profissional docente e de seus contextos, nacional e internacionalmente.

Tal posicionamento reclama necessariamente na composição do currículo de formação docente (além da estrutura e funcionamento do ensino, das metodologias de ensino, da didática, dos conteúdos das áreas de conhecimento a serem ensinados pelo futuro professor) a presença da sociologia, da psicologia, da filosofia, como balizadoras de um novo curso fundado na vivência de condutas investigativas/participativas do exercício da docência.

Trata-se de ultrapassar, nos cursos de formação, trabalhos docentes discursivos com os conhecimentos das ciências humanas, e com todos os demais, cujo limite se esgote na *compreensão* das situações de ensino com que lidarão os nossos professorandos.

É preciso formar um professor sensível, que se inquiete diante da realidade profissional que o aguarda.

É preciso encaminhá-lo *da compreensão à intervenção participativa*.

"A preparação do professor para uma nova educação implica viver o novo na sua formação" (D'Ambrosio, 2003).

É preciso não perder de vista que nosso professorando está inserido em uma situação de ensino, ao realizar o seu curso de formação, que não pode e não deve ser desperdiçada, ela mesma, como uma oportunidade de vivência investigativa/participativa do papel de aluno que exerce ainda, bem como de professor, para o qual se prepara.

É preciso, então, problematizar: para que servem os conhecimentos da sociologia, psicologia, filosofia e das demais disciplinas do curso no desempenho de uma docência que resulte na aprendizagem de alunos e professores e, consequentemente, na produção de conhecimentos úteis aos sujeitos do processo de ensino-aprendizagem – professores e alunos – na formação de sujeitos criativos, transformadores, colaborativos?

Fala-se muito, atualmente, na questão da autoestima do professor. Muito valorizado nos discursos oficiais, é desmoralizado com relação a suas condições de trabalho, que não incluem horas de estudo remuneradas para seu aperfeiçoamento profissional, sem se falar dos cursos de formação de péssima qualidade reconhecidos oficialmente; além do que é aviltado no que respeita a seus salários, que impossibilitam o acesso a bens culturais necessários à sua formação pessoal.

Nessas circunstâncias a dimensão da capacidade criadora do docente, ser afetivo/racional/relacional/comunicacional, perde-se de vista.

Recuperar a dimensão da capacidade criadora do docente já na sua formação, de tal forma que ele se descubra "construtor da docência", é recuperar a sua autoestima a partir da própria situação de ensino em que se prepara para o exercício do magistério. O que também o fortalece e energiza para relações comunicacionais reivindicativas do reconhecimento oficial do valor que reconhece em si, a partir de uma autoestima não ufanista meramente, ou corporativista, mas crítico-construtiva, que decorre do seu conhecimento e do "saber fazer" docente com esse conhecimento e, também, da consciência disso.

É preciso, pois, trabalhar com os conhecimentos das ciências humanas e dos demais campos de conhecimentos do curso como *instrumentos intelectuais:*

- de *investigação* e de *problematização* de docências em curso;

- de *discernimento* de valores norteadores do exercício da docência que resulte em processos de ensino-aprendizagem fecundos e permitam a escolha de procedimentos coerentes com os valores elencados;

- de *construção de hipóteses de trabalho docente orientadoras de práticas de ensino* para classes escolares reais, de docentes e discentes concretos, em situações de ensino sempre únicas, porque peculiares à cultura de cada classe escolar, de cada escola, de cada comunidade social em que se situam, bem como para as múltiplas e diversificadas histórias de vida dos alunos e professores que compõem tais situações.

Diferentemente, pois, de um ensino discursivo das ciências humanas e das demais disciplinas componentes do curso, os conhecimentos de tais áreas precisam ser ministrados de maneira teórico/prática, sem perder de vista as características das classes escolares reais de professorandos, características essas quase sempre consideradas como alvo do trabalho futuro dos professores em formação, e quase sempre esquecidas na docência de suas classes de formação universitária.

O uso de tais conhecimentos como instrumentos intelectuais que fundamentam a criação de instrumentos de investigação (observação, coleta de dados, análise das informações recolhidas), de propostas de intervenções didáticas superadoras dos problemas de docência constatados, e de reflexões sobre os processos desenvolvidos e descobertas realizadas, possibilita ao professorando um trânsito que vai da teoria à prática docente e desta à teoria, o qual promove novos conhecimentos, mas também novas indagações, tanto sobre as fundamentações teóricas quanto sobre os conhecimentos específicos a serem trabalhados com os alunos, permitindo defrontar-se com a necessidade de que tais conhecimentos sejam sólidos, sem o que os conhecimentos teórico-metodológicos pouco ou nada podem fazer.

É, pois, preciso avançarmos de uma psicologia, sociologia e filosofia explicativa do já acontecido, do *déjà-vu*, para uma psicologia, sociologia e filosofia do "porvir", decorrente de intervenções metodológicas teoricamente fundamentadas, acompanhadas de reflexões epistemológicas sobre as ações exercidas, ainda quando o professorando se encontra apoiado e acompanhado por seus professores formadores.

O uso dos conhecimentos das ciências humanas tal como anteriormente considerados em atividades formadoras, investigativas da docência, proporciona o exercício de relações comunicacionais no ensino (dos formandos com professores formadores, com colegas de formação, com docentes em exercício no magistério para o qual se preparam, com alunos das escolas para cuja docência se preparam), uma vez que os envolvem em trabalhos interdisciplinares e em uma introdução investigativa ao universo de trabalho para o qual se habilitam.

A vivência das relações comunicacionais, no ensino de que participam, tanto quanto nas situações de ensino para as quais se preparam, mune os respectivos formandos de "instrumentos comunicacionais" essenciais ao bom desempenho do magistério, construtivo, produtor de conhecimento. Pois nem toda relação social (e aí se incluem as relações pedagógicas) é comunicacional, haja vista as relações sociopedagógicas de dominação/subordinação[1] próprias do ensino tradicional.

Utilizar, pois, os conhecimentos teóricos trabalhados no curso de formação docente em atividades investigativas, intervencionistas/procedimentais e epistemológicas sobre os sentidos de ensinar/aprender, e no exercício de aferição de hipóteses de trabalho docente a ser realizado em parceria com docentes em exercício e monitorado pelos professores formadores, acrescenta ao aprendizado do professorando dois instrumentos fundamentais para o exercício da pesquisa-ensino: "instrumentos intelectuais" e "instrumentos comunicacionais" (saber falar, saber ouvir, argumentar, articular pontos de vista diversos, problematizar, envolver, estimular atuações e iniciativas individuais e coletivas, acolher contribuições de diferentes tipos, valorizar a colaboração, explicitar conflitos, estimular a busca de superações e a transparência nas participações, entre tantas outras condutas), essenciais a esse tipo de docência.

Quem é o professor em exercício e quem é o professorando?

Essa questão se desdobra em várias outras, tais como: Como é a docência do professor em exercício? O que pensa sobre ela no processo de ensino-aprendizagem que desencadeia? E o que pensa o professorando sobre a docência observada/compartilhada e sobre concepções do professor que a desempenha?

Tais questões encaminham necessária reflexão sobre o uso dos "instrumentos intelectuais" e dos "instrumentos comunicacionais" na introdução de nossos professorandos no universo do trabalho docente, para o qual se preparam, já durante a formação inicial.

Os conhecimentos das diferentes áreas de ensino, como os das ciências humanas, das metodologias de ensino e pesquisa, dos conteúdos específicos com os quais trabalha o professor, da estrutura e funciona-

---

[1] Ver a respeito: PENTEADO, H. D. *Comunicação escolar; uma metodologia de ensino*. São Paulo: Salesianas, 2002.

mento da escola, e que se fazem presentes através das disciplinas que devem compor o currículo de formação do professor, precisam convergir:

- para a construção de instrumentos fundamentados de observação da docência do professor em exercício em nossas escolas;
- para o desempenho da comunicação escolar entre o formando e o universo de trabalho docente;
- para a realização de análise dos dados coletados nesse universo;
- para a reflexão individual e coletiva sobre os sentidos da docência observada e da docência concebida;
- para a intervenção consciente e partilhada neste universo.

É frequente a atribuição dos males da educação escolar ao ensino organizado em disciplinas.

No entanto, não são as disciplinas a razão desses males, mas a forma como se vem trabalhando com elas na escola: isoladamente, em compartimentos estanques, sem promover o conhecimento da complexidade de seus objetos.

"Unidades complexas, como o ser humano ou a sociedade, são multidimensionais: o ser humano é, ao mesmo tempo, biológico, psíquico, social, afetivo e racional. A sociedade comporta as dimensões histórica, econômica, sociológica, religiosa..." (Morin, 2000).

A postura interdisciplinar no trabalho escolar, fortemente defendida na atualidade, ratifica a necessidade da existência de disciplinas na escola ao mesmo tempo que indica um outro modo de existência delas e, também, de trabalhar com as mesmas.

A convergência dos saberes das diferentes disciplinas acadêmicas nas ações introdutórias do professorando ao universo da docência, para o qual se prepara em cursos de formação inicial, requer a construção de um projeto político-pedagógico de formação docente que tenha por meta a transformação do estágio: de espaço conservador e reprodutor para o de irradiador de condutas criativas do formando, do professor em exercício do magistério e do professor acadêmico, formador de professores.

Trata-se, pois, de um projeto pelo qual o estágio tem início antes dele mesmo, no preparo, na construção dos instrumentos de trabalho necessários à introdução ao universo docente escolar; realiza-se nos processos comunicacionais vivenciados na relação com este universo; e o ultrapassa nas análises, nas reflexões individuais e coletivas sobre informações obtidas em exercícios de intervenção partilhada, apoiados em hipóteses de trabalho construídas em parceria com os professores em exercício, com suporte do professor acadêmico, e através da verificação dos processos desencadeados.

A complexidade do ser humano e da realidade social exige que nos exercícios de verificação, tendo em vista construir um conhecimento da profissão referendado no contexto de ensino e na complexidade, o formando se defronte com riscos, incertezas, possibilidades e limites pessoais, institucionais e sociais com os quais terá que lidar como profissional.

Ao refletir sobre as concepções do docente observado e seu desempenho, ele exercita simultaneamente o seu autoconhecimento, extremamente importante na compreensão do outro, bem como necessário ao desenvolvimento pessoal, ou seja, para ultrapassar a si próprio. Atitudes estas indispensáveis no exercício da docência investigativa.

Morin nos adverte para o fato de que a "incompreensão de si é fonte muito importante da incompreensão do outro. Mascaram-se as próprias carências e fraquezas, o que nos torna implacáveis com as carências e fraquezas dos outros" (Morin, 2000).

Ao que é possível acrescentar que nos torna implacáveis com nós mesmos e nos remete à condição de imobilismo, incompatível com uma docência fertilizadora de processos de ensino-aprendizagem e de produção de conhecimentos.

Que professor quer ser o nosso formando? Por quais valores quer se orientar? Que compromissos quer assumir? Quais são os seus poderes e limites?

Proporcionar o encontro de nossos formandos com si mesmos é ampliar sua possibilidade de encontro com o outro: seu aluno, seu colega de profissão. É criar condições para que ele trabalhe a educação escolar como um processo comunicacional de ensino.

Já nos referimos anteriormente à importância de exercícios promotores da *intracomunicação* para que formandos e seus formadores tomem conhecimento dos professores ocultos que silenciosamente nos habitam.

Ao desvelarem os valores concebidos pelos professores observados em suas práticas e entrevistados sobre suas docências, e ao verificarem coerência ou não com os procedimentos desenvolvidos, em atividades coletivas de reflexão, ou seja, em processos de *intercomunicação*, podem ser levados a clarear os seus próprios valores e concepções. E, a partir daí, abrem-se oportunidades formadoras de investigações pessoais (intracomunicação) e de trocas coletivas (intercomunicação) sobre que compromissos assumir, bem como sobre os poderes e limites da atuação docente.

A pesquisa-ensino com professores em exercício do magistério do Ensino Básico, com professorandos de curso de graduação e com alunos de curso de pós-graduação, realizada por Porto (2005), na qual usou como instrumentos de pesquisa "uma das mídias mais utilizadas através dos tempos" – cartas – "para intercomunicação entre as pessoas", à distância no tempo e no espaço, promovendo simultaneamente uma experiência de intracomunicação dos educandos sujeitos de sua pesquisa (e também de pesquisa deles próprios), bem como servindo-se de procedimentos didático-psicodramáticos, constitui trabalho que nos incentiva à criação de caminhos alternativos necessários à formação do professor, seja ele o professor acadêmico, formador de professores, seja ele o professor de nossas escolas de Ensino Básico.

A articulação entre exercícios de intracomunicação e de intercomunicação abre caminho às vivências pessoais e coletivas, à inseparável relação teoria e prática, tendo em vista um curso de formação de docentes que disponibilize os conhecimentos das disciplinas do currículo para a construção de respostas às questões levantadas pelos professorandos no universo do trabalho docente, para o qual se preparam. A teoria psicodramática e seus correspondentes procedimentos metodológicos utilizados por Porto (2005) permitiram o uso do conhecimento sociológico e psicológico enquanto recursos ou instrumentos de intervenção didática, considerando-se o ser humano como ser biopsicossocial, e não como um ser cindido, ora biológico, ora psicológico, ora social. O que oportunizou a vivência intrínseca entre teoria e prática, necessária à geração de condutas docentes germinativas de aprendizagens/produção de conhecimentos do professor e dos alunos e, também, promotora da reflexão filosófica sobre os sentidos de tal prática e dos novos conhecimentos produzidos.

Como viabilizar um curso superior de formação inicial que possibilite a nosso formando se constituir no professor que quer ser e no professor de que necessitamos?

A partir das considerações até aqui esboçadas, é viável trabalhar com a seguinte hipótese: Alguns princípios podem contribuir para a formação da docência investigativa, através da pesquisa-ensino, propiciando uma relação dinâmica, processual e constante entre os professores que desejam ser nossos formandos, com clareza e transparência, e os professores de que necessitamos. São eles:

a) articulação entre exercícios de intracomunicação e de intercomunicação dos formandos entre si, destes com seus formadores, e com os professores em exercício do magistério no Ensino Básico;

b) introdução investigativa do formando no universo do trabalho docente;

c) convergência das disciplinas do curso de formação para a construção de indagações e para a análise das respostas às questões a serem apresentadas pelos formandos aos docentes do universo do trabalho escolar no Ensino Básico;

d) construção de intervenções participativas/colaborativas no universo do trabalho docente observado, a partir de hipóteses de trabalho fundamentadas nos "instrumentos intelectuais" e "instrumentos comunicacionais" adquiridos por meio da docência das disciplinas do curso formador;

e) explicitação dos conhecimentos alcançados e de aprendizagens desenvolvidas, individual e coletivamente, para discernimento de limites e possibilidades profissionais e de compromissos docentes necessários de serem assumidos nos contextos sociais (comunidade imediata e sociedade planetária) em que atuarão.

É importante não perder de vista que os percursos formativos a serem delineados têm por meta a vivência e o desenvolvimento da "atitude e conduta investigativa" essencial à realização da pesquisa-ensino pelo professor-pesquisador.

E que, ao assim se realizarem, tais percursos estarão simultaneamente transformando os atuais "pesquisadores-professores" formadores de docentes – para além de acadêmicos que pesquisam e que ensinam a pesquisar – em, eles mesmos, professores-pesquisadores do Ensino Superior que praticam, em cursos de formação de professores. O que resultará não só na superação da atual estrutura verticalizada da pesquisa-ensino, como também na desarticulação da teoria/prática pela articulação processual/vivencial da teoria/prática.

Fundir-se-ão, dessa maneira, os dois papéis profissionais, o de professor-pesquisador do Ensino Básico e o de pesquisador-professor acadêmico, na figura do PROFESSOR CRIADOR DA CULTURA DOCENTE, articulando saberes e conhecimentos complementares, de professores de diferentes níveis de ensino, em um processo de produção coletiva, potencializado e pontencializador da competência profissional de todos os envolvidos.

REFERÊNCIAS BIBLIOGRÁFICAS

ARROYO, M. *Ofício de mestre*: imagens e autoimagens. 6. ed. Petrópolis: Vozes, 2000.

BATISTA, S.R. *Televisão e formação de professores: a importância da mediação docente*. São Paulo: LTCE, 2005.

CARR, W.; KEMMIS, S. *Teoria crítica de la enseñanza*. Barcelona: Martinez Roca, 1998.

COSTA, R. P. T. "Telepsicodrama: um sonho de Moreno em pesquisa". In: COSTA, R. P. T. (org.). *Um homem à frente de sem tempo*. São Paulo: Agora, 2001.

CUNHA, M. T. Inovação como perspectiva emancipatória no ensino superior: mito ou possibilidade. In: X ENDIPE. *Ensinar e aprender*; sujeitos, saberes e pesquisa. Rio de Janeiro: DP&A, 2000.

D'AMBROSIO, U. Novos paradigmas de atuação e formação de docente. In: PORTO, T. M. E. (org.). *Redes em construção*; meios de comunicação e práticas educativas. Araraquara: Junqueira & Marin Editores, 2003, pp. 55-77.

DEMO, P. *Metodologia do conhecimento científico*. São Paulo: Atlas, 2000.

FISCHER, R. M. B. Mídia, máquinas de imagens e práticas pedagógicas. *Revista Brasileira de Educação*, v. 12, n. 35, pp. 290-299, 2007.

FRANCO, M. A. S. Pedagogia da pesquisa-ação. *Educação e Pesquisa*, 31(3): 483-502, 2005.

FREIRE, P. *Pedagogia da autonomia*; saberes necessários à prática educativa. 7. ed. São Paulo: Paz e Terra, 1996.

GUERRA, M. D. S. *A contribuição da didática em curso de pedagogia para professores em exercício do magistério*. (Tese de doutorado.) São Paulo: FE-USP – Faculdade de Educação da Universidade de São Paulo, 2008.

KENSKI, V. Múltiplas linguagens na escola. In: *Didática, currículos e saberes escolares*. X ENDIPE, Rio de Janeiro: DPBA, 2000.

LUDCKE, M. Investigando sobre o professor e a pesquisa. In: ROMANOWSKI, J. P. et alii (org.). *Conhecimento local e conhecimento universal*; pesquisa, didática e ação docente. Curitiba: Champagnat, 2004.

MEKSENAS, P. *Pesquisa social e ação pedagógica*. São Paulo: Loyola, 2002.

MORIN, E. *Os sete saberes necessários à educação do futuro*. São Paulo: Cortez, 2000.

NÓVOA, A. (coord.). *Os professores e a sua formação*. Lisboa: Dom Quixote, 1992.

PENTEADO, H. D. Formação de professores. In: PENTEADO, H. D. *Metodologia de ensino de história e geografia*. 15. ed. revista e atualizada. São Paulo: Cortez, 2009.

_____. Jogo e formação de professores: videopsicodrama pedagógico. In: KISHIMOTO, T. K. (org.). *Jogo, brinquedo e brincadeira e a educação*. 11. ed. São Paulo: Cortez, 2008.

_____. *Psicodrama, televisão e formação de professores*. Araraquara: Junqueira & Marin Editores, 2007.

_____. Psicodrama, pedagogia e terapia. *Revista Brasileira de Psicodrama*, 13(1): 25-41, 2005.

_____. *Meio ambiente e formação de professores*. São Paulo: Cortez, 2003.

_____. Telepsicodrama para jovens: um percurso histórico. In: PORTO, T. M. E. (org.). *Redes em construção*; meios de comunicação e práticas educativas. Araraquara: Junqueira & Marins Editores, 2003a, pp. 213-229.

_____. Formação docente: um processo de ensino/aprendizagem e trabalho. *Cadernos de Educação*, 20(1): 125-141, 2003b.

_____. *Comunicação escolar*; uma metodologia de ensino. São Paulo: Salesianas, 2002.

_____ (org.). *Pedagogia da comunicação*; teorias e práticas. São Paulo: Cortez, 2002a.

_____; COSTA, R. Telepsicodrama pedagógico, pedagogia da comunicação e educação: formação em temas emergentes e urgentes. In: PORTO, T. M. E. (org.). *Saberes e linguagens de educação e comunicação*. Pelotas/RS: Editora e Gráfica Universitária-UFPel, 2001, pp. 133-154.

_____. *Televisão e escola*; conflito ou cooperação? São Paulo: Cortez, 2000.

_____. Educação, escola e vida: qual a relação. In: KUPSTAS, M. (org.). *Educação em debate*. São Paulo: Moderna, 1998.

_____. Nós e a sociedade da informação. In: KUPSTAS, M. (org.). *Comunicação em debate*. São Paulo: Moderna, 1997.

PERES, L. M. V. Imagens, lembrança de professores: das intimidações primeiras aos saberes profissionais. In: *Seminário de Pesquisa em Educação da Região Sul*, Anais da ANPED Sul, (5), Curitiba, 2004.

PERRENOUD, P. *Dez novas competências para ensinar*. Porto Alegre: Artmed, 2000.

_____. *Construir as competências desde a escola*. Porto Alegre: Artmed, 1999.

_____. *Práticas pedagógicas, profissão docente e formação*; perspectivas sociológicas. Lisboa: D. Quixote, 1999a.

PIMENTA, S. G.; GHEDIN, E. *Professor reflexivo no Brasil*; gênese e crítica de um conceito. São Paulo: Cortez, 2002.

PORTO, T. M. E. (org.). *Práticas de ensino*; a pesquisa como reflexão *na* e *sobre* a ação docente. Pelotas: Seiva, 2008.

_____. Uma mirada na trajetória docente: cartas de quem ensina. *Revista Diálogo Educacional*, PUCPR, Curitiba, 5 (15), 2005.

_____ (org.). A comunicação na escola e a formação do professor. In: PORTO, T. M. E. (org.). *Redes em construção*; meios de comunicação e práticas educativas. Araraquara: Junqueira & Marin Editores, 2003.

_____ (org.). As mídias na escola: uma pedagogia da comunicação para formação docente em serviço. In: *Saberes e linguagens de educação e comunicação*. Pelotas/RS: Editora e Gráfica Universitária – UFPel, 2001.

PRETTO, N. L. Linguagens e tecnologias na educação. In: *Cultura, linguagem e subjetividade no ensinar e aprender*. X ENDIPE, Rio de Janeiro: DPBA, 2000.

SANTOS, V. M. *Formação de professores para o estudo do ambiente, projetos escolares e a realidade socioambiental local*. (Tese de doutorado). Campinas: Instituto de Geociências, Unicamp, 2006.

SILVA, M. *Sala de aula interativa*. Rio de Janeiro: Quartet, 2000.

SOARES, O. P. *A atividade de ensino de história*; processo de formação de professores e alunos. Araraquara: Junqueira & Marin Editores, 2006.

TARDIF, M. Os professores enquanto sujeitos do conhecimento: subjetividade, prática e saberes no magistério. In: X ENDIPE. *Didática, currículo e saberes escolares*. Rio de Janeiro: DP&A, 2000.

ZEICHNER, K. M. *A formação reflexiva de professores*; ideias e práticas. Lisboa: IAG, 1993.

CAPÍTULO 4

Pesquisa-ensino: comunicação, significação e mídias

Heloísa Dupas Penteado

INTRODUÇÃO

Na atualidade, intensos debates se travam entre educadores a respeito da relação na educação entre teoria e prática, intervenção e teorização, pesquisa e ensino, papel do pesquisador acadêmico e do pesquisador do Ensino Básico.

Em meio a tal debate situo a pesquisa-ensino no campo da pesquisa-ação. Identifico-a como pesquisa intervenção que se realiza durante e como ato docente pelo profissional responsável por essa docência.

Infere-se do que está em pauta na discussão atual que aqueles que se contrapõem à pesquisa-ação na educação escolar:

- ou entendem a intervenção na prática social escolar como início e fim último desse modelo de pesquisa, inviabilizando a construção teórica;
- ou detêm-se na compreensão da teoria e prática docente como duas ações independentes, distintas, que não se tangenciam, e cuja relação só se realizaria de maneira unívoca, da teoria para a prática, o que, na verdade, carrega resquícios de compreensão positivista da ciência;
- ou defendem uma concepção de "teoria pura", sustentada pela ideia de que a utilidade dos conhecimentos teóricos para práticas sociais lhes confere o caráter "instrumental" (o que, nessa concepção nega, aniquila ou deturpa o caráter teórico), e atribuem à ação por ela orientada o caráter de "praticismo", incorrendo assim em duplo reducionismo;

- e, como consequência dessas concepções, concebem hierarquicamente o papel do pesquisador-professor acadêmico e do professor-pesquisador do Ensino Básico, dando àquele a função de "produzir teoria", e a este a função de "proceder à prática docente".

Tais reflexões levam necessariamente a algumas questões que precisamos enfrentar, nessa busca por maior lucidez sobre metodologias específicas de pesquisa na área das ciências humanas, adequadas ao fenômeno pesquisado, que, no caso aqui considerado, é o processo de ensino-aprendizagem escolar, o qual se realiza na relação docente/discentes com o conhecimento.

O processo de ensino-aprendizagem escolar é um fenômeno social em que:

- tanto o pesquisador quanto o objeto de pesquisa são seres humanos, ou seja, seres sociais e de comunicação, dotados de objetividade, subjetividade e capacidade de significação;
- enquanto tal, eles são orientados em suas ações docentes, discentes e de pesquisa, por desejos, móveis da ação.
- e desse modo dispõem de capacidade suficiente para efetuar análises e avaliações de suas ações, que permitem o discernimento dos desejos que impulsionam essas ações, das possibilidades e dos limites delas.

PROBLEMATIZANDO CRÍTICAS À PESQUISA-AÇÃO

Diante dessa realidade, algumas problematizações se fazem necessárias às críticas da pesquisa-ação e, consequentemente, da pesquisa-ensino aqui focalizada, enquanto uma modalidade de pesquisa-ação na educação escolar.

Um grupo de questões incide sobre a necessidade de clarear melhor concepções de teoria em voga.

A negação da teoria subsidiando a prática, que nessa concepção tem caráter instrumental, é sugestiva de indagações e de esclarecimentos como:

- O que nos diz a história da ciência a esse respeito?
- Do que se ocupa a "ciência pura", no campo das ciências humanas?
- Pesquisa de caráter teórico e a de caráter empírico não se tangenciam?
- Existe alguma produção, teórica ou empírica, desvinculada de desejos, sejam de transformação, reforma ou conservação da prática social, no campo das ciências do comportamento?
- Que relações se podem estabelecer entre a chamada "teoria pura" (cujos móveis de produção supostamente não se prendem a problematizações da prática) e a chamada "teoria instrumental" (que se constrói a partir da problematização da prática)?

Um segundo grupo de questões nos remete à natureza do próprio fenômeno alvo da pesquisa-ensino, que é o processo de ensino-aprendizagem escolar.

A negação de reconhecimento da pesquisa realizada pelo professor-pesquisador do Ensino Básico nos encaminha a indagações sobre a ação docente.

Afinal, o que caracteriza a docência é:

- Uma atuação reprodutora, com o conhecimento já consolidado, nas relações sociopedagógicas vividas junto aos alunos?
- Uma relação de trabalho que reconhece os sujeitos da educação – professor e alunos – enquanto seres responsáveis e capazes de significar essa relação, ou sujeitos passivos e administrados, o aluno pelo docente, e este pelas regulações oficiais decorrentes de políticas públicas mais ou menos fundamentadas?

E mais ainda:

- Em regimes democráticos, como mudam as políticas públicas?
- Qual é o poder político da docência em regimes democráticos? Ou a docência é desprovida de qualquer poder?
- Que relações se podem estabelecer entre o poder político profissional da docência e o poder das políticas públicas?

Um terceiro grupo de indagações nos conduz às próprias concepções de pesquisa que norteiam as críticas à pesquisa-ação no campo da educação escolar.

Pesquisa científica compreende sempre uma ação investigativa de fenômenos ou conceitos, problematizados de maneira teoricamente referenciada pelo pesquisador, e da qual se espera ou uma confirmação da teoria já existente, ou um acréscimo, ou mesmo a sua superação.

Não se trata, portanto, de qualquer atuação investigativa aleatória.

Cabe, pois, indagar:

- Como se processa a relação do professor-pesquisador do Ensino Básico com a teoria de referência já produzida sobre fenômeno por ele pesquisado?
- Como relaciona essa teoria com a intervenção investigativa docente a que procede no processo de ensino-aprendizagem a seu encargo?
- Como se relaciona o pesquisador-professor acadêmico, produtor de teoria sobre o processo de ensino-aprendizagem, com o fenômeno do ensino-aprendizagem, que ocorre em sala de aula no Ensino Básico?

Um quarto grupo de indagações encaminha reflexões sobre os conceitos de reforma, ruptura, transformação, criação, processo.

- Que relações existem entre esses cinco conceitos: reforma, ruptura, transformações, criação e processo?
- O professor-pesquisador do Ensino Básico que pesquisa sua prática docente, enquanto ato de docência, se reforma, se transforma, rompe com todas as suas concepções e condutas docentes anteriores?

Acreditamos já ter dado início a ensaios de algumas respostas a essas questões, quando tratamos da formação do professor-pesquisador para o Ensino Básico, nos capítulos anteriores.

Não temos a pretensão de nos embrenharmos em respostas a todas as questões aqui levantadas, e muito menos de termos esgotado as indagações que se fazem necessárias.

A intenção é de que elas sejam uma provocação a todos aqueles educadores interessados no esclarecimento das possibilidades, propriedades e limites da pesquisa-ação no campo da educação escolar, na modalidade "pesquisa-ensino", aqui focalizada.

Neste capítulo nos deteremos na consideração de alguns pontos que acreditamos de referência fundamental para a pesquisa-ensino:

• a complexidade da realidade social humana, pesquisada pelas ciências sociais;

• a interdisciplinaridade exigida nos estudos sobre o social, por essa complexidade do real e pela consequente divisão do processo social do trabalho, para melhor apreensão da realidade e da construção do conhecimento sobre ela;

• o ser humano como um ser social e, portanto, um ser de comunicação, midiático, e com capacidade de significação.

Consideramos serem esses três pontos essenciais para melhor entendimento da especificidade dos fenômenos investigados pelas ciências do comportamento, que permitem e mesmo exigem a inauguração de procedimentos de pesquisa (que não encontram respaldo no modelo positivista de ciência) possibilitadores de aproximações inéditas do conhecimento de fenômenos sociais em sua modalidade escolarizada.

PESQUISA-ENSINO: COMUNICAÇÃO E SIGNIFICAÇÃO

Enquanto método científico de pesquisa, a pesquisa-ensino, como uma modalidade de pesquisa-ação e, portanto, de pesquisa científica, não prescinde da teoria nem tem o seu fim na prática docente, embora possa deter-se nela na atualidade, devido à ainda incapacidade institucional (ou ainda à resistência de profissionais, reforçadora da incapacidade institucional) de absorver e incorporar todos os conhecimentos daí provindos, no corpo de conhecimentos teóricos da ciência.

Enquanto tal, a pesquisa-ensino configura um processo cujo percurso passa por incursões necessárias na teoria já existente, na prática exercida que simultaneamente se pesquisa, em exercícios de reflexão individual e/ou coletiva em que teoria e prática se mesclam e se articulam, em elaborações e reelaborações de conhecimento.

Portanto, é imprescindível distinguir propriedades do método de pesquisa da capacidade social institucional de absorção e incorporação de novos métodos de conhecimentos, bem como de novos conhecimentos provindos de novas metodologias científicas.

Enquanto pesquisa social, a pesquisa-ensino incide sobre relações sociais que se tecem no trato com o conhecimento na escola, em indagações que orientam as práticas investigativas e que se renovam ao longo dela, em alternâncias que se sucedem nesse caminho.

Esclarecer o mais possível tais relações e suas implicações para o processo de ensino-aprendizagem, em que a docência intervém, é sua meta. E se constitui ela mesma em relações sociais necessárias para a consecução de seus fins.

Tais relações têm início com uma relação sociopedagógica que se caracteriza pela comunicabilidade entre os sujeitos da educação escolar, professor e alunos. Nessa relação o professor precisa proceder ao exercício da alteridade, ou seja, colocar-se no lugar do aluno, o que o leva a querer compreender – para buscar superar – os problemas e/ou as dificuldades experimentadas pelos discentes em seu processo de aprendizagem e percebidas por ele. Além disso, faz com que seja capaz de autocrítica, enquanto sujeito significante, o que lhe permite se assumir como uma das variáveis intervenientes no processo de ensino-aprendizagem escolar, assim como se dispor a compreender esse processo a partir de outros ângulos.

Trata-se, pois, de relação sociopedagógica bem diferente daquela que caracteriza o ensino mais próximo do modelo tradicional, informativo por excelência, correndo por uma suposta via de mão única, do professor para o aluno.

Na relação comunicacional de ensino, professor e alunos alteram-se nos papéis de emissores e receptores de mensagens, que vão tecendo tramas de indagações e filões de conhecimentos (Penteado, 2002).

A postura investigativo-científica na docência encaminha o professor a uma outra relação com a teoria, ou seja, com o conhecimento científico já produzido sobre o ensino.

E essa relação pode se realizar por vários caminhos.

A distância, quando se dá por intermédio de mídias, tais como livros, CDs, videoconferências etc., que colocam o professor em contato indireto com a produção de teóricos e estudiosos da educação.

Presencialmente, através de pesquisas colaborativas em que pesquisadores-professores acadêmicos são convidados por professores-pesquisadores do Ensino Básico (ou vice-versa) para serem parceiros de pesquisa do fenômeno da docência. Ocasião em que o docente pesquisador do Ensino Básico conta com assessoria teórica de pesquisadores-professores universitários, e estes têm a oportunidade de se aproximar vivencialmente do fenômeno estudado, pelas relações comunicacionais que mantêm com os sujeitos do fenômeno, em situação de pesquisa no Ensino Básico (Garrido E. et alii, 2002).

Trata-se de uma incipiente situação interinstitucional de profissionais exercendo trabalhos em equipe que, ao superar um modelo sectário de divisão social do trabalho, inaugura possibilidades de condutas interinstitucionais de pesquisa, com maiores amplitudes de elaboração do conhecimento sobre o processo de ensino-aprendizagem desenvolvido no Ensino Básico.

Essa situação de profissionais atuando interinstitucionalmente começa a cunhar uma nova divisão de trabalho, exigida por sociedades complexas, o que possibilita melhor aproveitamento dos conhecimentos avançados, tais como:

- a qualificação da prática docente e de pesquisa do professor-pesquisador do Ensino Básico;
- o registro, pelo professor-pesquisador, de dados do processo de docência, constituindo recursos para a reflexão sobre ela, para a problematização, para a elaboração de hipóteses de intervenção transformadora;
- o registro, pelo pesquisador-professor acadêmico, das elaborações teóricas alcançadas em reflexões conjuntas entre o pesquisador-professor acadêmico e o professor-pesquisador do Ensino Básico, nesse trabalho de equipe.

Embora seja um procedimento ainda não institucionalizado, e que ocorre de modo mais ou menos pontual, já tem gerado artigos, relatórios e mesmo livros seminais, promotores da multiplicação do uso dessa metodologia.

Uma terceira via de realização da pesquisa-ensino tem ocorrido pelos caminhos da pós-graduação, utilizada por professores do Ensino Básico, para pesquisarem suas docências. Encontram nesse caminho institucional a oportunidade, disponibilizada pela orientação do pesquisador-professor acadêmico, do apoio teórico de que sentem necessidade para fundamentar a sua prática docente/investigativa e elaborar o registro teórico dos conhecimentos alcançados, em suas teses.

MODALIDADES COMUNICACIONAIS DA PESQUISA-ENSINO E PROCESSOS DE PENSAMENTO

Enquanto procedimento comunicacional de pesquisa e de ensino, a pesquisa-ensino é qualificadora de procedimentos investigativos e de docência, dos discentes e do docente, sendo assim de importante realização em qualquer nível de ensino, como já consideramos no texto sobre "Pesquisa-ensino e formação de professores".

No caso da "comunicação a distância" do professor-pesquisador do Ensino Básico com a teoria, diferentes possibilidades de relação com o conhecimento já elaborado podem ocorrer. Isso pode acontecer a partir de uma apreensão positivista, em uma modalidade de "aplicação" do conhecimento teórico. O que certamente levará o professor a descobrir sua situação de ensino como peculiar e única, à qual a "teoria não se ajusta como uma luva às mãos".

Se o processo de pensamento do professor-pesquisador do Ensino Básico for realmente um processo crítico, ele problematizará tal ocorrência. Indagar-se-á:

- Por que tal conhecimento não se aplica a esta realidade?
- Existe algo nela que encontra ressonância na teoria?
- No que se difere dela?

E, por essa via, será possível que elabore hipóteses investigativas de trabalho que o desinstale de certezas absolutas e de verdades prontas e acabadas, o que poderá encaminhá-lo a trabalhar com incertezas, bem como a desenvolver o pensamento reflexivo, e consequentes intervenções construtivas em sua docência.

Se o professor se detiver no pensamento constatativo de que "a teoria não se ajusta à sua realidade de ensino como uma luva nas mãos", certamente ele se deterá na convicção equivocada de que "na prática a teoria é outra".

No caso de comunicação presencial com a teoria, via pesquisa-ensino colaborativa comunicacional, tanto o pesquisador-professor acadêmico como o professor-pesquisador do Ensino Básico partilharão a vivência do exercício da reflexão conjunta, propiciadora do desenvolvimento do raciocínio em suas modalidades crítica e reflexiva: o pesquisador-professor acadêmico pela relação corpo a corpo que passa a ter com uma das variáveis significadoras do fenômeno pesquisado, com a qual se encontra comprometido – o professor-pesquisador do Ensino Básico. E este, pela relação corpo a corpo com o pesquisador-professor acadêmico, conhecedor/produtor de teoria, habilitado para, e comprometido com condutas de pesquisa que passam então a serem elaboradas/analisadas coletivamente, resultando em qualificação da intervenção docente do professor-pesquisador do Ensino Básico e na produção de conhecimentos dos quais esse professor-pesquisador e o pesquisador-professor acadêmico são parceiros.

Nessa modalidade de pesquisa-ensino um reconhecimento institucional das limitações de condutas segmentárias e parcelares começa a ocorrer, rumo a possibilidades abertas pelo trabalho coletivo, aglutinador de saberes, experiências e conhecimentos diversos, aberto a uma avaliação plural.

Reconhecimento ainda pontual, posto que ocorre em "brechas" institucionais exploradas por aqueles profissionais do ensino que não se detêm no pensamento crítico e ousam o pensamento reflexivo. Mas, ainda que pontual, é um sinal de esgarçamento e de transformações das atuais limitações institucionais, anunciando possibilidades viáveis de mudança, qualificadoras das ações dos profissionais, tanto de docentes quanto de pesquisadores envolvidos.

Já no caso da comunicação presencial do professor-pesquisador do Ensino Básico com a teoria, pelas vias institucionais da pós-graduação, em que o maior ônus dessa formação cientifica atualmente corre por conta do pós-graduando, acrescenta-se aos ganhos da modalidade anterior – da pesquisa-ensino colaborativa comunicacional – o fato de muitos mestrandos e doutorandos elaborarem suas teses a partir de pesquisas sobre suas próprias docências no Ensino Básico, alcançando um duplo resultado: a transformação buscada para sua intervenção docente e a autoria do registro teórico de suas pesquisas e dos conhecimentos por elas gerados.

A vivência do duplo papel, de professor-pesquisador do ensino básico e de pesquisador acadêmico que o habilita ao exercício da função de pesquisador-professor acadêmico, explicita e concretiza a possibilidade e a importância do papel da pesquisa na formação do "docente produtor de conhecimento": seja no Ensino Básico, onde certo número (ainda que não muito grande, na atualidade, devido à ausência de desejáveis e necessárias condições de trabalho) de pós-graduados se mantém, seja no Ensino Superior, para onde vários deles migram.

A docência investigativa do professor do Ensino Básico, em quaisquer de suas modalidades, e mais em umas do que em outras (no modelo de pesquisa-ensino presencial, seja a colaborativa ou as realizadas na pós-graduação, ocorre maior estimulação/partilha da relação com o conhecimento, nas atuações respectivas e concomitantes de professor-pesquisador do Ensino Básico e de pesquisador e/ou professor-pesquisador acadêmico), cria uma relação ativa dos sujeitos da educação com o conhecimento elaborado, abrindo caminhos de *re*-elaboração.

Nessa relação os alunos não são meros receptores, mas interagem com o conhecimento a partir de suas experiências de vida (midiáticas, escolares, familiares etc.); são confrontados com as diferentes interações dos colegas; exercitam a alteridade, mobilizados por problematizações que lhes são postas; desenvolvem, com o professor, uma atitude indagativa, reflexiva, a partir da qual referendam ou reelaboram seus conhecimentos iniciais, ao mesmo tempo que os professores vão construindo e reconstruindo processualmente suas identidades profissionais.

Essa vivência indagativa/construtiva com o conhecimento permite aos alunos: apreender a historicidade da construção do saber, exercitar o pensamento constatativo e crítico e, também, a reflexão e a tomada de decisões pessoais e coletivas. Condutas essas essenciais ao desenvolvimento de condutas democráticas.

Protagonizar tais condutas é papel de uma escola que pretende formar cidadãos construtores de uma sociedade democrática.

Em sociedades autoritárias, cujo modelo norteou quatro séculos de nossa história, espera-se que, "informados", os agentes sociais cumpram as informações. Para tal sociedade ajusta-se uma escola informativa, que se paute por um processo de ensino-aprendizagem massivo, decorrente de uma docência impessoal, que não comporta a alteridade do professor exigida pelo caráter comunicacional da pesquisa-ensino. Nesta, a participação lúcida e construtiva dos sujeitos da educação – professor e aluno – e a construção processual da identidade cidadã de ambos, e a de profissional do professor, são os fundamentos básicos.

E descobrir-se produtor de conhecimento, pela via da pesquisa-ensino, recupera para a autoimagem docente (socialmente solapada) reconhecimento e valorização pessoal, reconstruída na subjetividade do docente, de convicção profunda e mobilizadora.

SIGNIFICAÇÃO, INFORMAÇÃO, COMUNICAÇÃO

O exercício da alteridade e da problematização exigido pela pesquisa-ensino leva o professor-pesquisador do Ensino Básico a se defrontar com um aluno irrequieto, ávido de participação, desinteressado de modo geral dos conteúdos escolares desvinculados de seus interesses, e, normalmente, muito interessado nas mídias eletrônicas, dentre as quais a TV goza de ampla penetração, e a internet vem impondo sua presença.

Em razão da amplitude da cobertura geográfica da TV, do poder de sedução desencadeado pela estética das imagens televisuais, os conteúdos e condutas por ela transmitidos estão sempre presentes em conversas e atitudes de nossos escolares, que são no mínimo intrigantes para um professor que consegue se pôr no lugar de seu aluno e que problematiza as condutas escolares dele.

Por que uma TV informativa (e não comunicacional) atrai e envolve crianças e jovens; ao contrário do que acontece em escolas que se pautam pelo modelo tradicional de ensino, também informativo, centrado no professor como fonte de conhecimento e na mídia livro (é verdade que não trabalhada enquanto mídia, mas como portadora de verdade inquestionável)?

Feita a indagação, é preciso reconhecer a intensa presença da linguagem televisual na vida de nossos alunos, analisá-la, conhecer suas propriedades e impropriedades educacionais.

É então que a beleza, o colorido, o som, o movimento das imagens, a familiaridade delas com o cotidiano dos alunos se explicitam como variáveis importantes na interlocução com o receptor, que a mídia tem por meta render aos seus propósitos, em geral consumistas, conservadores e alienantes.

É quando então a suposta interatividade das mídias eletrônicas se explicita a esse professor como um "ativismo", destituído de reflexão, em geral sempre provocativo de adesão imediatista, de escolha meramente emocional entre o "sim" e o "não", alimentadora de posturas maniqueístas, reducionistas, encobridoras das múltiplas facetas da realidade, inibidoras dos exercícios da reflexão sobre os fatos apresentados (Soares, 2005). Ativismo com o qual crianças e jovens se envolvem prazerosamente, a partir da "sensação de participação" que tais mídias propiciam, manipulando energia corporal própria da infância e da juventude. Respostas às enquetes televisuais, via telefonemas (pagos pelo receptor!) ou internet, colocam os corpos jovens em movimento e disponibilizam oportunidades de expressão. Ainda que premidas entre o "sim" e o "não", garantem a "sensação" de "serem ouvidos" e, de assim, "sentirem-se considerados e incluídos".

Na internet, os jogos mobilizam os seus corpos e estimulam capacidades de decisão motora/espacial em suas resoluções; colocam os jovens em interação com outros jovens, desenvolvendo o que vem sendo denominado por estudiosos da cibercultura de "socialidade", ou seja, uma "sociabilidade a distância", com seus pares, na ausência de corpos presentes, e que penetra a intimidade de suas casas e de seus quartos, invadindo espaços privados de relacionamento social, subtraindo e, mesmo em muitos casos, substituindo momentos formativos de relacionamento familiar.

Essa nova "sociabilidade", a "socialidade", é estimuladora da participação, sempre inibida por regimes autoritários, como é o caso de nossa história brasileira de quase quatro séculos dessa modalidade de organização político-social, cujas marcas estão presentes até hoje em condutas submissas perante "autoridades". Essa socialidade virtual, por se realizar na ausência da presença física do outro, nas relações internéticas e televisuais, abre comportas de participação, estancadas ao longo da história e/ou reprimidas por "informações midiáticas" que ainda hoje desconsideram o conhecimento de que o outro é portador, supondo-o um recipiente vazio a ser preenchido e monitorado por elas.

Ainda que parciais e direcionadas, tais participações convidam à expressão pessoal entre os pares de faixa etária, propiciando ensaios, predispondo-os a, e dotando-os de destreza pessoal para a sociabilidade com seus grupos de idade e sexo, bem como para a sociabilidade com eles em situações presenciais de convivência.

Além do que, as iniciativas de busca apresentadas pela internet, propostas por signos imagéticos de compreensão intuitiva, convidam ao desbravamento dos mecanismos de procura midiáticos, conduta esta reforçada pela novidade dos achados possíveis de acessar, pelo prazer da descoberta decorrente da ousadia da "navegação". O que, na verdade, estimula e desenvolve condutas de busca, de procura, recurso comportamental essencial para encaminhar condutas indagativas e de predisposição à pesquisa.

Comunicar-se, procurar informações, descobrir, expressar-se, ser acolhido, aliados ao prazer da experiência estética de múltipla estimulação (beleza, som, cor, movimento), são características positivas desses textos midiáticos tão bem recebidos pela nossa juventude, ainda muito pouco absorvidos nos trabalhos docentes escolares, e nada desprezíveis no processo de socialização (educação informal ou não escolarizada) desenvolvido por tais mídias.

Todavia, como aproveitá-las na escola, evitando os efeitos maléficos decorrentes principalmente dos valores perseguidos pelas mídias eletrônicas, como o consumismo e o conformismo? Como separar o joio do trigo? É possível aproveitar esses textos midiáticos na escola, isolando as perniciosas características da alienação a que submetem seus receptores?

Como fazer isso, se até o momento em que este texto está sendo escrito a participação da sociedade na construção de critérios de classificação de programas de TV, opinando sobre a qualidade dos mesmos para crianças e jovens, a fim de orientar horários adequados de exibição a serem observados pelas emissoras, é "estrategicamente" estigmatizada como "censura" pelas mídias? Ocasião mesmo de que se aproveitam para se apresentarem como "defensores dos direitos dos pais"?

A TV, lançando mão de seu sedutor discurso imagético, vem apresentando um quadro em que uma bonita criança, saudável, limpa, bem penteada, bem-vestida, é apresentada com várias mãos adultas superpostas lhe vedando os olhos. Cada par de mãos vai sendo retirado com um comentário sobre os supostos censores da recepção infantil, para finalizar concluindo que cabe aos pais a seleção de programas a serem vistos pelos filhos.

Isenta-se assim de sua responsabilidade educativa, definida na constituição como uma de suas finalidades, ignorando a situação atual, muito frequente, em que, em razão da pobreza, os pais ficam ausentes dos lares por estarem envolvidos em prolongados e diferentes turnos de trabalho para garantia da sobrevivência, motivo pelo qual a TV funciona como "babá eletrônica" dos filhos.

Ignora ainda que os tempos de violência em que vivemos recomendam, em diferentes tipos de família, a retenção das crianças dentro de casa, ambiente supostamente mais seguro e, no entanto, invadido pela violência televisual, desde a violência sub-reptícia, que conquista para o consumismo, até a violência brutal e explicita da força física e do desrespeito sempre presente em filmes, passando ainda pela violência ética, perpetuada pelos comerciais de bebidas, pelos Big Brothers Brasil, dentre outros conteúdos de programas.

E, como se não bastasse, desconsidera ainda o nível de escolaridade de enorme contingente de nossa população, pequeno e de má qualidade, que rende os pais, culturalmente desamparados, à sedução da estética televisual, mergulhando-os, sem que disto se deem conta, em propósitos alienantes.

"Zelosamente" compromissada em administrar o pensamento de seus receptores, com o quadro da criança de "olhos vedados pelas múltiplas mãos", traz de volta à memória dos telespectadores, em um discurso pretensamente democrático, os tempos de "censura" do período da ditadura militar, sem colocar em discussão pública o que é "controle de qualidade".

Estariam os produtores da mídia TV dispostos a defender a abolição do "controle de qualidade" dos produtos disponíveis no mercado de bens, tais como alimentos, remédios, automóveis etc.? Estariam dispostos a considerar o Procon como institucionalização da censura, em vez de recurso democrático institucionalizado dos direitos do consumidor?

Todas essas considerações colocam para nós, educadores, como questão crucial, em sociedades tecnológicas como a nossa, a questão a que nos referimos anteriormente: é possível aproveitar esses textos midiáticos na escola, isolando as perniciosas características da alienação a que submetem os receptores?

PESQUISA-ENSINO E MÍDIAS ELETRÔNICAS

A análise comparativa que se pode estabelecer entre o modelo tradicional de ensino e o modelo comunicacional de ensino revela:

O modelo tradicional de ensino:

- informativo de um conhecimento elaborado, transmitido de forma alheia às experiências de vida do aluno e de seu entorno;
- com suporte no texto escrito e na mídia livro.

O modelo comunicacional de ensino:

- servindo-se de diferentes linguagens (escrita, musical, corporal) e de diferentes mídias (livro, vídeo, cinema, teatro, TV etc.), contextualizando o conhecimento elaborado e a situação de ensino em que é trabalhado, por meio dos processos comunicacionais de ensino-aprendizagem que envolve;
- promovendo a observação de situações reais e concretas ao alcance dos alunos;
- propondo exercícios de raciocínio que provoquem o caminhar do pensamento constatativo ao pensamento crítico, por meio de problematizações;
- desenvolvendo sensibilização e abertura para identificação e/ou criação de ações sociais possíveis de serem incrementadas, e/ou reivindicadas, ou até partilhadas de modo organizado, nas situações constatadas;

- cultivando condutas pessoais colaborativas adequadas a cada faixa etária, para a resolução de problemas verificados, e/ou preservadoras e estimuladoras de situações positivas encontradas.

Tudo isso tendo por meta uma aquisição de conhecimento que se elabora no conjunto de procedimentos escolares protagônicos/cognitivos, levando em consideração as relações de alunos e professores com as mídias tecnológicas na atualidade.

Tal posicionamento nos encaminha a indagações: é possível tirar lições dos textos midiáticos, que seduzem nossas crianças e jovens? É aconselhável introduzir tais textos nos trabalhos de docência escolar?

Ignorar os textos midiáticos na escola é ignorar a realidade em que vivem nossos alunos e abandoná-los à sedução das mídias eletrônicas.

Incluir tais textos no ensino escolar é assumir duas finalidades imprescindíveis da escola em sociedades tecnológicas, a saber: a transformação da informação em comunicação e conhecimento e a estimulação e cultivo da capacidade de significação humana, por meio da qual se cria cultura e se formam cidadãos conscientes para a vida em democracias.

Analisando todos os recursos aqui destacados, dos quais a mídia lança mão para conquistar seus receptores e rendê-los a seus propósitos, nos deparamos com a "pedagogia das mídias", composta de dois blocos.

Em um desses blocos localizamos estratégias interessantes para o envolvimento da audiência nos propósitos midiáticos, que integram atuações pedagógicas muito produtivas. Dentre tais estratégias, localizamos a disponibilização: da experiência estética de múltipla estimulação (som, cor, movimento); da interatividade com as situações propostas; de exercícios da capacidade de decisão motora; da mobilização da energia corporal; da oportunidade de expressão pessoal em algum grau, da atitude de busca, de procura, da vivência do prazer da descoberta, da sensação de participação.

O outro bloco de estratégias, na verdade embutido no primeiro bloco, expõe os recursos midiáticos perniciosos que encaminham à alienação. São eles:

- o ativismo;
- a provocação de adesão meramente emocional;

- a consideração bipolar de situações apresentadas para "escolhas" fechadas entre "sim" e "não";
- a provocação da falsa sensação de participação;
- a apresentação da "parte pelo todo", destacando apenas alguns aspectos do fenômeno focalizado e silenciando sobre os demais.

Trata-se, em poucas palavras, da não estimulação a exercícios de "significação" das ações, decorrente dessas estratégias.

A respeito da pedagogia da comunicação, Porto (2008) considera importante recuperar o processo de comunicação/partilha/participação no processo educativo, no qual professores e alunos interagem, mediante estratégias e instrumentos que possibilitam compreender o mundo e expressá-lo para viver melhor.

Eu mesma afirmo, em trabalho anterior (1998), que na metodologia comunicacional de ensino todos os sujeitos da educação

> se entrelaçam em relações sociopedagógicas através das quais se realiza a comunicação escolar. Essa metodologia prepara o aluno através de experiências de tomadas de decisões conjuntas (entre si e com os professores) para a aquisição de valores e para o desenvolvimento de competências, atitudes, habilidades necessárias para se viver nas relações sociais características de uma sociedade democrática.

Colocar nossos alunos em frente de quadros televisuais apresentados com aparente inocência e candura, bem como estabelecer com eles um jogo de descoberta dos aspectos que não foram abordados, propicia exercícios de leitura e de pensamento diante de um tipo de texto, sobre o qual se acredita não precisar aprender a ler, por guardar com a realidade uma "semelhança" imediata que supostamente permite sua fiel identificação.

É no "analfabetismo midiático" que reside o grande problema: a curto prazo, a indução a ações aparentemente singelas, às quais os receptores ficam expostos e administrados; a longo prazo, a sementeira de cidadãos nada exigentes, que engolem goela abaixo o que lhes aparece pela frente. Em outras palavras: a longo prazo, a formação de cidadãos dóceis e acomodados, incapazes de uma demanda exigente, reivindicadora de TV de qualidade para todos.

Em tese de doutorado defendida recentemente na ECA/USP, Viana (2005) analisa jogos com a Barbie na internet, muito praticados por crianças de escola por ele pesquisada, e que sub-repticiamente valorizam e incitam o consumismo. Em um deles a boneca encontra-se em meio a inúmeros pares de sapato, com os quais cabe à criança jogadora ir calçando a boneca e apreciando os efeitos. Em situações semelhantes, a boneca encontra-se em meio a inúmeras perucas ou inúmeros vestidos, com o que as jogadoras vão "produzindo" a boneca e apreciando os efeitos.

Aparentemente, nada mais inocente. Sem violência, esteticamente agradável, às vezes bonito, às vezes jocoso, dependendo das combinações realizadas.

O que está oculto? O que não se explicita?

O cultivo "pedagogicamente" bem encaminhado pela mídia, prazeroso, bonito, sedutor, engraçado, mobilizador da interação e dos movimentos corporais de participação da criança, "não encaminha vivências de significação, de exercícios de sensibilização e de pensamento, adequados à faixa etária das jogadoras".

Que fazer então? Ser desmancha-prazer e proibir às crianças o acesso a tais jogos? Mas a Barbie existe no universo infantil, mesmo das que não a possuem. Ela está nas vitrines, em propagandas, nas telas da TV e... nos sonhos e desejos infantis! Privar as crianças do acesso ao jogo, disponibilizado pela internet, seria ignorar esse traço de realidade/fantasia infantil, além de impedi-las do prazer de uma experiência estética. É então preciso compreender que "os caminhos superadores dos efeitos negativos das mídias passam pela própria mídia".

Uma alternativa seria utilizar jogos com a Barbie, propondo, por exemplo, às crianças, depois de jogarem um pouco: será que a Barbie sabe andar descalça? Depois, recolher as respostas, quaisquer que elas sejam, sem censura e indagando na sequência: quem aqui gosta de andar descalço?

Devem-se acolher igualmente tanto respostas afirmativas quanto negativas, procurando sempre saber os porquês dos gostos e desgostos, acatando-os, problematizando quando for o caso; propondo às crianças uma experiência de caminhar descalça por ambientes diferentes (por exemplo, a sala de aula, um corredor da escola, o pátio ou o jardim), e recolhendo as impressões sentidas, a cada experiência; indagando se é recomendável andar descalço em qualquer lugar e abordando os possíveis problemas daí decorrentes.

São, portanto, estas algumas formas de implementar o exercício da significação, de provocar relações entre o jogo e as experiências vividas, de propiciar a participação em atividades com sentido e a interação entre os pares, utilizando a energia corporal das crianças e suas experiências de vida.

Pode-se ainda voltar ao jogo da internet e propor-lhes problemas como, por exemplo: a Barbie estava andando com esse sapato (escolher um que seja de salto muito alto, ou aparentemente muito apertado ou abafado) e torceu o pé e sentiu muita dor; ou fez bolhas muito doloridas no pé. Quais seriam então os melhores sapatos para ela calçar? Tal problema propicia exercícios de observação dos calçados expostos e busca de sentido da escolha para sua utilização. Precisamos de tantos sapatos assim? Vamos contar quantos pares de sapato cada um de nós tem? Vamos ver quais são melhores para andar? E para apostar corrida? Será que existe alguém que não possui nenhum par de sapatos?

Enfim, a criatividade e experiência do professor voltado para a importância da escola ensinar a pensar, que implica não ignorar a realidade em que nossos alunos estão inseridos, propiciar exercícios de observação, de estabelecimento de relações entre os fatos observados e os sentimentos experimentados com as experiências propostas, de intervenção lúdica ou real (quando possível), propiciará inúmeras alternativas docentes significativas.

Para tanto, é importante que também o professor vivencie ele próprio as atividades propostas aos alunos, em sua própria pele e em seu próprio corpo, sensorialmente, e as articule intelectualmente com os saberes adquiridos pelos sensores de nosso corpo, por intermédio dos quais incorporamos a realidade e elaboramos nossas representações mentais.

Por esse tipo de vivência, o professor acaba descobrindo suas próprias possibilidades de desenvolver atividades docentes significadoras, muito além das aqui apresentadas, uma vez que tais vivências recuperam saberes de vida, decorrentes das diferentes experiências e sensibilidade de cada um de nós.

Alternativas docentes significadoras são aquelas atividades escolares que criam a oportunidade de aliar sentimento e intelecção em experiências escolares cognitivas, que não só propiciam o exercício da busca de resposta com sentido a uma questão ou situação proposta, adequada ao nível de maturidade afetivo-intelectual de cada faixa etária dos alunos, como também o prazer da descoberta decorrente dessa busca.

Mas há que se considerar também que não só pelas mídias eletrônicas e suas linguagens passam os caminhos superativos de seus efeitos perniciosos.

Dentre os produtos da mídia impressa, temos livros, revistas, jornais da atualidade, textos literários da literatura infantil e juvenil, focalizando a mídia eletrônica como componente de nossa realidade; alguns com enfoque crítico, outros não.

Mas todo eles constituindo rico material didático a ser utilizado em "alternativas docentes significadoras", que trabalhem a mídia impressa enquanto mídia. O que significa não "sacralizar" o texto escrito, mas criar situações comunicacionais sensitivos-intelectivas dos alunos com ele, o que implica indagá-lo, problematizá-lo, dialogar com ele, duvidar dele, compará-lo com a realidade por ele focalizada, brincar com ele, modificá-lo, reinventá-lo, situá-lo no tempo e no espaço de sua produção, relacioná-lo com o tempo e espaço dos jovens leitores.

A esse respeito, Oliveira (1996 e 2008), em seus estudos e pesquisas sobre ensino de literatura infantil, oferece sugestivo material informativo e pedagógico para trabalho com alunos em salas de aula.

Também na metodologia psicodramática de Moreno (1975), que busca recuperar a espontaneidade humana, encontramos recurso indispensável à criatividade. O mesmo acontece com a metodologia telepsicodramática, em desenvolvimento por Costa (2001), tendo a obra de Moreno como referência e os recursos da mídia eletrônica como instrumentos. Os vídeos psicodramáticos produzidos constituem valiosos recursos de ensino emancipador.

Em livro publicado em 2007 apresento resultados de pesquisa em ensino, tendo o telepsicodrama avaliado como recurso didático e a metodologia psicodramática como procedimento de ensino, junto a professores em exercício, educadores em cursos de pós-graduação e professorandos em cursos de graduação.

Procedendo às atividades de significação em diferentes níveis de ensino, desde a Educação Infantil até o Ensino Médio, passando pela educação fundamental, estaremos construindo os alicerces da "significação" na infância e ao longo de todo o percurso da educação básica.

E, certamente, obteremos como resultado, a médio e a longo prazo, agentes sociais sensíveis às mensagens sub-reptícias dos textos midiáticos, reivindicadores da qualidade dos mesmos e da responsabilidade socializadora da mídia, assim como de suas próprias atividades sociais e pessoais. Em resumo, mais bem preparados para o exercício de uma cidadania consciente.

Há que se considerar, todavia, que ainda hoje nossos professores não são preparados em seus cursos de formação inicial para esses procedimentos.

Todavia, a urgência do desenvolvimento desses processos de ensino-aprendizagem não pode esperar a lentidão com que vêm ocorrendo as absorções institucionais desses conhecimentos e das necessidades exigidas pelas sociedades tecnológicas.

Necessitamos, então, que a ousadia profissional daqueles docentes que tenham absorvido tais conhecimentos encaminhe suas práticas por essas novas trilhas. Mas não amadoristicamente. E, sim, aproveitando as oportunidades pontuais já alcançadas de pesquisa-ensino, nas modalidades já existentes e aqui tratadas, as quais permitam a produção de conhecimentos e esclarecimentos sobre o tema, para com isso avançar na formação escolar de nossos alunos. E na formação contínua de nossos docentes.

Afinal, a experiência de vida escolar como alunos é única na vida de cada um de nós. Os alunos passam por ela, portanto, não é possível desperdiçá-la, aguardando decisões de políticas públicas tardias. Cumpre-nos antes reivindicá-las a partir de experiências concretas e pesquisadas de docência, geradoras de conhecimentos, teorias e... Quiçá... implementadoras de políticas públicas.

E, além de tudo, os professores permanecem nas escolas ao longo de suas existências profissionais, a partir das quais produzem conhecimentos, qualificadores da prática e cuja socialização e reflexão coletiva se fazem cada vez mais necessárias para a articulação entre a produção de conhecimento acadêmico e a produção de conhecimento das instituições de Ensino Básico, com capacidade de enriquecimento recíproco.

A necessidade de reconhecimento recíproco dessas produções nos encaminha a fazer nossas as palavras de Scalfari (apud Goergen, 2006, p. 599): "quando a realidade ultrapassa a capacidade de expressá-la ou de apreendê-la, é porque o aparato conceitual envelheceu e é a hora e o momento da filosofia e do esclarecimento".

Para isso, é importante que o esclarecimento não se restrinja ao âmbito dos especialistas da filosofia, mas se torne uma consciência e um debate do qual todos participem.

Criar as condições para que isso ocorra é uma tarefa econômica, política e educativa. "O esclarecimento", continua Scalfari, "antes de ser uma filosofia, é uma prática de vida e um compromisso ético do qual nenhum homem que tem em conta a dignidade do ser humano pode sentir-se exonerado" (apud Goergen, 2006, p. 599).

REFERÊNCIAS BIBLIOGRÁFICAS

COSTA, R. P. Um sonho de Moreno em pesquisa. In: COSTA, R. P. (org.). *Um homem à frente de seu tempo*; o psicodrama de Moreno no séc. XXI. São Paulo: Ágora, 2001, pp. 189-204.

GARRIDO, E.; PIMENTA, S. G.; MOURA, O. A pesquisa colaborativa na escola como abordagem facilitadora para o desenvolvimento da profissão do professor. In: MARIN, A. J. *Educação continuada*. Campinas: Papirus, 2002, pp. 89-112.

GOERGEN, Pedro. Questões im-pertinentes para a filosofia da educação, *Educação e Pesquisa*, São Paulo, v. 32, n. 3, pp. 589-606, 2006.

MORENO, J. L. *Psicodrama*. São Paulo: Cultrix, 1975.

OLIVEIRA, M. A. *A literatura para crianças e jovens no Brasil de ontem e de hoje*; caminhos de ensino. São Paulo: Paulinas, 2008. (Coleção Literatura e Ensino.)

_____. *Leitura prazer*; interação participativa da criança com a literatura infantil na escola. São Paulo: Paulinas, 1996.

PENTEADO, H. D. Jogo e formação de professores: videopsicodrama pedagógico. In: KISHIMOTO, T. M. *Jogo, brinquedo, brincadeira e a educação* (org.). 11. ed. São Paulo: Cortez, 2008.

_____. *Psicodrama, televisão e formação de professores*. Araraquara: Junqueira & Marin Editores, 2007.

_____. *Comunicação escolar*; uma metodologia de ensino. São Paulo: Salesiana, 2002.

PORTO, T. M. S. Teorias e práticas de ensino com mídias na universidade. In: PORTO, T. M. S. (org.). *Práticas de ensino*; a pesquisa como reflexão *na* e *sobre* a ação docente. Pelotas/RS: Seiva, 2008, pp. 30-61.

SOARES, O. P. *A atividade de ensino de história*; processo de formação de professores e alunos. Araraquara: Junqueira & Marin Editores, 2005.

VIANA, C. E. *O lúdico e a aprendizagem na cibercultura*; jogos digitais e internet no cotidiano infantil. (Tese de doutorado.) São Paulo: Departamento de Comunicações e Artes da ECA/USP, 2005.

CAPÍTULO 5

Pesquisa-ensino: relação universidade/escola e articulação teoria/prática

TANIA MARIA ESPERON PORTO

> *Pessoas, seres humanos que criam a vida que vivem*
> *e pensam as suas próprias histórias*
> *que para eles têm, de fato, um sentido;*
> *histórias pessoais e coletivas de vida que desvelam pessoas*
> *e grupos humanos, e que são também as de educadores,*
> *onde antes habitava a categoria social de* professor.
>
> (Brandão, 2003, grifo do autor)

INTRODUÇÃO

A formação de professores que aqui trazemos para reflexão tem como eixo central um ensino articulado com pesquisa que possibilita ao formando abstrair, experimentar, compreender e atuar em determinada situação, sem perder de vista a formação profissional e o respeito à sua pessoa e à do aluno.

A universidade, responsável pelo Ensino Superior, tem como meta primeira o trabalho com o conhecimento. Tradicionalmente, tem-se preocupado com a "transmissão" de conhecimentos teóricos, a partir de referenciais gestados e produzidos por ela própria. Transmite, assim, um "saber" distante do aluno. Essa concepção sobre o conhecimento e sobre o processo de ensinar é apreendida e vivida nas salas de aula das universidades e está presente, também, no referencial e na prática da maioria de seus egressos.

Aparentemente o aluno, ao completar a licenciatura, está com um cabedal de conhecimentos – diz-se que ele está "formado", pronto para se integrar ao mundo do trabalho. Há muitos graduandos que ainda retornam à universidade para buscar uma pós-graduação, porém, aos demais (universo composto pela grande maioria que não dá continuidade aos estudos para além da graduação) a universidade deixa de dar atenção.[1]

Dentro do espaço universitário, observamos a priorização do ensino de graduação (formação inicial), em detrimento ao atendimento às *demandas da comunidade*, que foram as que, em primeira instância, impulsionaram a criação dos cursos oferecidos pela universidade. Assim, temos a comunidade como ponto de partida para o trabalho na universidade (origem dos cursos) e ponto de chegada (campo de atuação que aguarda os alunos em formação), embora em muitas situações esqueçamos desse detalhe, priorizando conhecimentos ainda distantes dessa realidade.

Então nos questionamos: onde se situa a relação do estudante com a comunidade, em seu curso de formação? Em que e onde está alicerçada a concepção de conhecimentos trabalhados nos cursos de formação docente? O que contribui para que os alunos tenham contato com a realidade das escolas onde atuarão?

São muitas as questões, que não temos a pretensão de responder agora. Mas gostaríamos de, com este texto, levantar algumas chaves pedagógicas (termo utilizado por Gutiérrez e Prado, 2000) para explicar como entendemos a formação docente, tendo como pressuposto epistemológico e metodológico o conhecimento construído/transmitido/orientado a partir da realidade (e com a realidade) para a qual os alunos são preparados: a escola básica.

Reconhecer a existência de saberes que se constroem na escola, remete-nos à percepção da necessidade de vinculação entre estes dois espaços de atuação e formação docente: a universidade e a escola. Antes de relatar práticas que vinculem universidade e comunidade, é relevante

---

[1] Em 2008, a Universidade Federal de Pelotas (UFPel) contava com aproximadamente mil professores que atendiam a 147 cursos (graduação e pós-graduação), com 13.531 alunos. Nesse mesmo ano havia 1.162 projetos de pesquisa cadastrados, envolvendo cerca de 10% dos professores e dos alunos da universidade.

pontuar que um paradigma de trabalho nesse contexto valoriza e respeita o vínculo entre os dois grupos distintos, com tarefas e responsabilidades distintas, mas voltados para um mesmo objetivo: ensinar e aprender. A universidade (Collares e Moyses, 1995) é um espaço legitimado de práticas pedagógicas e de sistematização e construção de conhecimentos. A escola, por sua vez, é um espaço que se ocupa com práticas pedagógicas, saberes e rotinas específicas, muitas vezes distantes da sistematização e construção do conhecimento enfatizado na universidade. A produção de conhecimentos na universidade origina-se de pesquisas e situações de reflexões, muitas vezes, ainda, distantes do cotidiano da maioria das escolas. Pelas suas especificidades, ambas trabalham com os mesmos objetivos, porém com saberes distintos e complementares.

A escola e a universidade produzem movimentos e são resultantes deles. Essas instituições não são lineares nem mecanicistas. A escola e a universidade são espaços de socialização, de encontros, convivência e colaboração com os outros. Assim, a educação, tanto na escola quanto na universidade, envolve (ou deveria envolver) espaços comunicativos que mobilizam os sujeitos em embates e interações para a (re)significação do comum e construção da unidade (individual e social). Os espaços comunicativos implicam adesão e apoio às causas do grupo, em busca de compreensão. Para Santos (1999), Gutiérrez e Prado (2000), é a coordenação de ações na construção do conhecimento que assegura uma obra ética, construtiva, participativa e solidária.

INTEGRAÇÃO UNIVERSIDADE E ESCOLA E A RELAÇÃO TEORIA E PRÁTICA

Entendemos que uma atuação profícua entre universidade e escola transforma a atuação dos professores universitários, assim como de seus alunos, que, consequentemente, têm mais chances de conhecer e atuar na realidade na qual irão exercer a profissão. Essa atitude propicia conhecimentos qualificados, uma vez que os saberes da prática são incorporados aos saberes teóricos (Tardif, 2000). Segundo essa concepção, o conhecimento é transformado pela prática para além da observação e da busca de modelos e/ou de aplicação de teorias, conforme conceitos presentes nas décadas de 1970 e 1980, nos cursos de formação docente.

A formação docente, segundo essa postura, é de responsabilidade não só da academia, mas do espaço onde a docência acontece. Uma formação colaborativa entre universidade e escola representa uma importante e forte parceria para o desenvolvimento de professores em serviço (na escola) e para a constante complementação de saberes dos professores responsáveis pela formação inicial (na universidade).

Uma formação, nesse sentido, constitui espaço privilegiado de reflexão e produção de conhecimentos, através de práticas e relações que se estabelecem (ou podem ser estabelecidas) no cotidiano da escola (Porto, 2006). Fornece elementos para novas experiências, maneiras de ser, de se relacionar e de aprender, estimulando capacidades, ideias e vivências dos dois segmentos, bem como contribuindo para a percepção dos saberes (práticos e de senso comum) como ponto de partida para entender, processar e transformar a realidade. Pressupõe, no cotidiano da escola e na organização de projetos pela universidade, uma reforma paradigmática e não programática, pois a questão fundamental é a organização dos indivíduos, considerando os conhecimentos teóricos, articulados aos práticos, aos valores, às sensações, às relações (do contexto global, multidimensional e complexo), conforme conceitos extraídos de Gutiérrez e Prado (2000) e Morin (2000).

Estudos e reflexões sobre teoria e prática de ensino sempre estiveram à frente das propostas curriculares em cursos de formação de professores. Em alguns desses cursos, ainda hoje, a prática do aluno acontece no estágio, com a suposta aplicação da teoria recebida, estudada, lida e adquirida ao longo do curso; e a pesquisa é entendida como privilégio do professor acadêmico, que a ela se dedica, muitas vezes, em condições especiais. Nesse contexto, o aluno tem contato com a prática apenas no estágio curricular e com a pesquisa, quando bolsista de iniciação científica.

Em geral, os cursos de formação docente vêm deixando as práticas pedagógicas para o final do curso. Mas entendemos que a relação teoria e prática não se deve restringir ao estágio, realizado, com frequência, ao final do curso. A inserção de professores e alunos da universidade em práticas pedagógicas escolares ao longo do curso conduz à vivência de situações que permitem o conhecimento da realidade e a coparticipação na vida da escola, agregando a estas, discussões e reflexões sobre as experiências. Assim, os dilemas verificados pela prática necessitam ser vistos sob diferentes olhares; assim, diferentes disciplinas podem e devem ter como base a reflexão a partir da realidade das escolas e da sociedade em geral.

Cursos de formação docente, segundo o viés cartesiano, entendem os professores como pensadores e atores individuais. Damiani, Porto e Schlemmer (2009), em contraposição a essa ideia, apontam a colaboração e a cooperação como elementos fundamentais no trabalho docente, embora não descartem a reflexão e o trabalho individuais. Postura semelhante encontramos em Pimenta (2005) e em Porto (2008 e 2006), referindo-se às pesquisas colaborativas.

O trabalho colaborativo possibilita que os envolvidos no processo participem de todas as etapas e possam intervir sobre a situação estudada e/ou pesquisada. Os sujeitos avançam para uma postura consciente nas decisões/ ações que contribuem para a reflexão e elaboração conjunta de resoluções. É uma forma de trabalho em que os sujeitos assumem seu próprio destino.

Com essa convicção vimos, nos últimos anos, construindo nossos conhecimentos na universidade, tanto em cursos de graduação quanto nos de pós-graduação, entendendo que a produção ocorre no e pelo trabalho coletivo e colaborativo, não só de docência mas também de pesquisa, associando a este a parceria com os professores da escola básica.

A formação docente não pode acontecer sem estar de "braços dados" com a pesquisa no e sobre o cotidiano escolar, local de atuação de profissionais qualificados pela universidade, nutrindo-se dessa prática e fornecendo "nutrientes" aos profissionais em atuação. Enfatizo que nós, professores universitários, para qualificarmos nosso trabalho, deveríamos estar "com os pés dentro da escola".

Essa ideia não é recente. Há mais de vinte anos as pesquisas vêm abordando a relação teoria e prática. Esse tema tem estado presente em eventos e mesas de discussão. Em 1992, a Faculdade de Educação da UFPel realizou um seminário das licenciaturas. Embora se tenham passado dezoito anos, as conclusões desse evento ainda estão atuais e são pertinentes às situações vividas pelos cursos de formação docente.

> Constatou-se a necessidade de investir de forma mais contundente na questão da *produção do conhecimento, no ensino com pesquisa*, na investigação da realidade educacional e escolar. Observou-se que, ao orientar as licenciaturas para fora da universidade, para a prática pe-

dagógica na escola, faz-se deveras necessário *subsidiar as formas de acesso e intervenção nessa realidade* (FAE, relatório FAPERGS, 1992 – grifos nossos).

Nessa concepção, a relação teoria e prática não está restrita aos estágios; a produção de conhecimentos deve acontecer na interação com a realidade das escolas; a pesquisa deve articular-se ao ensino; e professores e alunos (da universidade) qualificam seu trabalho, o que conduz ambos à vivência de situações que lhes permitem conhecimento da realidade, coparticipação na vida da escola, discussões e reflexões nas diferentes disciplinas do curso.

Mais do que oferecer aos futuros professores modelos e respostas a seus questionamentos, esse tipo de formação multiplica as oportunidades para elaboração de esquemas de reflexão, relacionando fundamentos teóricos com conhecimentos práticos, e sendo responsabilidade não só das disciplinas que tratam dos estágios, mas do conjunto de unidades de formação do professor. Os dilemas colocados nas práticas escolares são, assim, vistos sob diferentes olhares, além de servirem para oxigenar os cursos de licenciatura que podem e devem ter como base a reflexão a partir da realidade das escolas e da realidade mais ampla.

Segundo Tardif (2000), num processo de formação e de aprendizagem, é preciso haver um equilíbrio entre os saberes disciplinares (originalmente disponíveis nas disciplinas dos cursos), os saberes da experiência (que compõem a cultura e vivência de qualquer sujeito e são adquiridos através de família, meios de comunicações e relações em geral) e os saberes das práticas (que se originam das diferentes práticas cotidianas dos profissionais, sendo por elas validados, e constituem o fundamento de sua competência). Estes últimos proporcionam experiências de campo.

Fazendo menção novamente ao seminário das licenciaturas, ocorrido na Faculdade de Educação da UFPel, em 1992, podemos comprovar a importância da prática nos cursos de formação docente. Discussões e encaminhamentos para inserção de atividades que introduzam o conhecimento da realidade das escolas num ensino com pesquisa estão presentes em diferentes etapas do relatório e isso se justifica, pois, segundo os participantes daquele evento, a realidade dos cursos de licenciatura de tal faculdade mostra uma *prática distanciada do cotidiano escolar*. Segundo o relatório, a formação que os estudantes estão recebendo é essencialmente teórica. Sua experiência com a escola dá-se, regra geral, no final do curso, quando precisa realizar o estágio curricular. Em vários momentos do seminário pudemos verificar que a base mais sólida da formação dos estudantes e/ou dos profissionais que atuam na rede de ensino, segundo os relatos, *vem se dando a partir da prática que eles estabelecem no interior das relações sociais*. Como alunos, a ênfase na formação é dada nas relações que se estabelecem na vida universitária e na participação política e social. Como profissionais do ensino, dizem eles, a formação para a docência ocorre efetivamente na prática, "*ao cair na rede*" (FAE, relatório FAPERGS, 1992 – grifos nossos).

Entendemos que a formação docente não pode acontecer sem um trabalho coletivo e colaborativo com a pesquisa no e sobre o cotidiano educativo. Está presente aí nossa opção por um ensino com pesquisa, cujo principal instrumento é o contexto escolar. Assim, ensinamos e pesquisamos *no e com* os contextos escolares, e não *sobre* eles. Não se trata de apenas conhecer a realidade escolar, mas de intervir nela.

Nessa realidade, o professor-pesquisador está atento para que o "imperativo de transformação da realidade social não implique a perda da mediação teórica na apreensão dessa realidade" (Miranda e Resende, 2006, p. 516). Esse cuidado se faz necessário para que não aconteça a primazia da ação sobre a reflexão, da prática sobre a teoria, da experiência sobre o pensamento.

Não nos reportamos a um ensino em que a transmissão de conhecimentos (ou de conteúdos) subsidia a ação, numa noção pragmática da teoria, como aquela que se orienta para um fim útil que lhe confere um caráter de instrumentalidade e ou, no limite, a sua negação como teoria.

Não é demais lembrar que teoria e prática guardam em si uma relação de contradição, [ou seja], mesmo sendo sempre e necessariamente vinculada à prática, teoria não é prática, não se reduz a esta e não pode orientar-se imediatamente pelo seu interesse (ibid., p. 516).

Tal como o ensino teórico e livresco, a pesquisa afeta a formação de professores, a qual não pode acontecer sem uma sólida formação teórica – cujo princípio não deveria ser a instrumentalidade da ação –, uma vez que entendemos a fecundidade da prática social e pedagógica em estreita vinculação com a teoria que se efetiva como prática; sobretudo em relação à produção do conhecimento. Assim, ensino e pesquisa têm como pontos de partida e de chegada teorias e práticas que se renovam à medida que se relacionam.

Larrosa, refletindo sobre a teoria da educação a partir de Foucault, entende que a teoria implica "colocar alguns livros [...] ao lado das formas convencionais de pensar algumas práticas educativas e em ensaiar a possível fecundidade de tal associação" (2000, p. 36).

Associo à Larrosa o pensamento de Morin (2000), para o qual necessitamos desenvolver uma nova geração de teorias, mais abertas, racionais, críticas, reflexivas, autocríticas e aptas a se autorreformarem com a ajuda de ideias complexas em cooperação.

Segundo o autor, "necessitamos que se cristalize e se enraíze um paradigma que permita o conhecimento complexo" (2000, p. 32), tão presente na sociedade atual, em constante transformação. Transformação que não está só na realidade externa, mas nas relações que mantemos com ela e permeadas por ela (Porto, 2006). Concordando com esses autores, acreditamos que a teoria pedagógica em educação não cria a realidade nem modela a prática pedagógica. Ela consolida a prática, originando-se das mediações entre professor e alunos.

Nesse contexto, a teoria envolve movimentos, aprendizagens, desafios, complexidades e dificuldades presentes nas relações pedagógicas que, dependendo dos tempos, espaços e pessoas envolvidas, evidenciam sentido da ação e/ou contribuem para alterações no cotidiano escolar.

Está presente nessa concepção uma formação docente que valoriza interlocuções, experiências, saberes e ideias dos sujeitos em questão (professor e aluno ou pesquisador e pesquisado) como ponto de partida para compreender, processar e transformar a realidade.

MESMO QUE BREVES: ALGUMAS CONCLUSÕES

Esse tipo de formação pressupõe uma reforma paradigmática e não programática, pois a questão fundamental não é a ação em si, mas a concepção do processo de ensinar e aprender interligando professores e alunos, sujeitos e objetos. Esse paradigma pressupõe a valorização dos processos educativos, mais do que dos produtos obtidos. Segundo Gutiérrez e Prado (2000, p. 76), são aos processos "dinâmicos, concordantes e harmônicos os primeiros produtos os quais devemos apontar com insistência... preocupando-nos mais pelo crescimento das pessoas que pela produção e acumulação".

Além disso, nas reflexões que trouxemos, procuramos evidenciar a adoção de uma postura epistemológica de valorização da ação e de vivência e resolução de problemas intermediados pelas teorias estudadas e produzidas pela pesquisadora, em processos colaborativos e interativos com alunos, meios de comunicação e linguagens comunicacionais.

O processo de ensinar e aprender constitui-se no coletivo das pessoas que estudam e produzem juntas, saberes, atitudes e comportamentos. Cabe salientar que nem sempre valorizamos a dimensão coletiva da nossa profissão, incluindo a possibilidade de estarmos juntos, de encontrar pessoas, partilhar experiências e fazer amigos, reflexão também presente em Cunha (2008). Em situações anteriores (ensino tradicional), construímos nossa docência no isolamento da ação de ensinar, com poucos elementos para a compreensão das possibilidades de termos os alunos como parceiros e também responsáveis pelos processos de ensinar e aprender.

Em um paradigma comunicacional, construímos teorias e práticas em relações com as pessoas, em especial os alunos, parceiros naturais da docência e pesquisa, descobrindo informações, saberes e peculiaridades de cada contexto estudado. Tomo emprestado de Brandão (2003) o entendimento de que pessoas são seres humanos que criam a vida que vivem e pensam as suas próprias histórias, as quais têm, de fato, um sentido.

REFERÊNCIAS BIBLIOGRÁFICAS

BRANDÃO, C. R. *A pergunta a várias mãos;* a experiência da pesquisa no trabalho do educador. São Paulo: Cortez, 2003.

COLLARES, C. A. L.; MOYSÉS, M. A. A. Construindo o sucesso na escola. Uma experiência de parceria da universidade com a rede pública de educação. *Cadernos CEDES*, Campinas, v. 36, pp. 95-111, 1995.

CUNHA, M. I. Produção do conhecimento: narrativas de uma trajetória. In: PORTO, T. M. E. (org.) *Práticas de ensino*; a pesquisa como reflexão *na* e *sobre* a ação docente. Pelotas/RS: Seiva, 2008.

DAMIANI, M.; PORTO, T. M. E.; SCHLEMMER, E. (orgs.). *Trabalho colaborativo/cooperativo em educação*; uma possibilidade para ensinar e aprender. Pelotas/RS: Oikos, 2009.

FACULDADE DE EDUCAÇÃO. *Relatório do seminário das licenciaturas*. Pelotas/RS: FAE/UFPel, 1992. (Impresso.)

GUTIÉRREZ, F.; PRADO, C. *Ecopedagogia e cidadania planetária*. São Paulo: Cortez, 2000.

LARROSA, J. Tecnologias do eu e educação. In: SILVA. T. T. (org.). *O sujeito da educação*; estudos foucaultianos. 5. ed. Petrópolis: Vozes, 2000.

MIRANDA, M. G.; RESENDE, A. C. A. Sobre a pesquisa-ação na educação e as armadilhas do praticismo. *Revista Brasileira de Educação*, Rio de Janeiro, v. 33, pp. 511-518, set./dez. 2006.

MORIN, E. *Os setes saberes necessários à educação do futuro*. 2. ed. São Paulo: Cortez/Unesco, 2000.

PIMENTA, S. G. Pesquisa-ação crítico-colaborativa: construindo seu significado a partir de experiências com a formação docente. *Educação e Pesquisa*, São Paulo, v. 31, n. 3, pp. 521-539, set./dez. 2005.

PORTO, T. M. E. Teoria e práticas de ensino com mídias na universidade. In: PORTO, T. M. E. (org.). *Práticas de ensino;* a pesquisa como reflexão *na* e *sobre* a ação docente. Pelotas/RS: Seiva, 2008, pp. 39-62.

_____. Cartas de quem ensina. Uma mirada na trajetória docente. In: PORTO, T. M. E.; PERES, L. M. V. (orgs.). *Tecnologias da educação*; tecendo relações entre imaginário, corporeidade e emoções. Araraquara: Junqueira & Marin Editores, 2006.

SANTOS, B. de S. *Um discurso sobre as ciências*. Porto: Afrontamento, 1999.

TARDIF, M. *Saberes docentes e formação profissional*. Petrópolis: Vozes, 2000.

CAPÍTULO 6

Desafios à pesquisa que o professor faz sobre sua prática

Elsa Garrido

Todos nós professores já nos entusiasmamos e nos frustramos com experiências de ensino inovadoras. Mesmo ao procurarmos reproduzir experiências bem-sucedidas, encontramos dificuldades e desafios insuspeitados. Nessas ocasiões, tomamos consciência do grau de complexidade em que a prática docente nos coloca, pois, durante a ação, detectamos inúmeros detalhes que nos deixavam indecisos. Há, além disso, as reações de alunos, de colegas de profissão, de pais, da direção, que não eram aquelas que esperávamos.

Confrontados com o desconhecido sobre o qual temos pouco controle e conscientes dos riscos a que estamos sujeitos, recuamos. Sentindo-nos fragilizados, acessamos mecanismos de autodefesa, colocando a "culpa" no outro – ora na falta de suporte da instituição, ora nos alunos, ora na distância entre a teoria e a prática... Confusos e descrentes sobre a viabilidade de novas propostas educacionais, acomodamo-nos voltando às práticas tradicionais, sem aprofundar as circunstâncias críticas das experiências vivenciadas.

Por que a experiência não deu certo? Não podemos aprender com nossos erros, tornando-os fonte de revisão e de aperfeiçoamento de nossas práticas docentes? As experiências bem-sucedidas não teriam também uma história de correções e adaptações? Que dificuldades encontraram outros professores que se propuseram a transformar as práticas pedagógicas? Como conseguiram superá-las, tornando a escola um espaço de experimentação?

Este capítulo examina dificuldades enfrentadas por nosso grupo em projetos de pesquisa-ensino colaborativa, pelos professores nossos parceiros e por nossos orientandos de mestrado e doutorado no processo de introduzir práticas docentes inovadoras. Tais desafios têm sido também referidos por pesquisadores nacionais e estrangeiros (Baird, 1991 e 1995; Elliott, 1993, 1998 e 2000A; Garrido, 2000; Garrido et alii, 2002; Mizukami et alii, 2002; Newberg, 2001; Zeichner, 1993, 1999 e 2003).

O texto aborda também caminhos construídos para superar tais desafios, viabilizando a transformação da escola em espaço de pesquisa sobre o ensino e a aprendizagem, de experimentação de novas propostas, de valorização do trabalho docente e de desenvolvimento profissional do professor.

Encontramos dois tipos de dificuldades: uma delas é de ordem institucional, e diz respeito aos conflitos e contradições próprios à organização escolar; a outra é inerente à natureza complexa, criadora e singular do mundo da prática e da pesquisa sobre prática docente.

CONFLITOS E CONTRADIÇÕES NA ORGANIZAÇÃO ESCOLAR

Na cultura escolar há práticas que inibem de forma decisiva o desenvolvimento profissional do professor, exigindo maior esforço e tempo para serem superadas. A precariedade da situação funcional, a rotatividade de professores, a agenda pesada de aulas, a inexistência de infraestrutura para o ensino, a falta de tempo e de estímulos ao aprimoramento profissional, a administração centralizada e burocrática, penalizam o professor. Nesses contextos, tão comuns em nossa realidade do ensino público brasileiro, não há estímulos para um trabalho pedagógico qualificado.

Dessa maneira, através de diferentes artifícios mais ou menos explícitos, professores e alunos aprendem a conformar-se e a submeter-se ao sistema. Interiorizam uma visão de cidadania passiva, um sentimento de impotência e de descompromisso.

Para além das condições adversas de escolas com o perfil anteriormente apresentado, muitas instituições ainda são marcadas pelo trabalho isolado dos professores, por rotinas de sala de aula em que predominam o ensino repetitivo, fragmentado e fortemente centrado nos livros didáticos. Não se investe na qualificação dos professores, não se valorizam tentativas de inovação ou a emergência de lideranças, capazes de mobilizar a participação dos professores e estimular a articulação curricular.

Mas, mesmo nos ambientes escolares aparentemente mais abertos, é preciso estar atento a aspectos que podem minar os processos de implementação de novas práticas pedagógicas como, por exemplo, os conflitos de interesses e as disputas de poder. Em qualquer organização há diversidade de interesses, de valores, de prioridades, de pontos de vista entre os participantes e, também, competição por funções de liderança ou por cargos de maior prestígio profissional. Tais conflitos frequentemente não são visíveis. E, por conta de tudo isso, tentativas de mudança talvez não sejam bem acolhidas, porque podem desestabilizar o precário equilíbrio de forças.

Mesmo quando conseguimos superar as barreiras iniciais, novas resistências ocorrem: projetos de inovação bem-sucedidos incomodam aqueles que não querem investir. As conquistas alteram a dinâmica interna do grupo: novas lideranças emergem, gerando conflitos tácitos ou manifestos com a estrutura de poder da instituição. Assim, sempre haverá diversidade de envolvimento.

As resistências à mudança também aparecem entre os alunos. A tentativa de introduzir nas aulas de inglês do Ensino Médio público práticas da pedagogia da comunicação (Penteado et alii, 1998) levou uma de nossas orientandas a rever suas hipóteses, pois as inovações não eram bem-vindas: "Com o tempo percebi que havia algo muito mais forte do que a boa formação e a boa intenção da professora a interferir de modo drástico no resultado pedagógico" (Carriel, 2002, p. 85).

> Caiu por terra a tese de que os alunos seriam ávidos por mudanças e que não obtinham melhor aproveitamento porque soluções inovadoras lhes eram sonegadas... O que percebi é que a maioria dos alunos preza e preserva as rotinas e regras tradicionais do universo escolar e não parece aberta para experimentar e avaliar alternativas. Há sempre uma sombra de acomodação resistindo ao que é diferente e inesperado... Os alunos reclamam, criticam e subestimam a escola, mas resis-

tem às propostas de mudanças. É muito mais fácil lidar com o que se conhece. Mesmo que o professor evolua e se aperceba da necessidade de mudanças, ajustes e adaptações, esse processo é adiado ou truncado pela contra-ação dos próprios alunos, as maiores vítimas da estagnação... (Carriel, 2002, p. 87).

Os conflitos, a inércia, são fatores que enfraquecem os esforços isolados para introduzir novas propostas pedagógicas. Mudar não é fácil. É um empreendimento complexo e arriscado, particularmente no início. Requer persistência, suporte e tempo, antes de se tornar uma experiência extremamente gratificante para professores e alunos.

Antes de nos engajarmos, sozinhos, na implementação de novos projetos, é importante considerar o contexto organizacional em que trabalhamos, seus focos de resistência mais fortes, difíceis de serem vencidos, bem como concentrar os esforços iniciais em projetos que possam contar com a acolhida e o suporte da direção, com uma turma constituída de alunos mais cooperativos com os quais nos sintamos mais seguros e, de preferência, com a parceria de alguns colegas, de um pesquisador ou de um grupo de estudo e pesquisa.

O diálogo, o aporte de outros pontos de vista, a reflexão conjunta ajudam-nos a consolidar nossos propósitos iniciais de mudança.

Mas a partilha, a colaboração, o sentimento de pertencimento ao grupo – face iluminada do diálogo – têm um lado sombrio. As emoções e as ideologias atravessam a pesquisa do professor sobre seu ensino. Dialogar não é fácil, porque não se está tratando apenas com a dimensão racional do debate de ideias, mas com valores e crenças que fazem parte da identidade pessoal de cada um. A crítica, importante motor de mudança, expõe o trabalho de cada um. Além disso, negociar é difícil, pois requer o reconhecimento dos limites de cada um (Bakhtin, 1995).

A natureza conflituosa inerente à vida institucional, a necessidade de conhecer e negociar tais conflitos, favorecendo a participação e a coesão do grupo, constituem uma primeira fonte de complexidade a desafiar a prática de professores comprometidos com a introdução de novas propostas educacionais. Sendo assim, a fragilidade e a delicadeza das relações humanas precisam ser reconhecidas e elaboradas para tornar viável o convívio e o trabalho conjunto.

COMPLEXIDADE DA PESQUISA DO PROFESSOR

Uma segunda fonte de dificuldade diz respeito à complexidade da pesquisa-ensino a ser empreendida pelo professor.

Em nossa experiência de pesquisa-ensino colaborativa com professores do Centro Específico de Formação e Aperfeiçoamento do Magistério (Cefam), pudemos constatar que desde os primeiros encontros havia não só insatisfação com o próprio trabalho como também desejo de mudança. Mas queriam respostas prontas. Surgia a questão de "por que não pôr em prática experiências já testadas?". Havia insegurança, estranhamento, ansiedade. Sentiam-se confusos. Não estava claro "por que desenvolver projetos investigativos?". "Onde temos que chegar?" "Como tais projetos poderiam favorecer a aprendizagem? Como desenvolvê-los?" (Garrido, 2000).

Não há soluções prontas. Cada escola, cada professor, cada aluno tem uma história. Cada contexto institucional apresenta problemas específicos, mas também potencialidades que precisam ser levadas em conta quando se pretende introduzir novas propostas pedagógicas. Cabe a cada comunidade escolar e seus professores construir os caminhos e as respostas adequados a seus contextos específicos.

E, antes de agir, é preciso aprofundar o entendimento dos problemas que incomodam os professores em seu cotidiano escolar, para além das culpas e desculpas.

O ato de refletir nasce do enfrentamento de situações problemáticas. Passamos a examiná-las com olhar distanciado, procurando ouvir e ser sensíveis a visões discordantes das nossas. Essa atitude aberta favorece a tomada de consciência de nossos pressupostos, verdadeiros "filtros" que usamos para ajustar os dados da realidade aos nossos valores, expectativas e interesses, de modo que só vemos o que queremos ver. Ajuda a desentocar nossas certezas pedagógicas. Abala nossas visões de mundo e convida-nos a reler os autores para alimentar o processo de questionamento e ressignificação da prática. Desse modo, começamos a ver nossos alunos e nossa prática com um novo olhar epistemológico: nossas teorizações começam a ganhar relatividade e criticidade. A mudança epistemológica dos professores é anterior à introdução de novas práticas pedagógicas. Na verdade, é condição para o surgimento do novo.

Nessa perspectiva, a reflexão não é uma atividade espontânea. É autocrítica. Dolorosa e exigente. Parte do reconhecimento de deficiências no próprio trabalho. Não se esgota em questões sobre o conteúdo curricular, não se limita a aspectos didático-metodológicos, sobre a organização das atividades e o controle da sala de aula.

O que está em questão é o sentido e a relevância das propostas educacionais que praticamos e das que desejamos. O que está em questão é a contradição existente no cotidiano escolar entre valores educacionais que preconizam a articulação curricular, o estímulo à autonomia intelectual e a responsabilidade social do aluno de um lado e, de outro, práticas pedagógicas repetitivas, fragmentárias, individualistas, não democráticas e pouco significativas para o alunado. Práticas que nos são tão familiares e habituais que parecem verdadeiras, evidentes, impossíveis de serem modificadas.

Assim concebido, o trabalho docente desvela-se em sua complexidade, para além da ingenuidade e do reducionismo das abordagens positivistas e de senso comum. A prática deixa de ser rotina. A ação docente deixa de ser pragmática. Transforma-se em reflexão, pesquisa e fonte de aprendizado.[1]

Os professores têm que partir de seus valores, de sua vivência, de seus saberes, e das possibilidades e aberturas de seus contextos organizacionais. Precisam inventar alternativas que sejam significativas e adequadas para seus alunos. Necessitam ser autores e pesquisadores, atentos à forma como seus alunos reagem, às dificuldades que encontram e aos aspectos bem e malsucedidos no decorrer da implementação de um projeto inovador, passíveis de revisão e aperfeiçoamento. Nessa perspectiva a sala de aula torna-se espaço de pesquisa e de aprendizagem para o professor, contribuindo para seu desenvolvimento profissional.

---

[1] Esse processo é semelhante ao processo de aprendizagem empreendido pelo aluno. Ao longo da vida escolar, o aluno avança no grau de entendimento ao ressignificar o próprio conhecimento. Este é também o mote inscrito no emblema da Universidade de Monash, Austrália, centro de formação na perspectiva do professor-pesquisador de seu ensino, o qual diz: "we are still learning" (nós continuamos a aprender).

OS CAMINHOS DA MUDANÇA

O papel dos parceiros e das reuniões conjuntas

A mudança não é um empreendimento solitário. Requer a colaboração de colegas e da equipe pedagógica da escola, o suporte de grupos de estudo e pesquisa ou, ainda, a assessoria e a presença de pesquisadores do Ensino Superior.

A origem de muitos projetos pedagógicos inovadores nasce na própria escola, movidos pelo estímulo da coordenação e da direção, que criam espaços regulares para o repensar das práticas docentes e sua melhoria. Exemplo disso é a pesquisa de nossa orientanda Maria Alice Proença (2003), relatada no capítulo 8 deste livro.

Outros projetos são originários de parcerias entre escolas e pesquisadores das universidades. É o caso dos trabalhos desenvolvidos por outras duas orientandas: Benedita de Almeida (2003) e Vânia Maria Nunes dos Santos (1999), objetos dos capítulos 9 e 12, respectivamente. Há ainda projetos conduzidos por professores que, embora não tenham parceiros em suas escolas, possuem, entretanto, o apoio massivo de grupos de estudo e pesquisa, de colegas e de pesquisadores de cursos de pós-graduação. Como exemplo disso temos a tese de doutorado de Olavo Pereira Soares (2000) e a dissertação de mestrado de Antonio Costa Andrade Filho (2005) também apresentadas neste livro.

Um levantamento feito por Cochran e Lytle (1999) a respeito das pesquisas desenvolvidas ao longo da década de 1990 nos Estados Unidos da América, sobre formação continuada segundo a perspectiva do professor reflexivo e pesquisador, mostrou a importância do trabalho coletivo em que professores, saindo do isolamento de suas práticas, elaboram e implementam projetos comuns, usando o espaço das reuniões regulares no horário escolar para discutir o andamento dessas experiências, corrigindo-as e aperfeiçoando-as, e também para aprofundar leituras teóricas, ressignificando suas práticas.

Ações coletivas dão suporte ao professor. Estimulam a solidariedade e a coesão do grupo. Diminuem riscos e pressões. Favorecem o aparecimento de projetos interdisciplinares. A formação de subgrupos permite organizar melhor as atribuições do grupo e distribuir responsabilidades.

Permite agilizar e enriquecer o trabalho, pois cada um desses pequenos grupos pode investigar diferentes ordens de problemas e implementar ações pedagógicas diversificadas, fertilizando o debate e trazendo contribuições e perspectivas alternativas.

Nos momentos de reunião conjunta, os professores partilham a diversidade de estratégias utilizadas pelos colegas em suas classes, avaliam aquelas que se mostraram mais adequadas, analisam as dificuldades encontradas e propõem alternativas de ação. Nesse processo, os professores ganham melhor entendimento sobre suas práticas e sobre seus alunos. Aprendem uns com os outros. Aprendem sobre o ensino transformando-o. Aprendem sobre práticas participativas e colaborativas no exercício de vivenciá-las. Aprendem a deliberar melhor, deliberando. Ação e reflexão se completam. Ensinar passa a ser concomitantemente um ato de experimentar e de investigar a prática.

A QUALIFICAÇÃO DA REFLEXÃO E DA PESQUISA DO PROFESSOR

Como tornar as discussões menos superficiais, superando o senso comum e os dogmatismos? Como questionar nosso trabalho, se não podemos ser neutros em relação a nós mesmos? Como fazer pesquisa sobre nossa prática? Como entender e interpretar o que acontece em sala de aula? Como analisar as experiências de forma menos subjetiva?

Clark (1995) analisou a atividade reflexiva em jovens professores. No começo o diálogo com os pares era problemático. Sem fio condutor. Pouco relevante. Não conseguiam expressar seus conhecimentos tácitos nem identificar a origem ou os fundamentos das opiniões que emitiam. Não conseguiam lidar com o "erro" e a crítica. Consideravam o erro um mal a ser evitado. Por isso a experiência tinha que dar certo. Tinham dificuldade de interpretar os dados da realidade e de entender o sentido das práticas escolares cotidianas. Preferiam situações com menos riscos. O trabalho cooperativo: só com amigos ou colegas próximos.

A atitude de pesquisar a própria prática não é familiar aos professores. Constitui um aprendizado e uma conquista. Aqui reside uma importante função do pesquisador. Cabe a ele ajudá-los a transformar relatos de dificuldades vividas – tão comuns nos encontros iniciais – em questões passíveis de serem investigadas; favorecer atitudes de distanciamento em relação à própria atuação docente ou em relação às reações dos alunos, buscando entendê-las em suas raízes e não simplesmente aprová-las ou rejeitá-las;[2] investigar a produção discente e não simplesmente dar notas, procurando acompanhar o raciocínio do aluno, para melhor entender a origem de suas dificuldades; estimular a documentação escrita desse processo de mudança e a divulgação das experiências para além dos muros da escola.

(Re)fletir é também voltar atrás, retomar o caminho percorrido, para ter um entendimento mais distanciado e abrangente sobre nossas práticas pedagógicas, reavaliando as conquistas e os pontos fracos, ressignificando e redefinindo perspectivas.

Elliott (1993) distingue ainda um outro tipo de reflexão, que ele denominou "reflexão de segunda ordem". Aqui a atenção dos participantes se volta não para o "conteúdo" da reflexão, mas para a "forma" como o grupo deveria conduzir a discussão e a investigação para qualificá-la. Que tipos de dados seriam relevantes para nossos propósitos? O que se deve perguntar aos alunos e como fazê-lo? Como perguntar de modo a obter respostas mais confiáveis e verdadeiras? Como registrar o que acontece em sala de aula para podermos analisá-la depois, com mais calma? Como analisar os dados de forma mais consistente e menos subjetiva? Que categorias construir para organizá-los e interpretá-los?

O REGISTRO E A ANÁLISE DO PROCESSO DE MUDANÇA

As atividades escolares precisam ser registradas e documentadas para poderem ser retomadas e estudadas. Diários, relatos das reuniões, videogravação de aulas, de eventos e de reuniões, produções dos alunos e dos professores, fotos... Tudo tem que ser datado e organizado. Pois constitui as fontes cujo exame nos permitirá esclarecer a trajetória das mudanças, os momentos e ações mais profícuos ou aqueles que se mostraram críticos e conflituosos.

---

[2] Segundo Bachelard (1928), o conhecimento científico só avança quando os pesquisadores descobrem erro no conhecimento vigente. O erro é, portanto, motor de desenvolvimento científico. O novo conhecimento é sempre correção de erros detectados no conhecimento anterior.

O ato de registrar por escrito as atividades pedagógicas não faz parte da rotina do professor, embora essa prática seja por ele considerada um importante instrumento para a aprendizagem do aluno. Enquanto aluno, o professor também escrevia. Agora, como professor, recuou à oralidade e resiste fortemente à prática de escrever sobre seu trabalho.

O movimento de registrar é, entretanto, um dos caminhos da mudança. O relato das atividades e dos encontros não tem o formato das atas burocráticas. Ao contrário, procura mostrar as questões, as ponderações, os encaminhamentos e as atividades desenvolvidas pelo grupo. Além do que, isso é sempre retomado nas reuniões seguintes, apreciado e complementado.

Resistências à escrita vão sendo superadas graças ao estilo informal, próprio dos diários, e ao caráter funcional que ela adquire enquanto registro de práticas que estão sendo questionadas e reformuladas.

Os diários descrevem os eventos e também as formas como o sujeito os vivenciou. Explicita e concretiza intenções, marca as decisões do educador em cada fase da experiência. Sua leitura permite reconstituir a experiência vivida e explorar os significados subjetivos que ela propiciou (Zabalza, 1994). A análise desse tipo de documento permitiu a Proença (2003) esclarecer o processo de autoria e de transformação das atividades curriculares de quatro professoras de educação infantil. A pesquisa mostra como cada uma delas foi ano a ano ressignificando e reelaborando seu trabalho, tornando os projetos curriculares mais articulados e significativos para os alunos. Tais projetos, apesar das contribuições recebidas dos pares nos momentos de reflexão conjunta, mantinham características subjetivas, pois eram produtos da criação de cada uma delas.

A importância da escrita reflexiva e da elaboração de portfólios também foi objeto de investigação de outros pesquisadores do grupo: Benedita de Almeida (2003) e Antonio Costa Andrade Filho (2006). A primeira trabalhou com professoras alfabetizadoras em uma escola rural do Paraná; o segundo desenvolveu um programa de formação continuada de professores de arte das séries iniciais.

A videogravação das atividades desenvolvidas em sala de aula é outro procedimento de registro ao qual os professores têm, de início, grande resistência. De fato, as imagens causam impacto ao exporem contradições e deficiências do professor, suas dificuldades no controle da classe, a falta de atenção dos alunos... Entretanto, nos pequenos grupos, em ambientes protegidos, passado o primeiro momento de desconforto, ela se torna um recurso imprescindível para os professores aprenderem sobre sua profissão.

O vídeo permite-nos ver e rever as imagens. A riqueza de dados comporta múltiplas leituras e permite diferentes enfoques de estudo. Pode-se analisar as formas peculiares que a implementação de um mesmo projeto coletivo adquiriu em diferentes classes. Pode-se focalizar, por exemplo, os melhores momentos de uma aula, tentando esclarecer que ações do professor ou da classe desencadearam o interesse e a participação. Pode-se investigar os tipos de perguntas que os professores fazem e as reações dos alunos (questões abertas que estimulam o pensar ou questões fechadas voltadas para o controle da classe). Pode-se estudar as representações e explicações que os alunos têm sobre um novo tópico do programa, para melhor conduzir o processo de mudança conceitual (Carvalho, 1996).

Em nossos cursos de graduação e pós-graduação os alunos têm sido convidados a videogravar a aplicação em sala de aula de pequenos projetos de ensino, teoricamente fundados. A respeito dos vídeos empreendem três tipos de análise: uma voltada para o entendimento das falas e dos comportamentos dos alunos; outra voltada para sua própria prática; e uma terceira, sobre as mudanças que introduziriam no projeto se fossem aplicá-lo outra vez. Esse material é também objeto de discussão na sala de aula da faculdade (Garrido e Carvalho, 1999, e Garrido, 2002).

A videogravação também foi utilizada por Olavo Soares (2000), em sua dissertação de mestrado, para investigar as concepções de seus alunos do Ensino Médio e a mudança dessas representações em decorrência do ensino. Partiu da leitura de uma notícia veiculada nos meios de comunicação de massa sobre a morte de um chefe indígena em Brasília, ocasionada pela ação violenta de jovens. Ao longo da aula, os alunos discutiram o texto. Através de questionamentos colocados pelo professor, foram tomando consciência do viés de suas concepções, da manipulação a que estavam sujeitos sem perceber e de como é difícil a empreitada científica de tentar superar a subjetividade, as falsas interpretações, para desvendar a realidade dos fatos históricos e sociais.

A TERCEIRIZAÇÃO DAS FONTES

É importante que haja registros das perspectivas dos diferentes membros da comunidade escolar: direção, quadro de funcionários, pais, membros da comunidade.

A voz do aluno também precisa ser ouvida, se desejarmos que ele colabore com as inovações a serem introduzidas.

Em nossa pesquisa junto ao Cefam, assim se manifestou uma professora:

> Investigar nosso ensino junto aos alunos engendrou muitos conflitos... Este foi um processo doloroso, pois, afinal, acreditávamos estar procedendo corretamente em nossa prática profissional (Garrido, 2000, p. 55).

Numa perspectiva investigativa, a reflexão e o registro dos alunos deixam de ser encarados como "processo doloroso". São entendidos como atividade intrínseca ao processo de aprender e de ensinar, pois é preciso verificar, junto aos alunos, quais as dificuldades que o projeto lhes apresenta:

> cada um dos pequenos grupos em que a classe foi dividida falou sobre seu trabalho, sobre o que estava pesquisando. Detectamos problemas. Alguns deles criticavam as atividades propostas. Verificamos que vários alunos não percebiam a relevância do que pesquisavam nem a finalidade do trabalho. Exploramos juntos esses aspectos: por que pesquisar o bairro? O que deveriam investigar para que a pesquisa de campo tivesse importância e como poderiam fazê-lo?[3] Que dados selecionar?... Como entrevistar?... Como organizar os dados? Como fazer gráficos? (Garrido, 2000, pp. 68-69).

Ao final, os alunos fizeram uma avaliação de todas as atividades realizadas pela classe, considerando "o que deu certo", "as dificuldades encontradas", "o que podia ser melhorado", "o que não foi feito e poderia ser incluído".

---

[3] Os alunos empreendem aqui a "reflexão de segunda ordem", mencionada antes. Não apenas pesquisam, mas pensam sobre o que vão pesquisar, o que devem procurar para tornar sua pesquisa relevante...

A análise da perspectiva dos alunos, de suas avaliações, bem como o estudo de sua produção acadêmica, permite aos professores diagnosticar erros e identificar dificuldades. Permite também acompanhar o desenvolvimento cognitivo: Quais as representações dos alunos no início e no fim de um projeto de ensino? Que avanços intelectuais foram registrados nas produções dos alunos ao longo do Ensino Médio?[4]

Ensino e aprendizagem transformam-se em pesquisa. Professor e alunos aprendem uns com os outros.

A DIVULGAÇÃO E SOCIALIZAÇÃO DA MUDANÇA

A divulgação da experiência em jornais, revistas, congressos, mostras públicas do governo ou da comunidade constitui momento importante de retomada da pesquisa. A necessidade de organizar as ideias e de polir o texto para qualificar a apresentação melhora consideravelmente a compreensão que o sujeito tem da experiência vivida. Exige que os professores sistematizem sua reflexão: elucidem e fundamentem suas opções; organizem e descrevam o processo; criem indicadores para categorizar os resultados; explicitem suas "concepções e saberes tácitos".

Ter um trabalho aceito em congresso, vê-lo reconhecido entre pares e pesquisadores, trocar experiências e reflexões com outros grupos que desenvolvem projetos inovadores semelhantes, foram não só momentos marcantes na vida pessoal e profissional das professoras que participaram das pesquisas coordenadas por Maria Alice de Rezende Proença, Benedita de Almeida e Vânia Maria Nunes dos Santos, mas também espaços de produção de conhecimento sobre a docência e sobre a aprendizagem escolar.

---

[4] Esta questão foi objeto de investigação de um grupo de professores. Eles analisaram relatórios de pesquisa feitos por alunos do 1º, 2º e 3º anos do Ensino Médio, com o objetivo de verificar os progressos intelectuais do aluno ao longo do curso, detectar deficiências na aprendizagem e oferecer subsídios para a revisão curricular. Para tanto, selecionaram uma amostra de relatórios: os 25% melhores trabalhos e 25% piores trabalhos de cada série. Categorias de análise foram construídas após intensa discussão.

O caráter público que o trabalho docente passa a adquirir dá-lhe maior visibilidade e credibilidade. Torna-o fala autorizada e valoriza o professor e a profissão docente.

NOVOS HORIZONTES AINDA A CONQUISTAR

O voluntarismo é insuficiente para consolidar mudanças organizacionais. A literatura tem mostrado a importância das lideranças administrativas (direção, supervisão, coordenação...) no impacto e enraizamento das mudanças (Baird, 1991 e 1995). A unidade escolar como *locus* da formação continuada precisa contar com o compromisso explícito da hierarquia, dando voz e suporte aos professores no processo prolongado da implementação e adequação das novas práticas pedagógicas, estimulando projetos coletivos e garantindo a manutenção dos professores na instituição.

A pesquisa da professora Alice ilustra bem esse aspecto. A "cultura dos diários", estimulada pela coordenadora de forma persistente, foi se tornando mais qualificada ao longo do tempo. Num primeiro momento favoreceu o processo de desenvolvimento dos professores na proposição de atividades curriculares mais integradas e na atenção dos professores às peculiaridades de seus alunos. Esses registros evoluíram para a produção de portfólios. A respeito de cada um dos "projetos temáticos" realizados em cada classe, a professora construía uma pasta contendo a proposta fundamentada da atividade e as etapas de aprendizagem dos alunos, que eram documentadas com fotos e produções desses alunos. Esse material tem sido apresentado aos pais que, por sua vez, passaram também a participar das atividades curriculares. Em momento posterior, essa produção passou a ser socializada em congressos e em cursos de formação. E tem servido de material instrucional, usado em cursos de formação continuada para professores de educação infantil da rede municipal, ministrados por antigos professores, antes sujeitos da pesquisa, e agora formadores.

A formação do professor investigativo exige alto investimento de professores e de pesquisadores, e por um longo tempo. O trabalho anterior, elaborado numa instituição educacional estimulante, durou quatro anos. A literatura revela que resultados menos pontuais e mais consistentes levam pelo menos dois anos para se efetivarem (Baird 1991 e 1995; Cochran e Lytle, 1999). Isso significa que o processo de construção de uma nova cultura escolar baseada no entendimento do ensino, enquanto pesquisa dos professores, é complexo e demorado. E demanda tempo porque supõe mudança de mentalidade e de hábitos, ousadia e coragem para implementar o novo e humildade para reconhecer diante dos pares que o trabalho de cada um está insatisfatório, e é por isso que se está reunido para pensá-lo. Na verdade esse processo, uma vez implantado, não tem fim, pois, nessa perspectiva, a formação continuada é permanente, é intrínseca ao ato de ensinar.

Esse esforço ainda é pouco reconhecido pelo sistema educacional. A investigação empreendida pelo nosso grupo com professores do Cefam teve a duração de quatro anos. Nem por isso os professores participantes ganharam qualquer certificado que lhes assegurasse progressão na carreira.

As pesquisas colaborativas entre universidades e escolas poderiam ter seus frutos mais bem aproveitados. Essas escolas poderiam, por exemplo, se tornar parceiras da universidade na formação inicial, constituindo-se em espaços privilegiados para os licenciandos aí desenvolverem seus estágios, acompanhados de perto por professores que exerceriam o papel de tutores. Zeichner (1992) denominou essas escolas parceiras de "Centros de Desenvolvimento Profissional".

Uma outra dimensão da atividade facilitadora da universidade consistiria em abrir espaço em periódicos para a publicação das produções dos professores.[5] Esse cuidado foi tomado pelos integrantes do grupo da Universidade de East Anglia, na Inglaterra. Eles criaram uma revista na qual escrevem professores e pesquisadores que trabalham com pesquisa-ação: Educational Action Research Journal. Dentro dessa mesma linha de preocupação, grupos de pesquisa de universidades brasileiras e

---

[5] Zeichner (1993) tem criticado a academia por não oferecer espaço às vozes dos professores nos congressos de pesquisadores, bem como por não destinar algumas páginas de suas revistas à publicação das experiências desenvolvidas por professores. Em recente revisão da literatura sobre a "pesquisa do profissional", Zeichner (1999) observou que a Associação Norte-americana de Pesquisa Educacional criou uma sessão em seus congressos anuais para os professores apresentarem e debaterem seus trabalhos. Essa sessão tem se mostrado uma das mais profícuas.

estrangeiras (Mizukami, Zeichner, entre outros) têm criado grupos de estudo virtuais para o desenvolvimento de projetos conjuntos.

Parcerias interescolas poderiam igualmente ser estimuladas ampliando os espaços de estudo, de troca e de formação continuada.

REFERÊNCIAS BIBLIOGRÁFICAS

ALMEIDA, B. de. A escrita na formação continuada de professoras alfabetizadoras: práticas de autoria. (Tese de doutorado.) São Paulo: Universidade de São Paulo, 2007.

BACHELARD, G. *Essai sur la connaissance aprochée*. Paris: Vrin, 1928.

BAIRD, J. R.; FENSHAN, P. J.; GUNSTONE, R. F.; WHITE, R. T. The importance of reflection in improving science teaching and learning. *Journal of Research in Science Teaching*, 28(2): 163-182, 1991.

_____; NORHFIELD, J. R. *Learning from the PEEL experience*. Melbourne: Monash University Printing Services, 1995.

BAKHTIN, M. *Marxismo e filosofia da linguagem*. São Paulo: Hucitec, 1995.

CARRIEL, A. L. de M. L. *Embuste? Ficção? Utopia? O ensino de língua inglesa na escola pública*; mistérios que o complicam, caminhos que o viabilizam. (Dissertação de mestrado.) Universidade de São Paulo, São Paulo, 2002.

CARVALHO, A. M. P. O uso do vídeo na tomada de dados: pesquisando o desenvolvimento do ensino em sala de aula. *Pro-posições*, 7(1): 5-13, 1996.

CLARK, A. Professional development in practicum settings reflective practice under scrutiny. *Teaching & Teacher Education*, 11(3): 243-261, 1995.

COCHRAN-SMITH, M.; LYTLE, S. L. The teacher research movement: a decade later. *Educational Researcher*, 15: 15-25, 1999.

ELLIOTT, J. *Reconstructing teacher education and teacher development*. Londres: Falmer Press, 1993.

_____. *The curriculum experiment*; meeting the challenge off social change. Buckhingham: Open University Press, 1998.

_____. Recolocando a pesquisa-ação em seu lugar original e próprio. In: GERALDI, C. M. G.; FIORENTINI, D.; PEREIRA, E. de A. *Cartogra-*

fias do trabalho docente. Campinas: Mercado das Letras, 2000, pp. 137-152.

_____. La formación permanente del profesorado centrada en la escuela y la investigación en la formación del profesorado In: ELLIOTT, J. *Investigación-acción y educacíon*. Madrid: Ed. Morata, 2000a.

GARRIDO, E.; CARVALHO, A. M. P. Reflexão sobre a prática e qualificação da formação inicial docente. *Cadernos de Pesquisa*, 107: 149-168, 1999.

_____. *Pesquisa universidade-escola e desenvolvimento profissional do professor*. (Tese de livre-docência.) São Paulo: Universidade de São Paulo, 2000.

_____. Sala de aula: espaço de construção do conhecimento para o aluno e de pesquisa e desenvolvimento profissional para o professor. In: CASTRO A. D.; CARVALHO, A. M. P. (coords.). *Didática para a escola fundamental e média*. São Paulo: Pioneira, 2001, pp. 125-141.

_____. Por uma nova cultura escolar: o papel mediador do professor entre a cultura do aluno e o conhecimento elaborado. In: SEVERINO, Antonio J.; FAZENDA, Ivani. *Conhecimento, pesquisa e educação*. Campinas: Papirus, 2002, pp. 125-142.

_____et alii. A pesquisa colaborativa na escola como abordagem facilitadora para o desenvolvimento da profissão do professor. In: MARIN, Alda J. *Educação continuada*. Campinas: Papirus, 2002, pp. 89-112.

MIZUKAMI, M. G. N. et alii. *Escola e aprendizagem da docência*; processos de investigação e formação. São Carlos, Editora da Universidade Federal de São Carlos, 2002.

PENTEADO, H. D. et alii. *Pedagogia da comunicação*; teorias e práticas. São Paulo: Cortez, 1998.

PROENÇA, M. A. de R. *O registro reflexivo e a formação contínua de educadores*; tessituras da memória e a construção da autoria: amacord... (Dissertação de mestrado.) Universidade de São Paulo, São Paulo, 2003.

SCHÖN, D. A. *The reflective practitioner*. New York: Basic Books, Inc., 1983.

_____. *Educating the reflective practitioner*. S. Francisco: Jossey-Bass Publ, 1987.

NEWBERG, N. A. Bridging the gap: an organizational inquiry in an urban school system. In: SCHÖN, Donald A. *The reflective turn*; case studies in and on educational practice. New York: Teachers College Press, 1991, pp. 65-83.

SOARES, O. P. *A cultura midiática e o ensino de História*. (Dissertação de mestrado.) Universidade de São Paulo, São Paulo, 2000.

ZABALZA, M. A. *Diários de aula*; contributo para o estudo dos dilemas práticos dos professores. Porto: Editora Porto, 1994.

ZEICHNER, K. M. *A formação reflexiva de professore*; ideias e práticas. Lisboa: Educa, 1993.

_____. Teacher research as professional development for P-12 educators in USA. *Educational Action Research Journal*, 11(2): 301-323, 2003.

_____; NOFFKE, S. E. Practitioner research. In: RICHARDSON, V. (ed.). *Handbook of research on teaching, fourth edition*. Washington: American Educational Association, 1999. (Mimeo.)

PARTE II

Relatos de pesquisa-ensino e de pesquisa-ensino colaborativa

CAPÍTULO 7

A pesquisa-ensino no ensino de história

Olavo Pereira Soares

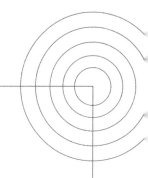

INTRODUÇÃO

Neste texto propomos o debate sobre a construção de categorias metodológicas da pesquisa sobre o ensino. Sabemos que um número significativo de pesquisas que tem o ensino como objeto de análise se utilizaram, na última década, do referencial teórico da pesquisa-ação. Contudo, nossa trajetória nos permite compartilhar de uma perspectiva metodológica que se insere no interior da pesquisa-ação: a pesquisa-ensino.

Uma das especificidades da pesquisa-ensino se refere à aproximação da pesquisa acadêmica dos processos de ensino que se realizam no interior das escolas. Trata-se de uma modalidade de pesquisa na qual o professor lança mão dos referenciais da pesquisa acadêmica não só para compreender a sua atuação, como também para propor modificações nas práticas escolares. Isso pressupõe uma trajetória acadêmica e profissional específica do professor que, em seus processos de formação inicial, se envolve com a pesquisa e, ao assumir a docência, incorpora procedimentos investigativos a fim de responder às suas inquietações.

A delimitação dessa especificidade da pesquisa-ensino se exemplifica no próprio processo de escrita deste texto. Inicialmente, nosso objetivo será resgatar o momento em que o professor percebe a emergência de um objeto de análise a ser pesquisado com os referenciais da pesquisa acadêmica. Posteriormente, discutiremos as questões metodológicas que abarcaram a pesquisa, considerando sempre que os referencias utilizados eram os da pesquisa-ação. Finalmente, apresentaremos o objeto de uma pesquisa-ensino realizada, bem como o processo de coleta e análise de dados.

Antes, porém, precisamos considerar que não se trata de impor um juízo de valor a este ou aquele modelo de pesquisa ou de pesquisador. Se considerarmos despropositada a negação do pesquisador que permanece, por um período delimitado, tanto na universidade quanto na prática docente, seria ainda mais injustificável desvalorizar aquele que se dedica, de forma integral, à análise teórica da realidade. Manter-se na prática docente para a realização da pesquisa não é um qualificador da pesquisa-ensino, mas, antes, uma necessidade.

NA SALA DE AULA, SURGE A INQUIETAÇÃO

Iniciei minha carreira como professor de história no ano de 1991. Minha primeira experiência foi em uma escola pública estadual na periferia de São Paulo, mais especificamente no Jardim Ângela. No mesmo ano comecei a trabalhar em uma escola da rede pública municipal, também na mesma região, porém em outro bairro: o Parque Arariba.

Particularmente, o aspecto caótico das escolas, bem como as dificuldades estruturais da região me incomodavam, mas não se tornava obstáculo para a minha prática docente. E isso se explica por duas razões: eu era morador da região e, mesmo tendo me afastado durante os quatro anos da graduação, continuava me sentindo pertencente àquele lugar, portanto conhecia bem a localidade e aspectos gerais da cultura dos alunos e das escolas; com o conhecimento vivido da realidade, não desenvolvi uma expectativa inicial "do que deveria ser", tão comum aos professores no princípio da carreira.

Naquele momento, minha trajetória de vida me impunha um objetivo, também comum a tantos outros colegas de profissão: dar a minha contribuição para um processo de transformação da realidade, tendo nas diversas formas de produção do conhecimento histórico minha principal ferramenta teórica e metodológica. Minha formação inicial em história, na Unesp de Assis, possibilitou-me compreender que, para se tentar analisar a realidade e, assim, ajudar na sua transformação, boa vontade não basta. Aliás, considero que o excesso de boa vontade no começo da carreira foi, ao longo dos anos 1980 e 1990, um dos principais fatores causadores do já pesquisado mal-estar docente.

Nos anos iniciais da docência, o trabalho é sempre mais árduo: a falta de experiência em lidar com situações conflitantes, o desamparo que se exemplifica com o fato de que as salas mais "difíceis" ficam a cargo dos professores novatos, a falta de um acervo particular de materiais para uso didático, o excesso de energia que nos leva a tentar, a todo custo, introduzir a teoria na prática.

Passados os primeiros anos de maior tormenta, e depois de ouvir muito a frase: "Desiste disso, menino, você é muito novo ainda...", mas lá estava eu, firme e forte. Tanto que, após os quatro primeiros anos, comecei a refletir mais sobre questões teóricas relativas ao ensino de história, à didática e à cultura escolar. Invariavelmente, a maioria dos questionamentos surgia da prática de sala de aula, seja em função das inquietações dos alunos, seja em razão da forma como outros professores percebiam e lidavam com as dificuldades inerentes aos processos de educação escolar.

Acostumei-me, aos poucos e de forma ainda intuitiva, a ouvir mais os alunos, a tentar entender como eles se relacionavam com os colegas, com os professores, com a escola e com os poucos conhecimentos que lá obtinham. Foi com essa disposição de ouvir para ser ouvido que presenciei um momento que abalou minhas certezas e me fez retornar aos bancos acadêmicos.

Recordo-me que, em uma tarde, entrei para dar aula em uma classe da 6ª série e, ao iniciar as atividades, um grupo de alunos pediu para cantar uma música antes de a aula começar. Então, sentei em um canto da sala e fiquei assistindo à cantoria. Foi muito interessante, mas, principalmente, desestabilizador. Um grupo de cinco alunos começou a cantar uma música do grupo de rap Racionais MC's e, de repente, a classe toda estava se divertindo ao som de "Fim de semana no parque". Todos sabiam a letra e não titubeavam com os "breaks" e as "músicas incidentais", características de um rap.

Fiquei, inicialmente, boquiaberto. Em primeiro lugar, porque não conhecia a música, mas todos, absolutamente todos os alunos, a estavam cantando. Também não conhecia o rap nacional e, naquele momento, aquela sonoridade me era estranha. Em razão disso, tive uma reação que eu mesmo considerava incorreta: acabou a música, os alunos aplaudiram, vivenciaram um momento de descontração e eu... Comecei a aula, ou melhor, a outra aula, porque a primeira parte da aula já tinha ocorrido de forma bastante significativa para os alunos.

Naquele momento, percebi que havia algumas lacunas entre as variadas perspectivas teóricas que norteavam a minha prática. Por um lado, percebi que não estava preparado para lidar com as manifestações espontâneas dos alunos e, por outro, que não era capaz de estabelecer um diálogo entre os diferentes conteúdos de minha disciplina com aquela forma de expressão cultural.

O quadro desestabilizador se completava à medida que buscava soluções teóricas para compreender o que estava ocorrendo em sala de aula. Consegui, então, gravar aquela música e a ouvi várias vezes e, com isso, minha inquietação só aumentava. Estávamos em uma escola de periferia, com alunos da periferia e com todas as contradições sociais inerentes a nossa sociedade capitalista. A letra do rap expressa justamente essa realidade:

> Daqui eu vejo uma caranga do ano/*Toda equipada e o tiozinho guiando*/*Com seus filhos ao lado estão indo ao parque*/Eufóricos brinquedos eletrônicos/Automaticamente eu imagino/A molecada lá da área como é que tá/Provavelmente correndo pra lá e pra cá/Jogando bola, descalços, nas ruas de terra/É, brincam do jeito que dá/Gritando palavrão é o jeito deles/Eles não têm videogame as vezes nem televisão/Mas todos eles têm um dom, São Cosme e São Damião/A única proteção/(...) Eles também gostariam de ter bicicleta/De ver seu pai fazendo *cooper* tipo atleta/Gostam de ir ao parque e se divertir/E que alguém os ensinasse a dirigir/Mas eles só querem paz e mesmo assim é um sonho/Fim de semana do Parque Santo Antônio.

Com tal grau de denúncia que esse rap traz, perguntava-me: Onde está a transformação social que a cultura escolar pode e deve fomentar? Se as crianças e os jovens de tal comunidade ouvem essa música e outras do gênero, por que não se conscientizam da possibilidade de transformação de sua realidade social? Afinal, qual o papel da escola quando entra em contato com esse conteúdo, que é implícito à cultura do aluno?

Isso me incomodava profundamente. Na minha formação inicial, os autores que mais me influenciaram no debate sobre cultura e meios de comunicação foram: Theodor Adorno e Frank Horkheimer. Para estes representantes da Escola de Frankfurt, a produção vinculada à indústria cultural se dilui na chamada cultura de massas e não há possibilidade de consciência sobre essas expressões culturais, pois, assim como a produção capitalista de caráter taylorista, a cultura de massas é desprovida de consciência sobre o seu objeto (Adorno e Horkheimer, 1990).

À época, eu estava envolto nessa concepção frankfurtiana. Então, cada vez que ouvia a música me lembrava da cantoria dos alunos e pensava: Será que eles tinham consciência do que aquela letra representava? O fato de o grupo Racionais MC's se recusar a participar de programas de televisão e fazer a divulgação das suas produções evitando a mídia, seria um indício de que a presença da mídia na formação cultural dos alunos deveria ser analisada também por outros paradigmas? Onde estaria, afinal, o conteúdo de história nesse processo? Para que serve a disciplina e o conhecimento histórico escolar, se não conseguimos fazer, junto aos alunos, a análise desse contexto social e cultural?

Quanto mais perguntas eu fazia pensando nos alunos, outras tantas surgiam sem que eu conseguisse respondê-las. Por exemplo: Em outros tempos, não muito distantes, tal análise da sociedade seria considerada altamente revolucionária e, portanto, passível de censura. E por que não é mais? Por que o rap e outros diferentes estilos musicais que fazem uma "análise crítica da sociedade" conseguem obter sucesso entre os adolescentes e jovens de diferentes classes sociais? Estaríamos vivendo uma época em que a realidade é tão alienada que tudo se transforma apenas em música e diversão?

Pois bem, esse é o ponto inicial, a gênese de nossa pesquisa-ensino. Foram precisos alguns anos para que tais inquietações fossem teoricamente formuladas. O ingresso na pesquisa acadêmica, no final dos anos 1990, nos possibilitou o aprofundamento teórico sobre a prática. Como pretendíamos manter "os pés na escola", passou a representar uma necessidade a busca de novos referenciais metodológicos e a formulação de metodologias de pesquisa voltadas para a coleta e análise de dados que pudessem surgir a partir da prática docente. Portanto, é sobre a metodologia de pesquisa adotada que trataremos a seguir.

DA PESQUISA-AÇÃO PARA A PESQUISA-ENSINO

Nosso objeto de pesquisa é o ensino de história. Embora as inquietações iniciais surgidas com a cantoria do rap em sala de aula pudessem ser respondidas no campo da sociologia da educação, o que buscamos é compreender como o conhecimento histórico escolar pode auxiliar os alunos nos processos de compreensão e análise da realidade. Considerando que a cultura midiática é parte constituinte do universo cultural de professores e alunos, inserimos, na pesquisa sobre o ensino de história, o diálogo com a pedagogia da comunicação e com as categorias de análise referentes aos processos de interação dos sujeitos sociais com a cultura midiática.

A permanência na atividade docente do Ensino Fundamental e Médio passou a ser uma necessidade e, também, nos permitiu vivenciar uma experiência singular: ao professor de história, foi incorporado o pesquisador acadêmico, que tinha na sala de aula e nos processos de ensino o seu objeto de análise.

Essa simultaneidade de atributos e saberes que interagiam na pesquisa clamavam por uma definição metodológica, afinal o pesquisador acadêmico não pode sobrepor-se à sala de aula e às especificidades da produção de conhecimento no Ensino Fundamental e Médio. É fundamental também que esse profissional híbrido respeite as instituições escolares em sua dinâmica interna, em seu cotidiano, em sua cultura institucional. Para que tal simultaneidade – entre o fazer docente e a pesquisa acadêmica – pudesse conviver ao longo de quatro anos, definimos estratégias de coleta de dados que permitissem respeitar e valorizar essa convivência. Isso se tornou possível a partir de 1998, quando incorporamos como ferramenta de coleta de dados os princípios da pesquisa-ação.

A pesquisa-ação era, naquele momento, o referencial teórico-metodológico que nos propiciou permanecer na docência e elaborar a pesquisa. Atualmente, com a conclusão das pesquisas em nível de mestrado e doutorado, podemos considerar que participamos de um outro modelo de pesquisa no interior da pesquisa-ação: a pesquisa-ensino. Mas, para que seja possível concebermos os pressupostos da pesquisa-ensino, devemos refazer a trilha que nos levou dos princípios da pesquisa-ação para o encaminhamento de uma pesquisa-ensino. É preciso entendermos em que medida os pressupostos da pesquisa-ação tornaram-se referência para o modelo de pesquisa-ensino que estamos buscando delimitar.

Para compreendermos alguns princípios e métodos da pesquisa-ação, é fundamental que consideremos alguns de seus aspectos epistemológicos, e estes estão vinculados ao surgimento, em fins do século XIX, das pesquisas qualitativas. Nesse contexto, as pesquisas qualitativas surgem no campo das ciências sociais como uma resposta ao positivismo excessivo de muitos estudos sobre a sociedade (André, 1995). Para a autora, houve uma crítica àqueles que buscavam tratar as ciências sociais como naturais, em seus métodos, conceitos e objetivos. Para ela, epistemologicamente, a perspectiva qualitativa

> [...] busca a interpretação em lugar da mensuração, a descoberta em lugar da constatação; valoriza a indução e assume que fatos e valores estão intimamente relacionados, tornando-se inaceitável uma postura neutra do pesquisador (André, 1995, p. 17).

Esses referenciais da pesquisa qualitativa mostraram-se fecundos para as pesquisas em educação. Contudo, ao longo do percurso, foi de fundamental importância fazer diversos ajustes para o estudo e análise das práticas pedagógicas. Dessa forma, as pesquisas qualitativas em educação trilharam em busca de sua identidade. Atualmente, os referenciais da pesquisa-ação têm se desenvolvido no sentido da ampliação dos diálogos e parcerias entre as universidades e as escolas (Pimenta, 2005). O que nos interessa é um aspecto específico da pesquisa-ação: a possibilidade da formulação de uma pesquisa-ensino.

Novamente nos remetemos à Marli André e à sua sistematização. Para ela, a proposta da pesquisa-ação preconiza a intervenção do pesquisador, tanto nos processos de elaboração e levantamento de dados quanto até mesmo na organização do registro desses dados (André, 1995). Em muitos casos, mesmo que seja em parceria ou orientação do pesquisador universitário, é o professor da escola que inicia a pesquisa. Vejamos:

> Um exemplo clássico é o professor que decide fazer uma mudança na sua prática docente e a acompanha com um processo de pesquisa, ou seja, com um planejamento de intervenção, coleta sistemática de dados, análise fundamentada na literatura pertinente e relato dos resultados (André, 1995, p. 31).

A este enunciado de Marli André, inserimos um questionamento: De que professor ela está tratando? Que referenciais um professor precisa ter para incorporar em sua prática os procedimentos da pesquisa-ação?

Nossas pesquisas nos possibilitam afirmar que, antes de participar de uma pesquisa-ação, o professor deve conhecer e compreender os principais pressupostos da pesquisa acadêmica. Uma metodologia de coleta e análise de dados não se dá ao acaso: é preciso que na formação inicial o professor tenha assimilado os atributos da pesquisa, e para isso decorre um longo processo de formação inicial. Para nós, a "reflexão na ação e sobre a ação" de que nos fala Donald Schön (1992) só é possível se o professor tiver uma sólida formação inicial.

Analisar e refletir sobre a prática não constitui um atributo inerente àquele que se decide pela docência. É preciso resgatar o papel da formação inicial nesse processo. Nossa trajetória nos permite afirmar que somente com uma formação inicial sólida é que o professor se permite inquietar-se, indignar-se. É nos cursos de graduação que ele deve encontrar os principais pressupostos teóricos de sua disciplina de referência. É nesse período que deve encontrar condições de tornar-se um pesquisador.[1] Portanto, compreendemos que quaisquer processos de formação do professor que seja aligeirado, principalmente quanto ao curto tempo de duração, não contribui para a formação do professor na perspectiva que estamos aqui considerando.

Ao ingressar na escola, o docente, bem formado teoricamente, consegue fazer uma leitura do real para além do senso comum. Ao usar a teoria como referencial para a análise da prática, ele concretiza um projeto profissional e constitui-se como um professor-pesquisador, e este deve ser o objetivo a ser alcançado. Porém, a pesquisa-ensino vai além: considerada como uma vertente específica da pesquisa-ação, exemplifica-se através de pesquisas sobre a prática docente que é realizada pelo professor-pesquisador com a parceria e ou orientação do pesquisador acadêmico.

A construção de referenciais metodológicos para a pesquisa-ensino realizada ocorreu ao longo da prática da pesquisa. Isso porque, até então, os referenciais que encontrávamos no interior de algumas propostas de

---

[1] Cabe aqui uma justa reverência às entidades de classe, em especial à ANPUH, por sua defesa da formação do pesquisador nos cursos de história e por ser contra os processos de aligeiramento da formação docente.

pesquisa-ação estavam estreitamente vinculados às pesquisas de cunho etnográfico.²

Um dos problemas que encontramos em muitas das pesquisas de cunho etnográfico é que o pesquisador deve se distanciar de seu objeto de estudo para que o método seja utilizado a contento. Ocorre que estamos tratando das relações sociais no interior da escola e, em alguns casos, da própria sala de aula. Para nós, a etnografia "engessa" o pesquisador que deve permanecer em situação de observador, sem interferir no processo. Além desse aspecto, é necessário considerar uma questão de natureza epistemológica para essa perspectiva de pesquisa: a escola não é um campo de estudo alheio ao pesquisador, como deve ser para o sociólogo ou antropólogo que utiliza procedimentos da etnografia.

Mesmo em estudos sobre as "tribos urbanas", percebe-se um certo distanciamento de sociólogos e antropólogos de seu objeto. Isso é quase impossível de ocorrer com estudos sobre a escola. Um pesquisador acadêmico passou necessariamente pelos bancos escolares e tem com relação a esse "objeto" de estudo um conjunto muito considerável de conceitos já formulados. Imaginar que um recém-formado em pedagogia possa se distanciar da realidade escolar para realizar uma pesquisa etnográfica, é como exigir que uma criança dessa mesma realidade deixe de assistir TV ou gostar de brincar com os amigos.

As propostas da pesquisa-ação também compartilham dessa inquietação: considerar que profissionais da educação possam se tornar "invisíveis" em seu "hábitat natural", que é a escola, tornou-se uma tarefa hercúlea. A necessidade de intervir em processos educativos, sugerir mudanças de rumos, interagir com a comunidade escolar falou mais alto que a proposta metodológica de origem etnográfica.

É por essas razões que atualmente consideramos o que fizemos como pesquisa-ensino.

Em artigo da pesquisadora Heloísa Martins, temos uma afirmação importante que em parte explica nossa postura em sala de aula ao desenvolvermos, em diferentes momentos, a pesquisa-ensino. Ao expor

---

² Preferimos a expressão "pesquisas de cunho etnográfico", porque o debate em torno da possibilidade de considerar tais pesquisas como etnográficas está longe de chegar a um consenso.

a respeito de diferentes propósitos da pesquisa qualitativa, a pesquisadora expõe:

> Para o pesquisador, com muita frequência, o mais importante é a pesquisa a ser feita, e os outros são vistos como informantes, ou seja, devem estar a serviço dele para lhe fornecer os dados que lhe são fundamentais – "fundamentais", na verdade, para a sua carreira, e não para a vida daquele grupo ou para o grupo que dele fazem parte (Martins, 2004, p. 296).

Essa afirmação explicita de forma muito objetiva o teor de nossas preocupações ao desenvolvermos momentos de pesquisa-ensino em sala de aula. O que procuramos fazer, a partir de 1997, como professor-pesquisador das séries do Ensino Fundamental e Médio, foi manter nossa constante preocupação com o crescimento intelectual e social de nossos alunos. Cada passo da pesquisa-ensino foi pensado e elaborado tendo sempre em vista a apropriação do conhecimento histórico por parte de nossos alunos, para o seu crescimento individual e também de seu grupo social.

A partir de 1997, quando compreendíamos que algumas atividades a serem desenvolvidas em sala de aula mereciam registro, implementamos os princípios do que agora entendemos como pesquisa-ensino: estabelecíamos objetivos, desenvolvíamos um plano de ação e processos de acompanhamento e controle da ação planejada, fazendo a coleta de dados de forma concomitante às atividades que eram desenvolvidas em sala de aula.

Nessas intervenções, buscávamos compreender a relação existente entre a cultura midiática que o aluno leva para a sala de aula e o aprendizado de história (Soares, 2000). Assim, as pesquisas que foram publicadas nesse período, sob os princípios da pedagogia da comunicação (Penteado, 1998), em muito contribuíram para o alargamento de nossas intervenções em sala de aula. Vale citar, em especial, o trabalho de Tania Porto (1998), que elaborou atividades junto a alunos adolescentes em uma escola pública da periferia de Campinas, e as pesquisas de Vânia Nunes dos Santos (2002), que analisou os possíveis usos das imagens de sensoriamento remoto veiculadas nas mídias em aulas de geografia. Esses trabalhos mostraram-se fundamentais em diferentes momentos de pesquisa-ensino desenvolvidos durante os anos de 1997 e 2000.

A ELABORAÇÃO DE REFERENCIAIS TEÓRICOS PARA A ANÁLISE DE UMA PESQUISA-ENSINO

Ao término do mestrado, conseguimos acumular um número considerável de registros sobre as atividades realizadas. Porém, em função das especificidades da pesquisa, analisamos na dissertação de mestrado apenas uma dessas atividades. Com o ingresso no doutorado, no ano de 2001, o material que havia sido coletado anteriormente na pesquisa-ensino se revestiu de novos significados.

Após dois anos de embates teóricos sobre os processos de formação do professor de história e sobre as diferenças entre tais processos e as práticas dos professores, decidimos que nossa contribuição para o debate poderia dar-se de forma prospectiva. Então resolvemos propor uma metodologia para o ensino de história que pudesse ser analisada, compreendida e vivenciada por professores da área.

Assim, as leituras e o amadurecimento intelectual do pesquisador proporcionaram um retorno ao material anteriormente recolhido. Porém, procuramos evitar um procedimento metodológico comum às pesquisas na área: em vez de utilizar um método de origem historiográfica – analisando o ocorrido em seu contexto de produção, assim como seus pressupostos historiográficos e metodológicos – buscamos, com a teoria, analisar o que havíamos registrado e, com essa mesma teoria, concebemos uma metodologia para o ensino de história.

O material coletado ao longo da pesquisa-ensino era farto. Havia preocupações em comum em todas as atividades realizadas em sala de aula e, portanto, em todos os registros realizados. Para tomar a decisão sobre quais atividades seriam analisadas, um conjunto de categorias foram privilegiadas, tais como: o ambiente cultural e midiático no qual os alunos estavam envolvidos; o uso da cultura midiática como momento inicial das atividades; o debate em torno das opiniões dos alunos sobre processos midiáticos de diferentes níveis; o aprendizado de história como experiência dialética para melhor compreensão da cultura contemporânea; o uso de fontes e documentos da história para a pesquisa em sala de aula; a avaliação dos processos considerando ressignificações dos conceitos prévios trazidos pelos alunos.

Para a construção de um referencial teórico que possibilitasse a análise das atividades realizadas e a elaboração de uma proposta metodológica para o ensino, fizemos opções teóricas em duas vertentes no campo das pesquisas em educação. Na obra de Aléxis Leontiev, encontramos o princípio da atividade que, de acordo com suas pesquisas, é inerente a todos os seres humanos. A partir dos estudos sobre esse conceito básico da obra de Leontiev, as pesquisas formularam o conceito de atividade de ensino. A formulação de pressupostos sobre a atividade de ensino de história tornou-se possível através do estreito diálogo que mantivemos com os princípios da pedagogia da comunicação, tendo retirado desta um princípio fundamental, que é o agir comunicacional.

A par dessa teoria, chegamos a um método de análise das atividades de ensino.

Nas análises das atividades de ensino de história, a construção do *motivo* é um princípio que deve ser analisado em todo o processo, pois verificamos, através de Leontiev, que o desenvolvimento de crianças e adolescentes passa necessariamente pela ressignificação dos motivos que os vinculam à atividade. Leontiev nos dá a medida exata da importância desse processo para a atividade:

> Como ocorre esta transformação de motivo? A questão pode ser respondida simplesmente. É uma questão de o resultado da ação ser mais significativo, em certas condições, que o motivo que realmente a induziu (Leontiev, 1988, p. 70).

A transformação do motivo ocorre, então, quando o aluno passa a dar um outro significado às suas *ações* e *operações* desenvolvidas em sala de aula. Assim, o que antes podia ser visto por ele como sem sentido, passa a ser agora essencial para o processo de compreensão e análise das questões colocadas.

Por isso, extraímos da obra de Leontiev um princípio da atividade que nos pode auxiliar metodologicamente a identificar as transformações do motivo pelos quais passam alunos e professores: a *necessidade*.

Por necessidade compreendemos alguns estágios pelos quais passam alunos e professores no decorrer do processo de compreensão e assimilação do motivo da aprendizagem. Assim, há as necessidades do professor de propor e realizar a atividade junto aos alunos. Há, também, um conjunto de necessidades inerentes ao coletivo dos alunos que precisam ser consideradas para que ocorra a socialização do motivo do professor, em outras palavras: para que o motivo do professor seja incorporado e assumido pelos alunos.

Para identificar as *primeiras necessidades*, tanto dos alunos como do professor, é preciso que o professor proceda ao agir comunicacional. É através dessa postura desejada do professor que as principais ações e operações do grupo-classe serão viabilizadas: a leitura individual, a interação, o diálogo. O agir comunicacional possibilita ao professor estimular os alunos a desenvolverem ações e operações conscientes sobre o objeto de estudo.

> Porque o objetivo de uma ação, por si mesma, não estimula a agir. Para que a ação surja e seja executada, é necessário que seu objetivo apareça para o sujeito, em sua relação com o motivo da atividade da qual ele faz parte; para que operações conscientes se desenvolvam, é típico (estudos experimentais demonstram) que elas se formem primeiramente como ações; e não podem surgir de outra forma (Leontiev, 1988, pp. 69, 74).

Ao ter na raiz a obra de Leontiev e incorporar a ela outros elementos teóricos, nossas categorias de análise se iniciam pelo eixo de uma atividade que é o seu motivo e, também, pelo processo que encaminha a atividade: o agir comunicacional. Este se relaciona às ações e operações a serem desenvolvidas pelos alunos e possibilita o desenvolvimento constante das necessidades de alunos e professor.

De acordo com nossa perspectiva, nenhuma atividade de ensino pode começar com atitudes mecânicas, mas com diálogo e interações: dos alunos com o objeto de estudo, assim como do professor com a cultura do aluno, seus referenciais e conhecimentos prévios, para a resolução de situações-problema. Nesse momento da atividade, a *cultura midiática* deve vir a ser o estopim para que as primeiras necessidades de alunos e professores tornem-se parte do coletivo da sala de aula.

Entendemos que a cultura midiática em sala de aula expõe para o coletivo o conhecimento empírico que os alunos trazem de seu cotidiano permeado pela cultura das mídias. Essa cultura, dialogada com a mediação do professor, permite que se explicitem as primeiras necessidades de todo ser humano: a interação com os colegas, a exposição e troca de ideias e sentimentos.

As primeiras necessidades possibilitam o surgimento de um terreno fértil para *mobilizações*: Afinal, onde esse debate pode nos levar? Quais suas possíveis conclusões? Quais as suas relações com a história? Por que o conflito de ideias e opiniões está sendo valorizado, e não silenciado pelo professor?

A mobilização para a reflexão nasce em função de uma necessidade, que muitas vezes está no plano do imediato, do sensível, e não no plano do conhecimento. Decorre, desse aspecto, a defesa nesse trabalho de que a atividade se inicie com elementos da cultura midiática. Contudo, a reflexão não se esgota na mobilização. Lembremos: atividade não é ativismo.

A reflexão resulta na *tomada de consciência*, por parte dos alunos, de suas ações e operações. "A consciência da ação ocorre mediante a reflexão, por isso faz parte da atividade de estudo" (Sforni, 2003, p. 113). Significa buscar identificar em que momento da atividade de ensino houve um esforço para que os envolvidos no processo de ensino-aprendizagem percebessem a importância, o valor de suas ações. Cabe ao professor mobilizar os alunos, criar necessidades que levem à reflexão para se tomar consciência do que está sendo feito, das ações e operações realizadas.

Nesse momento, como ao longo de toda a atividade, o agir comunicacional é fundamental. Os alunos devem desenvolver entre si, com o professor e com o objeto de estudo, ações e operações que levem ao diálogo, à sistematização de ideias e opiniões, à indagação objetiva que visa à resolução de um problema, à inquietação.

Socializado o motivo que deu origem às atividades, ressignificações do motivo vão ocorrer em virtude das ações e operações desenvolvidas, até que a necessidade de se debruçar sobre o conhecimento histórico e socialmente construído, que pode responder às inquietações suscitadas, se faça presente. O motivo é, na atividade de ensino, o seu eixo, o que deveria ser a razão de ser de toda instituição educacional: o querer saber, a busca pelo conhecimento científico, social e historicamente acumulado.

É na apropriação do motivo por parte dos alunos que o plano do sensível e dos sentidos passa a dar lugar ao estudo do conhecimento histórico proposto pelo conteúdo da disciplina.

A atividade de ensino de história deve ter como objetivo a apropriação, por parte de alunos e professores, do conhecimento histórico e das ferramentas básicas utilizadas pelos próprios historiadores para a compreensão e análise da história.

Uma atividade de ensino exige não só a reflexão constante sobre seus objetivos e etapas a serem percorridas, como também que o professor tenha o conhecimento necessário da ciência de referência de sua disciplina, pois, para os alunos chegarem a se apropriar das ferramentas da história, é necessário que o professor conheça essa ferramenta.

O surgimento de um motivo, também considerado *plano interior das ações*, se dá quando "o conhecimento conceitual presente como conteúdo e forma do pensamento, é a sua efetivação como instrumento do pensamento" (Sforni, 2003, p. 100). Em outras palavras: significa ter o conhecimento histórico como ferramenta de ação. É quando o professor percebe que o aluno se apropria do conceito para as suas ações e operações. A consciência e domínio do conceito criam, então, novas necessidades psíquicas, cognitivas e também conceituais. É um processo intermitente, pois, se a atividade principia com algo que está no plano do sensível e, às vezes, até do inconsciente, sua continuidade deve gerar consciência e mobilizar para novas necessidades.

A apropriação do conhecimento histórico, nesse caso, não é um fim, mas uma etapa. É parte da estrutura da atividade que se renova a partir do desenvolvimento consciente das ações e operações e dos motivos que levam alunos e professores a *novas necessidades*.

Essa possibilidade metodológica, que está implícita em outros estudos da área (Araújo, 2003; Sforni, 2003; Moura, 2001), encaminha a viabilidade da incorporação dos princípios da atividade ao ensino de história. Isso porque devemos considerar que tal ensino pode e deve estar baseado em processos de incorporação das ferramentas de pesquisa e análise da história por parte dos alunos.

Para que o aluno compreenda a história e esta lhe traga significado, é fundamental, por exemplo, que os conceitos históricos que estão relacionados a seu estudo e compreensão possam ser, em diferentes níveis de dificuldade, apropriados pelos alunos. A escravidão, a beleza, o trabalho, os meios de produção, mudanças e permanências, revolução, socialismo e capitalismo são conceitos que precisam ser refletidos, analisados e apropriados por alunos do Ensino Fundamental II e Médio, em uma perspectiva histórica.

Defendemos que o ensino de história, através de atividades de ensino, tal como aqui explicitadas e fundamentadas, se torne um caminho para que os alunos se apoderem do conhecimento histórico. Materiais didáticos, documentos, iconografias, mapas e audiovisuais devem estar a serviço dessa incorporação por parte dos alunos. A observação do processo de apropriação e incorporação do conhecimento é que nos permite avaliar o alcance dos objetivos inicialmente pretendidos junto aos alunos.

A atividade de ensino é simultaneamente processo de formação de professores, uma vez que exige constante observação, reflexão e investigação. Para tanto, a necessidade constante de rever e se apropriar dos conceitos se impõe. O professor que não domina o conceito não tem como trabalhá-lo com os alunos (Araújo, 2003). Refletir, analisar e incorporar os conceitos é, antes de tudo, função docente.

O segundo aspecto na formação contínua dos professores a ser aqui destacado relaciona-se aos processos de desenvolvimento de atividades de ensino. Para realizá-las, o professor precisa interagir com seus alunos a fim de conhecer os conceitos prévios que trazem sobre o que pretende ensinar, objetivando organizar atividades que atendam às necessidades de seus alunos e que provoquem outras tantas.

Ao realizar com seus alunos atividade de ensino, o professor coloca-se em atividade, ou seja, mobiliza-se, organiza-se, estuda e reelabora os seus conceitos.

MÚSICA BRASILEIRA E CENSURA: UMA ATIVIDADE DE ENSINO DE HISTÓRIA

A música é linguagem presente na vida dos seres humanos. A prática da sala de aula permite constatar que a musicalidade entre os alunos é algo latente. Como relatamos no início do trabalho, foi a necessidade de cantar um rap, sentida pelos alunos de 6ª série, que desencadeou no professor-pesquisador a busca por teorias que permitissem compreender as formas de interação dos alunos com a música, o significado que as diversas mídias tinham em seu cotidiano e como esse aspecto importante da cultura cotidiana dos alunos poderia ser utilizado em sala de aula, de modo a colocá-los em relação com o conhecimento.

Nos anos iniciais da docência, a utilização da música como recurso didático foi uma constante. Naqueles anos, considerávamos inovadora a análise de letras de música e satisfatória a utilização do método "ouvir e interpretar". Porém, aos poucos, percebemos que usar a música como recurso didático nem sempre trazia bons resultados para aprendizagem e, assim, rapidamente tal conduta se mostrou insuficiente. Pois, apesar do nosso esforço, era comum os alunos fazerem "chacota" com as músicas, versões inusitadas, paródias.

A prática docente mostrou também que a atitude de negação dos alunos diante das comandas do professor não estava relacionada com aspectos de indisciplina ou mesmo de resistência ao trabalho docente. Aos poucos, tornou-se fundamental compreender qual significado a música tinha para as crianças e adolescentes em idade escolar e por que o trabalho didático com algo tão significativo não trazia resultados.

Temos, hoje, possibilidade de responder a essa questão sob a ótica da pedagogia da comunicação, que viabiliza a realização prática da teoria da atividade.

A partir das pesquisas de Penteado (1998) e Porto (1998), podemos inferir que os alunos dessa faixa etária costumam ter uma relação com a música muito emotiva. É como se ela os auxiliasse na definição de sua personalidade, de sua identidade. Por exemplo, muitos adolescentes definem o grupo de amigos através do estilo musical que têm em comum. Portanto, esses adolescentes definem assim também o seu "tempo histórico", sem nem mesmo terem consciência disso. Para a maioria deles, música é para se gostar ou não; estudar suas letras está "fora de cogitação". Não despertaram ainda para o fato de que se aprende através de diferentes experiências, fontes e linguagens, atribuindo essa tarefa exclusivamente à escola.

O que apreendemos em nossas pesquisas dentro dos referenciais da pedagogia da comunicação é que a escola é um espaço importante para trabalhar com as emoções que surgem da interação dos alunos com as mídias. Após exporem seus pontos de vista e as razões que os vinculam a determinados gêneros musicais, é possível que a ação docente encaminhe os alunos para uma reflexão mais elaborada e menos de senso comum sobre aquele traço cultural presente na vida deles.

Atualmente, com os referenciais da teoria da atividade, temos mais uma explicação teórica para os nossos "fracassos didáticos" ocorridos naqueles anos iniciais.

Leontiev (1988), ao explicitar as concepções de motivo compreendido e motivo eficaz que ocorrem no interior da atividade, deu-nos uma base para analisarmos as dificuldades didáticas que enfrentávamos. Hoje, visto em perspectiva, podemos verificar que os alunos respondiam à primeira comanda do professor, que era "ouvir a letra e tentar interpretá-la". Mas a atividade não prosseguia a contento, pois os alunos se negavam a analisar "aquela música estranha, esquisita". Pois bem, temos o que Leontiev considera motivo compreendido, porque os alunos sabem que é preciso responder as comandas do professor, e isso é parte de uma cultura escolar arraigada, pautada em moldes tradicionais. Contudo, os motivos eficazes encontrados pelos alunos eram outros, diferentes dos que almejava o professor. Para uns, era uma oportunidade de se impor através da negação daquela música e, para outros, uma oportunidade de ridicularizar algum colega, enfim os motivos compreensíveis e eficazes eram díspares e não ocorria nenhum tipo de mudança no plano interior provocada pela atividade.

Nessas experiências didáticas, a relação com o conhecimento que o professor tentava propiciar aos alunos não havia constituído um "agir comunicacional", pois se centrava na hipótese do professor, construída a partir de sua observação empírica e do seu conhecimento das músicas enquanto documento histórico para análise em sala de aula. E assim, era marcada pelo autoritarismo do modelo tradicional de ensino que sub-repticiamente traía as boas intenções docentes, ainda desprovidas de um suporte teórico procedente. Não eram criadas relações entre o motivo do professor e o motivo compreendido do aluno. Então, a eficácia corria por conta do uso que os alunos estavam habituados a fazer da música.

A atividade que iremos relatar foi pensada e realizada pela primeira vez no ano de 1994, em uma turma de terceiro ano do Ensino Médio de uma escola pública da periferia da cidade de São Paulo. Essa atividade foi elaborada a partir das lacunas teóricas anteriormente relatadas e orientadas pelas atitudes reflexivas e de pesquisa do professor.

O fato de a atividade, logo em sua primeira experiência, ter indicado aceitação por parte dos alunos, o que se refletiu nos processos de aprendizagem, fez com que ela fosse realizada, a partir de 1994, em diversas classes e escolas diferentes. Porém, sem termos feito o registro das realizações em sala de aula.

Em 1998, a atividade foi desenvolvida em uma turma de 8ª série de uma escola particular. Nesse ano, o professor-pesquisador, já realizando o mestrado, havia incorporado alguns princípios da pesquisa-ação, e isso possibilitou a coleta e organização dos dados referentes ao trabalho com essa atividade nessa turma.

A escola tinha como principal mantenedora a sua diretora, e esta apoiava as atividades didáticas realizadas, pois possibilitavam um ensino de história "não tradicional", que se distanciava dos conhecidos questionários. Tal atitude da direção com relação ao ensino de história indica algumas singularidades dessa escola: reuniões pedagógicas remuneradas com professores da mesma área de conhecimento, o que facilitava a troca de experiências; apoio à utilização de diversos recursos didáticos que facilitavam a realização das atividades; incentivo para que o diálogo se tornasse uma prática cotidiana em sala de aula. Tais diferenciais acabaram por formar um coletivo de alunos que frequentavam a escola porque seus pais buscavam um modelo diferente de instituição escolar.

Localizada em um bairro de classe média da cidade de São Paulo, a escola possuía uma outra característica que a diferenciava de outras escolas particulares da região e que refletia diretamente na prática cotidiana de sala de aula: o fato de que os filhos de todos os funcionários tinham direito à bolsa de estudos integral. Na cidade de São Paulo, através de acordos sindicais, a bolsa de estudos é garantida aos filhos de professores. A extensão desse benefício, embora pudesse ser questionada em seus fins, trazia para a sala de aula um elemento estranho a muitos professores: a necessidade de trabalhar com a diversidade cultural dos alunos, imposta pelas diferentes classes sociais presentes em sala de aula. A nosso ver, essa característica dificultava o exercício da docência de muitos profissionais, mas, por outro lado, qualificava aqueles que buscavam compreender e trabalhar com essa diversidade.

Quando foi desenvolvida, em 1998, junto a alunos de 8ª série dessa escola, muitas de nossas dificuldades iniciais que nos impulsionaram a elaborar a atividade estavam, podemos dizer, compreendidas e interiorizadas. Já dispúnhamos de uma fundamentação teórica que nos possibilitava compreender a relação dos adolescentes com diferentes elementos da cultura midiática, e isso era incorporado a nossa prática docente. Portanto, quando a atividade foi desenvolvida com tais alunos, não ocorreram problemas de aceitação dos métodos e tampouco dos recursos utilizados.

A realização da prática docente nessa escola também encontrava alguns facilitadores. Como havia poucas turmas, com séries diferentes e dois professores de história para o Ensino Fundamental II, isso facilitava o diálogo sobre procedimentos de ensino e, principalmente, sobre a elaboração do currículo. Também havia reuniões de área (história, geografia e filosofia), nas quais os professores debatiam teorias, relatavam experiências e debatiam questões relativas ao cotidiano da escola.

O ingresso do professor nessa instituição ocorreu no ano de 1995 e, a partir de então, ele passou a trabalhar com as turmas de 7ª e 8ª série, o que o tornava mais hábil, a cada ano, no desenvolvimento do programa e no relacionamento afetivo com os alunos, o que se refletia no processo de elaboração e desenvolvimento das atividades didáticas.

A turma da 8ª série do ano de 1998 tinha algumas singularidades em relação às demais: muitas dificuldades de relacionamento entre professores e alunos, inúmeras desavenças internas, enfim um turbilhão de problemas sobre os quais não cabe aqui nos determos. Mas é preciso registrar que também o professor de história considerava essa turma "complicada". De certa forma, o desenvolvimento da atividade nesse grupo se mostrou como a última tentativa de realizar um trabalho digno com essa turmas. Posteriormente, pudemos verificar que foi uma decisão acertada.

A atividade incidia em uma delimitação temporal específica do programa de história: a ditadura militar no Brasil e o autoritarismo que se refletia na censura, no exílio, nas perseguições e mortes dos opositores ao regime. Essa delimitação temporal e cronológica implicava uma análise concomitante dos conceitos de capitalismo e socialismo, para que os alunos tivessem noção do embate ideológico que estava ocorrendo no período. Também era nosso objetivo permitir que eles tivessem acesso a um debate mais amplo sobre democracia, justiça social, militância política.

Da mesma forma, era também fundamental que os alunos pudessem compreender as principais características da Guerra Fria e suas implicações para a política internacional da segunda metade do século XX, com destaque para os papéis desempenhados pelo Brasil e pela América Latina naquele contexto. Assim, ao longo da atividade, pudemos analisar os principais embates entre o regime militar e a sociedade civil, a luta pela democracia, os partidos políticos, a participação decisiva da juventude e dos artistas.

Em um primeiro momento, foi explicitado aos alunos que se tratava de um estudo sobre a "censura durante o regime militar". A atividade teria a duração de um mês e meio e todos os debates em sala corresponderiam a diferentes momentos de uma única atividade.

Essa atividade teve início com uma ação proposta pelo professor: ouvir uma música acompanhada de leitura silenciosa da letra. Orientamos os alunos para vários procedimentos necessários a fim de que essa ação se realizasse a contento. Seria preciso que todos respeitassem o silêncio, que lessem a letra e acompanhassem a música com atenção em todos o detalhes. Foi destacado para os alunos que aquela música era um objeto de conhecimento e, portanto, não se tratava de "gosto pessoal" do professor ou de qualquer membro da sala. Após essa conversa, os alunos se dispuseram a "ouvir a música" e, assim, iniciamos a atividade.

Os alunos ouviram e acompanharam a letra da música "Debaixo dos caracóis de seus cabelos",[3] de autoria de Roberto e Erasmo Carlos. A interpretação de que dispúnhamos era uma versão gravada por Caetano Veloso, com apenas voz e violão. Foi um momento significativo para aquela turma. Como já afirmamos, era uma turma "complicada", portanto, foi uma experiência emocionante para todos observar aquela parte do processo ser realizada de forma tão harmoniosa. Isso nos faz inferir que as questões conhecidas como disciplinares ou indisciplinares são, em grande medida, questões didáticas e pedagógicas. Os alunos, conhecidos

---

[3] A versão que utilizamos, em sala, foi do álbum *Circuladô vivo*, de Caetano Veloso.

por suas resistências às comandas da grande maioria dos professores, ao serem convidados a participar de uma roda no chão, com uma pequena mudança de ambiente e de forma a que todos pudessem participar, responderam positivamente ao professor.

Nessa mesma aula, após tal ação realizada, sugerimos que os alunos desenvolvessem um outro processo, uma operação consciente que exigia deles a utilização de outros referenciais de conhecimento: a interpretação da letra. Assim, alertamos os alunos de que naquela letra havia muitas metáforas e que eles precisariam encontrá-las. Essa operação exigiria que eles colocassem em prática outros conhecimentos que haviam recebido ao longo da vida escolar e extraescolar, tais como: O que é uma metáfora e por que ela é utilizada como recurso de linguagem?

Os alunos foram instigados pelo professor a decifrar as metáforas levando em consideração as sanções impostas pela censura militar do período em que a música foi composta e sobre as quais foram informados pelo professor. Nesse caso, o agir comunicacional mostrou-se fundamental para essa etapa da atividade, ou seja, é a partir dos "por quês" que os alunos começam a se interessar pela análise da letra. Fazíamos questões que incitavam sua curiosidade: "Sobre o que trata a letra da música?"; "Qual o objetivo do autor?"; "Para quem a mensagem é dedicada?".

Essa atuação comunicacional por nós implementada retirava dos alunos algumas certezas e os mobilizava para a busca de respostas que não estavam explícitas no material didático utilizado. Sem respostas prontas, mas empenhados em procurá-las, eles passam a ter uma atitude investigativa, muito semelhante à dos pesquisadores (Garrido, 2001).

Durante essa aula, em que foi possível ao professor perceber as primeiras mobilizações dos alunos em torno da atividade, procurou-se estimular a atitude investigativa deles explicando-lhes sobre as razões que levaram os compositores a escrever através de metáforas. Aos poucos, perceberam que aquela música, um aparente "tema de amor", como eles diziam, foi pensada como uma homenagem ao também compositor e cantor Caetano Veloso, na época exilado. Nesse momento, com raras exceções, a reação dos alunos era de espanto.

Foi nesse momento que ocorreu o surgimento do motivo, pois se percebe uma transformação no plano interior da atividade, quando as ações e operações utilizadas por eles ganham um novo significado (Leontiev, 1988). Começaram a perceber que ouvir e interpretar lhes trazia uma relação de conhecimento com o objeto e, assim, passam a estabelecer uma relação diferente com a comanda do trabalho apresentado pelo professor: não mais a recebiam como obrigação, como "fazer por fazer", mas com interesse sobre o objeto de estudo. Foi possível perceber também um processo de transição, em que o gosto e o interesse individual sobre a música abre espaço para as inquietações coletivas.

Novas perguntas, então, surgem a partir do agir comunicacional posto a serviço da mobilização para a atividade: "Por que essa pessoa foi embora?"; "Por que 'debaixo dos caracóis de seus cabelos', se o destinatário era homem?"; "O destinatário pôde ouvir a música que foi feita para ele?".

Nessa atividade, mais do que um conceito a ser assimilado, interessava ao professor compreender como os alunos puderam incorporar alguns procedimentos típicos dos pesquisadores de ciências humanas: a curiosidade, a pesquisa em documentos e as perguntas a serem formuladas para esses documentos. Nesse sentido, a atividade retoma propostas metodológicas sugeridas por alguns historiadores, durante a década de 1980, que procuraram vincular o ensino à pesquisa (Martins, 2004; Reis, 2001).

Aproveitando as mobilizações em torno do surgimento do motivo, propusemos uma pesquisa sobre outras músicas, letras e metáforas que foram compostas no período estudado. Delimitamos, com muita clareza, quais seriam as ações e operações necessárias para a sequência da atividade. Propusemos que os alunos se dividissem em pequenos grupos. Cada pequeno grupo deveria apresentar ao professor uma letra de música do período delimitado (1968-1979), identificar as metáforas utilizadas e demonstrar qual a interpretação que se dava para as metáforas encontradas. Se o professor "aceitasse" que aquela letra era coerente com os objetivos da atividade, os demais grupos da sala não poderiam apresentar a mesma letra e teriam que encontrar outra para dar continuidade à pesquisa.

Em função das operações solicitadas pelo professor, pudemos verificar que essa atividade foi além do conceito, pois estimulou um procedimento: a pesquisa como algo que não está pronto e depende apenas de uma cópia, como entendem os alunos inseridos em um modelo tradicional de ensino. Descobriram que pesquisar também é criar, intervir, investigar o objeto de estudo. Muitos foram os que trouxeram materiais desconhecidos pelo professor, e isso se deve a inquietações que surgiram na sala de aula. Perceberam que a pesquisa não está pronta em lugar nenhum, eles tinham que fazê-la: perguntar para os pais e avós, ouvir, selecionar músicas e localizá-las no tempo de sua produção, buscar metáforas em suas letras.

Na maioria das vezes em que essa atividade foi desenvolvida, o resultado foi muito satisfatório, e nessa turma não foi diferente. Muitos alunos passaram a "descobrir" um universo musical a que antes não tinham tido acesso. Mas é importante considerar que muitos nunca se tinham dedicado a ouvir música brasileira antes, principalmente ritmos e gêneros que não tocam com muita frequência nas rádios ouvidas por eles. Com o decorrer da atividade, pode-se diagnosticar também a relação que os pais dos alunos estabeleciam com a música brasileira. Os alunos que tiveram maior facilidade em realizar os desafios propostos pela pesquisa, encontraram em casa o apoio e as informações necessárias para a realização da atividade.

Conforme buscavam realizar a atividade, ocorriam modificações na sua relação com o conhecimento proposto. O motivo da atividade, o querer saber sobre músicas, estabelecia-se à medida que as letras e compositores levavam os alunos a novas necessidades de conhecimento sobre o objeto analisado, pois, a cada música pesquisada, surgiam outras, com novos compositores e intérpretes. Essa modificação no plano interior das ações (Sforni, 2003) é que dá significado a tal atividade de ensino.

Há que se destacar as mudanças de significado que os alunos alcançaram quando perceberam que a música também pode ser fonte de conhecimento histórico. Experimentavam inicialmente uma sensação de estranhamento e, posteriormente, de encantamento.

Nessa turma de 8ª série, considerada pelo coletivo dos professores como "problemática", o resultado pedagógico foi instigante. Quando tiveram que apresentar o resultado da pesquisa e as conclusões dos grupos para as metáforas encontradas nas letras, foi possível perceber quanto foi significativa a atividade e, consequentemente, a aprendizagem dos alunos. Quase todos os grupos não se limitaram a uma música, como foi solicitado pelo professor.

Alguns grupos optaram por apresentar as obras de artistas com que tinham algum tipo de proximidade. Um grupo resolveu interpretar uma música do compositor Milton Nascimento, chamada "Morro velho". A pesquisa sobre essa música levou-os a outras como: "O que foi feito devera" e "O que foi feito de Vera", do mesmo compositor, e dessas surgiram outras. Para concretizar o trabalho, os alunos confeccionaram um CD, no qual o encarte era a parte escrita do trabalho, com os comentários históricos dos alunos sobre as músicas.

Outro grupo, da mesma turma, sugeriu ao professor que a apresentação fosse no auditório da escola, e assim foi feito. Lá os alunos apresentaram um vídeo com uma montagem de cenas de um documentário. Enquanto o vídeo era exposto em um telão, eles simularam uma rádio do período da ditadura, na qual os locutores diziam para ouvir aquelas músicas mais uma vez, "porque não sabemos quando vamos poder ouvir novamente". Enfim, as formas de apresentação do trabalho foram diversas e as experiências significativas.

É importante considerar que o tempo de um mês destinado para a pesquisa foi fundamental para que os alunos incorporassem o motivo da atividade. Durante esse período foi possível trabalhar em sala de aula com conceitos e conteúdos que possibilitaram aos alunos a assimilação dos objetivos da atividade. Conceitos como capitalismo e socialismo já haviam sido trabalhados anteriormente, e estes foram complementados com a análise de aspectos da Guerra Fria.

Por se tratar de uma escola particular em que a utilização do livro didático é quase uma exigência de pais e direção, a análise de alguns conteúdos passava necessariamente pela leitura de textos do livro didático. Para complementar, trazíamos para a sala de aula outros recursos didáticos, como o documentário *Vala comum*.

Esse documentário, dirigido por João Godoy, trata das ossadas de presos políticos do regime militar encontradas no cemitério de Perus (SP), no ano de 1989. Com uma duração de trinta minutos, tempo suficiente para assisti-lo por inteiro em uma aula, o documentário traz depoimentos de filhos, mães e parentes de presos políticos da ditadura militar. Conta também sobre o processo de perseguição imprimido pelo regime e sobre a opção pela clandestinidade por parte de militantes que resistiam à ditadura.

A análise desse material em sala permitiu que os alunos estabelecessem novos significados aos conhecimentos trabalhados: por um lado, o documentário permitia visualizar, a partir de relatos pessoais, aquilo que os textos didáticos explicavam de forma genérica e em nível macro; por outro, esses mesmos depoimentos davam referenciais para que os alunos interpretassem as metáforas que estavam pesquisando. Por exemplo: em alguns trabalhos apresentados, encontramos expressões relativas "à perda de um filho", ao "desaparecimento de um familiar", "à dor da separação e do exílio".

É interessante notar que apenas um trabalho tratou das questões macroimpostas através dos conflitos gerados pelo capitalismo e pelas propostas socialistas. Esses alunos referiram-se `a música "Morro velho", de Milton Nascimento, como um hino que explicitava as injustiças sociais presentes na sociedade brasileira. Em sua maioria, os alunos apresentaram metáforas que falavam da "perda de um ente querido", "do exílio", "do peso de se viver sobre a censura". Portanto, é possível verificar que houve uma identificação com os personagens perseguidos pela ditadura, em que eles estabeleciam vínculos afetivos com esses personagens.

Outro aspecto teórico por nós incorporado à atividade diz respeito à relação entre ensino de história e cultura. Segundo Abreu (2003), essa é uma relação delicada, com a qual o professor de história deve ter muito cuidado, mas que não pode ser negligenciada. As diferentes formas de expressão cultural precisam estar inscritas no currículo escolar, porém é preciso muito cuidado para não as considerar como representantes de uma cultura superior. A nosso ver, a escola e os professores de história têm o dever de possibilitar aos alunos o acesso a diferentes e variadas formas de expressão cultural, bem como de organizar atividades de ensino que lhes permitam a compreensão do contexto em que foram produzidas e de seu significado.

Essa atividade de ensino nos mostra que a negação da cultura dos alunos é o caminho mais curto, nos dia de hoje, para o desestímulo ao aprendizado. Por outro lado, é possível perceber que, ao serem instados a pesquisar, compreender e interpretar, utilizaram recursos e atributos desenvolvidos em sua cultura cotidiana. A sua capacidade de interpretação já existia como um processo metacognitivo, bem como os sentidos e sentimentos que os vinculavam a determinados gêneros musicais. Assim, a atividade de ensino permitiu que tais processos fossem mobilizados. Para que isso ocorra, promovendo o processo de aprendizagem, é fundamental para o desenvolvimento de nossos alunos a atuação da escola e do professor.

Sem negar a cultura dos alunos nem impor uma outra, presenciamos, em diferentes vivências com essa atividade, o desenvolvimento de novas necessidades de aprendizagem. Não apenas com essa turma, mas também em outras escolas e turmas, alguns alunos queriam saber por que "não tinham visto isso antes", enquanto outros questionavam sobre como "os meios de comunicação podem 'esconder' determinados gêneros musicais", pois "nunca tinham ouvido aquelas músicas no rádio". E muitos perguntavam: "Que rádio você ouve, professor?".

Essa atividade, assim como as demais, não têm um fim. Despertado o motivo e relacionando-o ao conhecimento, os alunos se voltam para o querer saber, para o conhecimento histórico, bem como social, que pode responder às suas inquietações. Eis a função da atividade de ensino de história: possibilitar ao aluno o conhecimento histórico para que ele possa usá-lo como ferramenta para compreender diversos aspectos de sua vida e da sociedade em que está inserido.

REFERÊNCIAS BIBLIOGRÁFICAS

ABREU, Martha. Cultura popular: um conceito e várias histórias. In: ABREU, Martha; SOIHET, Rachel (orgs.). *Ensino de história*; conceitos, temática e metodologia. Rio de Janeiro: Casa da Palavra, 2003.

ADORNO, Theodor W.; HORKHEIMER, Max. A indústria cultural: o Iluminismo como mistificação das massas. In: LIMA, Luis Costa (org.). *Teoria da cultura de massas*. São Paulo: Paz e Terra, 1990.

ANDRÉ, Marli Eliza D. de. *Etnografia da prática escolar.* Campinas: Papirus, 1995.

ARAÚJO, Elaine Sampaio. *Da formação e do formar-se;* a atividade de aprendizagem docente em um escola pública. (Tese de doutorado.) São Paulo: FE-USP, 2003.

DUARTE, Newton. *Vigotski e o "aprender a aprender";* críticas às apropriações neoliberais e pós-modernas da teoria vigotskiana. São Paulo: Autores Associados, 2001.

_____. As pedagogias do "aprender a aprender" e algumas ilusões da assim chamada sociedade do conhecimento. *Revista Brasileira de Educação.* Campinas:ANPED/ Autores associados, 2001a, pp. 35-40.

FRANCO, Maria Amélia S. Pedagogia da pesquisa-ação. *Educação e Pesquisa,* São Paulo, v. 31, n. 3.

GARRIDO, Elsa. Sala de aula: espaço de construção de conhecimento para o aluno e de pesquisa e desenvolvimento profissional para o professor. In: CASTRO, Amélia D.; CARVALHO, Anna Maria P. *Ensinar a ensinar;* didática para a escola fundamental e média. São Paulo: Thomson, 2001.

LEONTIEV, A. *O desenvolvimento do psiquismo.* São Paulo: Ed. Moraes, s.d.

_____ et al. *Psicologia e pedagogia;* bases psicológicas da aprendizagem e do desenvolvimento. São Paulo: Centauro, 2003.

_____. Uma contribuição à teoria do desenvolvimento da psique infantil. In: VYGOTSKY, L. S. et al. *Linguagem, desenvolvimento e aprendizagem.* São Paulo: Ícone, 1988.

MARTINS, Heloísa H. T. de Souza. Metodologia qualitativa de pesquisa. *Educação e Pesquisa,* São Paulo, v. 30, n. 2, 2004.

MOURA, Manoel O. A atividade de ensino como ação formadora. In: CASTRO, Amélia D.; CARVALHO, Anna Maria P. *Ensinar a ensinar;* didática para a escola fundamental e média. São Paulo: Thomson, 2001.

_____. *O educador matemático na coletividade de formação;* uma experiência com a escola pública. (Tese de livre-docência.) São Paulo: FE-USP, 2000.

_____. A atividade de ensino como unidade formadora. *Bolema,* Rio Claro, ano 2, n. 12, 1996.

OLIVEIRA, Marta Kohl. Organização conceitual e escolarização. In: OLIVEIRA, Marta Kohl; OLIVEIRA, Marcos Barbosa (orgs.). *Investigações cognitivas*; conceitos, linguagem e cultura. Porto Alegre: Artes Médicas Sul, 1999.

PENTEADO, Heloísa Dupas. *Comunicação escolar*; uma metodologia de ensino. São Paulo: Salesiana, 2002.

_____. Pedagogia da comunicação: sujeitos comunicantes. In: PENTEADO, Heloísa Dupas (org.). *Pedagogia da comunicação*; teoria e práticas. São Paulo: Cortez, 1998.

PIMENTA, Selma Garrido; GARRIDO, Elsa; MOURA, Manoel Oriosvaldo. A pesquisa colaborativa na escola como abordagem facilitadora para o desenvolvimento da profissão do professor. In: MARIN, Alda J. (org.). *Educação continuada*; reflexões, alternativas. Campinas: Papirus, 2000.

_____. Pesquisa-ação crítico-colaborativa: construindo seu significado a partir de experiência com a formação docente. *Educação e Pesquisa*, São Paulo, v. 31, n. 3, 2005.

PORTO, Tania M. Esperon. Educação para a mídia/pedagogia da comunicação: caminhos e desafios. In: PENTEADO, Heloísa Dupas. Pedagogia da comunicação: sujeitos comunicantes. *Pedagogia da comunicação*; teoria e práticas (org.). São Paulo: Cortez, 1998.

REIS, Carlos Eduardo. *História social e ensino*. Chapecó (SC): Argos, 2001.

SANTAELLA, Lúcia. *Cultura das mídias*. São Paulo: Razão Social, 1996.

SANTOS, Vânia Maria Nunes. *Escola, cidadania e novas tecnologias*; o sensoriamento remoto no ensino. São Paulo: Paulinas, 2002.

SCHÖN, Donald. Formar professores como profissionais reflexivos. In: NÓVOA, Antônio (org.). *Os professores e sua formação*. Lisboa: Dom Quixote, 1992.

SFORNI, Marta Sueli de Faria. *Aprendizagem conceitual e organização do ensino*; contribuições da teoria da atividade. Tese (Doutorado em Educação). Universidade de São Paulo, São Paulo, 2003.

SIMAN, Lana Mara de C. Representações e memórias sociais compartilhadas: desafios para os processos de ensino e aprendizagem da história. *Cadernos Cedes – Ensino de História: Novos Horizontes*, Campinas, v. 25, n. 67, 2005.

SOARES, Olavo Pereira. *A atividade de ensino de história*; processo de formação de professores e alunos. (Tese de doutorado.) São Paulo: FE-USP, 2005.

_____. *O ensino de história e a cultura midiática*. (Dissertação de mestrado.) São Paulo: FE-USP, 2000.

VARTULI, Silvia Rachi. Um herói no vestibular: imaginário, apropriação e compreensão sobre Tiradentes e a Inconfidência Mineira. In: SIMAN, Lana M. de Castro; RICCI, Claudia Regina F. M. S. (orgs.). *Anais do VII ENPEH Encontro Nacional dos Pesquisadores do Ensino de História*. Belo Horizonte: FAE/UFMG, 2006.

VYGOTSKY, L. S. Aprendizagem e desenvolvimento intelectual na idade escolar. In: VYGOTSKY, L. S. et al. *Linguagem, desenvolvimento e aprendizagem*. São Paulo: Ícone, 2001.

CAPÍTULO 8

O registro reflexivo: ferramenta de pesquisa-ensino para a construção da autoria docente

MARIA ALICE DE REZENDE PROENÇA

O sujeito-educador, os alunos com suas famílias, os demais professores da instituição, bem como a equipe pedagógica e, além da escola, a sociedade como um todo, estão em constante mutação, o que requer uma postura docente de constante investigação e de recriação do seu ser-saber-fazer pedagógico. Se educar é significar por si e para si aquilo que o grupo e a cultura têm construído, é fundamental que o sujeito-educador desenvolva uma postura de autoconhecimento e conscientização dos próprios fazeres, saberes, valores e crenças para, a partir deles, ressignificar suas experiências de ensino. Nesse sentido, a formação do professor constitui um processo contínuo e permanente de atribuição de sentidos e significados sobre a docência, viabilizada por uma reflexão constante sobre a prática cotidiana, a fim de que a intencionalidade da ação seja cada vez mais clara e coerente com os princípios propostos pelo projeto pedagógico institucional e pela cultura instalada na escola.

A formação do educador não se restringe à revisão e atualização dos conteúdos disciplinares e dos métodos de ensino. Abarca toda a sua história profissional e pessoal, desde crenças, experiências significativas da sua vida de aluno, até conhecimentos, conflitos, dilemas e atividades experienciadas no decorrer da formação inicial e contínua. Parafraseando Edgar Morin em recente entrevista a um jornal de São Paulo (OESP, 2007), "... Minha vida intelectual é inseparável da minha vida... não sou daqueles que têm uma carreira, mas dos que têm uma VIDA!"; portanto, interesses, desejos, necessidades e conquistas permeiam a vida do ser-saber-fazer do sujeito-educador, e a escola pode ser um espaço privilegiado para a experimentação de novas relações de ensino-aprendizagem, de investigação e criação de novas práticas pedagógicas, bem como de encontros efetivos e afetivos entre as pessoas, consigo mesmo, com o conhecimento e com a cultura: vínculos essenciais ao processo de aprendizagem.

Estar em (trans)formação pessoal e profissional significa transitar entre movimentos de autoconhecimento, de relação com o outro e de conhecimento dos objetos culturais, processo interativo mediado pelo contato com parceiros, quer sejam crianças ou adultos com os quais se convive no dia a dia da escola, quer sejam pais, demais professores, funcionários ou educadores de outras instituições. Há, também, as parcerias estabelecidas com os teóricos, a quem Wallon nomeia como "sócios íntimos", que respaldam as concepções de educação norteadoras do olhar do professor em relação à sua prática pedagógica e à cultura à qual pertença.

O termo parceria, segundo o *Grande Dicionário Etimológico Prosódico da Língua Portuguesa* de Silveira Bueno (1967), refere-se à reunião de indivíduos para exploração de interesses em comum, à criação de uma sociedade, de um grupo organizado ao redor de um interesse coletivo, o que caracteriza o trabalho de formação docente a favor de mudanças qualitativas na escola como um todo: uma rede a favor de aprendizagens significativas para as crianças. Nesse olhar para a importância das parcerias que o sujeito estabelece ao longo da formação, palavras têm valor singular de documentar saberes e fazeres dos educadores, "gestar" mudanças e conexões interativas com os membros do grupo e da sociedade.

Parto das ideias de Henri Wallon (1995) sobre a importância do papel do outro na constituição do eu: uma relação que se estrutura passo a passo e que constitui uma matriz de identidade do sujeito em particular, bem como do grupo como um todo, configurando relações interativas, formadoras e transformadoras no contexto da formação de professores. Segundo Wallon, o ser humano é geneticamente social; desde que nasce, não sobrevive sem estabelecer parcerias e vínculos com os demais sujeitos, relações interativas que são formadoras de sua identidade e que constituem fonte de aprendizagem, através da afetividade e da cognição. Tanto no confronto de ideias quanto na validação de formas de agir e pensar, o "outro" referenda práticas e saberes construídos ao longo da vida pessoal e profissional: parceiros, "sócios íntimos" na terminologia walloniana, que compartilham situações de convívio e trocas interativas de experiências capazes de deixar, ou não, marcas significativas no grupo docente; relações que são, simultaneamente, aprendentes e ensinantes, num espaço de encontros intitulado escola.

Complementando as ideias de Wallon sobre parcerias (trans)formadoras e relações interativas no processo de aprendizagem, Jean Piaget atribui importância significativa à participação do outro nas construções internas que o sujeito-aprendiz vivencia ao introduzir os conceitos de conflito cognitivo e de construção do conhecimento. Para o autor, a aprendizagem se dá através de sucessivas idas e vindas aos objetos de conhecimento decorrentes dos conflitos e desafios oportunizados pelo confronto de diferentes pontos de vista e pelos obstáculos que surgem da realidade. Essa relação se desenvolve na interação do sujeito com outros sujeitos e com os objetos, mediados pela cultura na qual o sujeito está inserido.

Wallon e Piaget, cada qual a partir de uma ótica singular, atribuem ao grupo e às relações interativas um papel estruturante na aprendizagem do sujeito e a probabilidade de que, através da diversidade e do questionamento resultante de divergências externas e internas, novas aprendizagens possam ser construídas, ou ressignificadas, individual e coletivamente. É no movimento interativo, dialético, dialógico, processual e contínuo que o sujeito vive a possibilidade de atribuir sentido àquilo que faz, e pensa, sobre a pedagogia da infância, qualificando-se pessoal e profissionalmente, pois, segundo Antônio Nóvoa, é impossível separar a pessoa do professor do profissional de educação.

A partir dos referenciais teóricos piagetianos e wallonianos sucintamente descritos antes, a formação deve ser baseada na articulação entre os diferentes parceiros, no sentido de que as vozes do grupo se pronunciem a fim de expor os fazeres de cada um de tal forma que referendem saberes individuais e coletivos, fortalecendo uma cultura de grupo no exercício da docência. Nesse movimento aprendente e interativo, as trocas entre sujeitos podem promover a conscientização das faltas de cada um e o desejo de buscar respostas explicativas entre os teóricos, justificando a procura de novas parcerias. "A teoria é vista como uma rede que, na prática, nos permite ser livres na criação de novos modos de intervenção" (Fernández, 2001, p. 54). A teoria serve como referência à atuação individual e como aprofundamento do diálogo, respaldando ideias e ações, transformando professores e teóricos ou pesquisadores em "sócios íntimos" na concepção de Wallon (1995): parcerias aprendentes e ensinantes que interagem mediadas pela coordenação do grupo. A articulação entre prática cotidiana e teoria, bem como o retorno à prática com uma ação intencionalmente melhor qualificada, é, a meu ver, a possibilidade de formação de professores no novo milênio.

Mas que sujeito-educador formar? Segundo Paulo Freire (1996), um educador com espírito curioso, crítico, reflexivo, aberto ao novo, com humildade para ressignificar experiências anteriores, que se posicione diante do real, que compartilhe seus fazeres e saberes aos demais, que assuma sua identidade cultural como pertencente à profissão docente, com consciência das responsabilidades decorrentes da opção feita e desejo de utilizar as memórias de suas experiências na construção da autoria do seu ser-saber-fazer pedagógico... Alguém que exercita no cotidiano a arte de "arriscar-se a fazer dos sonhos textos visíveis e possíveis", como nas palavras de Alicia Fernández (1991).

O professor deve ter capacidade de organizar o ambiente a fim de favorecer as relações interativas entre as crianças e os adultos, entre os próprios adultos, entre as crianças do mesmo grupo e de faixas etárias diferentes, entre as crianças e os objetos a serem apropriados, de tal forma que a autonomia – considerada a capacidade de autogovernar-se, na visão de Piaget –, seja uma meta a ser alcançada na aprendizagem como projeto de vida coletivo e pessoal.

No caso dos professores de educação infantil, foco deste texto e da pesquisa realizada, é preciso acrescentar o amor à criança, o prazer de brincar, o trabalho com as múltiplas linguagens, os projetos interdisciplinares como diferenciais essenciais à competência docente, além de uma possibilidade metodológica utilizada pelo grupo em questão. A concepção de criança que permeava a cultura do grupo era a de que ela compartilha ativamente de situações de descoberta e das suas hipóteses diante do mundo que a cerca, sendo uma coprotagonista do processo de aprendizagem, alguém que quer, avidamente, conhecer o seu entorno, através de brincadeiras.

Os projetos de trabalho, considerados como um "vir-a-ser", demonstraram ter uma postura metodológica capaz de contemplar a maneira lúdica e ativa da criança ser e estar no mundo, explorando situações de aprendizagem construídas no cotidiano, via a vivência das múltiplas linguagens: do corpo, da arte, música, literatura, tempos e espaços da educação infantil.

O processo de (trans)formação do professor de educação infantil em pesquisador e autor da própria prática pedagógica foi um dos objetivos da pesquisa-ensino colaborativa que este texto se propõe a relatar: experiência caracterizada pela documentação das práticas cotidianas dos educadores, pela construção de uma cultura de reflexão coletiva, visando à transformação de saberes e fazeres em matrizes pedagógicas diferenciadas e, em especial, professores em autores de suas práticas, referendadas por teóricos que as justificassem.

A proposta da pesquisa foi, desde o início, a formação em serviço de um grupo de educadores de educação infantil, em que a coordenadora implantou a cultura do registro como estratégia para que as professoras pudessem, gradativamente, construir um trabalho compartilhado, baseado na metodologia dos projetos interdisciplinares e nas múltiplas linguagens e adequado à aprendizagem de crianças de 1 a 4 anos.

Participaram da pesquisa-ensino 28 educadores de uma escola da rede particular de São Paulo, na qual a autora era coordenadora/diretora do nível de educação infantil há onze anos. O grupo era composto por 120 crianças entre 1 e 4 anos, que ficavam meio período na escola.

A escolha do uso dos registros pela coordenadora, como um dos caminhos formativos possíveis, foi fundada na importância que a escrita pessoal desempenha enquanto matéria-prima para a construção da autoria do sujeito-educador, compromissado com o desenvolvimento e aprendizagem de seu grupo. Ao escrever sobre a própria prática, segundo Miguel Zabalza, o professor tem a oportunidade de tomar consciência de suas escolhas, ações, conflitos, dilemas, bem como de procurar soluções de acordo com saberes pessoais construídos ao longo do exercício da docência, ou buscar caminhos alternativos entre os teóricos que apontem opções diferenciadas.

Durante o processo de construção da metodologia a ser utilizada na formação de professores de educação infantil, o uso do registro como instrumento reflexivo de trabalho destacou-se não só por seu caráter de documentação e memória do que foi realizado com as crianças, mas também por representar um compromisso disciplinado do educador consigo mesmo, com a aprendizagem de seus alunos, com a melhoria da educação em geral, o que possibilitou a efetivação do seu papel político enquanto agente social de mudanças.

A anotação do que foi efetuado no decorrer do período escolar configurou-se como uma declaração explícita das intenções relatadas no planejamento previamente estabelecido e, também, do modo como o sujeito-educador imagina concretizá-las nas atividades pedagógicas propostas, avaliando a prescrição inicial, o percurso transcorrido e os resultados alcançados.

O registro reflexivo revelou-se, também, um importante espaço de expressão de contradições e de dúvidas sobre o próprio trabalho, narrando o processo formativo que cada professor vivenciava no dia a dia. O caráter documental e de memória do processo vivido no ato de registrar alia-se às perspectivas de reflexão e identidade, um "espelho da alma", por ser algo vivo, dinâmico, citado por Morin (2007) no início deste texto, que recupera conquistas, conflitos, acertos e falhas, propiciando ao professor-autor tanto a tomada de consciência, a reflexão sobre a própria prática pedagógica, quanto, por meio da apropriação e elaboração de seus fazeres, a possibilidade de planejar intervenções adequadas a seu grupo, ampliando seus saberes e seu repertório de atuação, (trans)formando-se profissional e pessoalmente. O movimento de ir e vir ao próprio texto torna-o não só poderosa fonte de consulta e autorreferência, de teorização da própria prática, como também um instrumento de autonomia intelectual em duas dimensões complementares: da singularidade e subjetividade do sujeito, para a pluralidade da diversidade do grupo, condição básica para a percepção do outro e do coletivo, em confronto consigo mesmo.

Significar, através do registro escrito, o fazer cotidiano e o saber construído ao longo da trajetória pessoal, bem como estabelecer relações entre teoria e prática profissional possibilitam que o professor assuma a sua docência como identidade: sou professor, me fiz professor em determinado contexto, fruto de opções assumidas, com intenções explícitas, movido por crenças, concepções e valores, com o predomínio de determinados sentimentos, desejos e paixões...

Ao ato de registrar também se pode atribuir valor ao vínculo professor-coordenador, pois desta parceria decorrem aprendizagens significativas e transformações no modo de atuar de cada um dos envolvidos e do grupo como um todo. Como nas palavras de Wallon (1995), é essencial o papel do outro na constituição do "eu" como sujeito, a validação de determinadas atitudes, o estabelecimento de confrontos e discordâncias, o questionamento e a nutrição de diferentes pontos de vista, a fim de ampliar o repertório do educador e fortalecer suas matrizes pedagógicas de atuação.

A IMPLEMENTAÇÃO DA PROPOSTA: AS ETAPAS DO PERCURSO

O trabalho de implantação dos registros junto aos professores passou por algumas etapas, com rendimentos variáveis entre os membros do grupo, pois alguns de imediato se apropriaram da cultura da escrita, enquanto outros necessitaram de estratégias diversificadas para se familiarizar com a proposta e atribuir sentido ao instrumento em questão. Poucos se mostraram resistentes e exigiram um período maior de acompanhamento e compreensão do desafio da mudança.

Os textos de Madalena Freire e Mirian Celeste Martins, divulgados nas publicações do Espaço Pedagógico, sobre o papel dos instrumentos metodológicos na formação do educador, bem como os de Paulo Freire, escritos nos *Cadernos de Formação*, e o livro *Diários de aula; contributo para o estatuto dos dilemas práticos dos professores*, de Miguel Zabalza, foram os subsídios teóricos da proposta formativa.

O ponto de partida foi o resgate oral do vivido pelos professores durante um dia de aula para que pudessem perceber o que Drummond poeticamente citava em uma de suas poesias: "eu não sabia que a minha história era tão importante quanto a de Robinson Crusoé!". Em entrevista individual com a coordenadora, esse relato transformava-se em material de análise e discussão, principalmente em relação a acertos, conflitos e interesses emergentes do grupo, de acordo com o foco de observação para o encontro, o que contribuía para o direcionamento do olhar e a construção dos projetos interdisciplinares, metodologia adotada na instituição.

Na etapa seguinte, a coordenadora observava atentamente a sala de aula de cada professor e, vivenciando o papel de escriba, registrava os pontos destacados na entrevista anterior, elementos de percepção, leitura da realidade e tomada de consciência dos próprios fazeres pedagógicos a serem discutidos na devolutiva da entrevista individual.

A partir das narrativas orais, os educadores foram desafiados a escrever diariamente sobre o que foi vivenciado junto a seu grupo de alunos, com todos os fatos que merecessem ser descritos. Desde o início, foi enfatizada a não existência de formas e padrões preestabelecidos para a elaboração das descrições-narrativas, pois cada sujeito deveria buscar o "seu jeito" de deixar sua marca: seria autor da própria história, com formas peculiares, únicas.

Foi interessante perceber que, singularmente, cada passo constituía uma nova parceria entre o professor e o coordenador, os professores do grupo, a busca dos teóricos de referência, sempre sob uma ótica diferenciada: a do olhar do observador, do escrevente, do questionador, produzindo um movimento de reflexão constante no professor em busca de justificativas e de novas respostas diante dos desafios propostos.

OS VÁRIOS TIPOS DE REGISTRO: DA "AGENDA" À ARGUMENTAÇÃO

Da descrição "tipo agenda" à síntese argumentativa, os educadores percorreram uma longa trajetória na construção da reflexão, na busca de hipóteses e soluções para os conflitos vividos, nos ajustes realizados nas intervenções seguintes, indicadores de autoria e de transformação das práticas docentes. Cada um dos tipos de registro desvelados ao longo da pesquisa realizada apresentou características peculiares e abrangeu uma dimensão distinta que, gradativamente, se influenciaram e se completaram, construindo a reflexão pessoal e autoria do educador.

Ao se ver diante do desafio de começar a escrever sobre os fazeres cotidianos na sala de aula, a grande maioria dos professores teve como opção metodológica descrever sucintamente a agenda do dia, fazendo uma lista das atividades realizadas, nomeando-as e complementando-as com uma palavra-chave referente ao conteúdo central do planejado, que denominei dimensão cronológica de "tipo agenda/horário". Essa categoria inicial de escrita está muito próxima à organização do horário programado para o período de trabalho e à sequência previamente estipulada, oferecendo ao leitor/coordenador/pesquisador poucas informações e pistas para reflexão posterior sobre o que foi feito.

Aos poucos, o uso dos registros como um instrumento metodológico começou a fazer sentido para os professores, que avançaram em sua escrita e começaram a descrever, detalhadamente, todo o trabalho produzido com seu grupo, fase que, a partir da classificação de Zabalza (1994), nomeei como predomínio da dimensão referencial de "tipo atividade/tarefa". Nessa etapa, a ênfase da escrita está sobre os conteúdos das atividades efetuadas, sendo que o que determina a narração é a tarefa dada. Esse tipo de registro já possibilita maior compreensão do leitor/coordenador/pesquisador, que vislumbra através do texto a dinâmica que vigorou na atividade e as opções feitas pelo professor na sua forma de estar/fazer/conviver na sala de aula.

No percurso de construção da reflexão, há um outro tipo de registro que enfoca a participação dos sujeitos envolvidos no processo, o que chamei de "tipo sujeito/pessoa/grupo", caracterizado pela dimensão expressiva e a voz dos envolvidos no processo educativo. Nessa tipologia, há um predomínio do fator pessoal sobre a tarefa (tipo anterior), quando a descrição/narração se detém nas características do grupo como um todo, ou de um sujeito em especial, centrando a ação vivida nos atores envolvidos, sem a citação das atividades realizadas. Tal forma de relato oferece ao leitor/coordenador/pesquisador indícios e fatos de como o professor lida com as questões da dinâmica do grupo, focando seu olhar na abordagem psicológica em detrimento da pedagógica, que apenas aparece como cenário, contextualizando o relato do registro.

A construção do registro reflexivo se dá paralelamente à da quarta tipologia detectada: a do "tipo misto entre sujeitos/tarefa/atividades", de dimensão integrada ou holística. Nessa etapa, os professores se conscientizam de que a construção do conhecimento é decorrente de conexões estabelecidas entre os diversos elementos que compõem a relação pedagógica: sujeito professor e o seu grupo/classe, atividades executadas, tarefas, contexto de atuação, tempos e espaços da educação infantil, materiais utilizados, famílias das crianças do grupo, demais professores da instituição, contemplando a mescla de aspectos pedagógicos e psicológicos em seus relatos.

No percurso, o texto dos professores, inicialmente muito "colado" à ação empreendida, gradativamente começou a se distanciar do ato em si e a buscar possíveis associações a fatos anteriores e, em especial, parcerias teóricas que justificassem atitudes tomadas e respaldassem decisões pessoais. Nesse momento, o professor busca conexões com teóricos que possam ampliar seus saberes e que lhe deem novas formas de agir no dia a dia da sala de aula, constituindo-se como autor de seu percurso profissional. Paralelamente, a coordenação apropriou-se das escolhas feitas pelo grupo de acordo com as necessidades emergentes e passou a oferecer um espaço de discussão e escrita sobre leituras nas reuniões pedagógicas, que se transformaram em espaços genuínos de trocas de experiências, saberes e fazeres pedagógicos.

DA DESCRIÇÃO À ARGUMENTAÇÃO: O PERCURSO FORMADOR DA REFLEXÃO

Da mesma forma que se pode constatar a evolução dos tipos de registro encontrados entre os diários dos professores, houve um percurso evolutivo na forma como eles se apropriam e fazem uso da escrita em seus textos. É possível estabelecer uma relação entre o "tipo agenda" inicialmente utilizado e a construção da descrição, como se a listagem de atividades fornecesse dados para elaborar o texto na etapa seguinte do processo: a descrição do trabalho efetuado com o grupo.

Nessa fase, há um longo caminho a ser percorrido, pois o texto, que até então era extremamente sintético, ganha detalhes nem sempre necessários e um relato sequencial e cronológico, como se o professor tivesse dificuldade para selecionar fatos e episódios que merecessem reflexão. Quando os professores, ao relatarem o seu dia a dia, começam a se incluir no que contam e a mesclar seus focos de atenção entre sujeitos e atividades, construindo uma história sobre suas ações cotidianas e de seu grupo, percebe-se um salto qualitativo na escrita narrativa.

No percurso, a narração pode se transformar em um espaço de questionamentos, indagações e perguntas que buscam opções e justificativas para os fazeres e saberes de cada educador diante dos conflitos e dilemas advindos da reflexão que se faz em busca da qualificação profissional: é nesse momento que o sujeito professor assume posicionamentos e referenda a própria ação, ampliando seu repertório de atuação na docência.

A SOCIALIZAÇÃO DAS PRÁTICAS PEDAGÓGICAS: A CONSTRUÇÃO DE PORTFÓLIOS INDIVIDUAIS E COLETIVOS E AS "MANHÃS DE REFLEXÃO"

Na etapa seguinte, a socialização dos conhecimentos construídos, tanto teóricos quanto práticos, era um desafio a ser transposto e uma constatação da potencialidade formativa dessa postura. Dois caminhos foram eleitos: a organização das "Manhãs de reflexão" – reuniões temáticas de educadores de diferentes instituições – e dos portfólios, tanto das crianças quanto dos professores. Em relação às "Manhãs", o espaço foi criado com a intenção de que as experiências fossem expostas aos parceiros da educação e narradas e discutidas a partir da fala de seus autores, que deveriam retomar seus registros individuais e redigir textos que contemplassem o todo do projeto, ou a pesquisa realizada sobre determinado tema.

Os encontros foram organizados semestralmente durante sete anos e reuniram em cada um deles por volta de 200 educadores, que vieram de variados locais, interessados em expor suas conquistas sobre o tema proposto, buscar soluções para seus desafios pessoais e compartilhar experiências em comum. Esses espaços formativos não só possibilitaram trocas de experiências entre professores do mesmo segmento e de outras áreas, como também se ramificaram em apresentações em outras escolas, viabilizaram a publicação de artigos em revistas especializadas e possibilitaram um amadurecimento profissional para seus autores ao exporem, publicamente, determinadas questões.

A documentação do trabalho efetuado passou a ser elaborada em duas vertentes diferenciadas, sempre contemplando a dimensão do individual e do coletivo: registros dos professores e portfólios individuais e coletivos. A partir do texto individual dos registros diários, cada professor busca não só reconstruir o processo vivido junto a seu grupo no decorrer do ano, como também a articulação de parcerias com os teóricos que elegeu como referência para construir o portfólio referente ao ano vigente. Ao documentar essas práticas, a reflexão decorrente transformou-se em novas matrizes de atuação e em fonte de planejamento para o ano seguinte. A memória do grupo também se tornou um registro do trabalho realizado na instituição, material de referência para a apresentação da escola para novos pais e demais instituições.

Simultaneamente, foi elaborado um portfólio para cada criança do grupo como um espaço de memória, a fim de que cada uma pudesse ter a história do seu grupo documentada e reelaborada. Um novo texto ilustrava o álbum para que o trabalho desenvolvido durante o ano pudesse ser divulgado e o processo fosse registrado com palavras, imagens, fotos, desenhos, pesquisas feitas com os pais... Com a intenção de recuperar o processo como um todo, avaliá-lo, informá-lo aos demais professores e torná-lo um objeto concreto para as crianças se apropriarem.

Partindo da crença de que há uma interdependência entre fazeres e saberes docentes e, além do mais, que os elementos que compõem a relação pedagógica se completam e produzem diferentes olhares para a prática cotidiana, é fundamental que o trabalho de formação realizado possa abarcar as diferentes dimensões e possibilidades da ação docente, a fim de produzir uma ampliação na atuação.

A APROPRIAÇÃO DO ATO DE REGISTRAR: UMA TRAJETÓRIA EVOLUTIVA E O PAPEL DA COORDENAÇÃO

Da cobrança inicial da construção dos registros à atribuição de sentido à ferramenta de trabalho como algo essencial ao professor, houve uma (trans)formação do olhar dos sujeitos envolvidos, que passaram a considerar a árdua obrigação inicial uma fonte de matéria-prima para a elaboração de portfólios e relatórios de seus alunos, além de um espaço necessário para extravasar conflitos e dilemas, um recurso a mais para se comunicar com a coordenação, pais e demais professores e fazer escolhas adequadas às reais necessidades e interesses do grupo-classe.

À coordenadora coube a tarefa de, quinzenalmente, efetuar a leitura minuciosa de cada um dos cadernos de registro e planejar uma intervenção adequada ao texto relatado, acrescentando uma questão desafiadora, um comentário que validasse o trabalho realizado e contribuísse para o andamento do projeto empreendido, fruto de múltiplos olhares e de uma gestão compartilhada. Além disso, a elaboração de seus registros pessoais deu-lhe subsídios para o planejamento das reuniões coletivas de formação de professores e para as entrevistas individuais, a escolha de potenciais autores a se tornarem teóricos de referência dos professores, a busca de dinâmicas e estratégias adequadas a cada etapa da construção da cultura de registrar, entre outras, confirmando a crença inicial de que a aprendizagem de uma cultura se faz a partir do envolvimento de todos os participantes e da vivência de atividades e objetivos em comum.

Aliada às ideias de Wallon, que atribui singularidade ao papel do outro na constituição de cada um, Alicia Fernández (2001) endossa a importância do papel da coordenação na emergência da autoria ao validar e autorizar a atuar do lugar de um "ser pensante", que ensina e aprende no dia a dia com a experiência vivida em sua prática pedagógica. É preciso reconhecer o próprio desejo de adquirir conhecimento para poder "ver-perceber-sentir-autorizar o do outro aprendiz" (2001). O professor só aprende a ser autor ao assumir os próprios pensamentos, conflitos e vitórias, ao posicionar-se, fazer opções e ao responsabilizar-se pelas próprias escolhas, como nas palavras de Paulo Freire (1996). Desse modo, ao apropriar-se da própria história e, enquanto protagonista da prática pedagógica, tem a possibilidade de autorizá-la junto a seu grupo, criando uma cultura de coparticipação, interação e coletividade: vida de grupo.

O grupo tem um papel determinante na implantação e desenvolvimento de uma cultura, pois, como afirma Madalena Freire, ele "se forma ao redor de interesses e objetivos comuns, como uma rotina como referência, que possibilite o surgimento do sentimento de pertencimento em seus integrantes e de um repertório familiar de aprendizagens, experiências e convivências" (1997, p. 27). Todas as dinâmicas, atividades e estratégias propostas tiveram como objetivo o trabalho coletivo e a tomada de consciência dos professores da sua importância, como revelam as palavras escolhidas pelas professoras, em uma reunião pedagógica, para representar a compreensão da proposta: *união, respeito, adaptação, disciplina, rotina, participação, interação, mediação, construção, vínculo, tempo, espaço, tarefa, desafio, conteúdos, papéis, abertura, ousadia, cumplicidade, autoridade do educador.*

Projetos interdisciplinares coletivos começaram a ser desenvolvidos, englobando dois ou três grupos, com idades semelhantes e diferentes, reunindo educadores e crianças ao redor de um mesmo tema de pesquisa e trabalho, como o Projeto Cinema com Pipoca (2002), que revelou a parceria estabelecida entre adultos e crianças com um objetivo em comum: o interesse por histórias do cinema mudo. A linguagem cinematográfica e artística foi, aos poucos, integrando olhares e atividades, construindo um repertório de ação entre as crianças e os professores de cada grupo que, através de brincadeiras e comentários, mostraram-se extremamente envolvidos com a proposta. A riqueza do convívio coletivo contou, inclusive, com a participação dos familiares na contação de histórias e exibição de alguns filmes, comprovando o poder de contágio de um projeto bem-sucedido.

A CATEGORIZAÇÃO DAS PRÁTICAS DOMINANTES NA EDUCAÇÃO INFANTIL

A articulação da escrita individual à proposta de compartilhar e referendar uma cultura dos docentes de educação infantil facilitou a *categorização* de algumas práticas, dilemas, desafios e conflitos em comum, que possibilitaram a configuração de fazeres e saberes vigentes. Os critérios que serão a seguir citados e exemplificados, a partir de recortes feitos pela coordenadora-pesquisadora, surgiram da leitura dos cadernos de registro de professoras. A intenção foi a de agrupar singularidades desveladas através das narrativas individuais que configurassem um pensamento em comum dos educadores da infância. As categorias estabelecem um diálogo entre diferentes aspectos da relação pedagógica, tais como:

1) O dilema e a angústia do educador para definir o tema no início de um projeto:

"... Estou especialmente envolvida com esta classe e comecei o ano muito esperançosa, pois quero fazer um bom trabalho e passar um ano tranquilo... Acho que o salto está positivo e os resultados estão me surpreendendo..." (2/04/1998). "... Estou contente e mais tranquila, pois a fase de adaptação deste ano me deixou desanimada e aflita: não me ouviam e não se interessavam..." (29/03/2000). "... Fiquei mais confiante e bastante empolgada depois de ter encontrado este caminho, pois, como todos os anos, foi difícil ficar calma durante os primeiros dias... Espero com ansiedade as ideias surgirem, ver a classe integrada – produzindo. Isso é o que me motiva e enriquece meus pensamentos em busca de caminhos adequados ao que, de fato, as crianças se interessam..." (CMT – 17/04/2001).

"... Fiz a entrada e a Lu (auxiliar) mostrou a eles as coisas do mar que havia trazido da viagem que fez no Carnaval: conchas, caramujos e uma estrela-do-mar... Deixei que brincassem livremente com os bichos de plástico do mar..." (6/03/2001). "... Assistimos ao vídeo do Projeto Tamar, sobre as tartarugas marinhas, e, depois, brincamos de tubarão dorminhoco" (8/03/2001). "... Trouxe um caramujo grande e coloquei no ouvido de cada um para que ouvissem o barulho do mar; depois brincamos de virar caramujos grandes e pequenos (trabalho corporal); chamamos o peixe de pelúcia que estava guardado no meu armário e combinamos que iríamos levá-lo de volta para a praia... Pedi fotos sobre as férias para ver se havia fotos sobre praia..." (14/03/01). "... Mandei fazer transparências das fotos de todas as crianças para usá-las no retroprojetor..." (FAI – 19/03/2001).

2) A adaptação dos interesses, preferências, desejos e necessidades das crianças a um tema que contemplasse e possibilitasse a identificação de seus participantes com o trabalho realizado:

"... Hoje, no ateliê, eu sentei com as crianças e perguntei se gostariam de brincar de barco ou se queriam fazer outra coisa? Metade da turma me disse que queria brincar de barco, mas a outra se dividiu entre massa e tinta... Respeitei a vontade deles e pus massinha/tinta em uma mesa e virei a outra para fazer o barco..." (CMT –16/05/2000).

"... Adoram ouvir histórias... Por enquanto, estou investindo nelas, assim fico mais próxima a eles..." (CMT – 19/02/1999). "... Como adoram brincar com as panelinhas, copinhos e talheres da sala de brinquedos, fui buscá-los para que usassem ao explorar os grãos de feijão... brincando de fazer comidinha..." (27/05/1999). "... Peguei as panelinhas que usaram para brincar e uma grande de pressão para fazer feijão de verdade. Adoraram!" (28/05/1999). "... Os que tinham escolhido brincar com o barco, acabaram inventando uma brincadeira de fantasma... Não sei se mudaram de ideia porque a brincadeira se esgotou ou porque eu coloquei a mesa virada em uma posição diferente... Preciso observar..." (CMT – 16/05/2000).

3) O interesse e a preocupação de que as descobertas e os conflitos do cotidiano se transformassem em estratégias metodológicas e fonte de replanejamento:

"... Como a Duda (aluna nova) adora bonecas e eu estou precisando reforçar o grupo de meninas da classe (apenas quatro), preparei, antes da entrada, um canto com bonecas e alguns acessórios... Ela logo se interessou, e a mãe pôde ir embora... As crianças voltaram das férias muito animadas e dispostas a brincar..." (CMT – 03/08/2001).

"... Hoje foi o verdadeiro caos; choveu a tarde toda... Primeiro deixei as crianças brincarem com os materiais da prateleira, e os preferidos foram os bichinhos, cubos, bonecos e palhacinhos; depois, levei o periquito para a classe, o que chamou a atenção de todos... Cantamos, fizemos gestos e consegui prender a atenção deles por um tempo... Foi uma tarde confusa pelo fato de as mães entrarem na classe a todo o momento; quando começo a dar uma atividade interessante, todas ficam em pé na porta da classe, olhando fixamente para as crianças" (LMT – 19/02/1997).

"... A classe é bastante heterogênea, pois tenho crianças que já falam, interessam-se pelas atividades propostas e estão adaptadas, e outras que são totalmente opostas: portanto, tenho que me dividir entre os dois grupos! Vou continuar com o projeto adaptação, principalmente com as idas à sala de vida prática, ao que eles demonstraram bastante interesse, e com alguma atividade com os bichos. Durante estes dias me senti um pouco frustrada com as crianças que estavam do lado de fora da classe com suas mães, em razão da minha impossibilidade de deixar as outras crianças que estavam bem na classe, mas 'coladas' em mim... As mães que estavam no pátio me deram uma sensação de 'cobrança', como se eu não estivesse fazendo nada para conseguir adaptar seus filhos. Toda esta sensação me trouxe um grande desconforto!" (LMT– 22/02/1997).

4) A emergência de personagens ou objetos que se tornassem o símbolo do grupo e o fio condutor da narrativa do projeto:

"... Como as crianças não paravam de chorar (adaptação), resolvi pegar o peixinho, que é a única coisa que os acalma nestas horas e consegue prender a atenção do grupo como um todo... Na hora da entrada ainda não posso ficar no pátio, pois se dispersam muito!... As crianças estão tão interessadas pelos peixinhos, que acho que já comecei o meu projeto..." (LMT – 19/02/2001).

"... Depois de muito suspense, descobrimos um coelho peludinho (pelúcia) embrulhado em um tapetinho... Resolvemos cuidar dele por uns dias... Dei início à roda de conversa aproveitando a fala do coelhinho, que chamamos de Zezinho... Hoje iniciei a entrega do coelho, que vai cada dia para a casa de uma criança: estão ansiosos de tanta vontade... Eu comecei a conversa contando do banho que o Fernando deu no coelho, quando ele foi na casa dele..." (1 a 8/03/2001). "... O que ficou muito forte foi o quanto este coelho ajudou na integração do grupo, na proximidade com as famílias e no envolvimento das crianças com as dramatizações... Eu fiquei mais confiante e bastante empolgada depois que encontrei este caminho" (CMT – 18/04/2001).

"Tudo aconteceu com a chegada do dia em que um índio viria à escola conversar e dançar com as crianças. A partir do ensaio da dança de roda, percebi o entusiasmo das crianças pelo tema e aproveitei a oportunidade para torná-lo o ponto central de meu projeto. Através dele, trabalhei paralelamente com os temas peixes e vestuário, sempre fazendo comparações, e conseguindo atingir todos os objetivos propostos no planejamento. Tudo foi trabalhado detalhadamente, com encenações, experiências e cenas do cotidiano dos índios" (LMT – jun./1999).

5) Os movimentos de integração entre professores/crianças/pais e as parcerias decorrentes:

"... Ia começar o Projeto Animais, mas comecei a ver a necessidade de trabalhar os relacionamentos: o que era ser um amigo legal, pois estava um pouco difícil; muitas crianças batendo, empurrando, e algumas mordendo... Diariamente contava a história 'Pedro e Tina' e desenhava os dois em seus dedinhos... Começamos a observar tudo o que acontecia no livro, enfocando o lado da amizade... Fizemos aviões e chapéus de papel para as crianças brincarem juntas... Pintamos um avião grande, todos juntos, que ficou pendurado na parede da classe... Eles adoravam ver a parte que o Pedro e a Tina construíram uma casa na árvore: começamos a desenvolver o trabalho com o espaço, utilizando as caixas grandes de papelão no ateliê, à medida que o grupo se fortalecia..." (trecho do registro final – FAI – jun./2002).

"... Outro destaque foi a história do livro *O artista*, da Coleção dos Pingos, que, além de motivar as crianças durante as pinturas no ateliê, acabou sendo objeto de integração entre as classes de maternal: os alunos convidaram os colegas e lideraram a pintura de uma linda tela para a decoração da secretaria da escola. O sucesso garantiu muitos elogios e grande orgulho para a classe" (FAI – jun./2002).

"... Como as crianças estão adorando fazer os pãezinhos na escola, vou convidar seus pais para virem fazer uma receita que conheçam... A ideia foi um sucesso, e amanhã a mãe do Caio será a primeira... Exploraram os ingredientes, ajudaram no preparo, foram juntos levar a assadeira para o forno da cozinha; guardamos a receita para o nosso livro de receitas, que faremos depois que todas as mães vierem!" (18/04/2001). "Cada dia que passa o projeto 'receitas de nossa classe' tem se fortalecido e sido mais proveitoso!; as mães têm se empenhado, curtindo muito a experiência de cozinharem junto com seus filhos e colegas..." (LMT – 26/05/2001).

6) A avaliação constante do interesse do grupo pelo tema definido e o replanejamento necessário:

"... estou trabalhando as cores primárias para que as crianças comecem a distingui-las... Dei massinha de duas cores: primeiro a vermelha e, depois, a amarela; a maioria ainda não consegue misturá-las e perceber o que acontece quando as duas se juntam!... Quando alguém mistura, coloca uma em cima da outra, mas continua a pegar apenas uma cor para trabalhar, fazendo bolinhas ou minhocas... Apenas Felipe e José misturam as duas e ficam felizes com o resultado!'" (1/06/2000). "... Muitas crianças misturaram as duas cores do 'finger' (massa quente) e obtiveram a cor laranja... Pretendo trabalhar a massinha destas cores para ver se conseguem misturá-las e chegar no laranja... A atividade foi cheia de surpresas e pareceu bem atraente!" (LMT – 6/06/2000).

"... Percebo em minhas crianças dois vínculos: um com as professoras e outro com o espaço. Sentem-se seguras e à vontade quando estão na classe ou no recreio... Gostam da classe e adoram quando a sua organização é modificada, criando, assim, estímulos para novas descobertas, fazendo que evoluam sempre... Na classe, os objetos pendurados na parede chamaram a atenção, os cantos com a biblioteca, os bonecos de pano, os materiais da prateleira: tudo se tornou mágico e interessante! ... O mais incrível é que nada se mistura: se um grupo está brincando com os bonecos de pano de um lado da classe, outro está trabalhando com os materiais da prateleira, e cada um permanece no seu lado... O espaço é algo mágico, principalmente o recreio, no qual circulam à vontade, descobrem os cantos, saem por um lado, voltam por outro, achando diferente e emocionante tal proeza..." (LMT– 24/09/2002).

O REGISTRO REFLEXIVO COMO INSTRUMENTO DE TRANSFORMAÇÃO DA PRÁTICA PEDAGÓGICA: A CONSTRUÇÃO DA AUTORIA E DA AÇÃO INTENCIONAL

A pesquisa-ensino descrita neste texto apontou o papel construtivo dos registros na postura reflexiva dos professores de educação infantil que, como consequência da escrita das práticas pedagógicas cotidianas, se transformaram em autores de seus saberes e fazeres pedagógicos. A anotação diária dos registros fez com que a tarefa rotineira proporcionasse a construção da reflexão sobre a ação pessoal, tanto durante o ato quanto no momento de elaboração dos portfólios, atitude que Schön qualifica como (trans)formadora, pois não só nutre o olhar do educador, mas também contém a possibilidade de mudanças.

O professor, personagem central do processo educativo, precisa de acompanhamento contínuo na sua formação, a fim de poder ampliar suas matrizes de atuação, compartilhar seus dilemas, socializar experiências bem-sucedidas e se respaldar em seus parceiros para lidar com conflitos emergenciais. Como parte integrante da vida dos educadores e das crianças, a escola deve ser um espaço de encontros reais, vínculos afetivos e compromisso com a aprendizagem, no qual as crianças possam aprender e os professores possam aprender a ensinar. A apropriação da cultura do registro deu novos subsídios aos professores, não só para a ressignificação do sentido da pedagogia da infância, mas também para a transformação pessoal e profissional. Além disso, conexões entre a teoria e a prática começaram a se estabelecer, pois os professores buscaram referenciais teóricos para as suas questões emergenciais cotidianas, o que possibilitou a ressignificação do conhecimento e da prática docente.

As relações interativas e o grupo se destacam como formas de ampliação de repertório de atuação diante do confronto de diferentes pontos de vista, o que requer uma reflexão sobre a própria prática e a constatação da construção de novos conhecimentos individuais e coletivos com base em relações de reciprocidade e proximidade entre sujeitos e objetos da cultura. Pela documentação da prática pedagógica, o trabalho do professor e das crianças passa a ser visto, socializado, discutido, transpondo os muros da escola, alimentando a formação de outros professores, que também estão em busca da autoria da docência qualificada e comprometida com experiências pessoais e profissionais inovadoras, nas quais sejam sujeitos da própria história.

Desse grupo de professoras, cinco educadores se inscreveram e cursaram a pós-graduação em educação infantil, elaborando monografias a partir de seus textos e das questões reflexivas apontadas em seus portfólios e registros, assumindo, assim, a pesquisa da própria prática como um caminho de qualificação profissional. Além destas, uma educadora tornou-se coordenadora pedagógica, e outras três foram convidadas a serem docentes de cursos de formação de professores de educação infantil nas múltiplas linguagens (FE-USP, 2005).

Como desdobramento do trabalho com os registros reflexivos e seu papel transformador da prática docente, a autora deste texto continuou sua pesquisa no curso de doutorado da PUC-SP, concluído em maio de 2009, através do trabalho com portfólios, projetos e redes do conhecimento, na busca da competência profissional cada vez mais qualificada dos educadores da infância.

CONSIDERAÇÕES FINAIS

O trabalho com registros que, aos poucos, se foram tornando reflexivos, bem como a construção da cultura de documentação da própria prática pedagógica, mostrou-se como um instrumento diferencial na formação de professores de educação infantil no exercício da docência, em uma instituição particular. O registro, além de transformar-se em memória e planejamento do grupo, revelou-se eficaz como facilitador da comunicação e integração, fortalecendo a identidade dos professores que dele se apropriaram. Favoreceu, também, o fortalecimento de vínculos afetivos entre os membros do grupo, em especial os sentimentos de cooperação, coletividade e parceria, possibilitando um convívio harmonioso e experiências compartilhadas, o que contribui para a cidadania.

Outro diferencial foi a possibilidade de divulgar o próprio trabalho, socializando vivências e práticas bem-sucedidas que, ao mesmo tempo que fortalecem a autoria do professor, produzem uma cultura de grupo modificada à luz dos caminhos percorridos pelos educadores que a ela pertencem. Assim, ao categorizarem fragmentos dos registros analisados, alguns aspectos da docência em educação infantil desvelaram o compromisso de seus professores com a melhoria da qualidade e o envolvimento com a aprendizagem das crianças, objetivo da educação escolar.

A ação docente intencional, compromissada e responsável, que respeite propostas pedagógicas adequadas à faixa etária das crianças, pautada na construção de vínculos afetivos, foi viabilizada através do uso do registro como um dos instrumentos metodológicos dos professores. Ao mesmo tempo que os professores se apropriaram da escrita reflexiva como um meio para a qualificação docente, as relações pedagógicas se fortaleceram e propiciaram aprendizagens significativas para as crianças da educação infantil. Desenvolveu-se, então, uma cultura de investigação dos fazeres docentes, uma conexão entre fazeres e saberes dos docentes, uma experiência compartilhada entre parceiros, bem como a aprendizagem da autoria como uma marca transformadora de práticas pedagógicas do grupo de professores de educação infantil.

REFERÊNCIAS BIBLIOGRÁFICAS

FERNÁNDEZ, A. *O saber em jogo*; a psicopedagogia propiciando autorias de pensamento. Porto Alegre: ArtMed Editora, 2001.

_____. *Dos idiomas do aprendente*. Porto Alegre: ArtMed, 1991.

FREIRE, M. et al. *Observação. Registro. Reflexão. Instrumentos Metodológicos I*. São Paulo: Espaço Pedagógico, 1997. (Série Seminários.)

FREIRE, P. *Pedagogia da autonomia*; saberes necessários à prática educativa. São Paulo: Cortez, 1996.

_____. Um primeiro olhar sobre o projeto. *Cadernos de Formação*, São Paulo, 1989. (Série Ação Pedagógica da Escola pela Via da Interdisciplinaridade.)

GALVÃO, I. *Henri Wallon. Uma concepção dialética do desenvolvimento infantil*. Petrópolis: Vozes, 1995.

GARRIDO, E. Espaço de formação continuada para o professor coordenador. In: BRUNO, E. B. G. et al. *O coordenador pedagógico e a formação docente*. São Paulo: Loyola, 2000.

PROENÇA, M. A. de R. *O registro reflexivo na formação contínua de educadores*; tessituras da memória na construção da autoria: "amacord". (Dissertação de mestrado.) FE-USP, 2003.

SILVEIRA BUENO. *Dicionário etimológico da Língua Portuguesa*. São Paulo: Saraiva, 1967.

WALLON, Henri. *A evolução psicológica da criança*. Portugal: Edições 70, 1995.

ZABALZA, M. L. A. *Diários de aula*; contributo para o estudo dos dilemas práticos dos professores. Porto: Editora Porto, 1994. (Coleção Ciências da Educação, n. 11.)

CAPÍTULO 9

A escrita funcional do professor como ferramenta para a qualificação do ensino e da aprendizagem

BENEDITA DE ALMEIDA

Em uma época de rápidas e profundas transformações na produção de conhecimento científico, nos mundos social, cultural e do trabalho, a preocupação com a formação de professores vem ocupando grande espaço no debate e na pesquisa educacionais. Dessa forma, melhorar a qualidade de ensino de modo a assegurar aos alunos uma educação que lhes permita ampliação dos conhecimentos e das capacidades intelectuais e sociais imprescindíveis para a plena participação no mundo contemporâneo tem sido uma afirmação recorrente associada à profissão docente, situando os professores como agentes fundamentais na construção de projetos educativos voltados para a transformação social.

Nesse contexto, a formação continuada de professores também ganha expressão, sendo reconhecida como necessidade para o pleno exercício profissional e não apenas como espaço para sanar insuficiências da formação inicial.

A formação de professores constitui um processo contínuo e permanente de desenvolvimento profissional, com referências que se situam nos conhecimentos adquiridos durante a formação inicial e durante a atuação profissional, num diálogo reflexivo constante entre conhecimentos, saberes e práticas (Garrido, 2000; Nóvoa, 1995; Mizukami, 2002; Pimenta, 1996).

Nessa perspectiva, este texto trata de uma pesquisa-ensino colaborativa realizada, no ano letivo de 2005, com professores de uma escola do campo de educação infantil e Ensino Fundamental, com o objetivo de *investigar as relações entre escrita e desenvolvimento profissional docente*.

O texto está organizado da seguinte forma: inicialmente, explicito as bases teóricas que deram suporte à pesquisa-ensino colaborativa e descrevo de forma sucinta o projeto formador desenvolvido com a escola. Depois, analiso as escritas dos professores sobre suas práticas, trazendo trechos que mostram não só suas representações iniciais, como também as mudanças em suas concepções pedagógicas e em suas práticas na sala de aula. O que resultou na melhoria da qualidade do ensino e da aprendizagem dos alunos e na compreensão da dimensão crítica do trabalho docente. Ao final, teço considerações sobre as relações entre escrita e desenvolvimento profissional de professores, apresentando aspectos limitadores, peculiaridades e síntese dos principais resultados da pesquisa, destacando a base conceitual de Bakhtin como valiosa contribuição para a formação de professores, pelo papel que concede à interação verbal no desenvolvimento humano, caracterizando esta investigação como pesquisa-ensino comunicacional.

PESQUISA COM PROFESSORES: UM PROCESSO DE INTERAÇÃO SOCIAL

As propostas de formação continuada que tomam como *motus operandi* a parceria de escolas de educação básica com outras instituições, principalmente universidades públicas, têm se revelado importante fator de qualificação da formação docente. Nessas parcerias, o exame das práticas pedagógicas parte do contexto real dos professores, de seus problemas concretos (Garrido et al.; 2000a; Giovanni, 1994; Marin et al.; 2000; Mizukami, 2000, 2002).

A atitude investigativa e a relação de colaboração que se estabelece entre esses dois tipos de instituição de ensino abrem possibilidades de aprendizagens e de produção de conhecimentos sobre a prática educativa. E isso é altamente relevante para ambas as instituições: ganha a escola, porque seus professores participam do processo investigativo que se instaura na escola; ganha a pesquisa educacional, porque se aproxima da concretude das escolas; e ganham os cursos de pedagogia e licenciatura, porque a escola real passa a ser objeto de reflexão já nos cursos de formação inicial. Enfim, trata-se de um processo que instaura uma ampla comunicação entre os participantes, suas necessidades, seus conhecimentos e sua atuação profissional.

Com a colaboração dos pesquisadores universitários, os professores partilham, questionam, analisam e aperfeiçoam suas práticas, num processo dialógico, reflexivo e coletivo. Tal atitude investigativa não se limita aos aspectos técnico-metodológicos da docência, e, sim, busca aprofundar os questionamentos, procurando articular a prática ao conhecimento teórico (Braúna, 2000; Dickel, 2001; Garrido, 2000; Giovanni, 1994; Lima, M., 2001; Mizukami, 1996, 2002; Molina, 2003; Passos, 1997; Pepe, 2002).

Articulação que é destacada por Sacristán (1999), quando ressalta a importância do diálogo com o conhecimento teórico, na ação profissional, e o papel essencial da teoria para os professores compreenderem não apenas a si mesmos, como também os contextos históricos, sociais, culturais e organizacionais. Esse diálogo, segundo o autor, possibilita-lhes criar esquemas teórico-práticos de atuação que são mobilizados nas situações concretas e que estão em constante reelaboração.

A pesquisa colaborativa rompe com o caráter imediatista, pontual e precário na formação continuada, ao estabelecer propostas formadoras que não só levam em consideração a importância do exame político, crítico e sociológico da condição do trabalho docente, como também situam o professor como agente de transformação social, que pode criar relações democráticas no interior da escola.

Por gerar situações de compartilhamento de necessidades, incertezas, questionamentos, reflexões e conhecimentos, o papel do outro, do grupo, da interação verbal torna-se essencial. Através da linguagem, os sujeitos interagem e fazem circular seus significados, juntamente com os condicionantes históricos e ideológicos de que são impregnados. Segundo Bakhtin (2002, p. 108), "somente quando [os indivíduos] penetram nessa corrente [de interação verbal] é que sua consciência desperta e começa a operar". A linguagem constitui, portanto, instância de produção dos sujeitos envolvidos, tendo papel fundamental para o sujeito conhecer e transformar a si mesmo e o mundo (Bakhtin, 2000, 2002; Vigotski, 1998, 1998a).

Nessa perspectiva, a formação é um processo dialógico, em que a interação verbal e a mediação cultural são fatores decisivos para desencadear aprendizagens e promover apropriação conceitual. Na formação, pelo diálogo, o encontro, confronto e incorporação das vozes sociais movimentam o processo de análise da prática pedagógica e da busca de conhecimentos para efetuá-la, atuando na identidade do profissional. O diálogo torna-se uma instância catalisadora dos processos reflexivos e da produção do desenvolvimento profissional.

O PROJETO COLABORATIVO/COMUNICACIONAL: A ESCRITA COMO RECURSO FORMADOR

O projeto envolveu dois pesquisadores da Universidade Estadual do Oeste do Paraná (Unioeste) e doze professores de uma escola do campo de um município do interior paranaense. Além destes, fizeram parte também um diretor e dois supervisores: um deles trabalhava com educação infantil e séries iniciais do Ensino Fundamental e o outro com alunos de 5ª à 8ª série.

Todos esses profissionais eram, à época, graduados em Ensino Superior e, exceto uma professora, tinham também curso de especialização. A maioria desses cursos, porém, foi realizada a distância ou de forma modular. Alguns professores ainda lecionavam disciplinas fora da área de formação, devido às necessidades de complementação da jornada de trabalho. A maior parte iniciou o exercício da carreira docente sem formação inicial específica. Aqui, cabe destacar o caso de uma alfabetizadora que exerceu a docência como professora leiga por doze anos, até 2001, fator que tornou muito expressivas suas conquistas no processo. Todos eles viviam na comunidade e pertenciam a famílias de agricultores ou de pequenos proprietários rurais, tal como seus alunos.

Pesquisadores e professores deram início à formulação de um projeto pedagógico coletivo denominado "Identidade e vida social dos escolares do campo". Esse projeto representou uma nova etapa na parceria: os encontros pontuais, calcados em palestras, se transformaram em encontros semanais sistemáticos, centrados na formulação e implementação de uma proposta curricular baseada na história de vida dos alunos, de seus familiares e no resgate da história da comunidade.

O projeto não só possibilitou contemplar aspectos da cultura e da prática social de alunos e professores, como também permitiu desenvolver a prática pedagógica a partir do universo cultural de alunos e professores. Algumas das atividades realizadas foram: roda de conversa com avós de alunos, recuperação de causos e lendas das comunidades, resgate de costumes e brincadeiras antigas, registro desse material pelos alunos, pais e professores etc. Dessa maneira, tal projeto de ensino tornou autêntica e significativa a atividade da escrita e favoreceu o tratamento dos diversos conteúdos de conhecimento das disciplinas articulados com a prática social humana daquela comunidade (Oliveira, 1986). Com ele, importantes dimensões de nossa *humanidade* orientaram os programas de ensino dos professores e a formação, quais sejam, *linguagem, cultura e conhecimento*.

A formação realizou-se mediante encontros nos momentos de hora-atividade dos professores, um período de quatro horas semanais destinado a atividades pedagógicas de estudos, planejamento de aulas e de atividades. Para os professores de educação infantil e de séries iniciais, a escola conseguia organizar o horário de forma que, uma vez por semana, todos pudessem fazer essa parada de hora-atividade em duplas, para poderem planejar suas atividades pedagógicas em conjunto. Embora o trabalho dos professores de 5ª a 8ª série se organizasse em disciplinas, com a consequente rotatividade nas turmas, sempre havia ao menos duas professoras em hora-atividade. Nesse nível de ensino, no entanto, não era possível a passagem de todos os professores pelo período de hora-atividade num mesmo dia da semana, dificuldade que acompanhou a realização da proposta, impossibilitando frequentemente a reunião de todo o grupo.

O processo colaborativo teve duas dimensões: de pesquisa, pela qual se analisaram as potencialidades da escrita como recurso formador, e, simultaneamente, de formação, intervindo no contexto em que ocorreu, visando à promoção do desenvolvimento profissional do grupo. Ambas – formação e pesquisa – foram orientadas pelos pressupostos teórico-metodológicos da teoria enunciativa e sócio-histórica da linguagem.

Nos encontros, contemplaram-se discussões e problemas encontrados no desenvolvimento do projeto pedagógico coletivo dos professores. Eles escreveram sobre a forma como conduziam suas atividades em sala de aula, sobre as discussões nos encontros de formação, sobre a forma como percebiam o processo formador.

É importante ressaltar uma característica do contexto em pauta: tratava-se de investigar o papel da escrita na mudança das concepções e práticas de professores que viviam num ambiente com restrita presença da escrita e da leitura. O campo é um espaço no qual essas práticas dificilmente integram a dinâmica social dos sujeitos. E os contextos culturais de existência, de formação e de trabalho exercem papel determinante nas relações que esses sujeitos mantêm com o conhecimento (Certeau, 1995).

Como a língua escrita não ocupava lugar de destaque entre os bens culturais da comunidade, constituía-se em um objeto escolar. Uma escrita, portanto, praticamente restrita à escola e à igreja, distanciada, assim, da prática social cotidiana.

Tomar a escrita dos professores como fundamento do processo de formação significava partir do pressuposto de que o aprendizado e o domínio dessa prática social agregariam transformações importantes no desenvolvimento cultural do indivíduo. Conforme Vigotski (1998, 1998a), as operações com signos modificam a estrutura psicológica, gerando formas de comportamentos qualitativamente novas, autogeradas, e que permitem controlar o próprio comportamento. Esses elementos conferem uma qualidade abstrata à escrita, situado-a como uma função mental atuante no processo de desenvolvimento intelectual.

Como um sistema simbólico de segunda ordem, a escrita é forma de linguagem que "exige um alto nível de abstração", requer o desligamento dos aspectos sensoriais da fala e a substituição "de palavras por imagens de palavras". A passagem do "significado" à palavra escrita impõe operações complexas mais conscientizadas pelo sujeito – consciência reflexiva, controle interior, deliberação, esforço voluntário –, o que lhe concede um caráter de maior abstração, diferentemente da fala, que é controlada pela situação imediata em que ocorre (Vigotski, 1998a, pp. 122-123).

Outros aspectos conferem complexidade à escrita e a diferenciam da fala: sua especificidade de dirigir-se a um interlocutor ausente ou imaginário e a maior abstração e intelectualização dos motivos que a determinam, normalmente muito distantes das necessidades imediatas em que a fala ocorre.¹ São aspectos que a tornam uma atividade conscientemente dirigida e que obriga quem escreve a "criar a situação ou representá-la" para si mesmo, mediante um "distanciamento da situação real" (Vigotski, 1998a).

Ao mesmo tempo que é atividade singular do sujeito, a escrita tem uma dimensão de interlocução. Enquanto se desenvolve, no ato solitário do escritor, aparentemente condenado ao monólogo, insere-o no fluxo social de sua essência cultural (Dietzsch, 1989), pois o sujeito que escreve conta com o outro para afetar e ser afetado pela escrita (Cardoso, 2000).²

A dimensão de alteridade na produção escrita é radicalizada por Bakhtin (2000). Trata-se do princípio da *exotopia*, que marca a atividade do escritor quando ele cria seus personagens: *uma consciência está fora de outra e pode vê-la como ela mesma não se consegue, como um todo acabado, da mesma forma que o outro vê quando se trata de mim*. Por isso o autor sempre sabe mais sobre os personagens do que eles próprios. Considerando esse princípio na atividade de escrita, a relação "autor/personagem" torna-se "autor/outro". Nessa relação, quem escreve precisa completar o horizonte do outro. Ou seja, deve identificar-se "com o outro e ver o mundo através de seus sistemas de valores, tal como ele o vê"; deve colocar-se no lugar do outro e, de volta a seu lugar, "completar seu horizonte com tudo o que se descobre do lugar" que ocupa, fora dele; deve emoldurá-lo, "criar-lhe um ambiente que o acabe", mediante o excedente de visão, de saber, de desejo e de sentimento próprio (Bakhtin, 2000, p. 45).

---

[1] Essa perspectiva não pressupõe níveis hierárquicos de valoração entre a fala e a escrita, mas reconhece que seus usos, as formas de sua produção, as estratégias necessárias e a posição contextual do sujeito em presença ou ausência dos interlocutores marcam diferenças significativas entre as duas modalidades da língua.

[2] Em pesquisa realizada com o objetivo de "aprender os níveis de reflexividade e de deliberação sobre o processo de escrita", Cardoso (2000) analisa como crianças nos primeiros anos de escolarização analisam o papel do leitor no processo de concepção e escritura do texto. Com fundamento em Bakhtin e Vigotski, e a partir de dados empíricos, a autora conclui que as crianças, ao escreverem, entre outros processos envolvidos, desenvolvem ideias sobre um interlocutor fictício, para quem consideram a adequação de seu texto.

Pelo princípio de exotopia, quem escreve sai de sua posição e se aproxima da posição do outro: ao objetivar-se (ao situar-se de fora), adquire a possibilidade de uma relação dialógica consigo mesmo (Bakhtin, 2000, p. 351). Nessa objetivação, instaura-se um estranhamento em relação à obra, à escrita, que passa a atuar sobre quem escreve.

A escrita também precisa ser entendida *a partir dos usos que faz quem a pratica*, do papel dessa escrita na dinâmica social e das funções culturais que aí desempenha (Certeau, 1994, 1995). É nessa perspectiva que é necessário situar a escrita dos professores sujeitos da pesquisa, ou seja: Para que eles escrevem? Por que eles escrevem? Qual a importância do que escrevem para os "outros" membros da comunidade: professores, alunos, familiares? Que uso professores e alunos fazem de seus textos?

Smolka (2000) enfatiza que os *usos sociais* da linguagem na forma escrita alteram profundamente as inter-relações dentro do grupo e promovem o desenvolvimento humano, pois "as constantes mudanças e a incessante elaboração dos sistemas simbólicos levam a uma contínua reestruturação da atividade mental dos homens no processo histórico". E "essa reestruturação não é apenas formal e individual, ela é fundamentalmente sociocultural, constituída, trabalhada e produzida na interação social" (Smolka, 2000, p. 56).

A escrita está, portanto, estreitamente ligada aos usos e fazeres dos sujeitos. Na proposta colaborativa, os professores escreveram as atas dos encontros, diários, textos sobre relatos de experiências, sobre suas práticas e sobre o processo formador, textos para apresentação externa em encontros de formação de professores do campo ou na universidade parceira.[3] Esse material constituiu o *corpus* de documentação e instrumento de formação, na medida em que a escrita foi tomada como procedimento privilegiado para promover o envolvimento, a qualidade das interações e a compreensão das práticas docentes.

Entretanto, isso se revelou uma tarefa árdua. O movimento de escrever atas não foi uniforme nem constante. Mesmo se desenvolvendo em um contexto extremamente funcional, com o desejo do grupo de guardar a memória do projeto, nem sempre se efetivou com facilidade. Das quatro alfabetizadoras da escola, duas escreveram menos que oito vezes, casos

---

[3] No município em questão, há sete escolas municipais do campo.

em que a escrita não podia constituir contribuição significativa para a formação. Da mesma forma, entre os professores de 5ª à 8ª série, apenas duas escreveram mais que seis vezes (sete e oito, respectivamente).

Nem sempre o registro revelava os movimentos da aula e dos alunos, ou os significados das reflexões e das práticas discutidos nos encontros. Continham mais descrições das reuniões ou das práticas do que episódios reflexivos. Havia que se considerar, no entanto, o empenho e esforço dos professores para vencer seus limites, assim como o exercício de aprendizagem que a escrita requeria.

No decorrer do processo formador, os professores transitaram de um estágio inicial de desenvolver uma prática rotineira, externamente determinada, prescritiva e reprodutiva, para a produção de uma prática mais autônoma e mais consciente, ampliando suas compreensões, desenvolvendo uma postura investigativa e reflexiva e uma comunicação mais ampla com os alunos, seus saberes e suas necessidades.

A seleção e análise de alguns enunciados significativos dessas escritas permitem evidenciar o percurso das conquistas alcançadas. Percurso que não foi linear nem homogêneo para o grupo, e no qual se identificaram algumas etapas, agrupadas em dois grandes eixos: (a) *o caminhar a partir do discurso comum* e (b) *a transformação dos conhecimentos teóricos em dispositivos operacionais mediadores da prática e dos aprendizados*.

Eixo I – o caminhar a partir do "discurso comum"

Há um tipo de discurso sobre o qual, via de regra, as pessoas se apoiam no exercício da prática cotidiana – o *discurso comum*.[4] Trata-se de representações, hábitos, rotinas, preconceitos etc., pelos quais os sujeitos mantêm uma relação direta, espontânea e não reflexiva com suas ações. Um suposto saber que direciona a ação num plano mais superficial e rotineiro e que revela uma posição ainda fechada ao esforço intelectual deliberado e ao comprometimento.

---

[4] Relaciona-se a noção de "discurso comum" ao conhecimento tácito, referido por Schön (1995), que muitos denominam de representações ou teorizações dos professores, e que têm a característica de não passarem pelo crivo analítico, reflexivo e crítico.

As primeiras manifestações foram de estranhamento pelo "novo" e houve algumas atitudes de resistência. Ainda assim deram início às escritas sobre a prática, revelando seus focos de atenção e o esforço com que enfrentavam a tarefa. Seus registros significavam pelo que neles diziam, tanto quanto pelo que não diziam. Nessa esfera do discurso comum, os professores transitaram por três momentos – *percepções iniciais, aproximação contextual à formação* e *aproximação descritiva sobre a prática*.

a) *Percepções iniciais*: "Projeto coletivo, falar sobre a prática, contar o que fez/fará na aula, como trabalhará com os alunos, por que fazer daquele modo, discutir a prática realizada, escrever sobre a discussão, substituir os textos dos manuais habituais, usar o texto do aluno. Agregar, ao fazer, o parar, falar, explicar, indagar, questionar-se, responder, reolhar-se, escrever. Deslocar-se".

Esse movimento proposto pelos pesquisadores gerou confusão e estranhamento no grupo, manifestos pela incredulidade em relação às próprias possibilidades de mudança. Contudo, começou a se desestabilizar a rotina e a criar uma zona de preocupação para os professores, como demonstram alguns de seus depoimentos, apresentados nos excertos seguintes. Nos exemplos, cabe destacar que a expressão escrita da Professora P explicita com muita clareza as primeiras representações dos participantes diante do processo:

"Claro, eu estava acomodada, sempre preparando as minhas aulas daquele jeito... na 'decoreba', pois sabia como dominar os conteúdos. Não tinha muita preocupação" (Prof. P – Diário, escrita sobre março).
"Pensava que jamais iria abandonar o livro didático, porque as aulas estavam prontas. O novo estava me 'incomodando' e não 'acomodando' e, por isso, muitos professores ainda resistem a mudanças" (Prof. P, Diário, 09/12).

"Os alunos ainda estão aprendendo, estão no comecinho da alfabetização; apesar do projeto, preciso alfabetizar as crianças primeiro" (Diário de campo. Interlocução com a Prof. M, 15/03).

"São muitas sugestões; de repente, alguns se sentiram meio sufocados" (Diário de campo. Depoimento de Prof. T, 06/05).

Havia necessidade de desestabilizar certezas, pois, nesse primeiro momento, juntamente com o estranhamento, pairavam resistências ao envolvimento na interlocução e na escrita.

b) *Aproximação contextual à formação*: aceito o desafio, alguns iniciaram sua aproximação ao trabalho no projeto coletivo. A escrita revela um momento caracterizado por "declaração de intenções", e que significou uma forma de pensar o planejamento do trabalho pedagógico e reorganizá-lo, analisando as possibilidades de mudança, para a qual precisavam buscar justificativas em meio a suas crenças.

Nessa fase, escreveram as intenções, o que pretendiam fazer, de que conteúdos poderiam tratar. Planejavam. Era um momento de pensar a possibilidade de fazer diferente. Para isso, necessitavam entender a razão dessas práticas, construir um novo lugar dentro de suas concepções, para poderem geri-las e contextualizá-las com os saberes que informavam suas práticas. Precisavam partir de suas experiências anteriores, constituintes de sua identidade, compreender o valor dessa nova perspectiva e pôr os novos enunciados em relação com seu saber de referência.

Para sair do abrigo seguro da rotina quase ritual com que planejavam e desenvolviam as aulas, precisavam construir outras representações, e a escrita promovia o distanciamento necessário, que permitia o diálogo interior, aquele que considera os significados da situação. Contribuía, também, para legitimar e autorizar esse modo de conceber a prática. As escritas expressavam ainda as intenções de trabalho, como evidenciam as expressões grifadas no excerto seguinte:

"Uma prática que *vai ser* adotada para o próximo" (05/04) "... Uma roda de conversa com pioneiros da comunidade escolar" (Prof. T – Ata, 29/03).

"Com esses dados nos *permitirá* a introdução dos imigrantes do Paraná... *Dará também para abordar* a alimentação" (Prof. N – Ata, 05/04). "A professora Benedita *sugeriu* que nós levássemos a experiência da roda de conversa. Mas *não ficou nada definido*" (Prof. N – Ata, 31/05).

"*Depois que trabalharmos* a origem da família, *passaremos a trabalhar* as profissões, Dia das Mães, moradia" (Prof. M – Ata, 12/04).

"*Faremos também* a contação de histórias... *Em seguida pretendo* trabalhar com o nome dos pais" (Prof. M – Ata, 19/04).

"Assim, *pretendo abordar* todos os assuntos planejados direcionando sempre ao texto" (Prof. N – Ata, 01/04 – grifos nossos).

Essa tentativa de contextualização individual da prática ocorreu, primeiro, no nível linguístico – na fala e na escrita. Por si mesma, era uma atitude que forçava a pensar mais a prática e encaminhava à produção de conhecimento, pelo efeito da linguagem na conceitualização. Por outro lado, ao perceberem a possibilidade de trabalhar de modo diferente, "quebravam-se e se desestruturavam algumas de suas certezas". A esse respeito, Mizukami (2002, p. 43) ressalta a importância de "abalar as convicções arraigadas, colocar dúvidas, desestabilizar" para promover a construção de novas hipóteses de conhecimento sobre a prática pedagógica. Para isso, os questionamentos dos pesquisadores foram fundamentais.

c) *Aproximação descritiva sobre a prática*: essa fase se caracterizou pelas escritas descritivas sobre as práticas e teve as atividades como foco. Na maioria das vezes, as descrições eram simples e sucintas, as atividades eram apenas mencionadas, e havia observações gerais sobre a metodologia. Algumas vezes as descrições vinham acompanhadas de um "exame de validade" dessas práticas, explicitado pelos motivos de sua realização e tipo de receptividade dos alunos.

As necessidades anteriormente mencionadas de justificativas para se aproximarem de novas práticas evoluíram para a atitude de validação das mesmas e de sua progressiva integração ao conjunto de suas crenças sobre o ensino. Assim, procuravam explicar, na escrita, por que as desenvolviam, a que assuntos ou conteúdos se referiam e como eram recebidas pelos alunos. Mas não se aprofundavam em análises do desenvolvimento da aula, das interações com os alunos ou das finalidades e consequências educativas. Também não fundamentavam pedagogicamente seus critérios de validação. Nessa fase, as práticas se justificavam "por si mesmas". Era comum, ainda, apresentarem justificativas emotivo-afetivas generalizadas.

Essa fase relaciona-se com um tipo de processo no desenvolvimento da reflexão que Hatton e Smith, citados por Mizukami (2002, p. 60), denominam "redação descritiva", e que não se caracteriza como reflexão, em sua essência, pois se refere ao registro de eventos. Para constituir reflexão, a análise precisaria evoluir da consideração da prática como evento para sua tomada como processo.

Na experiência aqui relatada, mesmo não consistindo em reflexão, essa etapa foi muito importante, considerando-se a fragilidade do ponto de partida das relações daqueles sujeitos com a escrita. Esse tipo de escrita fazia parte de um *aprendizado do escrever, de tomar a prática como objeto, de passar a controlar as informações* e, portanto, de *se tornar sujeito*. Com esse movimento, a escrita começava a se descentrar e a adquirir maior objetividade, transitando da visada sobre os próprios sujeitos para os aspectos mais objetivos das práticas.

As escritas dessa fase relataram, principalmente, aquelas atividades consideradas bem-sucedidas e de que os alunos gostaram, como demonstram alguns exemplos selecionados: "Iniciei o Projeto Identidade com a leitura do texto 'Memórias de Emília'. Realizamos a interpretação do texto e o uso do travessão" (Prof. J – Ata, 01/04). "Realizou-se com as crianças uma pesquisa levantando dados pessoais sobre os pioneiros que participaram da roda de conversa. Também produziram desenhos dos mesmos, e das comunidades em que residem" (Prof. J – Ata, 12/04). "Conversamos com a [pesquisadora], professora da Unioeste, *sobre o andamento da reestruturação dos textos produzidos pelos alunos, os quais foram produzidos através de uma pesquisa sobre as brincadeiras que os pais e avós brincavam na infância*" (Prof. J – Ata, 08/11).

"Em dupla desenharam e fizeram uma exposição dos personagens do Sítio. Confeccionaram e expuseram a Emília e o Visconde. Fizemos a linha do tempo de cada aluno, assim eles conheceram um pouco sobre sua origem" (Prof. P – Ata, 05/04). "Uma das atividades que foi desenvolvida com bastante interesse foi o álbum dos professores. Nessa atividade os alunos tiveram oportunidade de conhecer melhor os professores e outros funcionários que trabalham na escola. Isso contribuiu para desenvolver a leitura e a escrita" (Prof. P – Ata, 09/08). "Eu falei do conteúdo que trabalhei sobre a fauna. Comecei a trabalhar falando sobre os animais. Expliquei aos alunos que em cada região vive uma espécie de animal, por exemplo, a baleia não é da nossa região. Trabalhei com o nome dos animais existentes nas comunidades. Os alunos falavam o nome e eu escrevia no quadro e, depois, eles copiavam. Ex: boi, cavalo..." (Prof. P – Ata, 27/09).

"Começamos o trabalho com a origem da família; fizemos a lista dos nomes das mães e, em seguida, trabalhamos com a letra inicial dos nomes, quantidade de letras, sílabas, letras iguais, completamos a árvore da família com os nomes dos avós paternos e maternos, aniversário etc." (Prof. M – Ata, 05/04). "Em seguida, falamos dos personagens das lendas e, assim, seguimos com parlendas, trava-línguas, adivinhas, cantigas de ninar" (Prof. M – Ata, 06/09).

"Foi também importante assistir ao filme do *Sítio do Pica-Pau Amarelo*, porque alguns alunos têm pouco acesso, os pais não deixam, ou só são liberados para assistir perto do meio-dia, e assim o programa já acabou. E comentamos que o solo era produtivo, diversificado, onde havia rotação de cultura, ocorrendo uma participação ativa da turma com comentários; assim o conteúdo foi bem-aceito" (Prof. N – Ata, 01/04). "Dessa forma, os alunos participaram com opiniões e exemplos riquíssimos, sendo do entendimento de todos. Foram englobados exercícios de Língua Portuguesa e Matemática" (Prof. N – Ata, 17/05).

Eixo II – a transformação dos conhecimentos teóricos em dispositivos operacionais mediadores da prática e dos aprendizados

No processo de formação, a discussão das práticas foi trazendo problematizações para aquele campo do discurso comum, com questionamentos sobre as razões das opções didático-pedagógicas dos professores, como, por exemplo: Por que escrever pelo aluno em vez de conduzi-lo à escrita? Quais as intenções de conhecimento com a realização de determinada atividade? Que modificação traz para a prática e para a aprendizagem o uso de textos trazidos da vida social dos alunos? Como tornar esses textos efetivos instrumentos de ensino? Como encaminhar o trabalho de aprendizagem conceitual, a partir das questões da realidade dos escolares? Quais as diferenças no planejamento, nos recursos didáticos e no conhecimento, para o professor que trabalha dessa forma? E para a aprendizagem?

Os questionamentos promoveram uma reflexão sobre os encaminhamentos metodológicos rotineiros, *desestabilizando as representações e crenças do discurso comum.*

Por sua vez, a escrita se realiza num movimento de parar, pensar, escrever, reler, reescrever, modificar, dissecando significados e palavras. Nesse movimento de reflexividade e retroação, todas essas ações intervêm e se influenciam para compor o escrito. Introduzem a função analítica. Esse esforço analítico que a escrita desencadeia (Riolfi, 2003, Vigotski, 1998a) forçou-os a se implicarem, a se comprometerem e criarem – deu-lhes autoria.

O ato de compreensão acontece no confronto de palavras – a interior e a que circula no meio social. Nas discussões, a palavra do outro era estruturante à de cada um, e o ato de escrever promovia uma intensa relação entre o material recortado da realidade, a "palavra social", e a palavra interior, desencadeando um processo interno de *interpretação e produção de significados ao objeto.* Assim, modificaram-se os sujeitos e suas práticas.

Questionamentos, reflexão e escrita, num movimento de práxis, constituíram um outro "contexto de sentido" para as práticas e o conhecimento pedagógico. Nele, os sujeitos movimentaram suas subjetividades e suas relações com a docência. A esse respeito, é muito significativa a afirmação de Bakhtin (2000):

> Trata-se de fazer de tal modo que as coisas, que atuam mecanicamente sobre a pessoa, comecem a falar [...]. A coisa, que continua sendo coisa, influi somente sobre as coisas. Para influir sobre a pessoa, ela deve revelar seu potencial de sentido, tornar-se palavra, ou seja, participar de um contexto virtual do sentido verbal (p. 407).

Para esse movimento, além da atuação dos pesquisadores, foram fundamentais as relações constituídas entre os participantes. A progressiva compreensão dos pesquisadores sobre as práticas, representações, conhecimentos e necessidades dos professores e a relação de confiança mútua que se desenvolveu criaram as condições para a intervenção desestabilizadora, que produziu a necessidade do deslocamento. Todos se enriqueceram no processo.

A atitude da equipe pedagógica, principalmente do diretor da escola, que acompanhou as discussões e os projetos didáticos dos professores, também colaborou para que as ações se mantivessem em continuidade. Ele tinha consciência da necessidade da formação reflexiva dos professores na escola, como revelou em um depoimento significativo, no início daquele ano. Naquele momento, declarou:

> O professor, sozinho, não faz essa proposta, não faz sozinho, não sai do senso comum, não parte para a relação com a realidade mais ampla. O que ensinar? O professor sabe, mas como elaborar o currículo? Sem ajuda, não sabe. Não sai do senso comum. Precisa do trabalho de formação, de cobrança [...]. A educação precisa chegar a formar o indivíduo com consciência dos problemas ambientais. Como formular o currículo para dar conta disso? Faz vinte anos que trabalhamos a questão ambiental, e não vejo avanço (Prof. T – Interlocução com os pesquisadores. Diário de campo, 04/03).

A despeito desse conhecimento, porém, esse professor declarou alguns limites de sua posição, apresentados no excerto a seguir. Tais limites se produziam no âmbito científico, no pessoal e no contextual e apontavam para a necessidade de compreensão de aspectos organizativos e das "fronteiras" profissionais na escola:

> "Coloquei-me à disposição para contribuir com as áreas. Identifico-me mais com Ciências. Falta tempo para a leitura; não dá para ler. No campo nós 'pegamos' muitas outras atividades. [Para] tudo chamam a escola. [...] Na nossa escola não tem muito essa diferença entre diretor, supervisor, professor" (Prof. T – avaliando sua atuação com os pesquisadores. Diário de campo, 10/05).

> "Falar dos limites. Professora que não trabalha [...]. Já foi avaliada negativamente pelos alunos e leu as avaliações [refere-se a uma professora de 5ª a 8ª série]. Conversamos, direção e supervisão, mas não deu resultado. Ficamos constrangidos com a forma como ela falou com a [pesquisadora] outro dia. Mas eu confesso que, para mim, a questão humana ultrapassa a questão profissional, e esse é meu grande limite, não conseguir ser firme, mandar" (Prof. T – avaliando o processo com os pesquisadores. Diário de campo, 19/08).

A constatação de necessidades, o reconhecimento de possibilidades e limites, de explicitação de contradições deram-se num movimento dialético e colaborativo. A presença dos pesquisadores parecia criar um espaço "mais autorizado" para a emersão de inquietações individuais e coletivas, pelas quais as contribuições teóricas começaram a encontrar ressonância e a se propagar entre o grupo. A teoria pedagógica posta em evidência no discurso da formação passou a ser dispositivo operacional para a prática e para a produção de conhecimentos, e a escrita passou a constituir o ambiente "virtual" da construção de um novo sentido para a docência, revelado por palavras, enunciações e novas representações.

Essa fase caracterizou o desenvolvimento da atitude reflexiva entre os professores, e, por suas escritas, foram identificados dois movimentos de reflexão. No primeiro, os professores desenvolveram uma postura de diálogo interior com a prática, assim como se abriram ao diálogo com os pesquisadores, os pares e os alunos, para considerar os diversos pontos de vista – *movimento de reflexão dialógica*. No segundo, denominado *movimento de reflexão crítica*,[5] as condições contextuais e políticas de seu trabalho tornaram-se objeto de suas análises. Em ambos, o esforço da escrita potencializava e revelava o percurso de desenvolvimento profissional, no qual o conhecimento teórico passou a mediar a prática e os aprendizados do grupo.

a) *Movimento de reflexão dialógica*: nesse nível de envolvimento com suas práticas, as escritas continham justificativas mais consistentes, baseadas em critérios pedagógicos, sobre as finalidades de ensinar o que ensinavam, sobre o valor das práticas que desenvolviam *em relação às metas de ensino e aprendizagem*.

Ao procurarem explicitar seus julgamentos, os professores se distanciavam da dimensão de "evento" das práticas e as analisavam. Estabeleciam relações entre o ocorrido e seus conhecimentos, criavam hipóteses. Com isso, desencadearam um processo de diálogo interior em que se questionavam sobre suas ações, assim como sobre os objetivos e os problemas que as desencadeavam. Consideravam também as diferentes alternativas das discussões com os parceiros – colegas e pesquisadores –

---

[5] Este nível de reflexão é destacado por Carr e Kemmis (1988); Liston e Zeichner (1993) e Hatton e Smith (apud Mizukami, 2002).

e o aporte de conhecimentos através das situações de estudo e reflexão desencadeadas pelo projeto colaborativo.

Por considerar o outro e os aspectos simbólicos implicados na relação, as interações verbais foram cruciais no processo, como instância de confronto e estruturação da palavra pessoal. Com o início do distanciamento da prática, pela escrita, os professores se encaminharam à busca da *razão das práticas* e começaram a trazer elementos da *discussão sobre a prática* para a escrita. Ocorreu uma reelaboração discursiva do conhecimento, e houve maior incidência de registros sobre os significados das práticas, discutidos nas reuniões.

Os professores começaram a alterar a relação espontânea com seu trabalho e passaram a objetivar as situações. O registro de enunciados da reunião já não constituía apenas uma reprodução mecânica, mas uma etapa da produção de conhecimento, na qual precisavam produzir o significado do que estava em questão na fala, considerar o significado do(s) outro(s), no diálogo interior com os seus próprios, e chegar a um novo, dialogicamente produzido. Introduziram as dimensões de alteridade e exotopia na escrita, constituindo-a como um espaço polifônico. Além de constituir uma operação de retomar, rever e organizar o movimento mais espontâneo do diálogo dos encontros, a escrita funcionou como uma operação de trazer as construções da reflexão compartilhada – problematizações, indagações, esclarecimentos, conhecimentos – para o âmbito da subjetividade, transformando-a em voz própria (Bakhtin, 2000).

Nessas interações, em que se permitiram aprender, tomaram o desafio como estímulo, e suas próprias atitudes potencializavam o saber e a satisfação. É possível que esse fator tenha tido forte influência para minar algumas resistências à manutenção do trabalho do grupo, bem como do projeto coletivo. Seus conhecimentos, reelaborados pela análise, reflexão e estudos, passaram a se infiltrar nas práticas, e os professores adquiriram maior segurança para substituir metodologias e materiais, criando situações de ensino mais favorecedoras de aprendizagem. Passaram também a observar mais os alunos, a definir melhor suas dificuldades e a considerar suas participações no processo.

Esse desenvolvimento não seguiu uma trajetória linear. Para alguns, ocorreu logo no início, e suas descobertas se evidenciaram com os primeiros registros. Para outros, o caminhar foi mais cauteloso, com conquistas e recuos, e nem sempre desencadeou mudanças efetivas na prática.

Os exemplos de escrita seguintes ilustram algumas elaborações dessa fase. Neles, destacam-se o registro dos significados das práticas discutidos nas reuniões ou buscados pelas professoras no ato da escrita, a observação mais atenta dos alunos, a identificação de suas dificuldades, o uso de metodologias que estimulassem a aprendizagem e promovessem participação dos alunos.

"[...] *Eles cresceram bastante, já estão mais responsáveis com suas atividades, mais interessados em suas leituras*" (Prof. M – Ata, 02/08). "Percebi que neste momento houve crescimento dos alunos na leitura e escrita e, também, contribuição na oralidade. *Conversamos sobre a função social da escrita e a finalidade da mesma* para cada educando" (Prof. M – Ata, 10/08). "[...] *Falando sobre as dificuldades que temos em nossa sala de aula* com alguns alunos, como: escrita espelhada, não identificação de letras, cópia só quando a professora aponta; pronúncia com 'r' intercalado não consegue falar; falta de concentração na leitura; escrita de números no lugar de letras" (Prof. M – Ata, 16/08). "*Falamos sobre a falta de organizar melhor o tempo para desenvolver o conteúdo*" (Prof. M – Ata, 22/11, grifos nossos).

"Como o *conteúdo trabalhado foi assunto deles,* houve envolvimento e interesse por parte dos alunos. *Aprenderam novas palavras do universo deles* e formaram frases. Aprenderam a jogar o jogo da memória só com palavras, a encontrar a palavra cantada no bingo tentando ler as palavras, pois *a leitura favorece a remoção das barreiras do aluno com a escrita*, para este tornar-se um leitor competente [...]. Os *alunos buscavam respostas de atividades na leitura de cartazes produzidos por eles, para reconhecimento das palavras.* Quando a leitura de sala de aula é de interesse deles, eles sabem onde buscar a resposta. Limites: nas atividades aplicadas sempre há interesse e desinteresse por parte dos alunos. Encontramos mais dificuldade na aplicação do jogo da memória e do bingo. Eles não tinham paciência de procurar a palavra certa, estavam mais interessados na quantidade acertada do que em acertar" (Texto de apresentação da pesquisa-ensino colaborativa em Encontro de Professores do Campo, 07/05, grifos nossos).

"A atividade de convite para participação na roda de conversa *permitiu trabalhar a gramática de forma globalizada e contextualizada...* O uso do verbo direcionando a pessoa e para quem e a colocação do mesmo no texto no concreto" (Prof. N – Ata, 05/04). "Tendo em vista que *a escrita tem uma função social* na vida de todos os seres humanos, é que nos propusemos a desenvolver uma atividade relacionada ao Projeto Identidade e Vida Social dos Escolares do Campo, sendo realizado pela escola, através da escrita da história de vida dos educandos da pré-escola. Sendo assim, o 2º ano do 2º ciclo realizou uma pesquisa com os alunos da pré-escola, que relataram sobre suas vidas. Os alunos do 2º ciclo *registraram e produziram uma narrativa com os dados obtidos* [...] *Pretendemos mostrar às crianças as diferenças que existem entre a linguagem oral e escrita, que são duas modalidades diferentes que ocorrem em contextos diferentes na vida da criança*" (Prof. N – Ata, 14/05). "*Essa atividade proporcionou o entrosamento entre os colegas e levou os alunos a verificar os erros ortográficos e as concordâncias normais pela elaboração dos classificados.* Proporcionou a procura de palavras no dicionário para verificação da escrita. A *atividade desempenhou um pensar sobre a escrita*, porque muitos não entendiam quando a palavra apresentava alguns erros ortográficos" (Prof. N – Relato de prática, 19/09). "*Ao ler os textos percebi as dificuldades dos alunos para agrupar as ideias* baseadas nas figuras. Alguns não conseguiam ter uma sequência, aparecendo no texto palavras como: 'e daí, depois, também, logo...' repetidas vezes para registrar uma ação com a outra, não ocorrendo nesse caso a paragrafação, sendo um amontoado de ideias. Com esse tipo de atividade *os alunos não conseguiram se sentir presente na história* ou fazer parte dela" (Prof. N – Relato de prática, 30/09). "As contribuições que os alunos realizam na sala de aula nas produções de textos, sendo no coletivo, *faz com que eles percebam o valor da escrita e aumentem uma percepção sobre a forma de escrita e seu significado; um entendimento maior sobre a produção de texto com coesão e coerência* e o uso correto desta na produção. Trabalhar com essa forma de estruturação de textos é muito válido. *A criança se apropria de conceitos gramaticais de forma globalizada, na própria prática,* no concreto, levando o aluno a *pensar, refletir a forma correta de aplicação das regras estabelecidas na produção de texto,* para que sejam claras e objetivas aos olhos de quem lê" (Prof. N – Ata, 24/11 – grifos nossos).

"Demonstraremos *o valor da língua e da linguagem na aprendizagem, em que a escrita abrange um aspecto social de comunicação entre as pessoas*. Através da escrita pode-se saber o que o outro pensa. E se *escrevemos é para que alguém leia*. E a metodologia deve ser aquela mais presente na vida escolar dos educandos. *Limites na realização da atividade: falta de subsídios para argumentação* do texto; *dificuldade para sintetizar os textos...*" (Texto apresentado no Encontro de Professores do Campo, sobre o Projeto de Pesquisa-Ensino Colaborativa, 07/05 – grifos nossos).

"*O objetivo da reescrita é contribuir para que os alunos percebam que todo texto deve ter clareza e objetividade, para ser entendido pelo interlocutor.* Por isso, é fundamental mostrar *a utilização dos recursos linguísticos como condição indispensável para o entendimento da mensagem* que se deseja transmitir" (Prof. J – Relato de prática, 03/10 – grifos nossos).

Um questionamento da Professora P promoveu importante reflexão sobre a autoria do grupo na efetivação do projeto da escola e tornou possível a introdução de uma intervenção formadora sobre o caráter criador do processo de reflexão e ação coletivas:

Prof. P: "Quando o projeto foi pensado, foi pensado dessa maneira como está sendo?".

Pesquisadora: "Não, ele vai tomando formas diferenciadas, a partir das atuações de cada professor".

Pesquisadora: "Falei da importância de o projeto ter o elemento de formação contínua, que faz com que cada professora vá criando conhecimento e autonomia para poder atuar nas diversas dimensões da prática educativa, pondo em prática um projeto pedagógico da escola e considerando as necessidades de sua turma, criando os encaminhamentos no processo".

Prof. C: "É importante ter o espaço de educação contínua... A gente sente o quanto isso é importante para nossa caminhada" (Diário de campo, 19/08).

Além do diálogo, na escola, a interlocução ampliou-se com outros públicos. Levar sua discussão para outras escolas e para a comunidade externa[6] foi um exercício importante na aprendizagem da autoria. Nesses momentos, já não se tratava mais de a escola simplesmente mostrar uma atividade diferente, descoberta em algum livro, ou sugerida por alguém. Os professores selecionavam práticas que eles próprios haviam criado. O processo de escrever sobre os conteúdos, objetivos e desenvolvimento das atividades promoveu um exercício de rever essa prática, buscar seus motivos e analisar seus resultados.

No preparo dos textos para apresentação nos Encontros dos Professores do Campo, por exemplo, ficou evidente o grande envolvimento do grupo pela escrita. Nesses momentos, os participantes aguardavam o encontro com a pesquisadora, entusiasmados, para ler o que já tinham preparado, para pedir opinião, trocar ideias, mostrar a produção final. Destacou-se, também, a apresentação de suas autorias no encontro com os pares.

Os diários, relatos de experiência, escritas de avaliação e escritas para apresentação em encontros contiveram significativo potencial desencadeador de análise e reflexão sobre a prática, o que apontou para a força da produção subjetiva da escrita, bem como para a importância, a quem escreve, de considerar um interlocutor. As atas, apesar de não apresentarem a experiência dos professores de modo integral e articulado, focalizando, sobretudo, eventos, mais do que explicitações conceituais, revelaram grande contribuição para dar funcionalidade à escrita, agregar o grupo, mantê-lo unido e relativamente coeso nos propósitos de trabalho coletivo. Foram importantes para pensar a escola e planejar práticas. Enfim, tornaram-se um ponto de união e sensibilização do grupo. Sua contribuição para aprofundar o nível de análise e reflexão sobre a prática começou a emergir mais no final do ano.

Parece evidente que, para ampliar e aprofundar o papel formador da escrita, é necessário um uso mais prolongado e mais sistemático. Mes-

---

[6] O diretor e a professora de inglês apresentaram o projeto da escola no Seminário de Extensão da Unioeste, no campus de Marechal Cândido Rondon (PR), em agosto de 2005. As alfabetizadoras escreveram e relataram suas experiências nos Encontros de Professores do Campo, em seu município, em julho e dezembro; escreveram e apresentaram comunicação oral na Semana da Pedagogia, da Unioeste, campus de Francisco Beltrão (PR), em outubro de 2005. Além disso, duas alfabetizadoras apresentaram o projeto da escola, juntamente com o diretor, numa aula do curso de Pedagogia, em dezembro de 2005.

mo assim, foram significativos os resultados produzidos no curto período de nove meses, considerando seu início em 29 de março. Nesse sentido, o enunciado de uma alfabetizadora foi bastante expressivo da mudança:

> A gente tinha as turmas e não se falava sobre o que se fazia. Não conversava sobre o que fazia na sala de aula. Começamos a cochichar: faz isso, tenta desse jeito. Hoje conversamos muito sobre as atividades. A gente combina [...] (Prof. M – Apresentação da experiência para o terceiro ano de pedagogia – Unioeste, 28/11).

O processo de formação continuada, vivido com a contribuição da escrita, numa "dinâmica de autoformação participada" (Nóvoa, 1995), fortaleceu o grupo para a criação de formas próprias de implementar o projeto coletivo: a Professora P elaborou um Memorial do Projeto e o Álbum dos Professores; a Professora M desenvolveu atividades com cartazes, listas, jogos e "textos do cotidiano"; as professoras N, J e F exploraram as escritas de autorretratos e biografias, causos dos pioneiros e resgate de brincadeiras antigas.

b) *Movimento de reflexão crítica*: a dimensão sociocultural da autonomia docente: há um nível de reflexão imprescindível ao desenvolvimento profissional de professores, uma forma que inclui considerar as dimensões éticas e políticas da atuação docente. A análise dessa experiência de formação continuada sinalizou o estabelecimento desse nível de reflexão entre o grupo.

Esse dado é muito relevante no contexto em que esses professores atuavam, marcado por relações pessoais competitivas e individualistas, que se estendiam ao contexto da sala de aula, interferindo nas aprendizagens e impedindo a organização do trabalho coletivo pelos alunos. Relevante, também, porque anunciou maior sensibilização para reconhecer as práticas excludentes e considerar a diversidade no processo educativo, em relação às necessidades das crianças dessa "classe popular", por vezes carentes do apoio ou conhecimento da família para contribuir no seu crescimento, e tomadas como incapazes ou responsáveis pelas dificuldades que encontram na escola.

Como resultado da maior implicação pessoal com a escrita e da diversificação de seu uso, os registros dos professores passaram a conter uma *interpretação de suas ações* no confronto com a realidade mais ampla, alcançando maior grau de descentralização e objetividade, o que alterava seus conhecimentos e relações com as práticas e possibilitava um posicionamento. A ampliação da objetivação na escrita aumentava também o potencial de "trabalho" da escrita. Ou seja, estavam deixando de se guiar pelo parâmetro de "escrita escolar" e permitindo-se situá-la no âmbito da experiência pessoal, agregando-lhe novos sentidos e valores. A escrita adquiriu também uma dimensão crítica.

Essa compreensão, no entanto, precisava ser percebida pelos sujeitos, e um significativo exemplo do início dessa percepção foi dado pela reflexão da Professora P sobre sua atitude inicial de acomodação e desinvestimento pessoal-profissional:

> Prof. P: "O projeto veio num momento em que eu precisava de uma injeção de ânimo, já não organizava mais as aulas, só na hora-atividade escolhia as atividades que ia levar pra sala, não planejava mais. Eu já estava num ponto que trabalhava só pelo dinheiro; agora estou me realizando".
>
> Pesquisadora: "E isso faz diferença para seus alunos?".
>
> Prof. P: "Claro, eles estão mais motivados, aprendendo mais" (Interlocução entre pesquisadora e Prof. P – Diário de campo, 31/05).

Houve outros episódios de escritas das alfabetizadoras que evidenciaram a construção desse tipo de compreensão, sensibilidade, compromisso e responsabilidade com o ensino e a formação:

- Descoberta da própria atitude de exclusão em relação aos alunos, cujos trabalhos eram preteridos, por causa da "letra feia". A reflexão alterou essa atitude, como revela a escrita da Professora P: "[...] refleti: que aluno quero formar? Que professora quero ser? Combinamos que todos vão deixar algo no projeto. Até [cita os nomes de cinco alunos] esperam ansiosos a sua vez para fazerem seus registros, mesmo com dificuldades, mas eu sempre estou ao lado deles para os auxiliarem" (Prof. P – Diário, escrita sobre março).

- Maior percepção dos saberes dos alunos e sensibilidade para reconhecer como a interação didática podia ou não se comprometer com as aprendizagens. Entre outros elementos, a Professora P descobriu que seus alunos não sabiam os nomes dos familiares e nem que as datas do aniversário correspondiam às do nascimento: "Enquanto professora, achava que eu falava e meus alunos entendiam ou já tinham aqueles conhecimentos" (Prof. P – Diário, escrita sobre março). "Eu percebi que antes ficava falando o abstrato, e a criança 'olhando para as paredes'. Já desse modo, relacionando com a realidade, trabalhando a partir do real, a criança vai do início para o geral, e compreende, aprende" (Interlocução com a Prof. P – Diário de campo, 16/08).

A Professora M descobriu no final do ano que as crianças não sabiam o que era correio: "O livro didático traz a frase 'O carteiro entrega a carta'. Como não há carteiro nas comunidades do campo, fica muito abstrato para a criança. *Muitas coisas que vêm nos livros didáticos e que a gente passa para as crianças, pensando que ficam claras, não ficam*. A criança não aprende porque não consegue trazer para o concreto" (Prof. M – Diário de campo, 22/11, grifo nosso).

- Reflexão sobre a repercussão da mediação escolar numa família que passou a acompanhar melhor os filhos, depois da solicitação de escrita aos pais, pela professora. Esse desdobramento da mudança foi percebido pela alfabetizadora como uma forma de exercitar na prática pedagógica a tão ambicionada formação para a participação social: "Você não acha isso muito positivo? Quando falamos que precisamos formar pessoas capazes de atuar na comunidade no dia a dia é isso aí, partir da realidade, valorizar o conhecimento que a criança traz de casa, respeitando-as. Essa tarefa de escrever é muito boa. Vejo que o interesse é grande pelos alunos e seus pais" (Prof. P – Diário, 19/08). "[...] Desde o início do projeto da escola que venho acompanhando essa família, e percebo o quanto seus pais mudaram, e para melhor. Esse pai era de uma família muito rígida... e hoje percebo que houve uma grande mudança. O mesmo vê a escola com outra visão e tenta participar e acompanhar seus filhos com mais carinho, e não com crueldade como antes. Percebo que os meninos são mais felizes e demonstram amor, carinho e respeito comigo e com os colegas. São menos agressivos e isso me deixa feliz" (Prof. P – Diário, 11/10).

- Manifestação de satisfação e valorização pelo trabalho, reflexão sobre atitudes iniciais de acomodação e desinvestimento profissional e percepção de mudanças nas crenças sobre a profissão: "[...] ainda continuo dizendo que tenho orgulho de ser professora e gosto do trabalho que estou realizando, eu e meus alunos, com o auxílio [dos pesquisadores]" (Prof. P – Diário, 27/09). "Pois pensava que jamais iria abandonar o livro didático, porque as aulas estão prontas. O novo estava me 'incomodando' e não 'acomodando' e, por isso, muitos professores ainda resistem a mudanças" (Prof. P – Diário, 09/12).

Nessa mesma direção, durante uma apresentação do projeto para uma turma do curso de pedagogia, na universidade, a Professora M também analisou a mudança na sua postura inicial, perante o trabalho de alfabetização, antes entendido como uma reprodução de práticas da cartilha, e agora preocupado com a expressão e a compreensão do sujeito como critérios das atividades de escrita.

- Repercussão das conquistas no processo de ensino e aprendizagem, com o despertar da atitude reflexiva entre os alunos, tanto na dimensão social quanto na dimensão analítica e de posicionamento pessoal: "*Patinho feio...* Li para os alunos três versões. Conversamos sobre o assunto. Me chamou a atenção a aluna A.V. Ela é uma aluna que faz indagação. Ela perguntou se alguma vez já havia me sentido o patinho feio? Disse a ela que sim [...] Ela também relatou uma história triste [...]. Na escola procuro fazer um trabalho de valorização de todos e ouvimos histórias tristes como a da A.V. Trabalhamos bastante nisso. Outros alunos comentaram quando se sentem o patinho feio. Quando são eliminados das brincadeiras, não deixam brincar com a turma e outros fatos" (Prof. P, Diário, 24/10). "Eu estou gostando de estudar nesta escola. Aqui me senti valorizada e a professora deixa a gente fazer os trabalhos sem gritar. Gosto de escrever e desenhar para o memorial (A.V.). Um dia eu vou voltar aqui na escola para ver nossos trabalhos no memorial (A. P.). Estamos repetindo o ano, mas é diferente do ano passado (J. e P.). Gostei de registrar o nome do pai e da mãe no memorial (R.)" (Prof. P – Diário, 01/11).

Com essa compreensão, foram realizadas atividades que utilizavam e valorizavam textos de membros da comunidade e que contribuíram para o estabelecimento de atitudes mais includentes e de efetivo reconhecimento e respeito à diversidade nas práticas pedagógicas (lista de nomes dos familiares, nomes, festas, objetos, lendas e costumes da comunidade). Com tais atividades, os professores puderam também embeber de experiência cultural os conteúdos disciplinares, potencializando o aprendizado dos alunos.

Outra mudança importante ocorreu na turma da Professora N. No início do ano, ela não conseguia encaminhar o trabalho coletivo com os alunos. Ao longo do processo, porém, esse aprendizado de cooperação se integrou à dinâmica de seu trabalho, com naturalidade, e foi estendido aos alunos. Concomitante à mudança na orientação metodológica, a professora passou a valorizar o trabalho de reescrita. E isso se evidenciou no progresso dos alunos.

Os episódios selecionados demonstram a progressiva tomada de consciência das educadoras, capazes de reconhecer as dificuldades e necessidades dos alunos, mas também as possibilidades de tomar nas mãos os desafios para atuar, de forma a romper e superar atitudes discriminatórias e que atravancam o bom andamento da prática pedagógica e das aprendizagens.

O desenvolvimento profissional requer o entendimento da ação educativa, superando o senso comum. O excerto a seguir exemplifica essa compreensão, que era organizada e adensada pela escrita:

> No que se refere ao desenvolvimento profissional da equipe escolar, estudar e planejar foram desafios constantes em nossa vida de professores. Reconhecemos que atuar com profissionalismo exige que o professor, além de dominar conhecimentos específicos, avalie criticamente a sua atuação docente. Dessa forma, avaliamos que a flexibilidade do modo de trabalhar com projeto coletivo permite a consideração do aporte dos elementos que vêm da realidade, dependentes das pesquisas, para que a intervenção pedagógica promova a ruptura com o senso comum, para chegar ao conhecimento elaborado. O planejamento existe, mas há inserções, supressões e modificações no jeito de conduzir, tornando o repensar da prática um elemento formativo (Reorganização

dos Tempos Escolares: Experiências de Aprendizagem em Produção de Textos. Comunicação apresentada na IX Semana de Pedagogia da Unioeste, outubro de 2005).

A consideração da cultura como elemento relevante da prática social escolar integrou discussões e estudos com o grupo durante todo o ano. Isso está reiterado nos registros das atas. Na escrita dos professores também fica evidente o papel da escola na mediação com a comunidade. Essa mediação resultou na produção coletiva de significados mais humanizadores para o trabalho escolar e em uma visão mais pluralista de sociedade, como exemplificado a seguir:

> O fortalecimento das relações interpessoais se dá com o acúmulo dos saberes resgatados por nossos alunos, mediante o diálogo na família, na escola e na comunidade, o que possibilita tomar o saber do senso comum como um elo para o aperfeiçoamento no saber científico [...]. A contribuição de cada um, na realização da pesquisa junto às famílias/comunidades, trouxe elementos imprescindíveis à percepção da diversidade das pessoas, com a explicitação de fronteiras de identificação e de estabelecimento dos significados dos conhecimentos, para explicar a realidade. Como resultado, temos percebido a "mudança" no modo de se relacionar com a escola, pois as famílias demonstram maior integração. Pensamos que essa mudança de comportamento das crianças e da família ocorre porque a transformação da cultura acompanha a valorização que, no agrupamento humano, se dá ao fenômeno e à prática social dos sujeitos. E o que define o ponto de tensão para essa mudança, além da própria cultura, é o conhecimento que se constrói acerca do objeto, pois os sistemas de significação das pessoas são construídos no mundo amplo da cultura. Nesse movimento, gera-se o sentimento de pertença ao grupo, no qual o sujeito vai encontrando elementos de identificação e produzindo sua identidade. Para desenvolver esse modo de trabalho, devemos nos direcionar a um processo de pesquisa, entre os professores e com os alunos. A pesquisa, quando desenvolvida na escola, possibilita um elo entre as relações interpessoais e a sua cultura, visto que a cultura é forte e determinante, isto é, define as relações interpessoais. O grau de relacionamento se dá pela cultura adquirida por um povo, pessoa, seja ela individual ou coletiva. As pesquisas realizadas pelos escolares

sobre aspectos de sua comunidade efetivam uma troca de informações culturais, o que permite o fortalecimento das relações pessoais, ampliando o universo de compreensão das pessoas sobre os fatos e acontecimentos sociais que ressignificam a sua existência. [...] Toda pesquisa só será realmente válida se seu produto final sair do círculo fechado da sala de aula e se tornar um instrumento de divulgação do saber útil também para o resto da escola (Cultura, Pesquisa, Relação Interpessoal: Uma Experiência de Planejamento Coletivo e de Análise da Prática. Comunicação apresentada na IX Semana de Pedagogia da Unioeste, outubro de 2005).

Esses dois últimos excertos de escrita foram redigidos em cooperação, por todos os professores, e sua construção coletiva reflete uma visão pela qual o grupo passou a considerar as diversas ordens de determinações que situavam as possibilidades dos sujeitos – alunos e professores – nas relações com o contexto real, de existência, de trabalho e formação. A produção da autonomia permitiu-lhes ampliar sua constituição identitária. O movimento dialógico de explicitação da prática, pela mediação da escrita, encaminhou-os a um nível de reflexão que, mesmo em meio aos conflitos e tensões em relação à manutenção de cada um "dentro da proposta", aumentou suas compreensões sobre o trabalho, a própria prática e a relação com os alunos.

O espírito cooperativo, fertilizado pelas atividades do projeto pedagógico coletivo, permitiu aos professores superar a individualização da história de cada um. O projeto também desenvolveu o compromisso ético-político, conduzindo ao entendimento da docência como prática social intencional e humanizadora, abrindo ampla comunicação com os alunos, tal como mostra o excerto a seguir:

> Verificaram-se vários pontos relevantes na escrita apresentada por nós, educadores. Por exemplo: *muitas vezes, em nossa prática educativa, não explicamos ou deixamos claro os objetivos* de estar trabalhando tais conteúdos e o que se quer atingir com essa atividade. Certamente, para o professor isso está evidente em sua metodologia de trabalho, mas para o aluno fica distante e esquecido. Destacamos também que *os pontos negativos apresentados muitas vezes nem se tornam negativos,*

mas são fases do desenvolvimento que deveremos ultrapassar para que ocorra a aprendizagem significativa (Prof. N – Ata, 24/11).

Convocadas a produzir mais uma escrita coletiva, para apresentar num Encontro dos Professores do Campo do município, no final do ano de 2005, as alfabetizadoras aprofundaram suas reflexões sobre as interações do processo didático, pondo em evidência o desenvolvimento da autonomia cognitiva e socioafetiva dos alunos. Esse texto mostrou também a preocupação de estender aos alunos o ensino da atitude de analisar e emitir opinião, de posicionar-se diante de situações, com respeito ao trabalho do outro, e de trabalhar de forma cooperativa, mudança que trouxe desafios às professoras, como evidencia o exemplo:

> Aprendemos com os alunos a brincadeira da "forquinha" e fomos fazendo uso de palavras para a realização da mesma. Percebemos o *entusiasmo das crianças em terem ensinado à professora esta brincadeira.* [...] Percebeu-se, no desenvolvimento das atividades, a importância da participação da família, o estímulo dos colegas de turma para ouvirem as brincadeiras, o entusiasmo das crianças em confeccionarem seus próprios brinquedos. Na estruturação dos textos houve uma participação efetiva de todos, pois queriam sempre dar opiniões e ajudar. *Percebeu-se a partir disto uma maior preocupação com a escrita, a interpretação dos diferentes significados das palavras* nas brincadeiras. Na análise dos textos foram feitas discussões sobre os escritos dos mesmos e sobre expressões como "um mata o outro", "pular com a tábua na mão" [...] foram sendo discutidas com o grupo e muito bem compreendidas as expressões. Após essas atividades desenvolvidas, percebeu-se que os alunos querem trabalhar nas reestruturações, pois a cada texto reestruturado eles brincam a brincadeira descrita. Além do entusiasmo para brincar, *as crianças apresentavam grande interesse na realização pela metodologia aplicada e porque era uma nova forma de trabalhar o texto.* Tinham curiosidade pela forma correta, como nos mostram *algumas de suas falas: Professora, como vamos desenrolar isso?, Assim não vai dar para entender;* para perceberem como os colegas se saíram na produção de texto: *"A primeira parte, professora, ficou boa, mas a segunda parte tem que mudar".* [...] Um ponto negativo que percebemos foi nossa insegurança, nosso medo por não termos um rumo certo e não sabermos aonde iríamos chegar com cada brincadeira trazida pelos alunos *(Análi-*

se da atividade registrada. Apresentação da experiência no Encontro dos Professores do Campo, dezembro de 2005).

A meta de emancipação presente na dinâmica da pesquisa colaborativa supõe transitar para a reelaboração conceitual. Pôde-se verificar que, no curto período de um ano letivo, essa transição começou a ocorrer na escola. Os professores deslocaram-se de uma posição inicial de estranhamento à reflexão, para uma atitude de observação da prática; de uma reflexão mais pragmática/instrumental, sustentada pela mudança de metodologias e elaboração discursiva da prática, para um nível de maior elaboração, pela escrita, e, finalmente, para uma alteração na concepção sobre a prática, com reflexões sobre aspectos que dificultavam a aprendizagem e desqualificavam o ensino e que normalmente não eram discutidos na escola – as ideologias implícitas nas práticas educativas. Modificaram suas posturas, para incluir os alunos no processo didático. Uma mudança conceitual que teve a escrita como importante elemento e representou uma transição mais profunda e atinente à modificação dos valores educacionais.

CONSIDERAÇÕES FINAIS

A pouca familiaridade das alfabetizadoras com o tipo e uso da escrita propostos no início do processo formador demandou aprendizagem e deslocamento de posições, para a escrita das atas, diários, outros relatos e sua transformação em recurso de formação. Singeleza e pouca mudança nas escritas, bem como resistências para efetuá-las e usá-las como acompanhamento limitaram a experiência em determinados momentos, sobretudo no que se refere à maior frequência de informações e reflexões nos registros. Na maioria dos casos, as escritas começaram a mudar qualitativamente somente no final do ano.

As mudanças foram maiores e mais rápidas nas práticas.

Ficou evidente que o movimento reflexivo e o deslocamento para práticas com maior autoria e criticidade se manifestaram entre as alfabetizadoras que mais se dedicaram à escrita: as professoras M, P e N.

Foi fundamental o trabalho com o universo cultural dos professores e alunos. Todo esse material, transformado em textos, foi utilizado nas atividades de aprendizagem e exigiu rompimento com muitas representações sobre o ensino da escrita e sobre o ensino dos conteúdos disciplinares. Exigiu, sobretudo, muita intervenção da pesquisadora, com introdução de conhecimentos teóricos e metodológicos, cuja apropriação foi desenvolvendo a autoria dos professores nos seus projetos didáticos. Para promover o desenvolvimento profissional do grupo, tendo em vista o controle autônomo e científico de suas práticas, as intervenções tinham que contar com sua participação e contemplar suas necessidades, sem se constituírem em pragmatismo.

Também houve limites para a socialização da escrita no grupo, o que poderia ter-lhe conferido maior consistência e validade e ampliado o alcance das aprendizagens e mudanças. Esse aspecto se relacionou às representações dessa escrita como feita "para a pesquisadora", as quais somente se desfizeram próximo ao final do ano. Por outro lado, os professores se mostraram altamente motivados para a redação de textos a serem apresentados fora da escola, sugerindo que a socialização de suas escritas poderia ser um espaço importante para promover a autonomia e a criação.

Mesmo considerando suas limitações e singeleza, os resultados foram expressivos para o desenvolvimento profissional do grupo, seja para apropriação de conhecimentos, mudança da prática, seja para a aproximação das pessoas.

O ponto de partida da pesquisa foi a relação inicial do grupo com a escrita, sinalizada por dificuldades e limitada ao "necessário". No contexto desta declaração, a escrita necessária podia se restringir apenas a instrumento para o trabalho nas aulas, preenchimento de documentos e alguma necessidade pessoal cotidiana. Uma escrita realizada para funções externas aos sujeitos.

A análise aqui apresentada, contudo, evidencia a dimensão formadora da escrita e sua atuação na mediação de aprendizagens sobre a docência. O movimento de falar sobre a prática e de escrever sobre o processo, retomando as discussões, as aprendizagens e dificuldades, desenvolveu uma atitude de análise e reflexão e tornou os professores mais conectados com seu trabalho, suas necessidades, suas buscas e com a apropriação de conhecimentos.

O fator tempo e condições de trabalho dos professores da escola também representou importantes limitações. Eles tinham dupla jornada de trabalho. Mesmo os que permaneciam por período integral na escola, trabalhavam também nas propriedades rurais, diariamente. Um trabalho com alta exigência de esforço físico. As contingências cotidianas e de sobrevivência reservavam muito pouco tempo e disposição para as atividades de estudo e para a formação científica fora do horário escolar. É importante destacar, portanto, os resultados dessa pesquisa realizada no contexto de escola do campo em que ocorreu. Resultados que não se distanciam de outros estudos nem sempre desenvolvidos em instituições e contextos sociais tão limitadores (Kramer, 1998, 2001; Proença, 2003; Zabalza, 1994, entre outros).

Ressalte-se, nesse sentido, que os estudos de Kramer tratam de atas escritas pela equipe de pesquisadoras – bolsistas de iniciação científica, de especialização, pesquisadoras pós-graduandas e pós-graduadas –, um grupo que, no quadro de distribuição social da escrita, tem com ela relações diferenciadas, quando comparado com o grupo apresentado neste texto.

O estudo de Proença, por sua vez, refere-se a professoras de uma escola particular urbana. Observa-se, assim, que a escrita pode ser utilizada como importante recurso formador em grupos e estratos socioeconômicos diversificados. Sua funcionalidade relaciona-se às características analíticas e dialógicas que possui e que movimentam a subjetividade.

A seguir, fazemos uma síntese das principais contribuições desse projeto formador:

- compreensão do valor e da necessidade do conhecimento científico para o trabalho docente e criação de estímulos pessoais e coletivos para o estudo;
- maior segurança para a criação e realização de práticas favorecedoras da aprendizagem e estimuladoras das relações com o conhecimento;
- alteração no planejamento das atividades, seleção de materiais e fontes de referência para as aulas, deslocando-se do uso e reprodução das fontes habituais, hegemônicas e "externas", para

a criação de alternativas metodológicas enraizadas nos saberes e práticas socioculturais dos alunos e de suas comunidades;

- compreensão do papel da interação no ensino, com ampliação da participação dos alunos nas aulas e melhoria dos desempenhos. O estímulo à participação, à autonomia e à cooperação que marcou o processo formador estendeu-se também aos alunos;
- maior atenção à adequação de metodologias para a alfabetização, as quais levem em consideração os princípios constitutivos da linguagem, o que permitiu a todos construírem novos valores para a escrita e para seu ensino;
- ampliação da produção escrita de alunos e professores, com a promoção de situações significativas de elaboração de textos;
- identificação das dificuldades específicas dos alunos para aprender, tornando a aprendizagem e as dificuldades que se apresentam a cada aluno como importante determinante para a organização do ensino. A atitude do professor desloca-se para a posição do outro-aluno, reconfigurando o trabalho de ensino. Essa mudança fundamental transformou também a atividade de avaliação, para a qual o importante já não era apenas corrigir o erro, mas entender por que o aluno errava;
- consolidação da atitude de análise para enfrentar os problemas da prática e desenvolvimento de atitudes e competências investigativas, com o reconhecimento dos aspectos sociopolíticos que permeiam as práticas pedagógicas;
- ampliação dos conhecimentos sobre a prática pedagógica e compreensão da escrita como recurso relevante para a análise aprofundada da prática, por provocar ultrapassagem do nível presencial/pragmático e encaminhar à visão conceitual mais ampla e elaborada;
- maior envolvimento com a prática de escrever e melhoria na qualidade das escritas;
- valorização dos espaços de reflexão sobre a prática, com ampliação da motivação e da participação efetiva nas discussões, e maior qualificação das intervenções nos diálogos de reflexão

compartilhada, o que sinalizou o compromisso pessoal com a formação;

- relacionamento da prática ao conhecimento teórico, criando-se um novo estatuto para os seus conhecimentos pedagógicos;
- ampliação do entendimento da dimensão política da prática docente com a instalação de uma visão crítica para a análise da realidade;
- desenvolvimento da atitude de expressar crenças e representações sobre a prática, de demonstrar confiança no trabalho;
- fortalecimento da identidade profissional: ampliação da autoestima, da valorização pessoal e da responsabilidade com o trabalho educativo;
- compromisso ético com as diferenças e, também, a consideração das vozes das comunidades e das famílias dos alunos.

Tais conquistas foram indícios da construção de autonomia pelo grupo. Uma autonomia compreendida como conhecimento dos elementos constituintes do seu trabalho, das relações entre esses elementos e das diferentes dimensões do currículo; autonomia como segurança fundamentada no conhecimento, para atuar na realidade educativa e na sua transformação. Um conhecimento entendido como processo: no próprio ato de mudar sua prática, os professores construíam novas possibilidades, vinculando a formação com os problemas e conquistas do cotidiano. Um conhecimento sobre a prática, o que potencializou atitudes de análise e de crítica e repercutiu no desenvolvimento dos alunos e no desenvolvimento profissional do grupo, modificando inclusive o significado sobre o próprio trabalho docente, aspecto que, do ponto de vista do desenvolvimento profissional, representou uma importante síntese das conquistas do projeto formador.

O estudo evidenciou as possibilidades de interação presentes na pesquisa-ensino colaborativa e na escrita como um significativo espaço para a construção cooperativa de conhecimentos. As contribuições conceituais de Bakhtin representam uma valiosa sustentação teórica, pela importância do diálogo e do outro na produção do conhecimento e da subjetividade, caracterizando-a como um processo comunicacional.

Essas contribuições permitiram à pesquisa-ensino uma relação de convergência com a formação: levaram à identificação das necessidades da prática, inseriram os participantes na corrente da comunicação verbal, permitiram a constituição de contextos e situações em que a escrita foi instrumento e objeto de estudo, conduziram à ampliação de conhecimentos, promovendo, assim, o desenvolvimento profissional.

REFERÊNCIAS BIBLIOGRÁFICAS

ALMEIDA, B. *A escrita na formação continuada de professoras alfabetizadoras;* práticas de autoria. (Tese de doutorado.) São Paulo: Faculdade de Educação da Universidade de São Paulo, 2007.

BAKHTIN, M. *Marxismo e filosofia da linguagem.* 9. ed. São Paulo: Hucitec/Annablume, 2002.

_____. *Estética da criação verbal.* São Paulo: Martins Fontes, 2000.

_____. *Questões de literatura e de estética*; a teoria do romance. São Paulo: Hucitec, 1988.

BRAÚNA, R. C. A. *A formação continuada em ciências de professores do Ensino Fundamental numa perspectiva interdisciplinar e as possibilidades de mudanças.* (Tese de doutorado.) São Paulo: Faculdade de Educação da Universidade de São Paulo, 2000.

CARDOSO, C. J. Processo de produção textual: o olhar da criança. In: ANAIS DA III CONFERÊNCIA DE PESQUISA SÓCIOCULTURAL, 2000, Campinas, SP. Disponível em: <http://www.fae.unicamp.br/br2000/trabs/2180.doc> Acesso em: 15/08/2006.

CARR, W.; KEMMIS, S. *Teoría crítica de la enseñanza*; la investigación-acción en la formación del profesorado. Barcelona: Martínez Roca, 1988.

CERTEAU, M. *A invenção do cotidiano*; artes de fazer. Petrópolis: Vozes, 1994.

_____. *A cultura no plural.* Campinas: Papirus, 1995.

DICKEL, A. *Inventário de sentidos e práticas*; o ensino na periferia sob o olhar de professoras-pesquisadoras em formação. (Tese de doutorado.) Campinas: Faculdade de Educação da Universidade Estadual de Campinas, 2001.

DIETZSCH, M. J. M. Escrita: na história, na vida, na escola. *Cadernos de Pesquisa*, São Paulo, v. 71, pp. 62-71, nov. 1989.

GARRIDO, E. *Pesquisa universidade-escola e desenvolvimento profissional do professor.* (Tese de livre-docência.) São Paulo: Faculdade de Educação da Universidade de São Paulo, 2000.

_____; PIMENTA, S. G.; MOURA, M. O. de. A pesquisa colaborativa na escola como abordagem facilitadora para o desenvolvimento da profissão do professor. In: MARIN, A. J. *Educação continuada*; reflexões, alternativas. Campinas: Papirus, 2000a, pp. 89-112.

GIOVANNI, L. M. *A didática da pesquisa-ação*; análise de uma experiência de parceria entre universidade e escolas públicas de 1º e 2º graus. (Tese de doutorado.) São Paulo: Faculdade de Educação da Universidade de São Paulo, 1994.

KRAMER, S. Linguagem e história: o papel da narrativa e da história na constituição de sujeitos sociais. In: FRIGOTTO, G.; CIAVATTA, M. (orgs.). *Teoria e educação no labirinto do capital.* Petrópolis: Vozes, 2001, pp. 157-179.

_____. Leitura e escrita de professores: da prática de pesquisa à prática de formação. *Revista Brasileira de Educação,* São Paulo, n. 7, pp. 19-41, jan.-mar, 1998.

LIMA, T. B. *Relações da leitura e escrita no processo de produção do conhecimento*; caminhos para formação continuada de professores das séries iniciais do Ensino Fundamental. (Tese de doutorado.) Campinas: Faculdade de Educação da Universidade Estadual de Campinas, 2001.

LISTON, D. P.; ZEICHNER, K. M. *Formación del professorado y condiciones sociales de la escolarización.* Madrid: Morata, 1993.

MARIN, A. J. et al. Desenvolvimento profissional docente e transformação na escola. *Pro-posições,* Campinas, n. 4 (31), pp. 15-24, 2000.

MIZUKAMI, M. G. N. Pesquisa colaborativa e produção de conhecimento sobre desenvolvimento profissional de professores. *Pro-posições,* Campinas, SP, n. 4 (31), pp. 5-14, 2000.

_____. Docência, trajetórias pessoais e desenvolvimento profissional. In: REALI, A. M. M. R.; MIZUKAMI, M. G. N. (orgs.). *Formação de professores*; tendências atuais. São Carlos: EdUFSCar, 1996, pp. 59-91.

_____ et al. *Escola e aprendizagem da docência*; processos de investigação e formação. São Carlos: EdUFSCar, 2002.

MOLINA, R. *A pesquisa-ação colaborativa e suas contribuições para o desenvolvimento profissional de professores da rede pública de ensino.* (Dissertação de mestrado.) Centro de Educação e Ciências Humanas, Universidade Federal de São Carlos, São Carlos, 2003.

NÓVOA, A. O passado e o presente dos professores. In: NÓVOA, A. *Profissão professor*. Porto: Porto Editora, 1995, pp. 13-34.

OLIVEIRA, B. A prática social global como ponto de partida e de chegada da prática educativa. *Tecnologia Educacional*, Rio de Janeiro, nn. 66/67, pp. 7-10, 1986.

PASSOS, L. F. *A colaboração professor-pesquisador no processo de formação em serviço dos professores da escola básica*. (Tese de doutorado.) São Paulo: Faculdade de Educação, Universidade de São Paulo, 1997.

PEPE, C. M. *Atitude de leitor e desenvolvimento profissional docente em professoras alfabetizadoras*. (Dissertação de mestrado). Faculdade de Ciências e Letras, Universidade Estadual Paulista Júlio de Mesquita Filho, Araraquara, 2002.

PIMENTA, S. G. Formação de professores: saberes da docência e a identidade do professor. *Revista da Faculdade de Educação*, São Paulo, v. 22, n. 2, pp. 72-89, jul./dez. 1996.

PROENÇA, M. A. de R. *O registro reflexivo na formação contínua de educadore*; tessituras da memória na construção da autoria: "amacord". (Dissertação de mestrado.) Faculdade de Educação, Universidade de São Paulo, São Paulo, 2003.

RIOLFI, C. R. Ensinar a escrever: considerações sobre a especificidade do trabalho da escrita. Leitura: teoria & prática. *Revista da Associação de Leitura do Brasil*, Campinas, pp. 47-51, jan./jul., 2003.

SACRISTÁN, J., G. *Poderes instáveis em educação*. Porto Alegre: Artes Médicas, 1999.

SCHÖN, D. Formar professores como profissionais reflexivos. In: NÓVOA, A. (coord.). *Os professores e sua formação*. Lisboa: Publicações Dom Quixote, 1995, pp. 77-91.

SMOLKA, A. L. B. *A criança na fase inicial da escrita*; a alfabetização como processo discursivo. 9. ed. São Paulo: Cortez; Campinas: Editora da Unicamp, 2000.

VIGOTSKI, L. S. *A formação social da mente*; o desenvolvimento dos processos psicológicos superiores. 6. ed. São Paulo: Martins Fontes, 1998.

_____. *Pensamento e linguagem*. 2. ed. São Paulo: Martins Fontes, 1998a.

ZABALZA, M. A. *Diários de aula*; um instrumento de pesquisa e desenvolvimento profissional. Porto Alegre: Artes Médicas, 1994.

CAPÍTULO 10

Portfólios do ensino: ferramentas de pesquisa-ensino e de formação continuada

Antonio Costa Andrade Filho

> *Aquele rio está na memória*
> *como um cão vivo dentro de uma sala.*
> *Como um cão vivo dentro de um bolso.*
> *Como um cão vivo debaixo dos lençóis,*
> *Debaixo da camisa, da pele.*
>
> (João Cabral de Melo Neto – "Cão sem plumas")

Este texto relata a experiência de formação contínua de professores de Arte que utilizaram o registro de suas práticas como forma de lidar com a memória no ensino investigativo dessa disciplina nas séries iniciais do Ensino Fundamental I. Pois, como diz o texto da epígrafe, lidar com a memória é responder àquelas inquietações que estão latentes e precisam ser trabalhadas por nós para que possamos entender melhor o fazer, repensá-lo e transformá-lo.

O portfólio docente foi utilizado não só para pesquisar, registrar, avaliar, acompanhar e refletir sobre o ensinar e o aprender das linguagens artísticas para crianças de sete a onze anos, como também para acompanhamento da formação continuada e do processo evolutivo profissional docente.

A pesquisa teve lugar durante o desenvolvimento do Projeto Arte no Ciclo I, no qual atuei como assistente técnico-pedagógico (ATP) de Arte, ou seja, como agente da formação continuada de professores de Arte.

O referido projeto foi criado pela equipe técnica da Coordenadoria de Estudos e Normas Pedagógicas (CENP) da Secretaria Estadual de Educação de São Paulo (SEE/SP), para atender da 1ª à 4ª série do Ensino Fundamental I, sendo desenvolvido em todo Estado.

Como ATP de Arte, fui convocado pela SEE/SP e orientado pela equipe de especialistas da CENP. O compromisso que se estabelecia partia do pressuposto de que a disciplina "Arte" é linguagem e conhecimento – conforme os Parâmetros Curriculares Nacionais: Arte e a teoria da arte-educação –, e não simples atividade de descanso de outras aulas ou reprodução da realidade.

Minha postura era orientar a formação continuada dos professores dessa disciplina, considerando-os não meros transmissores de conhecimentos, mas propositores e coprodutores de projetos de arte-educação. Nossas reuniões eram marcadas pelo entusiasmo de tais professores por vivenciarem situações de estudo que permitiam a criação de projetos, a implantação de propostas de arte-educação teoricamente fundamentadas, habilitando-os para uma docência em arte construtora de conhecimentos sensíveis, artísticos e estéticos em sala de aula.

Atuei como formador e pesquisador, servindo-me da produção dos portfólios como registro dos processos de melhoria do ensino e da aprendizagem, o que configurou uma docência comunicacional, investigativa e produtora de conhecimentos.

O registro das práticas é uma ação sistemática, feita a partir de uma vivência da relação de ensino-aprendizagem que não pode ser ignorada. Registrar é fazer história, é capturar a memória do fazer docente, pela escrita e por meio da coleta organizada de diversas produções, é retomar esse material como fonte informativa sobre o processo de ensino e aprendizagem, até transformá-lo em conhecimento a ser discutido e compreendido na reflexão individual e coletiva. Esse é o primeiro requisito do fazer ciência "no" e "a partir" do ensino.

O PROJETO ARTE NO CICLO I

A necessidade que desencadeou tal projeto foi a inclusão de Arte na grade curricular da 1ª à 4ª série do Ensino Fundamental I. Faltava, contudo, uma proposta em arte-educação que se preocupasse com a instrução do sensível do educando das séries iniciais, isto é, uma iniciativa que proporcionasse a alfabetização nas linguagens da Arte e que esclarecesse a importância dos professores dessa disciplina como mediadores entre a arte e o universo infantil, propiciando, simultaneamente, ao educador uma formação que o habilitasse a ser autor de projetos de arte-educação e produtor de conhecimento sobre o ensino de Arte nessas séries iniciais.

A SEE/SP, para desenvolver o Projeto Arte no Ciclo I, utilizou um dos seus órgãos de gestão, a Coordenadoria de Estudos e Normas Pedagógicas (CENP), que, por sua vez, no ano de 2002 organizou o primeiro e o segundo Fórum do Ensino de Arte, contando com oitenta e nove diretorias de ensino do Estado de São Paulo, representadas por supervisores, assistentes técnico-pedagógicos de arte e arte-educadores.

O foco das discussões, nesses primeiros encontros, girava em torno da expectativa da criação de um projeto estadual de Arte que envolvesse as questões de ensino e de aprendizagem nas séries iniciais do Ensino Fundamental I, a relação de professores com diretores, coordenadores e, também, os recursos materiais a serem disponibilizados.

No ano de 2003, iniciou-se o Projeto Arte no Ciclo I, que atenderia essas séries iniciais com um professor especialista, ou seja, um arte-educador que faria a mediação entre o mundo da arte e o universo infantil.

Foram contratados pela CENP assessores renomados das quatro áreas artísticas para escreverem os textos de apoio e orientarem as proposições do ensino de arte para os ATPs. Para realizar esse trabalho, convidaram-se os seguintes educadores: Edith Derdyck (artes visuais) – substituída em 2004 pelo professor doutor Ronaldo Alexandre de Oliveira –, o professor doutor Flavio Desgranges (teatro), a professora doutora Yara Caznok (música) e a professora mestra Lenira Rengel (dança).

Desse modo, a SEE-SP iniciou a formação continuada de professores de Arte primeiramente orientando o ATP, para que este, na função de formador, pudesse desenvolver projetos artísticos nas quatro linguagens, em sua respectiva região, com os professores de Arte, até que esses conhecimentos artísticos e estéticos chegassem até os alunos na sala de aula.

FUNDAMENTAÇÃO TEÓRICA

A proposta de pesquisa que desenvolvemos no âmbito de nossa atuação no Projeto Arte no Ciclo I baseou-se em três eixos teóricos: a) a importância da Arte na formação dos alunos; b) o papel do registro na qualificação do trabalho docente; c) o trabalho por projetos nas quatro linguagens.

A importância da arte na formação dos alunos

A arte-educadora Ana Mae Barbosa (2003) observa que a pesquisa em arte precisa ser fomentada para fortalecer a própria Arte enquanto área do conhecimento e forma de manifestação original do ser humano. Além disso, a investigação sobre tal área pode oferecer subsídios para que os arte-educadores desenvolvam um trabalho teórico/prático que apresente as manifestações artísticas articuladas aos interesses dos educandos, ofertando, assim, o acesso a um bem cultural e a uma forma de aprendizagem e de comunicação sensível.

No bojo dessa valorização da pesquisa e do ensino na área de Arte, a Lei de Diretrizes e Bases da Educação Nacional n. 9.394/96 traz uma mudança significativa em seu artigo 26, § 2º: "o ensino de Arte constituirá componente curricular obrigatório nos diversos níveis da educação básica, de forma a promover o desenvolvimento cultural dos alunos".

Da mesma forma, os Parâmetros Curriculares Nacionais (PCN – Arte, 2001) propõem um novo marco educacional, ou seja, identificar a área por Arte[1] e não mais por educação artística. Assim sendo, essa disciplina passa a ser reconhecida como área do conhecimento humano, com conteúdos e saberes próprios e não apenas como mera atividade.

Há, pois, uma tendência crescente em reconhecer a relevância do ensino de Arte como componente curricular que trabalha o conhecimento, o sensível, a formação cultural dos alunos e a leitura de mundo. A arte passa a ser fundamental na escola,

---

[1] De acordo com o PCN – Arte, 2001, a palavra arte é grafada com "A" maiúsculo por se tratar de disciplina da grade curricular.

[...] principalmente porque é importante fora dela. Por ser um conhecimento construído pelo homem através dos tempos, a Arte é um patrimônio cultural da humanidade, e todo ser humano tem direito ao acesso a esse saber. Tratar a Arte como conhecimento é ponto fundamental e condição indispensável para esse enfoque do ensino de Arte que vem sendo trabalhado há anos por muitos arte-educadores [...] (Martins, Picosque e Guerra, 1998, p. 13).

Por outro lado, é importante ressaltar que no processo educacional com as crianças comumente acontecem mais formas intuitivas de expressão do que formas cognitivas completas. A criança não diferencia a brincadeira de rabiscar num pedaço de papel do ato de desenhar, assim como não diferencia o faz de conta do representar e do estar no lugar de outro. Para ela, brincar e fazer arte são a mesma coisa e, muitas vezes, várias manifestações acontecem simultaneamente, como explica Derdyck:

> A criança, enquanto desenha, canta, dança, conta histórias, teatraliza, imagina ou até silencia [...] o ato de desenhar impulsiona outras manifestações, que acontecem juntas, numa unidade indissolúvel, possibilitando uma grande caminhada pelo quintal do imaginário (Derdyck apud Azevêdo, 1996, p. 16).

Nesse sentido, Iavelberg (2003) nos esclarece que o mais importante no ensinar e aprender Arte é estabelecer um diálogo entre esse mundo do brincar e do faz de conta e o mundo da Arte de uma forma articulada, na qual a *mediação do professor* possa incentivar a sensibilidade e o respeito, a fim de que o educando tenha segurança para transitar pelas relações entre o conteúdo artístico, a cultura e o seu próprio repertório de brincadeiras e jogos. Do mesmo modo, Ferraz e Fusari (1993) reforçam a ideia de que o professor precisa ter o compromisso de "saber Arte e saber ser professor de Arte", para intervir na situação de aprendizagem de forma apropriada.

Logo, o que se espera do formador nessa área é o compromisso de atuar tendo clareza sobre o papel do ensino de Arte na formação dos alunos e a compreensão do fato de que a criança precisa ser respeitada como ser que possui uma história e um conjunto de experiências reais e simbólicas que se relacionam com a necessidade de continuar a gostar de fazer Arte na escola.

O papel do registro na qualificação do trabalho docente

Parafraseando Madalena Freire (2001), registro é história, é memória. O ato de registrar possibilita ao docente distanciar-se de sua prática para analisar e interpretar o processo de ensinar e aprender, sistematizar as ações pedagógicas, construindo um novo olhar sobre o próprio fazer. Nesse sentido, registro e memória foram imprescindíveis na construção de referenciais desse projeto de formação continuada, porque:

- a prática do registro e a documentação das atividades dos alunos permitem ao professor ser: "[...] um criador de formas de registro para documentar atividades. Tais registros desempenham um papel importante na avaliação e no desenvolvimento do trabalho, constituindo-se em fontes e recursos para articular a continuidade das aulas" (PCN – Arte, 2001, p. 109).

- o registro trabalha com a memória: "[...] a memória é, por excelência, o trabalho que organiza, busca, junta, rejunta, cola, desmonta, dando configuração às imagens que desenham novas subjetividades. Essa construção de si próprio é um processo de formação, ou melhor, de autoformação. A instalação de dispositivos que possibilitam a rememoração e a reflexão sobre os acontecimentos que produziram 'marcas', que inscreveram registros, acaba dando passagem a outras criações. O sujeito, de posse do seu 'material' existencial, tem a possibilidade de ler a sua própria situação e aquilo que se passa em torno dele. Esse processo deve permitir ao 'grupo sujeito' construir seus referenciais" (Oliveira, 2000, p. 16).

Assim, precisávamos criar esse "material existencial" que possibilitasse o diálogo do professor com a prática, que abarcasse os aspectos mais significativos e representativos do trabalho do ensino de Arte. Por isso, era preciso registrar, documentar o processo de formação continuada, bem como a aprendizagem dos alunos em Arte, de outro modo, essas ações correriam o risco de se perderem na profusão de relações pedagógicas vividas no dia a dia do trabalho do professor.

Existem diversas maneiras de se criar esse tipo de material para coletar e organizar as informações. No caso dessa experiência de formação continuada, o grupo de educadores optou, depois de várias discussões, pelo portfólio para que todos registrassem suas práticas, dificuldades e sucessos.

Hernandez esclarece o que vem a ser um portfólio e sua função educativa:

> Um continente de diferentes tipos de documentos (anotações pessoais, experiências de aula, trabalhos pontuais, controles de aprendizagem, conexões com outros temas fora da escola, representações visuais etc.) que proporciona evidências do conhecimento que foi sendo construído, das estratégias utilizadas para aprender e da disposição de quem o elabora para continuar aprendendo [...] A função do portfólio se apresenta, assim, como facilitadora da reconstrução e reelaboração, por parte de cada estudante, de seu processo ao longo de um curso ou de um período de ensino. A utilização do portfólio como recurso de avaliação baseia-se na ideia da natureza evolutiva do processo de aprendizagem. O portfólio oferece aos alunos e aos professores uma oportunidade para refletir sobre o progresso dos estudantes em sua compreensão da realidade, ao mesmo tempo que possibilita introduzir mudanças durante o desenvolvimento do programa de ensino. Além disso, permite aos professores considerarem o trabalho dos alunos não de uma forma pontual e isolada, como acontece com as provas avaliadoras tradicionais, mas sim no contexto do ensino e como atividade complexa baseada em elementos e momentos de aprendizagem que se encontram relacionados (Hernandez, 2000, pp. 165-166).

Nessa mesma direção, Alarcão, entende o portfólio como "um conjunto coerente de documentação refletidamente selecionada, significativamente comentada e sistematicamente organizada e contextualizada no tempo, reveladora do percurso profissional" (2005, p. 55). Para Idália de Sá-Chaves (2000) esse procedimento recebe o nome de "portfólio reflexivo", porque é um pensar sobre a ação na dimensão profissional e pessoal.

Nas ideias dos autores, o portfólio redireciona a capacidade de percepção e compreensão do trabalho pedagógico, não de forma isolada, como na avaliação tradicional, mas de forma ampla, desvelando momentos representativos na trajetória dos mestres e aprendizes.

Com base nesses referenciais teóricos, necessitávamos criar um outro modelo de registro que focalizasse a prática da docência investigativa, ou seja, que explicitasse o processo formativo do professor e dos alunos, para além dos usuais "diários de classe", registros oficiais, insuficientes e burocráticos.

O trabalho por projetos nas quatro linguagens

O Projeto Arte no Ciclo I trabalhou com as quatro linguagens artísticas de forma articulada, visando ao enriquecimento do conjunto de experiências reais e simbólicas dos professores e dos alunos. O ensino de Arte competente deve abrir diálogos entre todas as formas de expressão artística. "É preciso variar as formas artísticas propostas ao longo da escolaridade" (PCN – Arte, 2001, p. 57). Privilegiar uma ou outra área artística não proporciona uma aprendizagem significativa.

> No transcorrer do Ensino Fundamental, o aluno poderá desenvolver sua competência estética e artística nas diversas modalidades da área de Arte (artes visuais, dança, música, teatro) tanto para produzir trabalhos pessoais e grupais quanto para que possa, progressivamente, apreciar, desfrutar, valorizar e julgar os bens artísticos de distintos povos e culturas produzidos ao longo da história e na contemporaneidade [...] o ensino de Arte deverá organizar-se de modo que, ao final do Ensino Fundamental, os alunos sejam capazes de interagir com materiais, instrumentos e procedimentos variados em Artes (artes visuais, dança, música, teatro), experimentando-os e conhecendo-os de modo a utilizá-los nos trabalhos pessoais (ibid., p. 53).

As linguagens artísticas foram trabalhadas por projetos. A forma de trabalhar com projetos em Arte pode ser entendida da seguinte forma:

> O projeto [...] envolve o trabalho com muitos. [...] caracteriza-se por ser uma proposta que favorece a aprendizagem significativa, pois a estrutura de funcionamento dos projetos cria muita motivação nos alunos e oportunidade de trabalho com autonomia. Em um projeto, professores e alunos elegem os produtos a serem realizados que se relacionam aos conteúdos e objetivos de cada ciclo. Os professores planejam situações de aprendizagem para o grupo [...] (ibid., p. 117).

Com base nessa fundamentação teórica, levantamos a hipótese de que, ao trabalhar com projetos nas diferentes modalidades artísticas e com o recurso de portfólios reflexivos do ensino de Arte, o professor desenvolveria práticas de autonomia docente, proporcionando uma aprendizagem significativa aos alunos, o que lhes permitiria ampliar seus repertórios e construir conhecimentos artístico e estético.

O CONTEXTO DA PESQUISA

Os encontros aconteceram na Escola Estadual Oscar Graciano, em Carapicuíba, que possuía um espaço adequado, e cuja localização, próxima aos terminais de ônibus, favorecia o deslocamento dos docentes de Carapicuíba e Cotia.

O professor era dispensado de suas atribuições na escola, permanecendo convocado em curso por três dias, com duração de oito horas. Havia, então, distribuição de materiais e apostilas do projeto de autoria da equipe técnica da SEE/CENP. Além das vivências de prática artística, tínhamos estudos e discussões para esclarecer os objetivos das propostas e dar mais segurança aos docentes que iriam desenvolvê-las em sala de aula.

No período de 2003 a 2004, sessenta professores de Arte participaram do processo de formação continuada em serviço na Diretoria de Ensino da região de Carapicuíba.

Foram realizados dez encontros presenciais de formação contínua num período de dois anos. Cada um deles se estendia por três dias, com duração de oito horas diárias.

Os professores de Arte eram convocados a cada dois meses para os encontros, denominados "orientações técnicas". Em cada convocação era trabalhada uma das seguintes áreas: artes visuais, música, teatro ou dança.

Nessas reuniões tínhamos momentos específicos para a prática do fazer artístico, ou seja, o professor vivenciava as propostas do projeto antes de desenvolvê-las com os alunos. Além disso, organizávamos o tempo para discutir as ideias dos autores e iniciar a orientação sobre a confecção dos portfólios, que deveriam incluir fotografias das atividades, desenhos e relatos escritos do professor e do aluno.

Educar por meio da Arte nas séries iniciais requer do profissional da educação atitude investigativa, pois a criança, quando entra na 1ª série do Ensino Fundamental, traz consigo uma bagagem de jogos e brincadeiras de faz de conta, repletos de músicas, ritmos, rabiscos, cores, gestos e danças. Para ela, brincar e aprender Arte estão no mesmo plano. Portanto, enfatizávamos a importância do papel do professor-pesquisador e mediador, que deveria utilizar o repertório do aluno para interagir, avaliar e conduzi-lo a novos conhecimentos a partir do que ele já conhecia e fazia. Por isso, no início de cada ano, trabalhávamos o diagnóstico em Arte, a fim de conhecer a visão das crianças das séries iniciais, seus conhecimentos, interesses, habilidades e dificuldades nas diferentes áreas artísticas.

As linguagens trabalhadas, os nomes dos projetos de ensino, seus autores e o período em que as essas reuniões de formação continuada foram desenvolvidas na Diretoria de Ensino de Carapicuíba estão apresentadas nas tabelas 1 e 2.

O papel do ATP formador/pesquisador foi o de orientar a formação continuada em Arte para além do senso comum pedagógico, possibilitando a problematização das questões do ensino e aprendizagem nas séries iniciais do Ensino Fundamental I e a discussão de metodologias de arte-educação. Cada projeto construído era estudado, vivenciado, discutido, antes de ser testado e desenvolvido nas escolas. As atividades e as produções dos alunos eram registradas, oferecendo material para o professor pesquisar sua prática.

Além do estudo e da partilha nos encontros, abriram-se outros espaços para o docente repensar e transformar suas práticas, por meio da informação que disponibilizávamos sobre cursos gratuitos e espaços culturais, nos quais ele poderia ampliar e gerenciar seu próprio processo de desenvolvimento profissional no campo do ensino das Artes.

Tabela 1   Projetos desenvolvidos em 2003

Linguagem	Nome do projeto de Arte e do respectivo autor	Período
1. Função diagnóstica nas quatro linguagens	"Alice no País das Maravilhas" – Equipe da CENP, coordenada pela Profa. Roseli Ventrella	fev./mar.
2. Música	"Quatro variações sobre um tema" – Profa. Dra. Yara Kaznok	mar./abr.
3. Artes visuais	"O corpo e suas apresentações" – Edith Derdyck	maio/jun.
4. Dança	"Um trem feito de gente" – Profa. Dra. Lenira Rengel	ago./set.
5. Teatro	"Teatro" – Prof. Dr. Flavio Desgranges	out./nov.

As entrevistas com os professores revelaram que eles tinham sede de conhecimentos, que precisavam de ajuda. Começamos então a trabalhar com as dificuldades, abrindo possibilidades, apresentando endereços de cursos, de espetáculos gratuitos, os quais muitos colegas desconheciam.

Tabela 2   Projetos desenvolvidos em 2004

Linguagem	Nome do projeto de Arte e do autor	Período
1. Função diagnóstica nas quatro linguagens	Projeto diagnóstico – Equipe da CENP	fev./mar.
2. Música e dança	"Corpos sonoros I" – Profa. Dra. Yara Kaznok e Profa. Dra. Lenira Rengel	mar./abr.
3. Música e dança	"Corpos sonoros II" – Profa. Dra. Yara Kaznok e Profa. Dra. Lenira Rengel	maio/jun.
4. Teatro	"Teatro" – Prof. Dr. Flavio Desgranges	ago./set.
5. Artes visuais	"Arte, ensino e o espaço da cidade" – Prof. Dr. Ronaldo Alexandre de Oliveira	out./nov.

A vivência do processo de formação do professor com o uso de portfólios no ensino de Arte desencadeou, junto aos professores da disciplina, a compreensão de que a formação continuada não dependia só do Governo, mas, principalmente, do próprio educador, para que pudesse construir sua autonomia.

A necessidade do registro surgia como ação imprescindível para que toda essa experiência docente não fosse perdida. Sendo assim, a opção pelo portfólio foi consenso no grupo e, na ocasião, bastante adequada aos nossos objetivos.

Em todos os encontros tínhamos momentos específicos para o trabalho orientado sobre a confecção e o uso de portfólios no processo de ensino e aprendizagem e para conhecer as teorias e as diversas maneiras de criar e manusear esse tipo de registro das práticas.

Enfatizávamos que a inclusão de itens no portfólio deveria partir de um exercício docente de selecionar e catalogar os momentos relevantes do que havia sido desenvolvido nos projetos de Arte em sala de aula. Desse modo, os desenhos, as fotografias e os relatos deveriam apresentar a qualidade do trabalho docente, não como um arquivo de atividades, mas como forma mais subjetiva, reflexiva e reveladora da intenção de educar e de transformar o ensino.

A cada reencontro bimestral com esse ATP formador, o grupo apresentava os resultados parciais dos trabalhos desenvolvidos com seus alunos, ação que tanto contribuía para exercitar a reflexão sobre a prática quanto para verificar o andamento do projeto na escola, ao mesmo tempo que se fortaleciam os vínculos entre os educadores e o formador.

Tornamo-nos um grupo, construindo conhecimentos e trocando informações, na profusão de vivências com as linguagens artísticas e na preocupação de desenvolvê-las com os alunos, pensando na melhor metodologia e abordagem para ensinar Arte para crianças do Ensino Fundamental I.

Desse modo o processo formador desenvolvido junto aos professores, caracterizado por procedimentos de pesquisa-ensino, contribuiu para que desenvolvessem as atitudes correspondentes a esse tipo de docência: registro de dados (portfólio), problematização, reflexão, busca de apoio teórico, elaboração de hipóteses sobre a metodologia, implementação de ações didáticas que permitissem a verificação de hipóteses.

Tais procedimentos metodológicos nos proporcionaram o levantamento de dados sobre o professor de Arte, sua prática em sala de aula, sua compreensão sobre o projeto e, principalmente, o reconhecimento da importância da articulação reflexiva entre teoria e fazer docente que se caracteriza pela pesquisa-ensino, ou seja, por uma docência investigativa com produção de conhecimento sobre o ensino e a aprendizagem de Arte.

O portfólio foi o elemento revelador do percurso de docentes e alunos. Por meio dele, pudemos perceber as mudanças nas práticas, nas metodologias de ensino e na forma de registrar o trabalho de Arte, porque até então os professores tinham apenas o diário de classe como documento oficial. Ele ainda permitiu que o professor criasse o formato e a maneira de sistematizar a sua própria produção docente, bem como a do aluno e, ao mesmo tempo, que exercitasse a reflexão sobre a docência. Constituiu-se no mapa que tínhamos para proceder às intervenções necessárias para que continuássemos o trabalho de pesquisa-ensino na formação continuada em serviço.

METODOLOGIA DA PESQUISA

O estudo realizado ao longo de dois anos, no período de 2003 a 2004, na Diretoria de Ensino da região de Carapicuíba envolveu sessenta professores de Arte de quarenta e cinco escolas estaduais de 1ª à 4ª série, quatrocentas e cinquenta classes, atendendo a quinze mil e setecentos e cinquenta alunos entre sete e onze anos.

A investigação feita por esse formador-pesquisador sobre os resultados e o alcance do curso de formação continuada sobre o ensino de Arte nas séries iniciais utilizou diferentes procedimentos metodológicos:

- cota e análise dos portfólios contendo dados levantados pelos professores, seus registros pessoais e as atividades dos alunos referentes aos projetos;

- questionários enviados às escolas e, também, aqueles realizados durante os encontros;

- grupo focal[2] com seis professores, que foram escolhidos dentre aqueles que estavam no projeto desde o início e apresentavam boa frequência, participação nos cursos e portfólio bem estruturado.

As informações contidas nos questionários e nos portfólios ilustram as expectativas, as dificuldades e os avanços do grupo em relação ao processo de formação continuada desencadeado pelo Projeto Arte no Ciclo I.

Quem eram os professores

O grupo de professores era bastante jovem: 50% com idade até quarenta anos e com poucos anos de magistério. O tempo de experiência docente no Ensino Fundamental e Médio variava entre três e seis anos. Outro dado relevante refere-se aos professores com dois cargos: 25% eram também alfabetizadores e professores de Arte.

Outro dado que nos chamou a atenção foi o grande número de mulheres, três vezes maior do que o de homens. Do total, 22% eram homens na faixa de vinte e três a quarenta anos, contra 78% de mulheres de vinte a cinquenta anos.

Oitenta e cinco por cento dos professores possuíam graduação em artes visuais, 10% em teatro, 5% em música. Quanto ao tipo de graduação, 61% haviam cursado uma faculdade de Arte de quatro anos, 9% cursos de graduação em Arte no final de semana e 30% fizeram complementação de um ano e meio em Arte. Dentre eles, cinco tinham curso de especialização ou título de mestrado em Arte.

---

[2] Grupo focal é uma técnica de pesquisa, entre as consideradas de abordagem rápida, que possibilita a obtenção de dados de natureza qualitativa a partir de sessões em grupo, nas quais seis a vinte pessoas, que compartilham alguns traços comuns, discutem aspectos de um tema sugerido. Essa técnica permite a identificação e o levantamento de opiniões que refletem o grupo em um tempo relativamente curto, otimizado pela reunião de muitos participantes e pelo confronto de ideias que se estabelece, assim como pela concordância em torno de uma mesma opinião, o que torna possível conhecer o que o grupo pensa. HASSEN, Maria de Nazareth Agra. Grupos focais de intervenção no Projeto Sexualidade e Reprodução. *Horizonte Antropológico*, Porto Alegre, v. 8, n. 17, jun. 2002. Disponível em:<http://www.scielo.br/scielo.php?script=sci_arttext&pid=S0104-71832002000100009&lng=en&nrm=iso>. Acesso em: 8 de abril de 2009.

A formação inicial dos professores de Arte não contemplava, portanto, o ensino para as séries iniciais. Habilitava-os apenas para o Ensino Fundamental II e Ensino Médio. Em decorrência disso, tivemos que suprir essa lacuna propiciando o estudo de textos de metodologia e vivências sobre o ensino de Artes para crianças.

RESULTADOS DA PESQUISA
Análise dos questionários

Em 2003 as dificuldades declaradas pelos professores sobre as áreas artísticas focalizadas no Projeto Arte no Ciclo I eram as seguintes: música 65%; dança 15%, teatro 15% e artes visuais 5%.

A dificuldade apresentada na área musical era compreensível, uma vez que 70% desses professores haviam se graduado em artes visuais e não tinham feito nenhum curso de aperfeiçoamento na área de ensino de música. Além disso, 98% dos sujeitos declararam, em respostas aos questionários, não ter tido formação musical (2%), não saber tocar nenhum instrumento ou ler música (38%) e não ter nenhuma experiência com o ensino de música (25%).

Para reverter essa situação em que ensinar música era algo problemático para o grupo, esclarecemos aos docentes alguns objetivos do ensino de música nas séries iniciais, como:

- o ensino de música não pretende formar músicos, mas educar sujeitos sensíveis à música;
- o professor não precisa ser um exímio músico ou maestro, nem voltar para a faculdade, é preciso apenas que esse profissional goste de música e apresente-a aos alunos;
- o trabalho em música para as séries iniciais torna-se viável quando trabalhamos com projetos de trabalho focados em experiências criativas com o som.

Tabela 3   Índice de receio em trabalhar com música nas séries iniciais, após dois anos do curso de formação continuada da SEE

Nenhum.	18%
Nenhum. A formação continuada me deu mais segurança para trabalhar com música.	22%
Nenhum. Trabalho o projeto da SEE articulado com outras propostas do ensino de música, como, por exemplo, a da Osesp.[3]	25%
Trabalho com música, mas ainda tenho dificuldades.	35%

Ao final de 2004, as respostas aos questionários registraram queda de 65% para 35% no percentual de professores que ainda sentiam alguma dificuldade no ensino de música. Graças às atividades desenvolvidas, eles passaram a ter maior confiança para desenvolver projetos que exercitassem a escuta sensível e a criação sonora, conforme mostra a tabela 3.

Análise dos portfólios construídos pelos professores

No período de 2003 a 2004, levantamos sessenta portfólios.

Ao coletá-los, notamos que alguns professores tinham sido muito criativos, montando seus registros de forma inusitada: tínhamos caixas se abrindo nas quatro direções e apresentando o trabalho do docente e das crianças de maneira lúdica; tínhamos pastas de todos os formatos e tamanhos, das mais simples até as mais sofisticadas.

No entanto, essa prática não garantiria um ensino de Arte com qualidade. O nosso intuito era estabelecer um exercício reflexivo coletivo, uma forma de apresentar as atividades realizadas de forma original e criativa, além de refletir sobre as ações, corrigir o percurso e eleger o que precisaria ser mudado e de que forma.

O mais importante de tudo isso foi o ato de o professor selecionar, catalogar e comentar o próprio trabalho e a produção do aluno. Cabe destacar aqui que cada professor arcou, de acordo com suas posses e disponibilidade de tempo, com o custo e a confecção do próprio portfólio.

---

[3] A Orquestra Sinfônica do Estado de São Paulo oferece cursos para professores de Arte da rede pública.

A análise desse material mostrou a riqueza do processo evolutivo profissional. Ao longo de dois anos, aprofundamos o entendimento das dificuldades, propusemos encaminhamentos que encontramos juntos, frutos da dedicação e da vontade dos professores de realizar um bom trabalho no ensino de Arte nas séries iniciais.

As atividades e projetos desenvolvidos pelos professores e documentados nos portfólios foram o foco do processo de troca de informações entre os pares, no qual o olhar enriquecedor do colega para a prática do outro apontava para novas perspectivas, como Garrido (2002) nos explica:

> O olhar do outro é um contraponto importante para o exame da própria prática. O parceiro cumpre uma função análoga àquela que o professor exerce junto ao aluno na perspectiva construtivista. Nessa abordagem, a ação docente tem por finalidade estimular o pensar dos alunos. O professor também precisa da mediação de um colega para atenuar a subjetividade das análises, favorecer o processo de desconstrução das certezas do senso comum pedagógico e ajudá-lo a propor novas e melhores alternativas de ensino (p. 137).

Verificamos que os professores, ao reverem seus registros, os repensavam, criando novas alternativas para o ensino.

Pudemos constatar que, ao longo da construção dos portfólios, o professor aprendeu, graças à reflexão sobre a própria prática.

Os registros trouxeram à tona questões conceituais e metodológicas, algumas arraigadas no fazer docente e que precisariam mudar, e outras que se tornaram conquistas e necessitavam se fortalecer. Assim, esse exercício reflexivo a partir da ação de registrar e coletar dados propiciou:

- maior conhecimento da dificuldade e dos avanços dos alunos;.
- percepção da necessidade de ampliação dos recursos de ensino e dos instrumentos de avaliação;
- sistematização do processo de ensino com a organização das propostas realizadas;
- ação reflexiva contínua e processual sobre a própria atuação docente;

- organização da prática de arte-educador, revelando o caminho percorrido por mestres e aprendizes.

Ao confeccionar os portfólios, esses educadores estavam se introduzindo em procedimentos de pesquisa-ensino. E, à medida que documentavam sua docência, iniciavam um processo de intracomunicação consigo mesmo e de intercomunicação com o "outro": aluno, colegas de magistério e pais.[4]

Verificamos que 65% dos professores elaboraram portfólios organizados, contendo fichas individuais dos registros dos alunos, desenhos, fotos, observações por escrito do próprio professor especialista, do professor de alfabetização e dos gestores da escola em relação ao projeto e ao colega que ministrou o ensino de Arte. Através das fotos foi possível identificar as atividades e os projetos a que se referiam.

Contudo, entre os sessenta portfólios, 10% dos professores se esqueceram de colocar o próprio nome na capa ou no interior do portfólio, faltaram os nomes dos alunos, a série a que pertenciam ou observações por escrito. A leitura desse material ficou difícil, pois não sabíamos se era a produção de uma classe, de uma série ou da escola.

Esse dado indica a preocupação docente de apenas juntar informações, sem o cuidado ou o exercício de reorganizá-las para favorecer a compreensão do significado do seu fazer. O que é compreensível pela forte tradição escolar na qual o trabalho docente se resume a execução de projetos.

Outros 25% se distanciaram da proposta combinada com o grupo, porque desenvolveram atividades estereotipadas, tais como cópias de desenhos animados ou quadrinhos tirados da internet ou do mimeógrafo.

Ao apontarmos tais deficiências e equívocos, nossa intenção não é execrar o profissional que não desenvolveu as atividades conforme o projeto. Isso seria uma grave discriminação. Apenas queremos elucidar algumas práticas frequentes no ensino de Arte, as quais os dados confirmam. Cada professor tinha um nível de compreensão da Arte e do

---

[4] Os professores de Arte eram orientados a apresentar o portfólio aos pais nas reuniões de conselho de classe e série, como forma de apresentar o trabalho de Arte que estava sendo realizado com os alunos.

projeto que estávamos trabalhando. Porém, o que fortalece o ensino de Arte nas séries iniciais é um trabalho conjunto, com sujeitos de opiniões diferentes, mas que lutam pelo mesmo objetivo de melhorar a qualidade no ensino de Arte, para o qual toda a sociedade, a universidade e os artistas devem colaborar.

Ajustando o foco

Para acompanharmos melhor o processo evolutivo profissional e avaliarmos o alcance do projeto da SEE/CENP, escolhemos seis professores que estiveram desde o início do projeto, tiveram uma boa frequência nos encontros, desenvolveram os projetos e apresentaram portfólios bem estruturados com fotografias, desenhos e relatos por escrito. (Por questão de ética, substituímos os nomes desses profissionais. São eles: Lúcia, Sandra, Luana, Maria, Vítor e Santos.)

Quem eram esses professores

O professor Santos é formado em Música pelas Faculdades Metropolitanas Unidas; o professor Vítor e a professora Luana são licenciados em Artes Visuais pela Faculdade Paulista de Arte; a professora Sandra é graduada em Artes Visuais pela Universidade Estadual Paulista; a professora Lúcia é formada em Artes Visuais pela Faculdade de Belas Artes de São Paulo, e a professora Maria graduou-se em Música pela Faculdade Marcelo Tupinambá. Dois tinham formação em Música e quatro em Artes Visuais.

O processo evolutivo profissional desse pequeno grupo

Que desenvolvimento profissional tiveram esses seis professores? Como eles protagonizaram e perceberam seu processo formativo?

Para responder a essas questões, registramos a seguir seus depoimentos – coletados no primeiro e no segundo encontros, realizados no início de 2003 – sobre as expectativas em relação ao projeto da secretaria estadual:

"Espero que este projeto me ensine coisas novas. Já estou na rede há muito tempo e gostaria de trabalhar propostas para ensinar música da 1ª à 4ª série" (Professor Santos).

"Estou nesse projeto porque gosto de trabalhar com esta faixa etária de sete a onze anos" (Professora Maria).

"É a primeira vez que trabalho num projeto de arte-educação, pois me formei em 2002 e espero aprender muito" (Professora Sandra).

"Preciso de apoio pedagógico e material para atender meus alunos. Sei que há muitas coisas que podemos fazer e espero que este curso me ajude. Estou na rede há cinco anos e é a primeira vez que trabalho com alunos da 1ª à 4ª série" (Professor Vítor).

"Na faculdade de Belas Artes, fui orientada para fazer um bom trabalho com artes visuais (este é o meu forte) no Ciclo II e Ensino Médio, mas agora estou num projeto que trabalha as quatro linguagens. Como vou fazer para dar conta? Tenho muitas dúvidas. Tomara que o ATP e o projeto possam nos atender" (Professora Lúcia).

"Acho difícil trabalhar com as quatro linguagens: minha formação é em artes visuais; nunca trabalhei com teatro ou dança com os meus alunos. Pretendo aprender a trabalhar de acordo com os PCN" (Professora Luana).

Como podemos perceber, os relatos revelaram grandes expectativas por parte desses professores em relação ao projeto. No primeiro encontro, esclarecemos que trabalharíamos com as quatro linguagens, de acordo com os PCN, e que montaríamos os portfólios sobre o desenvolvimento do Projeto Arte no Ciclo I.

No segundo encontro, trabalhamos a linguagem musical. A reunião foi organizada com momentos de exercícios de criação sonora, estudo dos materiais da SEE e das metodologias do ensino de música. Obtivemos a primeira devolutiva em registros escritos, desenhos, fotografias e relatos espontâneos, que revelavam os resultados parciais, o interesse, o esforço e o avanço inicial do grupo em relação às proposições artísticas desenvolvidas com os alunos.

Apresentamos a seguir dois relatos informais que ilustram o trabalho do ATP e demonstram como as dificuldades eram apresentadas e depois encaminhadas ao grupo de professores.

O professor Santos nos disse que tentou usar as apostilas da SEE/CENP, mas parou porque as crianças "bagunçavam demais", tornando impossível a aula de Arte. Ele interrompeu a atividade, o que poderia ter proporcionado uma aprendizagem diferenciada para ele e para seus alunos. Por que a disciplina do educando era tão importante para o professor? Essa agitação toda não faria parte de um momento criativo?

É possível levantar algumas hipóteses para tal atitude: nossos encontros não explicitaram suficientemente os momentos de fruir, fazer e conhecer; o peso de uma tradição escolar em que o silêncio é fundamental para "ouvir" o professor, suposto único detentor do conhecimento; o longo tempo de magistério...

Por sua vez, a professora Maria nos relatou que havia realizado todas as atividades do projeto, seguindo os passos do material de apoio. Ao analisarmos seu portfólio, percebemos que não havia uma linha que o conectasse às propostas do projeto e às nossas discussões. Tratava-se de uma desarticulação entre teoria e prática.

À medida que dados como esses apareciam, reavaliávamos o trabalho, rediscutíamos o portfólio e disponibilizávamos outras alternativas, com o intuito de corrigir o percurso. Porque o material do portfólio deveria ser o resultado de uma mediação do professor entre a Arte e o aprendiz.

Passamos, então, a abordar a disciplina na aula de Arte nos diferentes projetos, para que os professores entendessem que algumas propostas artísticas exigiriam mais silêncio e concentração, enquanto outras não. Desse modo, a organização e os procedimentos das atividades dependeriam muito do projeto, do objetivo e da linguagem a ser desenvolvida.

Ao longo dos encontros, os professores começaram a modificar a compreensão sobre o processo de ensino de Arte e a sua própria docência, como podemos confirmar nos discursos seguintes que se referem ao final do primeiro semestre de 2003.

"[...] Não havia pensado em trabalhar música com jogos e brincadeiras infantis. Como sou formado em música, pensava de forma diferente, que se deveria ensinar o solfejo e a leitura de partituras, porém descobri uma metodologia na qual o conhecimento é adquirido por intermédio da ludicidade; todos os conteúdos que eu pretendia ensinar estavam inseridos em cantigas e brincadeiras de roda" (Professor Santos).

"Na faculdade de música não havia visto nada parecido. Trabalhar com partituras gráficas, criando uma interface com as artes visuais, foi inovador, e também gostei dos jogos e brincadeiras para ensinar os parâmetros" (Professora Maria).

"Não sou da área de música, mas descobri no Projeto Quatro Variações sobre um Tema formas de usar jogos e brincadeiras para trabalhar os parâmetros musicais e, a partir deles, inserir novos conhecimentos. Tive dificuldades por não ser da área, mas procurei cursos de música para me aperfeiçoar" (Professora Sandra).

"No começo fui muito cético, até pensei em desistir das aulas, mas o Projeto Orientação Técnica me proporcionava tantos conhecimentos e materiais, que resolvi aplicar algumas atividades. Com o tempo, havia me engajado tanto que meu trabalho foi elogiado pela minha diretora e pelo ATP de Arte" (Professor Vítor).

Esses depoimentos refletem um engajamento dos professores em relação ao projeto e ao ensino de Arte. Percebemos que eles construíram sua autoestima ao verem os resultados na escola e nos registros, não só pelos portfólios que apresentaram, mas também pela experiência que adquiriram com a docência investigativa. A principal constatação foi a mudança de atitude do arte-educador, admitindo suas descobertas relativas às possibilidades do ensino da linguagem musical por meio de jogos e brincadeiras de roda.

No final de 2004, esses profissionais haviam realizado dez projetos de arte-educação nas quatro linguagens artísticas e frequentado exposições, espetáculos de música, dança e teatro, além de cursos de formação continuada na Osesp, na Pinacoteca do Estado de São Paulo e no Centro Universitário Maria Antônia. O repertório dos professores havia mudado, assim como os conhecimentos, a forma de trabalhar e a relação com a Arte.

Os depoimentos que se seguem permitem verificar como esses fatos influenciaram a prática em sala de aula:

"Nesses dois anos encontrei muitas dificuldades, percebi que se não corresse atrás de informação não iria dar conta... Eu queria fazer um bom trabalho, participar de algo grande em Arte, como é o caso deste projeto. Por isso, fui assistir ao *Ballet Stagium*. Nos primeiros instantes não entendi nada, mas depois comecei a relacionar aquela experiência com nossos encontros e com o que eu já sabia. Quando trabalhei com dança, tive mais argumentos para explicar a proposta para os meus alunos. Isso foi muito bom... O ATP nos forneceu o endereço e o horário do espetáculo, e o resto foi por minha conta. Só assim entendi o que é a frequentação e como ela aparece em nosso dia a dia como arte-educador" (Professor Santos).

"Rever o nosso percurso no Projeto Arte no Ciclo I é difícil. Deixo esta tarefa para o ATP que quer ingressar no mestrado. Posso falar por mim, o quanto eu percebi de mudanças na minha prática. Primeiramente, sou formado em Artes Visuais, sempre trabalhei com desenho e pintura com jovens adolescentes, mas nunca com crianças de sete a onze anos. No início fui muito reticente, e o que me fez mudar foram as orientações, as visitas, os espaços expositivos e espetáculos, os cursos que eu fiz em museus e centros culturais e, principalmente, a vontade de ver o sucesso deste trabalho não como uma glória passageira, mas para que as aulas de Arte para crianças permanecessem na rede. Assim, todo o meu esforço se concentrou nesse objetivo. Tenho orgulho das coisas que realizei na escola e agora sei que posso fazer muito mais" (Professor Vítor).

"Fiz vários cursos de Arte, e o da Pinacoteca trabalhou com leitura de imagens. Utilizei muitos dos conceitos que eu aprendi lá com os meus alunos de 1ª à 4ª série. Outro ponto importante foi que comecei a visitar mais os museus, teatros e shows. As dificuldades que eu tinha no começo me ajudaram a procurar mais informações e descobri muitos cursos diferentes de formação continuada. A minha satisfação é trabalhar com as quatro linguagens, não como polivalente, mas como uma professora que pesquisa e frequenta a Arte" (Professora Sandra).

Nesse processo de mudança ficou claro como o fato de os professores assumirem a necessidade de ampliar a cultura artística e de verificar a importância de frequentar espetáculos e cursos refletiu sobre a prática docente deles.

Se compararmos os registros escritos e os depoimentos do início de 2003 com os relatos anteriores, veremos o quanto esse grupo avançou.

O professor gosta de Arte e de lecionar, tem apego à cultura. O que acontecia era falta de informação, de acesso aos meios culturais e até de introdução no mundo da cultura artística para que pudessem inovar, introduzindo procedimentos metodológicos para superação de problemas e de dificuldades de ensino.

A partir dos primeiros encontros, ocorreu um processo irreversível. As mudanças começaram a acontecer. Os educadores foram descobrindo os caminhos, os espaços e os cursos de Arte. Os resultados em sala de aula estão documentados nos portfólios. Eles deixam de ser mera ilustração e lembrança para se tornar história, da qual o professor se tornou sujeito.

Cabe aqui indagar: O período de dois anos é tempo suficiente para o professor mudar?

Diante do que observamos e dos dados coletados acreditamos que sim, porque nesse espaço de tempo houve um contexto promissor: o envolvimento da Secretaria de Educação, dos gestores e dos arte-educadores. A mola propulsora, como o professor Vítor disse, foi o desejo de ter a área de Arte incluída no currículo das séries iniciais.

Mesmo com os problemas pertinentes ao magistério, com respeito a salário, jornada de trabalho estafante, condições inadequadas para realizar o trabalho de Arte na escola, podemos dizer que houve um grande entusiasmo dos docentes em participar de um projeto que faz a diferença para aquele que aprende Arte.

O PAPEL DO FORMADOR/PESQUISADOR

No Projeto Arte no Ciclo I, no caso específico da Diretoria de Ensino de Carapicuíba, este ATP adotou uma conduta de formador/pesquisador. O profissional que atua na formação continuada de professores aprende seu ofício na prática e durante o próprio fazer, ou seja, não existem cursos específicos. Ele utiliza os saberes de sua formação inicial na urgência e na necessidade que a função lhe exige. Pode ser uma atividade generosa quando o trabalho começa a decolar e os primeiros resultados aparecem. Trata-se de um cargo-função pautado pela afetividade e o compromisso entre os pares.

Sobre as características desse profissional que trabalha na formação continuada, é importante pontuar que

> a formação efetua-se no local de trabalho, à mercê das possibilidades e das urgências. Os novos formadores são rapidamente integrados às ações de formação, pois as tarefas são cada vez mais numerosas, as demandas da instituição cada vez mais prementes e o pessoal cada vez mais restrito [...] o formador de professores é um autodidata em potencial e aceleração [...] Ele se especializa, faz leituras, pesquisas, experiências nas classes. Constrói sua prática de formador simultaneamente às suas atividades no âmbito do serviço, que pode ser mais ou menos pródigo em tempo e possibilidades de formação [...] o formador em geral constrói suas competências na situação, elabora sua especialização sem que ela possa ser certificada (Snoeckx, 2003, p. 31).

Nessa mesma direção, o papel do formador/pesquisador assumido por esse ATP foi de compromisso com a ciência no ensino, tendo a pesquisa-ensino como forma de sistematizar, organizar, investigar as diversas fontes do ensino de Arte, ajudando os professores a encontrarem novos olhares sobre o fazer docente, destacando a importância da articulação entre a teoria e a prática, inquirindo sobre os objetivos do ensino de Arte e o contexto em que se realiza a relação escola, sociedade e universidade.

A experiência foi enriquecedora, porque trouxe aspectos da teoria para o grupo de trabalho e da prática para a pesquisa. Além disso, foi preciso aprender a ser formador/pesquisador sem que uma atividade atrapalhasse a outra.

O trabalho investigativo é uma atividade complexa, pois envolve diretores, professores coordenadores, supervisores e professores de diferentes áreas do conhecimento, cada qual com interesses próprios. Por isso, é preciso descobrir os caminhos para se obterem as informações e filtrá-las, para que não existam favoritismos. De outra maneira, seria impossível dar continuidade a esse estudo de forma menos parcial.

Além do mais, o formador/pesquisador precisa se preocupar como o professor aprende, o que tem significado e valor para a sua prática, porque

> a formação não pode ser dada, nem transmitida, nem oferecida nos catálogos. Ela pertence exclusivamente àquele que se forma. Qualquer

que seja o grau de dependência em relação aos apoios externos, às vinculações institucionais ou às características econômicas, sociais e culturais, cada um forja sua biografia e dá-lhe forma. Tal é o sentido que atribuo ao termo formação, em função do qual analiso o que é oportuno no universo da educação de adultos (Dominicé apud Snoeckx, 2003, p. 32).

Assim, o formador/pesquisador não é um modelo a ser seguido, ou alguém que oferece um manual ou receituário, mas um profissional que ajudará o professor a exercitar a reflexão e a autonomia, a pensar por si mesmo sobre sua prática e, com isso, desenhar sua docência investigativa.

A pesquisa da prática pedagógica é formidável, porque se tem em mãos um material riquíssimo da formação continuada, graças aos registros sobre os projetos desenvolvidos. Desse modo, pode-se perceber como o trabalho do formador/pesquisador pode ajudar na valorização do professor e, também, como mediador e criador de propostas inovadoras na escola.

As possibilidades são infinitas. A questão é saber utilizar os meios e respeitar os sujeitos envolvidos, já que o pesquisador tem compromisso com a verdade, sem esquecer a relação sociopedagógica vivenciada com os professores parceiros.

CONSIDERAÇÕES FINAIS

Um projeto tão amplo de arte-educação requeria um olhar crítico e apurado. A afinação do objeto de pesquisa e dos instrumentos de análise demorou a acertar a escala. Pensávamos em várias possibilidades para o objeto de pesquisa: a descrição das atividades dos projetos de cada área artística, o processo de formação continuada e os resultados em sala de aula. No entanto, percebemos que apenas com um desses elementos desafinaríamos. A resposta estaria na articulação de todos eles, algo que proporcionasse uma melodia capaz de representar no tom correto o que foi o Projeto Arte no Ciclo I para docentes e aprendizes.

Assim, também não poderíamos pesquisar uma das linguagens artísticas isoladamente, sob o risco de não conseguir interpretar um projeto educacional de tal plenitude. Pois, foram trabalhadas as quatro linguagens de forma inter-relacionada, tendo em vista os objetivos da educação sensível das crianças das séries iniciais. Os limites da linguagem foram ultrapassados pela ampliação do repertório do professor e, principalmente, do aluno.

Três aspectos tiveram papel estruturante na construção desse estudo:

a) A relevância da formação contínua oferecida por um formador-pesquisador.

A ação do formador-pesquisador foi de suma importância para trazer a pesquisa-ensino para dentro da formação continuada, ajudando a tornar o professor reflexivo e pesquisador do seu "fazer" pedagógico.

O professor passou a pesquisar a sua própria prática. Tal investigação o levou à reflexão sobre o ensino de Arte e seus problemas, gerou compreensão e, logo, intervenções que transformaram a maneira de ensinar Arte nas séries iniciais.

O papel do formador/pesquisador foi o de promover o exercício da reflexão, estimular as trocas entre os professores de Arte e ajudar na construção teórica sobre o ensino de Arte.

b) O uso de ferramentas de pesquisa-ensino no processo de autoria da própria docência.

Ao montar portfólios, o professor passou a ser autor de um documento e de uma ferramenta de pesquisa-ensino que permitiu visualizar e verificar o desenvolvimento de sua docência e da aprendizagem do aluno. O portfólio-reflexivo possibilitou repensar o plano profissional e pessoal do trabalho docente.

c) A importância de promover a cultura artística.

A formação continuada deve ser compreendida como uma conquista do docente. Por mais que existam políticas governamentais, é o professor quem deve decidir como conduzir esse processo, escolhendo o curso e a instituição, porque isso também é autonomia docente. Nosso trabalho teve como preocupação informar os professores sobre cursos gratuitos na área artística, os quais eles poderiam fazer e, assim, ampliar as possibilidades de sua formação cultural e sensível. Os docentes perceberam que continuar a aprender é uma necessidade do magistério, e isso não depende só do poder público.

O desenvolvimento da arte-educação nas séries iniciais passa necessariamente pela ampliação de repertório do docente e do aluno. Uma vez inserido no mundo da cultura artística, o professor tem mais condições para transformar sua prática e proporcionar um ensino de Arte de melhor qualidade.

Portanto, a importância de promover a cultura artística se centrou no fato de o professor descobrir que poderia gerenciar sua própria formação e utilizar os conhecimentos obtidos para refletir e transformar sua prática. Não o instigamos a procurar cursos de extensão e aperfeiçoamento, o que fizemos foi apontar e desvelar alguns caminhos. O que aconteceu depois foi parte do trabalho de transformação, do exercício de autonomia e autoria que proporcionamos ou que vivenciamos nesses dois anos.

Como formador-pesquisador, foi relevante conduzir um processo evolutivo profissional, no período de dois anos, e com ele aprender a planejar, a pesquisar e se relacionar com os pares em nome de uma proposta do ensino de Arte. Isso me possibilitou reconhecer a Arte como área do conhecimento humano, capaz de proporcionar saberes e formas de dizer o indizível por intermédio da linguagem não verbal.

Acreditamos ter contribuído para a formação de arte-educadores comprometidos com o ensino e a aprendizagem, que ensinam Arte com arte e que por meio da sua docência investigativa descobrem metodologias para melhorar o fazer na sala de aula. Logo, nosso intuito não foi criar ou inventar fórmulas e receitas, mas pesquisar a prática e aprender com ela.

Finalmente, estivemos preocupados com a relação professor/aluno e como estes sujeitos poderiam ser interlocutores do processo educacional, percebendo, na arte, uma forma de expor, compor, propor e apreciar ideias e sentimentos.

"Mestre é aquele que de repente aprende."

João Guimarães Rosa

REFERÊNCIAS BIBLIOGRÁFICAS

ALARCÃO, L. *Professores reflexivos em uma escola reflexiva.* 4. ed. São Paulo: Cortez, 2005.

ANDRADE FILHO, A. C. *O ensino de arte para crianças*; uma proposta da 1ª a 4ª séries do Ensino Fundamental. 268 f. (Dissertação de mestrado em Educação, Arte e História da Cultura) São Paulo: Universidade Presbiteriana Mackenzie, 2006.

AZEVÊDO, F. A. G. Sobre a dramaticidade no ensino de arte em busca de um currículo reconstrutivista. In: PIMENTEL, L.; BARBOSA, A. M. (orgs.). *Som, gesto, forma e cor*; dimensões da arte e seu ensino. 2. ed. Belo Horizonte: Com Arte, 1996.

BARBOSA, Ana Mae. *Arte-Educação: leitura no subsolo.* 5. ed. São Paulo: Cortez, 2003.

BRASIL. *Parâmetros Curriculares Nacionais*; Arte. Brasília: MEC, 2001.

_____. Lei n. 9.394/96 – Lei de Diretrizes e Bases da Educação Nacional, 1996.

DERDICK, E. *Formas de pensar o desenho.* São Paulo: Scipione, 1996.

FERRAZ, M. H. C. de T.; FUSARI, M. F. de R. *Metodologia do ensino de arte.* São Paulo: Cortez, 1993.

FREIRE, M. A importância e a função do registro escrito, da reflexão. In: PELISSARI, C. (org.). *Programa de formação de professores alfabetizadores*; guia do formador. Módulo I. Brasília: SEF/MEC, 2001, 221 pp.

GARRIDO, E. Sala de aula: espaço de construção do conhecimento para o aluno e de pesquisa e desenvolvimento para o professor. In: CASTRO, Amélia D. de; CARVALHO, A. M. P. de (orgs.). *Ensinar a ensinar*; didática para a escola fundamental e média. São Paulo: Pioneira Thomson Learning, 2002.

HERNANDEZ, F. *Cultura visual, mudança educativa e projeto de trabalho.* Porto Alegre: Artes Médicas Sul, 2000.

IAVELBERG, R. *Para gostar de aprender arte*; sala de aula e formação de professores. Porto Alegre: Artmed, 2003.

MARTINS, M. C.; GUERRA, M. T. T.; PICOSQUE, G. *Didática do ensino de arte*; a língua do mundo – poetizar, fruir e conhecer arte. São Paulo: FTD, 1998.

OLIVEIRA, V. F. (org.). *Imagens de professor*; significações do trabalho docente. Ijuí: Ed. Unijuí, 2000.

PENTEADO, H. D. *Pesquisa-ensino*; uma modalidade específica de pesquisa-ação. São Paulo, 2007, 15 pp. (Texto digitado.)

SÁ-CHAVES, I. de. *Portfólios reflexivos*; estratégias de formação e de supervisão. Aveiro: Universidade de Aveiro, 2000.

SNOECKX, M. Formadores de professores, uma identidade ainda balbuciante. In: ALTET, M.; PAQUAY, L.; PERRENOUD, P. (orgs.). *A profissionalização dos formadores de professores*. Porto Alegre: Artmed, 2003.

CAPÍTULO 11

Ensino de Literatura Infantil: ferramentas de pesquisa-ensino

Maria Alexandre de Oliveira

INTRODUÇÃO

Este texto visa contribuir com o ensino de Literatura Infantil no Ensino Fundamental I, considerando a importância do papel do professor como mediador entre o aluno e a obra literária e o potencial formativo da literatura junto às crianças.

Ressaltamos também a importância da pesquisa-ensino na formação contínua do docente, enquanto um procedimento referenciado na metodologia comunicacional de ensino, uma vez que levará o professor que vier a desenvolvê-la ao desvelamento do universo cultural das crianças com quem trabalha – sua compreensão de mundo e seus valores –, o que servirá de base para ele recriar e levar adiante as sugestões de ensino aqui apresentadas, ampliando a cada nova experiência a sua competência sobre o ensino de Literatura Infantil (LI),[1] graças às descobertas que realizará.

Sugerimos alguns critérios de escolha de obras infantis, a serem trabalhadas em sala de aula, as quais satisfaçam as exigências essenciais a fim de se considerarem literatura para crianças e que estejam adequadas aos propósitos de ensino e às possibilidades cognitivas dos alunos.

No final do texto, analisamos três histórias, exemplares de três períodos distintos da LI (clássico, tradicional e contemporâneo), para exploração das propriedades formativas do texto. E apresentamos sugestões de propostas pedagógicas que abram caminhos aos docentes para viabi-

---

[1] Sempre que nos referirmos à Literatura Infantil, utilizaremos a abreviatura LI.

lizar trabalhos que possibilitem a decodificação das metáforas contidas no texto literário e a transposição de seus significados para a vida e experiência dos alunos, impulsionando seu imaginário e sua criatividade.

Debruçaremo-nos sobre três questões que hoje se colocam sobre o ensino de Literatura Infantil:

- ausência de uma concepção clara sobre Literatura Infantil;
- ausência da Literatura Infantil como campo de conhecimento nos documentos oficiais que orientam a educação escolar brasileira;
- propostas pedagógicas que encaminham a pesquisa-ensino no trabalho pedagógico com a Literatura Infantil.

LITERATURA INFANTIL: A FORMAÇÃO DO PROFESSOR E DO ALUNO

Em estudos anteriores, já havíamos detectado que o trabalho com a Literatura Infantil na escola era marcado muito mais pela expectativa de que os alunos memorizassem a história do que pela chance de desenvolverem a compreensão do mundo através dela. Dificilmente se criava espaço para a exploração do imaginário e da fantasia em relação à obra lida, o que tornaria possível uma intensa troca didática entre os sujeitos da educação, alunos/professor. E, quando isso ocorria, era muito pouco. Havia pouca ou nenhuma oportunidade para deixar aflorar, fluir, brotar algo da espontaneidade da criança e da sua fantasia.

Sendo a escola órgão-síntese dos valores da sociedade que a mantém, a literatura oferecida às crianças, na época de consolidação do sistema social brasileiro consagrado pelo II Império e prolongado pela República, servia para transmitir valores, ideais e normas de conduta. Além de instrumento moralista, a LI servia principalmente para o estudo da língua e das normas gramaticais.

Constatamos também a ausência do ensino de LI na formação inicial e continuada de professores. Consequentemente, o trabalho desenvolvido em sala de aula era realizado, muitas vezes, de maneira mecânica e linear, quando, ao contrário, deveria ser um desdobramento da obra feito pela criança. O que proporcionaria aos educandos condições para ampliar as possibilidades de comunicação não só com o texto, mas consigo mesmo e, também, com a vida, numa prática pedagógica que não se detivesse no ensino informativo do saber já produzido, mas que, ao contrário, avançasse a partir desse saber, rumo à construção de um saber novo em que o saber da criança[2] fosse considerado, propiciando sua reelaboração.

Todavia, a transformação cultural é um fato histórico. Esse fato nos permite recuperar a evidência, frequentemente obscurecida por atuações culturais conservadoras e autoritárias, de que o homem é o autor da cultura e, como tal, é também o seu agente transformador. Tudo depende da qualidade das relações que com ela estabelece.

O trabalho com a LI não se esgotaria em mero exercício de leitura, de gramática, ou simplesmente em lazer. O seu ponto forte se traduz no fato de, através de uma atividade prazerosa a ser realizada com uma obra escrita especificamente para crianças, permitir explorar toda a propriedade formativa de que tal obra é portadora.

O exercício de interação do leitor com a obra literária caracterizaria uma prática pedagógica renovada:

- possibilitando ao leitor, no nosso caso, o professor e os alunos, experiências com o texto literário, mediante a exploração da história e a comunicação com as personagens;
- dando oportunidade às crianças de estabelecerem relações entre suas experiências de vida e, também, de descobrirem as múltiplas leituras que um texto sempre admite;
- permitindo ao professor conhecer as experiências de vida de seus alunos para, então, poder adequar as provocações didáticas a seus alunos concretos.

Isso nos alerta para a relevância não só do papel da LI no ensino transformador e emancipador, como também do professor enquanto mediador entre a criança e a literatura.

---

[2] Quando falamos sobre o saber da criança, estamos considerando, aqui, o contexto cultural em que ela vive, isto é, as significações culturais que experiencia em seu cotidiano.

Assim, é preciso que estejam claras ao professor as características compreendidas por uma obra literária infantil, dentre as quais destacamos:

- a concepção de infância que suporta a obra;
- o tipo de linguagem escrita (formal, coloquial);
- o tipo de discurso: exemplar, ordenativo, argumentativo, interativo;
- a presença de ilustração adequada ao texto escrito;
- o tempo histórico de sua produção;
- os valores destacados (educação reprodutora ou emancipadora).

Para que a comunicação da criança com o enredo da história e com as personagens se dê, faz-se necessário que o professor proceda à escolha de livros condizentes com as necessidades de vida de seus alunos, a fim de que possam promover a interação participativa deles com a obra. Através dessa escolha consciente é que começa o trabalho docente/investigativo do professor, no ensino de LI.

É preciso também que ele crie espaços implementadores (não inibidores) sobre a leitura e provoque o desenvolvimento da fantasia, da imaginação, do brincar, de modo a propiciar a exploração da LI enquanto recurso emancipador, favorecendo a reelaboração de medos, ampliando a elaboração de juízos de valor, a exposição a conceitos diferentes, propostos pelos colegas e pelo professor, permitindo, assim, que a criança estabeleça novas conexões de sentido com o que ela vive. Isso só será possível em uma pedagogia que contemple a cultura do aluno, usando métodos que, segundo Saviani (1983, p. 79),

> [...] estimularão a atividade e iniciativa dos alunos, sem abrir mão, porém, da iniciativa do professor; favorecerão o diálogo com a cultura acumulada historicamente; levarão em conta os interesses dos alunos, os ritmos de aprendizagem e o desenvolvimento psicológico, mas sem perder de vista a sistematização lógica dos conhecimentos, [...] dos conteúdos cognitivos.

Para a concretização de tais propostas, faz-se necessário que o professor tenha uma formação sólida, consistente, crítico-reflexiva, como nos apresenta Penteado (2002, p. 34):

É preciso atuar como um propiciador/agilizador da *comunicação de saberes* para que ocorra um fluxo contínuo entre as relações professor/aluno, aluno/aluno, resultando em reelaborações de qualidade. Qualidade esta a ser garantida pelo agir comunicacional e pelas ciências de referência das disciplinas escolares postas a serviço da compreensão de questões da realidade trazidas por professores e alunos e significativas para eles.

Será, portanto, com uma bagagem de formação que inclua a pedagogia da comunicação que o professor poderá contribuir para que a LI, além de enriquecer o imaginário e a fantasia da criança, possa levá-la não só a se encantar e emocionar diante de uma história, mas também a se identificar, a se reconhecer e a enriquecer a realidade por ela vivida.

A prática docente que encaminha tal interação do aluno com a obra constitui-se em pesquisa-ensino. Ela permite ao professor ampliar seu conhecimento sobre o universo de vida de seus alunos e os valores que por ele transitam.

A pesquisa-ensino permite que o professor, atento às possibilidades de cognição dos alunos, decorrentes de seu estágio de compreensão, desenvolva estratégias que propiciem a interação com a obra para proceder:

- à construção de sentido da trama e à compreensão do tema;
- à contextualização dos valores expressos no conteúdo da obra; e
- à identificação de suas qualidades literárias, o que lhe tornará possível uma escolha condizente com os propósitos de uma educação emancipadora, cidadã e democrática.

A LI constitui também uma vertente fundamental na formação do docente do Ensino Básico. Sensibilizados com o alcance da LI junto às crianças, os professores devem necessariamente desenvolver um processo formador e emancipatório que envolve:

- decodificação pelos professores do simbolismo e da fantasia contidos no texto de LI a ser trabalhado;
- desenvolvimento de uma docência investigativa no ensino de LI;
- compreensão do papel docente de mediador na articulação da "cultura da criança com a obra literária", encaminhando o pe-

queno leitor para experiências de reelaboração cultural, através de jogo, brincadeira, que são implementadores do sonho e do desejo, móveis da capacidade humana de criar cultura e desenvolver ações transformadoras.

Assim procedendo, os professores estarão avançando em seu conhecimento sobre o sentido emancipador da mediação didática.

A LI, explorada em suas propriedades formativas, representa fértil possibilidade para esse avanço. Enquanto produto cultural, ela interfere na cultura do aluno, reforçando-a, negando-a ou provocando-a de diferentes formas, propiciando novas experiências e uma reformulação de sua visão de mundo.

Corral (1995, p. 161) afirma:

> [...] a autêntica Literatura Infantil oferece, mediante um diálogo cultural específico, a abertura de uma nova forma de entender o universo e uma fértil multiplicação das experiências vitais, contribuindo, deste modo, para superar e complementar as limitações naturais, sobretudo na idade escolar.

Ao considerarmos o educando um sujeito concreto, inserido em um contexto sociopolítico, econômico e cultural, mergulhado no mundo da tecnologia midiática da imagem, do som e da informática, não podemos deixar de pensar a educação, hoje, senão como um processo de comunicação que

> [...] considera o amplo e diversificado leque de linguagens presentes na sociedade atual, por meio das quais se abordam os objetivos do conhecimento e se realiza a comunicação humana, o que nos encaminha a lidar com a multiplicidade delas no ensino. E, além de refinar o uso da linguagem oral e escrita, tradicionalmente presentes na escola, procura garantir dentro dela o uso de linguagens alternativas que se apresentam como recurso nas sociedades contemporâneas, dentre elas a pictórica, a musical, a *literária*, a corporal etc. (Penteado, 2002, p. 43).

Falar em educação, enquanto processo de comunicação, significa avançar em uma nova direção pedagógica. Se, por um lado, sentimos a urgência de organizar o ensino de maneira compatível com as novas exigências da sociedade, por outro, fortes marcas de formação tradicional e autoritária se impõem como resistência ao novo. Defrontamo-nos, assim, com um impasse a ser superado através do diálogo e do intercâmbio com a cultura e com o conhecimento dos sujeitos cognocentes, alunos e professores. A LI tem a força de romper com esse impasse.

A Literatura Infantil estimula vários sentidos: seu estilo singular pode mostrar à criança uma nova gramática da comunicação sem regras muito fixas, unindo, dessa forma, o verbal, o imagético e o sensorial. O acesso a diferentes linguagens pode proporcionar um conhecimento da própria identidade. A consciência de nós mesmos depende não só da percepção das nossas sensações e da observação de nossas experiências pessoais, mas, principalmente, da percepção do outro (Cândido, 2001, p. 170).

Esse processo de comunicação, segundo Penteado (2002, p. 42), não é linear e ocorre no intercâmbio das culturas:

> [...] interferências culturais, que ocorrem na intertextualidade, ou seja, no entrecruzamento de diferentes textos (o televisual, o literário, o cinematográfico, o radiofônico etc.), dentre os quais a própria leitura de realidade, ou meio ambiente, feita pelos agentes sociais, se constitui em um deles, uma vez que os processos comunicacionais não ocorrem no vácuo e muito menos incidem em sujeitos vazios.

Ao lidar com a LI em sala de aula, o professor pode propiciar a relação dialógica com o aluno e do aluno com sua cultura, com seus colegas, com sua realidade e consigo próprio, pois ao docente compete criar condições para que esse aluno lide com a história a partir de seus pontos de vista, trocando impressões, brincando e jogando com ela, assumindo posições ante os fatos narrados, defendendo posições e personagens, criando novas situações pelas quais vai desdobrando a história original.

A LI é, sobretudo, "comunicação", pois cria a relação entre sujeitos comunicantes: autor e leitor. Suas propriedades formativas e informativas só se realizam e se concretizam na comunicação da criança com a história. Na LI o mundo é reproduzido de forma simbólica, mediante a fantasia, o fantástico, o sonho, o mágico. O rompimento de barreiras e limitações do real cria condições para que a criança, apesar da pouca idade, se defronte com questões complexas da vida real, tais como: egoísmo, fraternidade, competição, colaboração, fidelidade, falsidade, morte, desigualdades sociais, injustiças, guerras, violência, desemprego, direitos etc. Por meio de uma linguagem acessível, através do recurso à fantasia, é possível à criança raciocinar, no nível de sua capacidade cognitiva, sobre situações da realidade complexa, de seu mundo e do mundo das coisas.

Nas sociedades tecnológicas em que nos encontramos hoje inseridos, há que se considerar a presença das mídias eletrônicas, que trabalham os valores de maneira sedutora, com linguagens visuais que de alguma forma precisam ser incluídas no texto literário, enquanto mídia impressa, para que adquiram qualidades comunicacionais fortemente expressivas para as crianças da sociedade atual, as quais, muitas vezes, se encontram entregues aos "cuidados da atraente babá eletrônica TV".

A envolvente presença da mídia eletrônica acrescenta às narrativas literárias infantis impressas uma nova linguagem, que se verifica nas características imagéticas da produção gráfica. E, consequentemente, interfere na recepção dessa produção, dimensão que não pode ser ignorada na exploração da obra.

No contato da criança com a obra literária, estabelece-se uma dupla relação: do leitor com as personagens e das personagens com o leitor. Nessa comunicação, a criança se identifica ou não com as personagens ou com a situação vivida por elas. Não é raro o leitor colocar-se no lugar da personagem e essa experiência, vivida por ele no campo subjetivo, levá-lo a uma comunicação com seu mundo interior, na busca da superação de seus conflitos e na elaboração de seu equilíbrio.

Bruno Bettelheim, educador e terapeuta infantil, dá força a nossa proposta de trabalhar a literatura, em seu livro *A psicanálise dos contos de fadas*. Além de reconhecer a importância da literatura no desenvolvimento da criança e na formação de futuros cidadãos críticos, faz considerações sobre como "lidar de maneira correta" com a LI:

> A aquisição de habilidades, inclusive a de ler, fica destituída de valor quando o que se aprendeu a ler não acrescenta nada de importante à nossa vida. [...] A ideia de que aprendendo a ler, a pessoa, mais tarde, poderá enriquecer sua vida é vivenciada como uma promessa vazia quando as estórias que a criança escuta ou está lendo no

momento são ocas. [...] Para que uma estória realmente prenda a atenção da criança, deve entretê-la e despertar sua curiosidade. Mas, para enriquecer sua vida, deve estimular-lhe a imaginação: ajudá-la a desenvolver seu intelecto e a tornar claras suas emoções; estar harmonizada com suas ansiedades e aspirações; reconhecer plenamente suas dificuldades e, ao mesmo tempo, sugerir soluções para os problemas que a perturbam. Resumindo, deve de uma só vez relacionar-se com todos os aspectos de sua personalidade – e isso sem nunca menosprezar a criança, buscando dar inteiro crédito a seus predicamentos e, simultaneamente, promovendo a confiança nela mesma e no seu futuro (Bettelheim, 1980, p. 13).

Para que as possibilidades formativas da LI se desenvolvam ao máximo em sua potencialidade, é preciso oportunizar e intensificar as relações possíveis dela com a vida da criança, através de brincadeiras e jogos com situações e personagens apresentadas no texto. A comunicação da criança com a história deve ocorrer de tal forma que se envolva plenamente com esta, de modo a avançar para além da história e de maneira que o professor possa conhecer a visão de mundo de cada aluno.

Essa intimidade da criança com a obra precisa ser proporcionada e captada pelo professor, para que as situações de ensino favoreçam o desenvolvimento das propriedades formativas do texto, apresentadas pelas múltiplas leituras de alunos e professores. Isso exige do docente:

- leitura prévia para fazer a sua própria interpretação de adulto, que poderá divergir da feita pelas crianças;
- disponibilidade para propiciar e dinamizar a intimidade da criança com a obra, de modo que ela possa vivenciar a história a partir de seu contexto cultural de origem;
- habilidade em criar canais de comunicação ou troca com as crianças, por meio dos quais a leitura adulta de professor possa ser inserida como mais uma leitura entre tantas outras realizadas pelas crianças;
- registrar e arquivar suas propostas didáticas, bem como as interpretações infantis dos contos e os trabalhos efetuados pelas crianças, a fim de poder refletir sobre sua prática educativa e gerar conhecimentos sobre o ensino.

Focalizamos até aqui uma dimensão da educação enquanto processo de comunicação: a comunicação interpessoal-presencial (professor/aluno e alunos entre si), além da comunicação interpessoal a distância da criança e do professor com o autor.

Todavia, para que o professor possa vivenciar essa "comunicação", é indispensável que tenha adquirido certos conhecimentos que (como dizia Paulo Freire) possam servir de leitura de mundo a "iluminar" as histórias para além de seu conteúdo narrativo. Trata-se de conhecimentos que, no geral, lhe são indispensáveis para conhecer e sentir o significado maior da matéria literária com que está trabalhando.

Tendo por objetivo situar o docente histórica e culturalmente no contexto brasileiro da LI, procedemos a uma periodização da LI. Cada período permitirá ao professor identificar o contexto de produção da obra, os valores que veicula, o conceito de criança que a sustenta. E, assim, poderá melhor adequar sua escolha a seus propósitos de ensino.

PERIODIZAÇÃO E CARACTERIZAÇÃO DA LITERATURA INFANTIL NO BRASIL

Construímos três períodos da LI, considerando não só as características sociais do período de produção da obra, como também as dos textos e dos conteúdos e valores trabalhados: Literatura Infantil clássica, tradicional e contemporânea.

Características da Literatura Infantil clássica

Uma das particularidades que identifica um texto da literatura clássica é sua perenidade: são lidos de geração em geração. E por que permanecem? Porque respondem aos anseios mais profundos do ser humano. Tratam de temas que constituem os arquétipos da humanidade, ligados aos ardis da luta pela sobrevivência, sempre difíceis de serem superados. Abordam questões existenciais, universais, presentes em cada pessoa, de qualquer lugar, em qualquer tempo.

São textos que falam de sentimentos, ideias sempre presentes no ser humano, como ciúme, inveja, medo, busca de identidade... Apoiam-se na concepção de um mundo estável, de um *status quo* perene. Têm como referência a criança, cuja esperteza e sagacidade precisam ser despertadas para que, individualmente, consiga ver e explorar brechas de sobrevivência, em uma ordem social opressiva e castradora.

Dentre os contos da LI clássica, difundidos no Brasil, analisaremos o de *A Gata Borralheira*, cujo tema aborda não só as diferenças de tratamento entre os membros da família, como também entre os estratos sociais. Escrito em um mundo de opressão, que caracterizava a época, a esperteza, a sagacidade e a inteligência são valores presentes na obra, indispensáveis para vencer, na luta pela vida. Apresenta um discurso ordenativo, através de uma narrativa simbólica, apoiada em imagens arquetípicas. Explora o pensamento mágico da criança, dando asas a sua fantasia.

Características da Literatura Infantil tradicional

A LI brasileira do período tradicional (desde os primeiros anos do séc. XX até década de 1970) tinha como objetivo alimentar e conservar os valores sociais, religiosos e familiares consagrados pelo *status quo*, tais como individualismo, submissão à autoridade, à disciplina, à ordem, à higiene; obediência à autoridade política, religiosa e familiar; discriminação do diferente; preconceitos em relação à pobreza, às etnias (negra, indígena). Visava à reprodução da ordem social vigente.

Nesse contexto, a criança era considerada um adulto em miniatura, mas sem direito de opinar. Era vista como um ser vazio que precisava ser preenchido com os valores da época pela LI, oferecidos através de um discurso exemplar e sem questionamentos. Tudo isso através de uma linguagem objetiva, clara, utilitária. À criança cabia obedecer ao adulto, ser asseada, estudiosa e bem-comportada.

Dentre os contos de Literatura Infantil tradicional, difundidos no Brasil, analisaremos o de *Paulina pega fogo*.

Características da Literatura Infantil contemporânea

A partir de 1970, a sociedade brasileira começa a sofrer grandes mudanças e a LI passa a ser marcada pela busca de emancipação do peso da ordem social tradicional. O eixo central das obras torna-se um estímulo ao imaginário do leitor – o fantástico, o maravilhoso, o poético: "na literatura para crianças ou adultos, o mágico e o absurdo irrompem na rotina cotidiana e fazem desaparecer os limites entre real e imaginário" (Coelho, 2002, p. 26).

Com essas características, a LI contemporânea se impõe também por ser questionadora, sem perder o humor, a ludicidade e a poesia. Como ser em desenvolvimento, a criança espontânea e criativa é que está presente nas obras desse período. Contrapondo-se a posicionamentos individualistas e infantilizados, essa literatura volta-se para a importância do coletivo e para a capacidade da criança.

O espírito nacionalista, defendido por Lobato, abre espaço à presença do folclore e das lendas indígenas. Os textos da contemporaneidade expõem a complexidade do real, desdobrado em diferentes culturas e visões de mundo. Rompendo com o jogo do poder absoluto, com o preconceito, com o individualismo, esses textos passam a respeitar as etnias, valorizando as diferenças, a solidariedade, a partilha, o altruísmo, o *ser* e não o *ter*, a essência e não a aparência.

A concepção de criança, nessa nova literatura, é a de um ser em desenvolvimento, inventivo, em processo de crescimento, em construção de saberes a partir de suas vivências, e com direitos a serem respeitados, necessidades a serem satisfeitas, com liberdade de ser criança e de brincar.

Monteiro Lobato foi seguramente o autor da LI brasileira, o qual com sua obra provocou a passagem para o período contemporâneo da Literatura Infantil brasileira. Suas personagens infantis encarnam a concepção de criança que irá marcar esse novo período. Ele sabia como ninguém povoar o imaginário da criança, dando asas à sua fantasia e imaginação criativa, que transforma uma espiga de milho em um cientista (o Visconde de Sabugosa), um burro em um burro falante, um porco comilão em um marquês (o marquês de Rabicó). Emília, personagem criada por ele, é a criança em cujo potencial Lobato acreditava, como se evidencia na conversa dela com o Visconde de Sabugosa:[3]

> A vida, Senhor Visconde, é um pisca-pisca. A gente nasce, isto é, começa a piscar. Quem para de piscar, chegou ao fim, morreu. Piscar é abrir e fechar os olhos – viver é isso. É um dorme-e-acorda, dorme-e-acorda,

---

[3] LOBATO, Monteiro. *Memórias da Emília*. 42. ed. São Paulo: Brasiliense, 1994, p. 11.

até que dorme e não acorda mais. É, portanto, um pisca-pisca. [...] A vida das gentes neste mundo, senhor sabugo, é isso. Um rosário de piscadas. Cada pisco é um dia. Pisca e mama; pisca e anda; pisca e brinca; pisca e estuda; pisca e ama; pisca e cria filhos; pisca e geme os reumatismos; por fim, pisca pela última vez e morre. [...] E depois que morre? – perguntou o Visconde. [...] Depois que morre vira hipótese. É ou não é? O Visconde teve que concordar que era.

Marca o discurso da LI contemporânea o seu caráter argumentativo, filosófico, provocador de reflexão, de invenção, interativo, tomando com frequência o leitor como interlocutor, convidando-o ao diálogo sobre o tema considerado, por meio de uma linguagem clara, concisa, espontânea, e em que o coloquial, o poético, o humorístico são importantes recursos utilizados.

Dentre os contos da LI contemporânea, analisaremos o de *Menina bonita do laço de fita*.

ENSINO DE LITERATURA INFANTIL: FERRAMENTAS DE PESQUISA-ENSINO

A passagem de uma época a outra não significa que a mudança ocorrida no período sócio-histórico de sua produção seja imediatamente seguida por uma prática docente ou mesmo literária totalmente renovada. É um processo lento assimilar novas ideias e traduzi-las em ações e comportamentos. Por isso mesmo, dentro de cada novo contexto, é possível encontrar ainda obras com traços característicos da concepção tradicional.

Daí a importância de o professor dispor de ferramentas intelectuais e comunicacionais de trabalho que o auxiliem tanto na escolha da obra quanto no desenvolvimento de uma docência investigativa, propiciadora da formação de alunos indagadores, reflexivos, ressignificadores de seus conhecimentos de vida a partir da literatura.

Com essa finalidade, apresentamos três ferramentas de pesquisa-ensino de LI: 1ª) para a escolha da obra a ser trabalhada; 2ª) para a apropriação da obra pelo professor; 3ª) para a montagem de situações de pesquisa-ensino com LI.

Ferramentas de pesquisa-ensino para a escolha da obra a ser trabalhada

Na identificação da obra, é necessário que o professor verifique se o texto:

- contribui para o desenvolvimento humano e do imaginário da criança, enriquecendo-a com novas descobertas;
- favorece o desenvolvimento da fantasia e criatividade da criança, levando-a a possíveis descobertas;
- propicia atitudes de coragem, ousadia, questionamento e crítica.

Ferramentas de pesquisa-ensino para a apropriação da obra pelo professor

O uso dessa ferramenta antecede necessariamente o trabalho da obra com os alunos, pois visa a clarear as possibilidades de explorações didáticas a serem construídas pelo professor.

O roteiro de trabalho que apresentamos a seguir permite ao docente identificar características que situam a obra em um dado período literário (ou em sua transição). Ele deve considerar:

- título;
- tema;
- mensagem da obra e valores que preconiza;
- metáforas e sua decodificação;
- tipo de discurso: ordenativo, argumentativo, interativo;
- tipo de linguagem: clara, concisa, coloquial;
- concepção de criança que serve de base para o texto.

A comparação entre as obras de LI tradicional e contemporânea permite explicitar diferenças marcantes entre um período e outro.

Existe uma mudança significativa em relação aos temas abrangidos nas duas épocas, bem como em relação à LI clássica. Enquanto na LI clássica os temas focalizam questões humanas que atravessam os tempos, na LI tradicional e na contemporânea eles se ligam a questões presentes da conjuntura sociopolítico e econômica de cada um dos períodos de produção.

Os textos da LI tradicional estão centrados na reprodução da ordem vigente e ditam regras e padrões de comportamento ao pequeno leitor. Já os textos do período contemporâneo são questionadores da ordem estabelecida.

Apesar das aberturas constatadas, a sociedade brasileira ainda não soterrou todas as formas de preconceito racial e sabe-se que, de maneira consciente ou não, há intolerância e desrespeito, às vezes de forma velada, quanto aos negros. Em tempos passados, a questão do preconceito nem sequer era discutida em público. Hoje, essa discussão já ocupa espaço nos meios de comunicação e, paulatinamente, os órgãos públicos vêm aprovando leis que punem essa conduta injusta.

O fato de vivermos em um contexto social e histórico cujos modelos de comportamento são opostos ao tradicional, com outros valores, outra visão de mundo, não significa que as pessoas vão mudar como em um passe de mágica. Há de se respeitar a individualidade. A assimilação de novos valores é um processo lento. Por isso, encontramos características da sociedade tradicional mescladas com as da contemporânea, na LI desse período. Há textos em que o autor apresenta uma proposta inovadora, mas ainda está apegado a formas e estruturas narrativas do estilo tradicional, como, por exemplo, o uso excessivo de diminutivos, linguagem formal e com pouca exploração do espaço do imaginário do leitor.

Na LI contemporânea, as ilustrações estão mais presentes, são riquíssimas e dialogam com o texto, oferecendo a possibilidade de várias leituras, pois a relação palavra/imagem é complementar e interativa. Os textos são criados no cruzamento das linguagens verbal e imagética, em que as imagens complementam a fantasia e, ao mesmo tempo, incentivam a exploração do real.

Ferramentas para montagem de situações de pesquisa-ensino com Literatura Infantil

Essa ferramenta permite a organização de situações de pesquisa-ensino em que o uso didático da obra possibilite aos alunos decodificar metáforas contidas no texto e fazer a transposição deste para sua vida, impulsionando-lhes o imaginário, a criatividade, a exploração do fantástico, do absurdo, acionando a imaginação a partir do real. Dessa forma o professor poderá conhecer cada vez melhor o universo sociocultural de seus alunos, por meio dos dados que recolher e que, se registrados e armazenados, lhe permitirão refletir e desenvolver uma metodologia de ensino formativo, favorecendo o gosto pela leitura e tornando a aprendizagem cada vez mais significativa.

Uma proposta para o trabalho com LI compreende os seguintes itens:

- apresentar a obra às crianças;
- promover o diálogo com e entre as crianças, de forma a se apropriarem da história, em seu nível de compreensão infantil;
- propor atividade em que os alunos se coloquem no lugar das personagens e indiquem o que fariam no lugar delas;
- conversar com o coletivo da classe sobre as diferentes ideias apresentadas, problematizando-as, quando for o caso.

A título de exemplo, servimo-nos dessa ferramenta para montar propostas pedagógicas para três histórias que apresentam, cada uma delas, nitidamente as características de cada um dos períodos da LI aqui construídos: o clássico, o tradicional e o contemporâneo. Trabalharemos com: *A Gata Borralheira, Paulina pega fogo* e *Menina bonita do laço de fita*.

Exibiremos inicialmente uma sinopse da história e, em seguida, procederemos à sua análise. Na sequência apresentaremos sugestões de atividades, constituindo com as três ferramentas de pesquisa-ensino uma estrutura de trabalho para o professor. A expectativa é de que o docente, com sua inventividade, crie inúmeras outras provocações didáticas.

As análises das obras selecionadas procuram explicitar ao docente:

- critérios para a escolha de texto a ser trabalhado junto às crianças;
- o alcance da LI no desenvolvimento pessoal (construção de identidade) e social da criança (formação para a cidadania);
- as profundas relações existentes entre literatura e realidade vivida pelos leitores.

PROPOSTAS PEDAGÓGICAS

Nessas propostas procuramos atender ao seguinte roteiro de trabalho:

- apresentação da obra às crianças;
- diálogo com e entre as crianças, de forma a se apropriarem da história, em seu nível de compreensão infantil;
- proposição de atividades em que os alunos se coloquem no lugar das personagens e indiquem o que fariam no lugar delas;
- conversa com a classe sobre as diferentes ideias apresentadas, problematizando-as, quando for o caso;
- atividades lúdicas, artísticas, interculturais, de observação local, que possibilitem o relacionamento afetivo-cognitivo das crianças com os temas na realidade atual;
- leitura das imagens componentes da ilustração.

A expectativa é de que essa estrutura não só sirva aos professores na montagem de suas atividades com outras histórias, como também que possam completá-la ou mesmo reelaborá-la, a partir de seu saber docente e do conhecimento de seus alunos.

Em todas as atividades com a LI, é importante que o professor proporcione a exploração das ilustrações do texto, convidando os alunos a observarem as imagens e expressarem oralmente o que mais lhes chamou a atenção. A leitura do texto imagético propicia a compreensão sensível do texto escrito, pela emoção que cores, formas e cenas provocam. Uma atividade interessante é ler a história, sem mostrar as ilustrações, e pedir que os alunos façam os desenhos. Depois, pode-se comparar os desenhos feitos com os do ilustrador da obra, verificando tanto os trechos que eles ilustraram quanto aqueles em que o ilustrador se deteve.

Conto clássico – A Gata Borralheira

Sinopse. A menina, única filha, ficara órfã de mãe ainda pequena e guardara os seus conselhos: ser boa e devota a Deus. Seu pai, pouco tempo depois, casara-se com outra mulher que já tinha duas filhas, bonitas de rosto, mas feias de coração. Estas a tornaram criada da casa, e a pobre menina trabalhava de manhã à noite, além de suportar as ofensas e maldades das irmãs. Ela não tinha cama, então dormia em cima das cinzas. Por isso, sempre empoeirada e suja, era chamada de Gata Borralheira.

Certo dia, o pai foi viajar e perguntou às enteadas e à filha o que poderia trazer: as enteadas quiseram roupas e joias, enquanto a menina pediu o primeiro raminho que lhe roçasse o chapéu. De volta, o pai trouxe os pedidos. Borralheira correu ao túmulo da mãe, plantou o raminho de nogueira, regou-o com suas lágrimas e logo o viu se transformar em uma bela árvore.

Certa vez, o rei anunciara uma festa que seria realizada durante três dias. A festa era para que o príncipe escolhesse uma noiva dentre as moças do reino. As duas irmãs ficaram eufóricas. Gata Borralheira também queria ir ao baile e foi pedir à madrasta, que lhe deu tarefa "impossível": separar lentilhas das cinzas. Com a ajuda dos pássaros, ela as realizou, mas a malvada ainda assim não permitiu sua ida ao baile. Quando todas tinham saído, Borralheira correu ao túmulo e, debaixo da nogueira, pediu: "Sacode teus ramos, querida nogueira. Joga ouro e prata sobre a Borralheira". O passarinho, então, jogou-lhe um vestido de ouro e prata e sapatos de seda e prata. A menina vestiu-se e correu para a festa. O filho do rei ficou encantado com a linda moça e dançou com ela a noite toda, não se interessando por mais ninguém. Gata Borralheira, então, quis voltar para casa, e o filho do rei ofereceu companhia; ela escapou, se escondendo dentro do pombal. Na segunda noite do baile, acontecera a mesma coisa. Na terceira noite, Borralheira compareceu ao baile mais linda do que nunca e só dançou com o príncipe. Como das outras vezes, escapou, mas deixou para trás o sapato de ouro, pois o príncipe mandou untar com piche a escadaria. No dia seguinte, ele foi até o rei e declarou que sua esposa seria aquela em cujo pé coubesse o sapato de ouro. As irmãs de Borralheira ficaram contentes. Mas a primeira não conseguiu calçá-lo, por causa do seu dedão, e então o arrancou. O príncipe a colocou no cavalo e seguiu pelo caminho que cruzava o túmulo. Foi quando duas pombinhas pousadas na nogueira cantaram: "Purr-purr, purr-purr, purrinho/ Sangue no sapatinho, não cabe no pé./A noiva esta não é!". O príncipe imediatamente viu sangue no pé da moça e retornou a casa para devolvê-la. Então a segunda filha foi calçar o sapato, mas este não lhe coube por causa de seu calcanhar. Ela também o cortou e seguiu com o príncipe. Novamente, as pombinhas cantaram, e o príncipe retornou. Perguntou à madrasta se não havia outra filha. O pai mencionou a presença de Gata Borralheira. O príncipe insistiu em vê-la. Ela lavou as mãos e o rosto e se apresentou. Calçou, então, o sapato, que lhe caiu com perfeição. A madrasta e as filhas se assustaram e ficaram furiosas. Borralheira seguiu com o príncipe. Ao passar pela nogueira, as duas pombinhas cantaram: "Purr-purr, purr-purr, purrinho,/Sem sangue no sapatinho,/que coube no seu pé./A noiva esta é!" (Grimm, 1989).

Análise. A Gata Borralheira tem sido um dos contos mais lidos pelo público infantil ao longo dos tempos, pois trata de um comportamento muito presente no inconsciente coletivo da esfera familiar. E justamente por isso a criança que, nas relações familiares, vive em grupo de irmãos se identifica com a personagem. Borralheira, que viveu tal situação, foi capaz de superá-la. De maneira pacífica, ela conseguiu desafiar a esperteza da madrasta e das irmãs. Conquistou sua dignidade e liberdade.

Destaca-se, também, a procura da verdade pelo príncipe, que valoriza a essência e não a aparência, como valor a ser explorado didaticamente.

Bettelheim (1980, p. 278), referindo-se a esse conto, diz:

> Nenhum outro conto relata tão bem como *Borralheira* as experiências internas da criança pequena nos espasmos da rivalidade fraterna, quando ela se sente desesperadamente marginalizada pelos irmãos e irmãs. Borralheira é humilhada e rebaixada pelas irmãs adotivas; a madrasta sacrifica os interesses de Borralheira em favor dos das irmãs; deve executar os trabalhos mais sujos e, mesmo fazendo-os bem, não é aceita por eles; só lhe fazem mais exigências. É como se sente a criança quando é devastada pelas desgraças da rivalidade fraterna. Embora as tribulações e humilhações de Borralheira possam parecer exageradas ao adulto, a criança arrebatada pela rivalidade fraterna sente que "é assim comigo; é como me maltratam ou gostariam de maltratar; é como me menosprezam". E há momentos – às vezes longos períodos – em que, por razões internas, a criança se sente desta maneira mesmo quando sua posição entre os irmãos não pareça dar motivos para isso.

Proposta pedagógica. Ler a história com os alunos. Após a leitura, dar início a um diálogo sobre situações semelhantes à de Gata Borralheira de que os alunos tenham conhecimento ou que ocorram em sua família. Algumas questões postas pelo professor podem provocar a reflexão dos alunos e auxiliá-los no estabelecimento de relações entre o texto e a vida. Como as pessoas discriminadas no ambiente familiar costumam reagir? Como reagiu a Gata Borralheira à situação? Acomodou-se ou procurou outras saídas? Qual motivo levou a madrasta e as filhas a agirem dessa forma com ela? Existem pessoas, ainda hoje, que agem como elas? Conhecem pessoas que são ou foram humilhadas e resolveram tal situação? O professor poderá explorar com os alunos suas experiências vividas na família, com irmãos, pais ou responsáveis.

Fazer dramatizações também pode propiciar jogos interessantes. Assim, o professor poderá escolher uma cena, como, por exemplo, o baile, e indagar: Quem quer ir ao baile do príncipe? Quem quer ser a Gata Borralheira? Ou as filhas da madrasta? Ou a madrasta? Ou, então, o príncipe? Definir o espaço da sala em que será o baile; cada personagem deverá agir de forma a reproduzir a história.

Após a apresentação, perguntar aos alunos como se sentiram representando a sua personagem: Gostou de ser a personagem? Acha que ele poderia agir diferente? Acolher as respostas sem nenhuma censura. Depois, conversar com as crianças se a história poderia ser diferente. Em seguida, convidar outros alunos para fazer os mesmos papéis, porém inventando outro modo de agir. O docente poderá brincar junto, assumindo o papel de madrasta para poder conduzir a história por um caminho em que as personagens ajam de forma construtiva.

Outra sugestão: propor aos alunos que escrevam outra história em que eles sejam uma das personagens.

Muitas outras sugestões poderão ser criadas pelo professor e também em conjunto com as crianças.

Conto tradicional – Paulina pega fogo

Sinopse. Paulina era levada. Tinha brincado muito, já estava cansada. Sem ter mais com que brincar, pegou os fósforos e começou a acendê-los. Seu gatinho advertiu para não brincar com os fósforos. Desobediente, a menina continuou a riscar os palitos, até que seu vestido pegou fogo. A menina gritou, espernou, mas o fogo aumentava ainda mais. Não restaram senão seus sapatinhos no chão (Hoffmann, 1921).

Análise. Essa história faz parte de dez breves contos escritos por Heinrich Hoffmann (1921). O texto ressalta defeitos ou erros das crianças, tidos como graves: a curiosidade, a exploração da realidade, a teimosia, entre outros.

No texto aqui analisado, fica estabelecida somente uma única verdade (do ponto de vista do adulto): mexer com fogo é perigoso – o que é verdade. Todavia, o conto não explora a oportunidade de como lidar com o fogo com segurança. O texto é construído de forma a reduzir ou esvaziar qualquer discussão que se possa abrir sobre o comportamento da menina: como, por exemplo, a curiosidade pelo brilho e movimento do fogo, que tanto atrai a criança.

A obediência é tratada como bem supremo. A autoridade do adulto está personificada na fala do gato – como animal que tem instinto, ele pressente o perigo. Paulina desobedece e recebe o castigo maior: a morte. É um texto inibidor da atividade lúdica da criança, da curiosidade exploratória do mundo, da criatividade. Não há espaço para o diálogo, a imaginação e a fantasia, próprios do universo infantil. É hermeticamente fechado a qualquer outra possibilidade de novas descobertas.

A narrativa está estruturada na forma de poema, com predominância de rimas para atrair a atenção da criança, pois a cadência e o ritmo da narrativa impedem a dispersão do leitor.

Proposta pedagógica. Pesquisar inicialmente possíveis experiências das crianças com fogo, perguntando: Quem gosta de brincar com fogo? Alguém já se queimou alguma vez? Vocês acham o fogo bonito? O fogo é perigoso? O fogo pode nos trazer coisas boas? Quais?

Se possível, ler a história uma ou mais vezes com as crianças. Dar espaço para que expressem o que mais lhes chamou a atenção.

A seguir, dialogar com os alunos sobre o comportamento de Paulina: Ela sabia do perigo? Por que foi brincar com fogo? Por que estava sozinha em casa? Por que, quando corria, o fogo aumentava? Que idade tinha Paulina? Há casos semelhantes ainda hoje? Por quê? É perigoso criança ficar sozinha? Alguém aqui fica sozinho em casa? É perigoso brincar com fogo? O fogo só faz estragos? Alguém trabalha com fogo? O que faz um bombeiro? É uma profissão importante? Por quê?

Entrevistar profissionais que lidam com fogo, ler notícias sobre acidentes com fogo, conversar e escrever a respeito delas e dos cuidados necessários para usar o fogo sem riscos, buscar explicações sobre as primeiras providências a serem tomadas em caso de queimaduras, oportunizar o trabalho interdisciplinar.

Conto contemporâneo – Menina bonita do laço de fita

Sinopse. A menina era linda. Seus olhos, sua pele, seu cabelo eram negros e brilhantes como o de uma pantera. Sua mãe fazia trancinhas e enfeitava com um laço de fita colorida. Parecia uma princesa! Seu vizinho, um coelho branco, era fã da menina. Sonhava que um dia ele se casaria e sua filha seria tão pretinha como a sua vizinha. Mas para isso ele precisava descobrir o segredo da menina pra ser tão pretinha. E a menina inventava respostas... Para cada uma, o coelho tentava ficar pretinho. Uma vez, quando a menina já ia inventando outra resposta, sua mãe revelou o segredo da cor: era neta de uma avó negra. Então, o coelho concluiu que precisava se casar com uma coelha negra. Namorou, casou e teve uma ninhada de filhotes: coelho pra todo gosto (Machado, 2004).

Análise. O conto busca valorizar as diferenças e resgatar a dignidade da etnia negra. A negritude aqui é legitimada: a menina era feliz, a mãe era alegre.

Valoriza a imaginação e a criatividade da criança. Ao responder às perguntas do coelho que queria saber o segredo para ser pretinho, a menina diz: "Porque eu caí na tinta quando pequenina"; "porque eu tomei café quando era pequenina"; "porque eu comi muita jabuticaba quando era pequenina", e assim por diante, fazendo uso de sua imaginação criativa. Apresenta uma relação familiar de respeito, sem autoritarismo.

Proposta pedagógica. Ler a história uma ou mais vezes com os alunos. Perguntar se gostaram da história e se já a conheciam, que nome dariam à menina bonita, o que mais gostariam de saber através da menina, se fossem o coelho.

Verificar junto aos alunos se há, na classe, descendentes de diferentes etnias. Caso não saibam responder, pedir a eles que perguntem aos pais ou responsáveis de que povos são descendentes. Sugere-se, então, que o professor localize em um mapa os países de origem dos antepassados dos alunos.

Trazer pessoas da comunidade onde a escola se situa que sejam descendentes de etnias presentes na sala de aula para serem entrevistados pelas crianças, é também outra atividade interessante. O professor pode organizar a entrevista de acordo com o que elas gostariam de saber e também fazer sugestões, como, por exemplo: Quando seus antepassados vieram para cá e por quê? Que usos e costumes foram trazidos? Sofreram ou sofrem alguma discriminação?

Dialogar com os alunos sobre a relação das etnias: indígena, portuguesa, africana, japonesa, italiana etc. com a formação do povo brasileiro. E essa é, além disso, uma boa oportunidade para conversar sobre as diferenças e como as vemos, como, por exemplo, a maneira como agimos com respeito a pessoas de outras etnias, portadores de deficiências, idosos etc.

Com alunos de séries mais avançadas, o professor poderá fazer um levantamento de questões sobre a negritude e anotá-las na lousa. Depois, dispor essas questões por tema e discuti-las em pequenos grupos. Abrir uma plenária e registrar as conclusões em folhas de papel pardo e afixar em um mural na sala de aula.

Caso não tenha emergido a questão racial, o professor poderá provocar a classe para essa questão e sugerir pesquisa sobre projetos já existentes e em andamento. Fazer um levantamento sobre publicações na área de Literatura Infantojuvenil que abordam o problema da cultura afrodescendente.[4]

CONCLUINDO...

Ao criarmos as ferramentas de pesquisa-ensino, acreditamos estar oferecendo não só instrumentos para escolha e análise das obras de LI a serem trabalhadas pelo professor, como também para a organização do trabalho didático com elas. Ressaltamos que as categorias criadas não são exaustivas, podendo ser reelaboradas.

---

[4] Essa questão é abordada por vários autores que constam das referências bibliográficas.

Com esses procedimentos, esperamos ter evidenciado a importância da leitura do texto pelo docente, anteriormente ao trabalho a ser realizado junto às crianças, pois isso serve para capacitá-lo a uma conduta didática adequada à exploração do "potencial formativo" da LI.

Destacamos também, ao longo desse trabalho, a polissemia do texto (posto que as significações decorrem de um exercício de construção pessoal e peculiar, que se dá nas relações que cada leitor estabelece com o texto, a partir de suas experiências de vida e de seus saberes). Em nome dessa mesma polissemia, enfatizamos a atitude aberta do professor em relação às interpretações dadas pelas crianças. Em nenhum momento sua visão deverá ser imposta aos alunos. Constará apenas como uma das leituras efetuadas pela classe, como uma das leituras possíveis, ou seja, a leitura do adulto, que é o professor, deve, sim, existir, ser mantida, mas não imposta. É importante que os alunos se defrontem com as diferentes leituras realizadas em sala de aula pelos colegas e pelo professor. Será em meio a elas que irão reelaborar a sua leitura inicial, considerando as demais de que vão tomando conhecimento, reconstruindo, dessa forma, processualmente a sua compreensão pessoal da obra e da vida.

REFERÊNCIAS BIBLIOGRÁFICAS

ARROYO, L. *Literatura Infantil brasileira*. São Paulo: Melhoramentos, 1988.

BETTELHEIM, B. *A psicanálise dos contos de fadas*. Trad. Arlene Caetano. 6. ed. Rio de Janeiro: Paz e Terra, 1980.

CÂNDIDO, A. F. *Literatura Infantil mais além: a especificidade da literatura infantil como instrumento de estímulo ao desenvolvimento da linguagem*. 179 f. (Dissertação de mestrado em Estudos Comparados de Literaturas de Língua Portuguesa) – Faculdade de Filosofia Letras e Ciências Humanas, Universidade de São Paulo, 2001.

COELHO, N. N. *Literatura infantil:* teoria, análise, didática. São Paulo: Moderna, 2000.

CORRAL, L. S. *Literatura Infantil y lenguaje literario*. Buenos Aires: Ediciones Piados Ibérica, 1995.

GRIMM, J.; GRIMM, W. A Gata Borralheira. In: *Os contos de Grimm*. Trad. Tatiana Belinky. Il. Januz Grabianski. São Paulo: Paulus, 1989.

HOFFMANN, H. Paulina pega fogo. In: HOFFMANN, H. *João Felpudo*. Versão Guilherme de Almeida. 5. ed. São Paulo: Melhoramentos [1921].

MACHADO, A. M. *Menina bonita do laço de fita*. 7. ed. São Paulo: Ática, 2004.

OLIVEIRA, M. A. *Dinâmicas em Literatura Infantil*. 13. ed. São Paulo: Paulinas, 2009.

_____. *A literatura para crianças e jovens no Brasil de ontem e de hoje*; caminhos de ensino. São Paulo: Paulinas, 2008.

_____. *Leitura prazer*. São Paulo: Paulinas, 1996.

PENTEADO, H. D. *Psicodrama, televisão e formação de professores*. São Paulo: Junqueira & Marin Editores, 2007.

_____. *Comunicação escolar*; uma metodologia de ensino. São Paulo: Salesiana, 2002.

_____. (org.). *Pedagogia da comunicação*; teorias e práticas. São Paulo: Cortez, 1998.

_____. *Televisão e escola*; conflito ou cooperação. São Paulo: Cortez, 1991.

SAVIANI, D. *Escola e democracia*. São Paulo: Cortez, 1983.

ZILBERMAN, R. *Estética da recepção e história da literatura*. São Paulo: Ática, 1989.

CAPÍTULO 12

Projetos escolares com imagens de satélite: ferramentas de pesquisa-ensino para o estudo do ambiente

VÂNIA MARIA NUNES DOS SANTOS

INTRODUÇÃO

O tratamento de problemas socioambientais na escola contemporânea vem revelando a necessidade de repensar a formação de professores como profissionais críticos e reflexivos, com uma postura interdisciplinar, construtivista e comunicacional, capazes de compreender tanto as relações entre ambiente e sociedade quanto entre trabalho pedagógico e exercício da cidadania.

Isso implica, entre outras considerações, o desenvolvimento de um trabalho pedagógico que considere a crítica e o diálogo, respeite a autonomia e a diversidade, valorize a ética e a ação voltada à construção de uma sociedade mais justa e ecologicamente equilibrada.

Nesse processo, a pesquisa-ensino, como modalidade específica de pesquisa-ação, tem importância fundamental. Segundo Barbier (2002), a pesquisa-ação tem uma preocupação deliberada de transformação da realidade. É uma pesquisa que possui um duplo objetivo: transformar a realidade e produzir conhecimentos relativos a essas transformações e, nesse sentido, ela é eminentemente pedagógica e política. Pode contribuir para a formação do professor crítico e reflexivo a partir da análise e transformação da própria prática pedagógica.

Tais considerações orientaram o desenvolvimento desta pesquisa-ensino, de tipo colaborativa, realizada em meu doutorado no Instituto de Geociências da Unicamp, no Departamento de Geociências Aplicadas ao Ensino.

O objetivo da pesquisa era investigar o desenvolvimento de projetos escolares de educação ambiental feitos a partir da formação continuada de professores em exercício, e na qual atuei como formadora-pesquisadora junto a um grupo de professores do Ensino Fundamental da cidade de Guarulhos (SP), que aceitou o convite para participar do trabalho que estava sendo proposto. A pesquisa teve por referência os processos e produtos resultantes do curso intitulado "Educação, meio ambiente e cidadania: desenvolvimento de projetos escolares de educação socioambiental com o uso de sensoriamento remoto e trabalhos de campo para o estudo do meio ambiente e exercício da cidadania", realizado sob minha coordenação técnica.

Esse curso visava promover o desenvolvimento de projetos escolares de educação ambiental com o uso integrado de mapas, fotografias aéreas, imagens de satélite e trabalhos de campo, com referência no estudo de microbacias localizadas na periferia do município de Guarulhos, na grande São Paulo. Sua proposta foi contribuir para a formação de professores-pesquisadores em exercício, a partir da reflexão sobre a atividade docente em sala de aula e em campo, bem como para a construção de novos conhecimentos e procedimentos metodológicos voltados ao estudo do ambiente, tendo em vista a importância da qualificação do lugar/ambiente onde a escola se localiza.

Trabalhamos com dezessete professores de diferentes disciplinas (geografia, história, ciências biológicas, língua portuguesa e artes), de quatro escolas públicas localizadas na área de estudo selecionada: "Zona de Defesa do Núcleo Cabuçu do Parque Estadual da Cantareira", no município de Guarulhos (SP).

Contemplamos no curso o desenvolvimento de discussões conceituais, trabalhos experimentais e atividades de campo totalizando noventa e seis horas, sendo trinta e duas dirigidas à formação presencial em cinco módulos temáticos e sessenta e quatro ao desenvolvimento do projeto de educação ambiental nas escolas. Participaram da elaboração dos módulos temáticos colaboradores pertencentes às seguintes instituições: Instituto de Geociências da Unicamp (Departamento de Geociências Aplicadas ao Ensino), Instituto Nacional de Pesquisas Espaciais (Divisão de Sensoriamento Remoto), Universidade de Guarulhos (Projeto Cabuçu) e Serviço Autônomo de Água e Esgoto de Guarulhos.

Os módulos trabalhados foram:

1º Módulo: Considerações metodológicas para a elaboração de projetos escolares.

2º Módulo: Meio ambiente, educação e cidadania: os Parâmetros Curriculares Nacionais e a questão socioambiental.

3º Módulo: A bacia hidrográfica como unidade de estudo do meio ambiente.

4º Módulo: Imagens de satélite, fotografias aéreas e mapas como recurso didático-pedagógico na educação socioambiental.

5º Módulo: O papel dos trabalhos de campo e estudos do meio na elaboração de projetos escolares para o tratamento de problemas socioambientais.

Considerando-se que os participantes da investigação educativa na escola (professores e alunos) devem ser os sujeitos desse processo de investigação, foram seus problemas reais, concretos, suas dificuldades e desafios cotidianos que se constituíram em objeto de estudo em projetos escolares de educação ambiental por eles construídos. Referimo-nos, pois, a professores e alunos reais, sujeitos sociais, que dialeticamente "implicam" e são "implicados" no e pelo contexto escolar e socioambiental e que, portanto, têm com suas pesquisas, enquanto análise crítica da realidade escolar e social, a possibilidade de contribuir com a transformação de suas práticas.

Levando em conta ainda que a pesquisa-ensino, além de ajudar na formação do professor crítico e reflexivo, a partir da investigação da sua prática e consequente melhoria desta, pode colaborar também, com esse processo, para a construção do conhecimento escolar, procuramos orientar o nosso trabalho nas escolas a partir de alguns princípios, tais como:

- considerar ideias, interesses e necessidades formativas dos professores participantes e apresentados por eles;
- favorecer a reflexão individual e coletiva destes sobre os problemas e dificuldades de aprendizagem cotidianas;

- fomentar atitudes positivas no professorado para a inovação didática a partir da investigação sobre a prática escolar;
- impulsionar a transformação de dificuldades em desafios, considerando os objetivos propostos pelo projeto de educação ambiental da escola;
- promover a elaboração de projetos de educação ambiental pelos professores.

A opção por esses princípios teve por referência o pressuposto de que a formação do professor não pode estar dissociada da transformação de procedimentos didático-pedagógicos e de posturas na escola, bem como de uma concepção de currículo que se construa na continuidade vivida da própria experiência dos sujeitos inseridos no cotidiano da prática social. Ou, em outras palavras, baseou-se no entendimento de que é possível ao professor, por meio da pesquisa-ensino, transformar a sua prática, ao mesmo tempo que a sua prática pode colaborar para a transformação da escola e do mundo a sua volta.

CONHECIMENTOS GERADOS COM UMA RELAÇÃO FERTILIZANTE ENTRE TEORIA E PRÁTICA DOCENTE

Os projetos escolares desenvolvidos buscaram identificar e compreender os problemas socioambientais locais, levantados por professores e alunos, bem como propor soluções para os mesmos visando à melhoria das condições ambientais e sociais da comunidade. Nesse sentido, contribuíram tanto para a formação docente como para o processo de construção da consciência ambiental de professores e alunos para o exercício da cidadania, a partir da formação de cidadãos críticos e participativos que se percebem como agentes modificadores da sua própria realidade.

A PESQUISA DO PROFESSOR E A CONSTRUÇÃO DO CONHECIMENTO ESCOLAR

Nas últimas décadas, segundo Cochran-Smith e Lytle (2002), um dos paradigmas fundamentais em relação à pesquisa sobre o ensino tem se pautado pela visão do professor como um técnico que deve executar os resultados de estudos realizados por outros, que se encontram fora do contexto escolar cotidiano. Nessa ótica, os professores são vistos como objeto de investigações universitárias, as quais, muitas vezes, propõem a aplicação de propostas distantes da realidade da escola e que, portanto, não dão conta de resolver os complexos problemas da prática pedagógica cotidiana. Não existe aqui uma valorização da investigação efetuada pelos professores e, por consequência, se ignoram as contribuições significativas destes e das escolas, as quais poderiam articular-se ao conhecimento produzido pelas comunidades acadêmicas.

Por outro lado, vista como lugar de produção do conhecimento pedagógico, a escola concebe a associação do ensino com a pesquisa, introduzindo os docentes em processos de pesquisa-ensino, ou seja, na pesquisa de sua própria prática pedagógica. Contudo, sabemos que isso não é simples, pois as dificuldades se apresentam na própria concepção do papel do professor e da escola e nas condições concretas em que o trabalho docente se desenvolve.

Em nosso trabalho com o grupo de professores, pudemos observar que as concepções de ensino que estes traziam tiveram significativa influência nos níveis de pesquisas realizadas. Em geral, os professores que concebiam o ensino como um processo de transmissão de conteúdos pareciam elaborar suas investigações orientados pela racionalidade técnica, valorizando a teoria e sua aplicabilidade prática; ao contrário daqueles que concebiam o ensino como processo dialógico de construção de conhecimentos e que, portanto, desenvolviam suas investigações, em espirais autorreflexivas, orientadas pela racionalidade prática/teórica.

O desenvolvimento de um nível prático/teórico de investigação educativa, conforme buscávamos fomentar, implicou encaminhar a problematização da ação dos professores diante do desenvolvimento dos projetos escolares de educação ambiental.

Nesse sentido, a proposta era articular trabalhos de campo e estudos do meio com o uso de mapas, fotografias aéreas e imagens de satélite por meio da criação de projetos escolares de educação ambiental em microbacias urbanas. Ou, mais especificamente, os desafios e as dificuldades da ação docente perante o desenvolvimento de tal proposta constituíram o problema da pesquisa dos professores participantes, orientando ou "provocando" o processo de investigação sobre suas práticas pedagógicas.

Isso se justifica em Schön (1995), para quem, no mundo da prática, as dificuldades não são apresentadas ao profissional como dados, mas, sim, construídas a partir de elementos das situações problemáticas. Justifica-se também em Elliott (1994), para quem são os problemas reais, concretos, os obstáculos da prática docente cotidiana que se podem constituir em objeto de estudo. Contudo, cabe aqui uma observação, pois, se todo professor-pesquisador é reflexivo, no entanto, nem todo professor reflexivo é pesquisador. O professor-pesquisador problematiza as questões assumindo-se como uma das variáveis ativas do processo, enquanto o professor reflexivo pode focar em elaborar respostas detendo-se nos assuntos que não o incluem. Ou melhor, como explica Penteado (2010):

> Isso acontece quando, depois de elaborar um delicado diagnóstico dos problemas do ensino, o professor-reflexivo detém-se na elaboração de hipóteses interpretativas que atribuem ao "outro" – o "outro" aluno, o "outro" família do estudante, o "outro" governo etc. – as mazelas do ensino, e aí se detém. Como se a atuação docente não constasse como parte do problema. Já o professor-pesquisador é aquele que inclui a docência como uma das variáveis a ser considerada, problematizada, transformada.

Considerando o exposto, o nosso trabalho com os professores buscou encaminhar a problematização, fomentar a reflexão coletiva sobre suas práticas, visando à compreensão dos processos de ensino e aprendizagem, bem como à busca de transformação a partir da investigação sobre a prática escolar. Para tal, procuramos em síntese:

- considerar as ideias dos professores, diante da proposta de utilizar trabalhos de campo e estudos do meio com mapas e recursos de sensoriamento remoto para análise do meio ambiente;
- refletir com o grupo de professores sobre os problemas e dificuldades encontrados perante o desenvolvimento dos projetos escolares de educação ambiental;
- fomentar o desenvolvimento de procedimentos metodológicos inovadores com as atividades e recursos propostos.

Nesse processo, todos os participantes puderam expor seus saberes tácitos dialogando com os saberes teóricos trabalhados no curso, o que foi muito positivo para a (re)construção de conhecimentos, inclusive o nosso.

O PROJETO ESCOLAR E O DESENVOLVIMENTO DA PESQUISA-ENSINO

O projeto escolar como forma de organização do trabalho pedagógico pode constituir uma rica oportunidade para promover a valorização e a autonomia do professor, bem como favorecer a colaboração e integração entre instituições, pessoas, conhecimentos, disciplinas e metodologias orientadas pela criatividade e busca da transformação.

Por se desenvolver em meio às dificuldades inerentes à realidade escolar, e por propor a intencionalidade da ação escolar (que sem isso se esgota no conhecimento pelo conhecimento), o projeto escolar implica o exercício de articular a teoria e a prática, o individual e o coletivo, o ideal e o real, as possibilidades e os limites, num processo de reflexão-ação. E aí está, a nosso ver, uma de suas maiores contribuições. Ou seja, é a construção desse *processo* que faz com que o projeto se torne uma oportunidade significativa não só para a formação de professores, como também para a formação de alunos, críticos e participativos, talvez mais até do que o produto específico esperado.

Compreender esse processo contribui, portanto, para conhecer melhor a prática escolar e suas concepções (de professor, aluno, ensino, aprendizagem e conhecimento), uma vez que tal projeto se desenvolve em meio às dimensões pedagógica, institucional e histórico-cultural do cotidiano escolar. Entendemos, assim, os projetos escolares como uma etapa preparadora da construção de um projeto político-pedagógico da escola, que resulte do desenvolvimento coletivo do trabalho pedagógico docente, focado em questões essenciais da sociedade atual manifestadas no contexto em que a escola se situa em sua cotidianidade. Portanto, projetos escolares preparadores de projetos político-pedagógicos da escola, democraticamente construídos, em vez de projetos político-pedagógicos de escolas propostos autoritariamente, de cima para baixo, ou de fora para dentro da escola.

A atuação como formadora-pesquisadora junto a quatro grupos de professores em suas respectivas escolas se desenvolve nessa direção. Todos os envolvidos no desenvolvimento do projeto escolar, inclusive esta formadora-pesquisadora, são participantes de um mesmo processo, ainda que de formas distintas em alguns momentos.

E, nesse processo, entendemos que cabe ao formador-pesquisador promover uma forma de pesquisa colaborativa que contribua para o desenvolvimento dos professores com relação às transformações de suas práticas. Ou, ainda, como explica Pérez-Gomes (apud Nóvoa, 1995), "uma vez que não é possível ensinar o pensamento prático, a figura do supervisor ou tutor universitário adquire uma importância vital". O supervisor ou tutor, responsável pela formação prática e teórica do professor, deve ser capaz de atuar e refletir sobre a sua ação como formador, deve perceber que a sua intervenção é uma prática de segunda ordem, um processo de diálogo reflexivo sobre as situações educativas. Em uma parceria colaborativa, a reflexão e a intervenção sobre a realidade se tornam viáveis a partir da interação entre pares, os quais assumem papéis específicos no processo.

Entendemos ainda que cabe ao formador-pesquisador promover reflexões junto a seus pares, enquanto forma de contribuir para a mudança de pressupostos e práticas. E esse processo deve se orientar para a busca da superação de visões simplistas e equivocadas, ainda muito presentes entre os professores que não concebem a escola como espaço de diálogo entre diferentes tipos de saberes e de construção de conhecimentos e que, portanto, reduzem a atividade docente à mera transmissão de conteúdos previstos nos currículos oficiais.

Esses reducionismos têm sérias implicações quando, por exemplo, propomos aos professores a utilização de recursos de sensoriamento remoto no desenvolvimento dos projetos escolares de educação ambiental. Como a maioria deles ainda não tem acesso/conhecimento sobre a possibilidade do uso escolar desses recursos, quando são "apresentados" a estes, suas reações se dividem, em geral, entre espanto, curiosidade e receio. Para alguns professores, a tecnologia de sensoriamento remoto "é algo muito interessante, mas que não cabe na escola porque não está no currículo escolar", ou, ainda, "sensoriamento remoto é algo tão sofisticado que é coisa para cientista!", conforme depoimento de um professor de ciências, em Guarulhos.

Ao contrário da ideia de "capacitação", que geralmente vê o professor como um técnico que deve aplicar as teorias e técnicas recebidas para a solução de problemas, a nossa atuação junto ao grupo procurou buscar a superação do distanciamento entre conhecimentos – com destaque para os científicos e seus produtos – e contribuições metodológicas. Procuramos, com isso, o restabelecimento ou a reconfiguração da relação do professor com o saber científico, propondo sua atuação como pesquisador. Ou, em outras palavras, a nossa intenção é trabalhar a partir da perspectiva crítico-dialógica, considerando a importância do debate e da reflexão sobre a ação pedagógica, para a construção de novos conhecimentos e práticas escolares voltadas ao estudo do meio ambiente. Para tal, orientamo-nos pelo seguinte eixo:

- considerar as práticas de sala de aula dos professores, bem como o seu contexto escolar;
- fomentar a pesquisa do professor como eixo da formação dos professores e, por meio desta, construir coletivamente, a partir do desenvolvimento de projetos escolares, novas práticas de ensino com temas geocientíficos;
- promover espaços coletivos de reflexão a partir dos horários de trabalho pedagógico coletivo (HTPCs);
- propor o registro dos processos investigativos através de diários de itinerância.

O trabalho com a metodologia de projetos na escola possibilitou aos professores aproximar e associar as atividades de ensino e pesquisa. A pesquisa-ensino realizada por eles, segundo seus depoimentos, contribuiu para a melhoria da sua prática pedagógica. Assim como, a nosso ver, para a construção de um conhecimento pedagógico sobre o ensino e a aprendizagem em geociências e educação ambiental, fazendo da escola um centro irradiador de conhecimentos para a comunidade. À medida que investigaram mais em suas aulas, exploraram formas de inovação e construíram práticas docentes mais condizentes com a necessidade de renovação pedagógica e articuladas com a realidade em que a escola se insere.

Desse processo resultaram os seguintes projetos: "Metodologias para a formação de cidadãos conscientes e integrados com o meio ambiente"; "Estudo da microbacia do Novo Recreio com o uso de sensoriamento remoto: a elaboração de mapas contribuindo para formar uma escola participativa"; "Ciências em ação – olhos d'água: velhos hábitos e novos costumes"; "Menino Cabuçu – água: futuro incerto".

Os projetos elaborados apresentaram estruturas semelhantes, considerando aspectos como: a preocupação com a definição do tema de pesquisa, a apresentação da região de estudo, o diagnóstico socioambiental da microbacia, a metodologia desenvolvida, ilustrada com fotos das atividades realizadas, conclusões e propostas. A preocupação central desses projetos foi "formar cidadãos conscientes e participativos diante das questões socioambientais locais". Para isso, buscaram desenvolver atividades que possibilitassem aos alunos "conhecer o ambiente onde vivem por meio de trabalhos de campo, mapas e recursos de sensoriamento remoto, visando verificar a interferência do homem nos ecossistemas, em especial na bacia hidrográfica".

AS PRÁTICAS DE FORMAÇÃO E A CONSTRUÇÃO DO PROJETO DE EDUCAÇÃO SOCIOAMBIENTAL NA ESCOLA: DIFICULDADES E POSSIBILIDADES

Uma questão importante implícita à nossa pesquisa foi buscar compreender como se dão os espaços coletivos de aprendizagem docente. Os encontros do grupo de professores, tanto nos HTPCs nas escolas como nas atividades de campo, constituíram oportunidades significativas de aprendizagem para todos os participantes, inclusive para esta formadora-pesquisadora.

Entendemos que a inserção do professor no processo de construção de um projeto escolar pode ser uma experiência rica para sua formação, levando em conta o desenvolvimento de novas posturas e práticas necessárias ao atendimento de objetivos comuns característicos dos trabalhos em grupo. E é por essa razão que os projetos escolares de educação ambiental elaborados pelos professores em suas escolas se colocaram como um importante foco de análise em nossa pesquisa.

Antes de procedermos à apresentação das práticas de formação desenvolvidas, cabe aqui destacar, em linhas gerais, o perfil dos professores com os quais trabalhamos. Todos os participantes tinham curso superior em suas respectivas áreas de atuação (biologia, geografia, história, letras/língua portuguesa e educação artística), e um deles tinha formação também em pedagogia. A maioria dava aulas em outras escolas e, portanto, acumulava outras atividades e responsabilidades. Essa sobrecarga de trabalho, segundo alguns deles, dificultava uma maior dedicação no desenvolvimento do projeto escolar. Havia ainda outras dificuldades, tais como os entraves "burocrático-administrativos" e o "temor" da rotatividade (já que grande parte deles não era efetiva em suas escolas), o que por vezes os deixava desanimados com a possibilidade de não dar continuidade a seu trabalho.

Contudo, a nosso ver, para alguns desses professores as dificuldades encontradas se colocavam como desafios, cujo enfrentamento os motivava para "voos maiores", como a pós-graduação. Para outros, a participação no referido curso de formação continuada elevava a autoestima profissional, pois significava "uma oportunidade de experimentar e mostrar que somos capazes de criar coisas novas com a experiência de magistério que temos", conforme depoimento de uma professora de ciências.

Um dado interessante a ser considerado é que tais professores participaram da referida formação continuada em exercício por opção. Ou seja, quando o curso foi oferecido pela Diretoria de Ensino de Guarulhos às escolas da região do Cabuçu (nossa área de estudo), eles se inscreveram espontaneamente para fazê-lo, o que revela um desejo de maior elaboração/conhecimento de sua docência, característica essencial para a realização da pesquisa-ensino.

OS PROJETOS ESCOLARES DE EDUCAÇÃO AMBIENTAL

Conforme já destacamos no início deste texto, essa experiência de formação continuada em exercício tinha por proposta o desenvolvimento de projetos escolares de educação ambiental. Contudo, é interessante lembrar que, embora essa proposta tivesse sido apresentada desde o início, no momento do convite às escolas, muitos professores não sabiam o que isso implicava. Portanto, desde o primeiro encontro, no início do ano letivo, procuramos deixar claro os objetivos da referida formação, visando afastar qualquer ideia de que poderia se tratar de um curso para "passar uma técnica para 'aplicar' na escola", conforme percebemos nas primeiras perguntas de alguns professores. Aqui, a ideia de "aplicar" parece trazer implicitamente uma concepção de formação como "receita de bolo". Ou seja, "alguém que sabe mais do que eu vai me passar o que e como devo fazer (ou aplicar) algo na escola".

Isso se confirmou nas primeiras reuniões de HTPCs que fizemos nas escolas, quando então observamos que alguns professores, sobretudo em uma das quatro escolas, se colocavam mais como expectadores que como integrantes de um grupo que se propõe a investigar a própria prática. Ficavam aguardando o que fazer e pouco falavam, demonstrando até certa apatia. Quando questionados sobre a razão do silêncio, alguns "venceram a timidez" e disseram que, na verdade, "não tinham experiência" de *construir* projetos escolares, pois geralmente o que mais faziam era "aplicar" projetos que vinham, sobretudo, da Secretaria da Educação. Talvez, também por essa razão, as escolas estejam atualmente tão abarrotadas de "projetos oficiais" que na prática pouco contribuem para a formação do espírito crítico e investigativo de professores e alunos.

Esse quadro evidenciou, como primeiro desafio a ser enfrentado, a necessidade de explicitar o significado e a importância do desenvolvimento dos projetos escolares. Era fundamental que os professores compreendessem que estavam sendo "convidados" a um exercício coletivo de reflexão, autonomia e criação, por meio do desenvolvimento de projetos escolares de educação ambiental.

Entendíamos que essa poderia ser uma boa oportunidade para que os participantes se percebessem como produtores de conhecimentos e não mais como meros "aplicadores" de discursos oficiais, e com isso valorizassem sua investigação, sua produção cognitiva. Contudo, tínhamos clareza de que isso não seria uma tarefa simples. O processo de refletir *na* e *sobre* a ação pedagógica é algo profundamente complexo, que envolve conceber os professores como participantes ativos no processo de investigação (Schön, 1995; Elliott, 1994). Implica criar um espaço de diálogo e (auto)crítica capaz de estimular os professores a refletirem sobre seus problemas cotidianos de forma a transformá-los em temas de pesquisa, cuja busca de soluções, reestruturações e ressignificações, exige a adoção da pesquisa-ensino, aqui entendida como "a pesquisa realizada durante e como ato docente" (Penteado, 2010).

No nosso caso, pretendíamos que os professores, por meio de investigação e criatividade, desenvolvessem em parceria conosco novos conhecimentos e práticas de ensino com os recursos e atividades propostos. Para tal, foi necessária a adoção de algumas estratégias didático-pedagógicas capazes de nortear a nossa orientação junto aos professores, considerando os objetivos da formação em foco, bem como a meta de promover exercícios de reflexão, autonomia e criação.

AS PRÁTICAS DE FORMAÇÃO

Com referência nos modelos de tutoria de Schön (1992), também utilizados por Compiani et al. (2001), apresentamos algumas das práticas de orientação que adotamos em nossa atuação como formadora/orientadora, quais sejam:

- *Siga-me:* quando se percebe a necessidade de informação organizada e estruturada e se faz isso oferecendo modelos de ação a imitar, ou quando se formulam indicações e opções mais ou menos detalhadas para resolver alguma tarefa.

- *Experimentação direcionada:* quando um problema que surge da prática, ou é colocado pelo orientador ou professor, é direcionado para soluções possíveis sob orientação do coordenador, mas voltado para a compreensão desse problema e busca de meios apropriados para superá-lo, meios estes que vão sendo testados, demonstrados, sistematizados e descritos ao longo da experimentação. A orientação aqui poderia ser chamada "assistência pela demonstração", que é a condução de um questionamento e apresentação dos elementos iniciais indicadores da solução da tarefa.

- *Orientação não diretiva:* quando, a partir de certo diagnóstico, intuição das práticas e conhecimentos dos professores, avalia-se que, para um problema em pauta, é possível um desenvolvimento mais autônomo por parte deles. Formulam-se perguntas e ideias apostando na iniciativa dos primeiros passos, de modo próprio, pelos professores.

- *Sala de espelhos:* quando se pretende criar um espaço de tratamento das práticas e questões teóricas da formação continuada por meio de um processo de interação entre orientador e professores. Esse processo deve ser calcado em autoavaliações e paralelismos entre orientação e docência, buscando criar um espaço de negociações de significados em que as assimetrias de conhecimento, papéis sociais diferentes, sejam tratadas o mais critica e autonomamente possível entre os envolvidos.

Para compreender essas práticas, é preciso considerar que a orientação tem por referência um contexto complexo por natureza (a sala de aula), o que exige o exercício constante de discutir pontos de vista, comparar, compartilhar ideias e propostas a partir do debate e da reflexão. Exige ainda, como lembra Schön (1992), "uma predisposição para a racionalidade, para a reflexão e para a aceitação de uma situação de risco", o que nem sempre é fácil.

É preciso considerar também, nesse caso, que embora o curso de formação continuada tenha sido realizado por seis formadores, apenas esta pesquisadora atuou junto aos grupos de professores nos HTPCs das quatro escolas participantes, o que me atribuiu a responsabilidade pela escolha dos caminhos e processos de orientação. Cabe ainda lembrar que a "matéria-prima" de nossas práticas de orientação se desenvolveu nos espaços de HTPCs nas escolas e nas saídas a campo com os professores. Foram esses os espaços que tivemos para trabalhar não apenas com os recursos e atividades propostos, mas também e, sobretudo, com as concepções das práticas de professor, bem como de escola e de sociedade, indispensáveis à elaboração de um trabalho comprometido com a formação de professores críticos, reflexivos e investigativos.

Nesse sentido, procuramos iniciar o nosso trabalho nos HTPCs propondo uma reflexão conjunta sobre as noções de educação, meio ambiente e cidadania presentes no grupo de professores, as quais respaldavam suas práticas pedagógicas. Nosso objetivo foi criar um espaço para que os professores refletissem sobre suas próprias concepções, bem como conhecessem as dos colegas que formavam a sua equipe de trabalho no desenvolvimento do projeto escolar.

Em seguida, propusemos aos professores que refletissem sobre como suas concepções, anteriormente expressas e debatidas, poderiam orientar ou se transformar em ações/práticas pedagógicas, integradas ao desenvolvimento do projeto escolar de educação ambiental da sua escola. E ainda nesse processo, refletimos também sobre como os trabalhos de campo associados aos recursos cartográficos e de sensoriamento remoto poderiam ajudar no estudo da realidade socioambiental em foco, na compreensão e busca de soluções para os problemas estudados.

Na sequência dos encontros com os professores, em suas respectivas escolas, procuramos também promover a reflexão e troca de experiências sobre como o projeto escolar estava se desenrolando em sala de aula e em campo. Entendíamos que era importante compreender, por exemplo, como as diferentes disciplinas escolares estavam contribuindo ou se articulando no desenvolvimento das atividades didático-pedagógicas, ou como conceitos inerentes ao desenvolvimento do projeto de educação ambiental, como meio ambiente, bacia hidrografia, dentre outros, eram trabalhados com os alunos e, sobretudo, como esses alunos estavam respondendo a esse processo.

Questões como essas, elaboradas por esta formadora-pesquisadora, bem como outras surgidas das discussões em grupo, tiveram significativa colaboração em nossos encontros de HTPCs, pois, sem elas, teríamos dificuldades para evoluir nas discussões. Para respondê-las, os professores precisavam explicitar a sua compreensão sobre os módulos de formação trabalhados no curso, bem como investigar possíveis contribuições de recursos e métodos para estudos disciplinares e interdisciplinares tendo por referência o desenvolvimento do projeto de ensino.

Como essas questões contemplavam o escopo do projeto escolar, trabalhamos sobre elas durante vários encontros de HTPCs. Alguns professores, inclusive, tomaram a iniciativa de levar seus alunos nesses encontros para que estes pudessem nos mostrar o que estavam elaborando e discutir alguns assuntos ou dúvidas com o grupo. A participação de alunos nos HTPCs foi, a nosso ver, uma experiência muito interessante para todos, até porque criou, realmente, um "clima de projeto escolar", gerando cumplicidade e comprometimento dos participantes com o seu desenvolvimento. A integração entre professores e alunos nesses encontros, não prevista inicialmente por esta pesquisadora, auxiliou no exercício de práticas construtivistas apoiadas na predisposição de professores para o diálogo, ou melhor, para ouvir as elaborações conceituais dos alunos a respeito de questões centrais do projeto e (re)orientá-las para sínteses adequadas aos objetivos definidos pela escola.

O processo de reflexão coletiva favorecido pelos encontros de HTPCs teve, portanto, significativa ajuda para a investigação dos professores sobre sua prática pedagógica. Contudo, cabe destacar que, para que esse processo ocorresse ou, em outras palavras, para que essa espiral autorreflexiva se desenvolvesse, não bastava apenas que os professores se sentissem "à vontade" para falar sobre suas concepções e práticas. Até porque, falar sobre si próprio nesse contexto não é algo muito simples e, em muitas vezes, acaba resultando apenas em desabafo sobre os problemas do cotidiano escolar.

Ainda que a percepção da necessidade de inovação da prática docente surja também da insatisfação, é necessário, para o desenvolvimento da pesquisa-ensino, transformar angústias em questões capazes de mobilizar os professores em busca da superação de problemas, envolvendo novas reflexões-ações-reflexões. À medida que o professor "problematiza o problema", ou seja, reflete sobre as questões/desafios que lhe são postos na e pela prática docente, ele refaz caminhos e descobre alternativas para o desenvolvimento do seu trabalho, "tornando-se um pesquisador no contexto prático", conforme assinala Schön (1995). Isso implica, a nosso ver, perceber o projeto escolar não como algo acabado, mas sim como um processo, cuja evolução/construção se dá, sobretudo, a partir da pesquisa do professor.

Para tal, procuramos trabalhar com os professores considerando os seguintes procedimentos metodológicos:

- problematizar a prática pedagógica diante do desafio de tratar questões socioambientais na escola, visando à percepção e compreensão sobre a complexidade da realidade educacional e socioambiental;
- fomentar o debate entre os participantes e organizar as ideias surgidas nas discussões, sistematizando-as em questões;
- planejar e avaliar ações coletivamente, levando em conta o desenvolvimento do projeto escolar de educação ambiental da escola;
- promover novas questões e sugestões didáticas no grupo, visando a novas reflexões e novas propostas de ações;

- transformar dificuldades em desafios através da superação de etapas de problematização, planejamento, ação, reflexão e novo planejamento.

Certamente encontramos dificuldades em atuar nessa direção. Alguns professores mostraram resistência a possíveis mudanças substanciais em suas práticas, advindas da nossa proposta de trabalho. Percebemos, em alguns casos, certo receio diante do "novo" e suas consequências, contudo, mesmo assim esses professores se revelaram receptivos ao diálogo. Já outros demonstraram posturas individualistas e bem conservadoras. Estes, felizmente em minoria, colocavam (ou lembravam) a todo o momento diferentes entraves ao desenvolvimento de um projeto na escola, sobretudo com relação às práticas de campo. Registramos comentários, tais como: "É difícil sair a campo porque a direção da escola não gosta, pois é preciso colocar outro professor no nosso lugar", ou: "É muita responsabilidade sair da escola com os alunos, precisamos da autorização dos pais", ou: "É complicado sair a campo porque os alunos fazem muita bagunça", ou ainda: "Isso não está programado no conteúdo da minha disciplina", ou: "Como vou trabalhar com outras disciplinas?".

Além dos receios, dúvidas e expectativas previsíveis às mudanças em suas práticas, diagnosticamos que para tais professores as atividades de campo ainda não eram percebidas como ricas possibilidades de aprendizagem sobre as relações sociedade/ambiente e, portanto, fundamentais ao desenvolvimento dos projetos de educação ambiental de suas escolas. Eles ainda não percebiam o campo como importante agente integrador de discussões disciplinares e interdisciplinares voltadas à compreensão da questão socioambiental e, consequentemente, como possível articulador de um currículo escolar referenciado no conhecimento do local.

Entendíamos que cabia a esta formadora/pesquisadora, em alguma medida, provocá-los para essa percepção. Afinal, este era o desafio: propor, negociar, provocar, refletir rumo à construção de mudanças nas práticas pedagógicas e nas percepções de mundo, considerando a complexidade inerente a um trabalho orientado pela pesquisa-ação, a qual prevê, segundo Barbier (2002), a incerteza, o imprevisível, o não saber e a contradição.

E nesse processo acreditamos precisar nos valer da *escuta sensível* conforme o entendimento de Barbier, qual seja, o de que o pesquisador deve saber sentir o universo afetivo, imaginário e cognitivo do outro para compreender do interior as atitudes e os comportamentos, os sistemas de ideias e de valores. E aqui cabe lembrar também a importância da "autoescuta sensível", o saber ver-se no outro, uma vez que nas relações que se estabelecem num processo coletivo de pesquisa-ação como o nosso compartilhamos também imaginários e, portanto, significamos e somos significados reciprocamente.

Gostaríamos de destacar, mais uma vez, que não tínhamos ilusões quanto às dificuldades que encontraríamos em trabalhar coletivamente com a reflexão na e sobre a ação docente nas escolas, tendo em vista a complexidade da tarefa, bem como a diversidade de professores e de posturas. Talvez por essa razão, considerando a responsabilidade como coordenadora do processo, as práticas de orientação tenham se pautado mais por posturas diretivas, apostando num primeiro momento mais nas imitações reflexivas. Acreditávamos que, mesmo orientando/subsidiando os professores conforme fizemos, não poderíamos deixá-los "à própria sorte" em processos individuais, sob pena de perdê-los em meio aos receios e dúvidas.

Contudo, tal conduta, que poderá ser entendida por alguns como "diretivismo", não nos conduziu a perder de vista as práticas do debate e da reflexão, indispensáveis à construção coletiva de um projeto escolar, no qual discutir os pontos de vista próprios com os dos outros deve ser a tônica. Nosso objetivo foi o de buscar a *intervenção reflexiva*, bem como a *transferência crítica*, com base em Kincheloe (1997).

Cabe destacar que as orientações propositivas, ou diretivas, não foram impeditivas de atitudes autônomas por parte do professor no processo de formação contínua, tampouco levaram à mera reprodução de tais propostas. Entendemos que, ao se articularem com a prática docente, essas orientações são (re)significadas, ou (re)elaboradas por esse professor de acordo com a sua criatividade, originalidade e, portanto, ganham "propriedade" para se transformar em matéria-prima para inovações. A nosso ver, as orientações diretivas representam uma etapa importante no processo de formação/orientação de professores, mas apenas uma etapa. A esta se sucederão outras em busca de maior autonomia e criatividade, à medida que for mais bem apreendida pelos professores em formação.

Procuramos, conforme o exposto, desenvolver espaços coletivos de reflexão sobre as práticas didáticas dos professores e sobre as investigações desenvolvidas pelo grupo. Diante do nosso desafio de tratar questões socioambientais na escola, entendíamos que era fundamental aos professores perceber a importância da sua prática no processo de construção dos conceitos dos alunos, bem como a necessidade de rearticular os conteúdos escolares com a realidade destes, tendo em vista a contextualização do ensino e a possibilidade de esses alunos analisarem e se posicionarem diante de sua realidade.

Tratava-se, portanto, de desenvolver um trabalho coletivo de reflexão crítica sobre a prática pedagógica a partir da pesquisa-ensino, visando à compreensão e desenvolvimento de processos didático-pedagógicos para o estudo do meio ambiente, bem como à construção de novas formas de conceber a ação docente e entender a realidade socioambiental a nossa volta.

Objetivando contribuir com a referida direção, procuramos desenvolver nos encontros de HTPCs as seguintes estratégias:

- fomentar a participação de todos os professores, considerando (sempre) o desenvolvimento do projeto de educação ambiental da sua escola;
- verificar suas dificuldades nesse processo e refletir *com* eles a respeito disso;
- considerar a diversidade dos professores e seus diferentes pontos de vista;
- observar os avanços conseguidos, sistematizá-los e avaliá-los em conjunto, levando em conta os objetivos acordados inicialmente pelo grupo;
- sensibilizar a direção e coordenação pedagógica da escola para o apoio ao desenvolvimento do referido projeto escolar.

Cabe destacar que, obviamente, o desenvolvimento dessas estratégias não é algo simples e que, portanto, para avaliá-las é preciso considerar diferentes variáveis ou questões que influenciam nesse processo. Uma delas diz respeito às lacunas da formação inicial do professor. Este poderá ser mais crítico, autônomo e criativo em sua prática se puder contar também com uma boa formação teórica. Ou seja, um bom domínio dos conteúdos de sua área de formação, por exemplo, é indispensável para que ele estabeleça relações entre saberes na construção de novos conhecimentos. E essa construção poderá contribuir mais com o projeto da sua escola na medida em que o professor dominar seus próprios conhecimentos e práticas, dialogar com eles e refletir sobre eles. Portanto, em outras palavras, não é a orientação ou um tutor que realizará as transformações esperadas nas práticas dos professores, mas, sim, somente eles mesmos é que podem fazer isso, uma vez que forem capazes de tomá-las como objeto de reflexão crítica.

Outra questão a ser considerada diz respeito ao papel da direção escolar e coordenação pedagógica. Observamos que a participação de professores no desenvolvimento de projetos coletivos tem melhores resultados quando recebem o aval e apoio de diretores e coordenadores pedagógicos. Isso se exemplificou no nosso trabalho diante das dificuldades e burocracias que alguns professores tiveram que enfrentar para realizar, por exemplo, os trabalhos de campo nas microbacias próximas às escolas, ou melhor, para sair da escola com seus alunos. Para alguns diretores de escola, os trabalhos de campo ainda são vistos como simples "passeios" que dificultam a organização da escola, pois os professores que acompanham os alunos "acabam não dando aulas".

Considerando que a nossa proposta de trabalho com os professores previa a realização de atividades de campo com seus alunos, dificultar tais atividades equivaleria a inviabilizar os projetos escolares. Por essa razão tivemos que, como formadora/coordenadora, sensibilizar as direções e coordenações pedagógicas das escolas participantes para o apoio aos projetos, inclusive buscando a colaboração da Diretoria de Ensino do município.

Além dessas dificuldades, tivemos também que intervir junto à direção de uma escola para garantir que todos os professores interessados em participar do projeto realmente pudessem fazê-lo, pois, com base no argumento da rotatividade dos professores, apenas o professor de ciências, por ser efetivo, foi "liberado" de fato. E nesse caso somaram-se dois problemas. Primeiro porque nessa escola, tradicionalmente, "os assuntos de meio ambiente" sempre ficaram por conta do professor de ciências, ignorando-se ou minimizando-se a necessidade da participação e troca com outras disciplinas para o tratamento de uma questão complexa como a ambiental. Segundo porque, no entendimento daquela direção, a participação de outros professores (além do de ciências) e, sobretudo, não efetivos, comprometeria o funcionamento da escola e a continuidade do projeto de educação ambiental. As justificativas foram: "Se os demais professores interessados participarem desse projeto, a escola vai parar", ou ainda: "E se depois eles forem para outras escolas, como fica o projeto de educação ambiental da minha escola?".

Essas colocações trazem implicitamente uma questão interessante e contraditória: a formação é para o professor ou para a escola? Será que da forma como a escola está organizada atualmente a formação continuada em exercício e a aposta na renovação pedagógica a partir dessa formação encontram possibilidades efetivas para a transformação do cotidiano escolar?

Outra dificuldade que tivemos no início foi conseguir reunir todos os professores participantes do projeto em suas respectivas escolas nos horários de trabalho pedagógico coletivo (HTPCs). Embora isso pareça curioso, tendo em vista que esses espaços teoricamente são (ou deveriam ser) para encontro de todos e utilizados para finalidades como essas, na prática, tivemos que cobrar da escola o cumprimento desse horário para garantir a participação de todos.

Outra questão, a nosso ver, muito importante a ser considerada diz respeito à compreensão dos professores sobre as orientações oficiais para a prática pedagógica com o tema meio ambiente.

Levando em consideração os objetivos do nosso trabalho, foi necessário verificar junto aos professores se as concepções expressas nos documentos oficias para trabalho com o tema meio ambiente na escola, tais como "contribuir para a formação de cidadãos conscientes, aptos para decidirem e atuarem na realidade socioambiental de um modo comprometido com a vida e com o bem-estar de cada um e da sociedade local e global" (tema transversal meio ambiente, 1998), realmente integravam suas práticas pedagógicas ou se, na verdade, se colocavam como um desafio ao grupo a ser construído.

Como a nossa proposta de trabalho incluía o uso de recursos de sensoriamento remoto para o estudo do meio ambiente local/regional, era imprescindível que os professores tivessem claro, por exemplo, as relações entre diferentes escalas espaciais como suporte para o trabalho pedagógico com tais recursos. Ou seja, compreendessem, por exemplo, conforme as orientações oficiais para o estudo do tema meio ambiente, a importância de

> transitar do local ao global e vice-versa; do ambientalmente equilibrado e desejável ao degradado e poluído, para que se percebam suas relações e se sinta a necessidade de se resolver os problemas; indicar medidas necessárias e discutir responsabilidades; propor possíveis contribuições individuais e coletivas para a solução ou minimização de tais problemas, sustentadas no conhecimento e na informação (tema transversal meio ambiente, 1998).

Com esses exemplos, estamos querendo dizer que, se os professores não conhecem e/ou não têm clareza sobre as orientações oficiais para o trabalho com o tema, como podemos esperar que essas orientações façam parte, de fato, de suas práticas pedagógicas?

Essa questão se aplica também à compreensão dos professores sobre o papel da educação ambiental nesse processo. Precisávamos, em nosso trabalho, ir "além das hortas escolares", ou das comemorações de datas como o Dia da Árvore ou Dia da Água, por exemplo, muito comuns no universo da educação ambiental escolar. Ou, em outras palavras, necessitávamos ampliar as concepções de meio ambiente e de educação ambiental dos grupos de professores como condição para o desenvolvimento de projetos escolares condizentes com os objetivos propostos.

Trabalhamos com os professores na perspectiva de conceber a educação ambiental como um instrumento para a compreensão e conscientização sobre questões/problemas da realidade socioambiental, cujo desenvolvimento, sobretudo nas escolas, se constitui em uma das mais sérias exigências educacionais contemporâneas para o exercício/construção da cidadania. Nesse sentido, procuramos destacar a sua importância e trabalhar na perspectiva do desenvolvimento de projetos de educação ambiental voltados à formação de cidadãos críticos e participativos.

Contudo, o que observamos, sobretudo no início dos diálogos com os professores, foi certo "descompasso" entre as orientações oficiais e a prática escolar e, em alguns casos, percebemos que não se tratava de discordância, mas sim de incompreensão das propostas, ou até mesmo de desconhecimento das mesmas. Esse descompasso, por sua vez, tem suas implicações na dissociação entre teoria e prática escolar na medida em que, muitas vezes, conforme observamos, o discurso do professor é um e a sua prática pedagógica é outra.

Destacamos aqui essas questões porque foram as que mais se explicitaram no nosso cotidiano de formação contínua com a pesquisa-ensino, bem como porque entendemos que "lidar com elas" se coloca como condição indispensável ao desenvolvimento de projetos escolares na perspectiva proposta.

CONTRIBUIÇÕES E PERSPECTIVAS

Os projetos escolares de educação ambiental oportunizaram tanto o desenvolvimento da pesquisa-ensino como a construção da consciência socioambiental, contribuindo com a formação de cidadãos críticos e participativos em relação a seu ambiente. Isso porque, com referência nos pressupostos da pesquisa-ação, esses projetos contemplaram três aspectos fundamentais: fomentaram a reflexão e a busca de alternativas pelos próprios docentes para os problemas postos pela prática escolar; auxiliaram na tomada de consciência[1] de professores e alunos diante de questões da realidade socioambiental estudada, bem como promoveram a produção de conhecimentos resultantes desse processo.

Considerando que a formação de uma consciência ambiental implica um trabalho de construção da cidadania, propusemos em Guarulhos a criação de *núcleos de cidadania* nas escolas, como "espaços" para reflexão coletiva sobre os resultados e desdobramentos dos projetos de educação ambiental na escola e comunidade. Formados por professores e alunos, os núcleos de cidadania têm por objetivo promover o diálogo entre a escola, a comunidade local e o poder público municipal, entre outros parceiros, tais como ONGs, visando à discussão e ao encaminhamento de propostas escolares para a melhoria da qualidade de vida na área de estudo, com base nos projetos escolares desenvolvidos.

---

[1] Consciência aqui entendida no sentido proposto por Paulo Freire (1983), em Pedagogia do oprimido, que implica o movimento dialético entre o desvelamento crítico da realidade e a ação social transformadora.

Esses núcleos visam promover a participação de diferentes atores sociais no desenvolvimento de parcerias e ações voltadas à busca de soluções conjuntas para os problemas locais diagnosticados nos projetos escolares, como auxílio na definição de políticas públicas organizadas democraticamente. Outro objetivo é o de atuar como "espaços educativos da comunidade", tendo por objetivo a multiplicação de conhecimentos produzidos pelo desenvolvimento dos projetos escolares de educação ambiental aos moradores das microbacias estudadas. Para a realização dessa atividade, foi criada a figura do *agente ambiental escolar*. Esse agente (aluno participante do projeto de educação ambiental) tem por meta a elaboração de ações socioeducativas voltadas à conscientização ambiental da sua comunidade.

Para a apresentação de resultados dos projetos de educação ambiental desenvolvidos pelas quatro escolas participantes do processo de formação dos professores em exercício, realizamos (escolas, prefeitura de Guarulhos/SAAE e parceiros) o encontro intitulado 1º Seminário de Trocas Metodológicas em Educação Ambiental para Políticas Públicas. Nesse evento, professores e alunos apresentaram os diagnósticos socioambientais elaborados sobre as microbacias estudadas, bem como os produtos, tais como jogos e outros materiais didáticos, e procedimentos metodológicos desenvolvidos por suas escolas para o estudo do ambiente. Expuseram, ainda, suas propostas para a melhoria da qualidade de vida na região estudada, em contribuição ao desenvolvimento dos núcleos de cidadania.

Concluímos que os procedimentos didáticos experimentados pelos professores, orientados pela reflexão sobre suas práticas e consubstanciados na pesquisa-ensino, possibilitaram-lhes aprender enquanto ensinavam. Isso porque o ensino escolar, como processo de comunicação específico, estabelece relações sociopedagógicas entre alunos e professores capazes de colocar os diferentes conhecimentos de que são portadores em um circuito aberto e contínuo, baseado no diálogo e orientado pela reflexão/ação. Esse processo contempla uma concepção de conhecimento integrado, segundo a qual é possível e desejável alcançar e/ou construir o saber a partir de variados e diferentes "nós da rede", em uma malha na qual o conhecimento se tece e se apresenta. No caso dos procedimentos desenvolvidos em Guarulhos, é possível identificar isso:

- Na formação em exercício dos professores, nas geociências, na educação socioambiental, na tecnologia de sensoriamento remoto, nas imagens de satélite, nas fotografias aéreas, nos mapas, nos trabalhos de campo e estudos do meio, no currículo, na interdisciplinaridade, na contextualização, na cidadania – alguns dos "nós" dessa rede de intermináveis cadeias que é o conhecimento.

- Nos processos de pesquisa e desenvolvimento dos projetos escolares de educação ambiental, uma das funções sociais da escola como centro socializador/construtor/irradiador de conhecimentos e promotor de novos comportamentos.

Com referência na análise das práticas pedagógicas desenvolvidas podemos, em síntese, inferir alguns parâmetros capazes de conformar novos modos de formação continuada de professores em exercício, quais sejam:

- construir coletivamente um projeto de trabalho considerando o diálogo entre diferentes saberes;

- aprender por meio da reflexão individual e coletiva, levando em conta os problemas postos pela prática;

- criar tempo e espaço para reflexões, bem como para o desenvolvimento de inovações didáticas;

- compartilhar problemas, angústias, criações e êxitos com o grupo.

O desenvolvimento desses parâmetros na escola pressupõe, a exemplo dos projetos escolares de educação ambiental desenvolvidos, a adoção de alguns princípios à prática pedagógica, quais sejam:

- a importância da formação do professor investigador e crítico;

- a importância da pesquisa-ensino como uma modalidade de pesquisa-ação na prática docente;

- a valorização do trabalho em grupo e a troca de experiências, bem como o respeito às diferenças e o desenvolvimento de atitudes solidárias e éticas;

- a prática interdisciplinar, de forma a possibilitar enfoques de ensino e aprendizagem globalizadores/integralizadores;

- a flexibilização da estrutura escolar, visando a um modelo interativo capaz de dar conta das articulações necessárias ao tratamento dos problemas socioambientais;

- a contextualização do conhecimento escolar a partir do desenvolvimento de trabalhos de campo e estudos do meio, enfocando dialeticamente o local/global;

- a construção ativa do conhecimento tendo em vista a participação em busca de soluções para os problemas socioambientais estudados, enquanto exercício de cidadania.

Do exposto, destacamos a importância e contribuição do desenvolvimento da pesquisa-ensino tanto para a formação de professores e transformação de práticas pedagógicas como, a partir destas, para a construção de novas formas de conceber as relações da docência com o conhecimento, com a escola e com a realidade em que vivemos.

REFERÊNCIAS BIBLIOGRÁFICAS

BARBIER, R. *A pesquisa-ação*. Brasília: Plano Ed., 2002.

BRASIL-MEC. Tema transversal meio ambiente. In: *Parâmetros Curriculares Nacionais*. Brasília: MEC/SEF, 1998.

COCHRAN-SMITH, M.; LYTLE, Susan L. *Dentro/fuera*; enseñantes que investigan. Madrid: Ediciones Akal, 2002.

COMPIANI, M. et al. Parceria entre universidade e escola pública para a formação continuada de professores do Ensino Fundamental com temas de geociências. In: Encontro Nacional de Pesquisa em Ensino de Ciências (Enpec), 3, Anais. CD-ROM. Atibaia: Abrapec, 2001, 12 pp.

ELLIOTT, J. *La investigación-acción en educación*. Madrid: Ed. Morata, 1994.

FREIRE, P. *Pedagogia do oprimido*. 12. ed. Rio de Janeiro: Paz e Terra, 1983.

KINCHELOE, J. L. *A formação do professor como compromisso político*. Porto Alegre: Artes Médicas, 1997.

PENTEADO, H. Pesquisa-ensino e formação de professores. In: PENTEADO, H.; GARRIDO, E. (orgs.). *Pesquisa-ensino*; a comunicação escolar na formação do professor. São Paulo: Paulinas, 2010.

PÉREZ-GOMES, A. O pensamento prático dos professores. In: NÓVOA, A. (org.). *Os professores e a sua formação*. Lisboa: Dom Quixote, 1995.

SANTOS, V. *Formação de professores para o estudo do ambiente;* projetos escolares e a realidade socioambiental local. (Tese de doutorado.) Campinas: Instituto de Geociências, Unicamp, 2006.

_____. *Escola, cidadania e novas tecnologias*; o sensoriamento remoto no ensino. São Paulo: Paulinas, 2002.

SCHÖN, Donald A. Formar professores como profissionais reflexivos. In: NÓVOA, A. (coord.). *Os professores e sua formação*. Lisboa: Dom Quixote, 1995.

_____. *La formación de profesionales reflexivos*; hacia un nuevo diseño de la enseñanza y el aprendizaje en las profesiones. Barcelona: Ed. Paiodós, 1992.

CAPÍTULO 13

Pesquisa-ensino na formação do professor-pesquisador: (re)leitura de uma experiência docente

MIRIAM DARLETE SEADE GUERRA

INTRODUÇÃO

Este capítulo tem por objetivo relatar a experiência de formação de professores que foi alvo de análise em minha tese de doutorado defendida na Faculdade de Educação da Universidade de São Paulo – experiência de professora-pesquisadora de meu próprio ensino, através de uma vivência concreta da metodologia de pesquisa-ensino. Entendo esta como uma das "múltiplas possibilidades de abordagem da pesquisa-ação, que propiciam diferentes aproximações do fenômeno 'ensino' que pretendemos melhor conhecer", como afirma Penteado (2008, p. 104).

Essa experiência consistiu em trabalhar a disciplina didática em um curso de licenciatura plena em pedagogia – *Magistério da Educação Infantil e Magistério das Séries Iniciais do Ensino Fundamental* – para professores em exercício do magistério, que se deu na Universidade Federal de Mato Grosso do Sul (UFMS), entre 1999 e 2004, atendendo em torno de duzentos e sessenta professores sem formação em nível superior. O projeto foi implantado em decorrência da promulgação da Lei de Diretrizes e Bases da Educação Nacional (LDB), n. 9.394, sancionada em 20 de dezembro de 1996, a qual não só trouxe mudanças significativas no cenário educacional, como provocou a demanda de formação em nível superior, por parte de secretarias municipais de educação, para docentes integrantes de suas redes, ainda sem essa formação, no nosso Estado.

Esse curso aconteceu em etapas, nos meses de janeiro, fevereiro, julho, nos feriados da semana santa e de outubro. Nesses períodos, os alunos tiveram atividades presenciais com uma carga de dez ou oito horas/aula por dia, no *campus* de Aquidauana, cumprindo-se, assim, 70% da carga horária de cada disciplina. Os outros 30% foram completados com leituras complementares e elaboração de trabalhos, o que poderia ser caracterizado como "atividade de ensino orientada a distância".

Uma característica marcante do curso foi sua oferta durante o período não letivo do exercício da docência dos alunos.[1] Para frequentá-lo, a maioria dos alunos-mestres saía de suas casas por volta das 4h da manhã todos os dias, de segunda a sábado, e retornavam mais ou menos às 9h30 da noite. Almoçavam na faculdade a comida que preparavam de madrugada. Quando chegavam em casa, ainda tinham todos os afazeres domésticos a serem realizados. Outros saíam de suas casas, deixavam suas famílias e alugavam, em grupo, casas em Aquidauana para o período do curso. Ali eles preparavam, de forma improvisada, no horário de almoço ou jantar, as suas refeições.

Eu tinha por encargo trabalhar a didática num curso de formação de professores com alunos que já eram professores, e oriundos de diferentes culturas: índios, assentados e professores urbanos, em um tempo e espaço determinados. Essa situação fez com que eu assumisse o "papel de formador acadêmico-pesquisador", o que me levou a buscar superar a

> dicotomia de papéis: "pesquisador-professor e professor-pesquisador", que ficará assim configurada como uma etapa histórica nesse eterno processo de construção de cultura docente rumo ao "professor-criador" e à indissolubilidade da cultura na formação do professor cidadão e do aluno cidadão (Penteado, 2007, p. 5).

A disciplina didática, no caso em questão, foi por mim ministrada entre os anos 2000 e 2002. Naquele momento nós, professora e alunos, fomos "autores" e "atores" de um mesmo trabalho, ainda que tenhamos vivenciado situações e papéis diferentes. O que significa que esse caminho não foi percorrido solitariamente. Embora a pesquisa tenha consistido numa iniciativa individual, analisando minha própria ação (Penteado,

---

[1] Estarei a partir de agora me referindo a eles como alunos-mestres, ou professores em formação, ou ainda professorandos, uma vez que todos já exercem a docência.

2007), a ação docente, como uma prática social que é, também foi desenvolvida por inúmeros coautores: meus alunos-mestres.

Nesse curso de pedagogia, a didática foi dividida em duas disciplinas: didática I e didática II. A didática I teve duas etapas presenciais.

Essas disciplinas tinham fundamentalmente como objetivo a reflexão sobre a prática pedagógica exercida em sala de aula, de modo que ela pudesse ser transformada e se efetivasse numa prática docente libertadora e comunicacional de ensino, deixando para traz uma forte tendência tradicionalista com que, pressupunha, os alunos-mestres já exerciam sua docência.

De acordo com Canário, o "papel da experiência nos processos formativos" é fundamental para que ocorra uma ruptura com as fortes estruturas da escola tradicional. Ele apresenta, ainda, como base de sua argumentação sobre formação de professores, duas teses: "a primeira é a de que os professores aprendem a sua profissão nas escolas, e a segunda (que decorre da primeira) é a de que o mais importante na formação inicial [e não só nesta] consiste em aprender com a experiência" (2001, p. 1).

Esse autor sugere também que a "revalorização epistemológica da experiência" num processo de formação tem muito a ver com o "conceito de alternância", vinculando "a existência de um movimento pendular de vaivém entre dois espaços fisicamente distintos: por um lado, a escola profissional (de formação), por outro lado, o contexto do exercício profissional (da situação de trabalho)" (Canário, 2001, p. 9).

Tendo a convicção de que era importante a revalorização da experiência docente num processo de formação em serviço, apostei que isso seria possível no Ensino Superior, com alunos que, no caso do curso de pedagogia da UFMS, viviam a experiência docente. O objetivo era levá-los a refletir sobre essa experiência docente, problematizá-la, além de conscientizá-los da realidade em que estavam inseridos e, assim, instrumentalizá-los para que retornassem às suas práticas modificando-as, a partir de uma elaboração ou reelaboração teórica que propiciasse uma intervenção didática de qualidade junto a seus alunos.

Mas, para isso, foi preciso que eu tivesse "na docência investigativa" a minha referência. Durante todo o processo, fez-se necessário refletir sobre o que vinha acontecendo em sala de aula, questionando e (re)elaborando.

A formação de professores apoiada nessas concepções tem como eixo a reflexão sobre práticas pedagógicas, procurando extrair referenciais teóricos denominados por Zeichner (1993) "teorias práticas".

Essa é uma opção metodológica em que assumimos a intenção político-pedagógica de transformação de práticas docentes, em que o professor se percebe como sujeito do processo ensino-aprendizagem. Existe a possibilidade de uma construção reflexiva do conhecimento que o fundamenta, mas que fica implícito quando detemos nosso olhar na prática. Porque o conhecimento implícito, que está oculto, apenas se esclarece, se explicita, pelo exercício da reflexão. Partindo de Zeichner (1993), posso afirmar que não é a prática que ensina, mas a reflexão sobre ela.

O fator que produz a mudança é o exame da prática, conduta indagativa e problematizadora feita à luz de um referencial externo a tal prática. Isto é, um conjunto de teorias e de paradigmas que permitam observar essa prática para além dela mesma, tendo em vista o que com ela se quer alcançar. É essa consciência sobre a prática pedagógica centrada na revalorização da experiência que leva o professor a avançar em seus conhecimentos.

A (RE)LEITURA DE UMA EXPERIÊNCIA DOCENTE

Documentos e recursos

Para a reconstituição e análise dessa experiência, servi-me dos seguintes documentos e recursos:

- planos de ensino das disciplinas didática I e II;
- propostas de trabalho apresentadas às turmas das disciplinas didática I (1ª e 2ª etapas) e didática II;
- anotações feitas durante as aulas;
- trabalhos produzidos pelos alunos nas aulas e nas atividades extraclasse:

– trabalho sobre a concepção de didática. Nele, pedia aos alunos-mestres que, em grupo, me respondessem as seguintes questões: O que entende por didática? O que espera dessa disciplina?

– trabalho sobre a reflexão da prática. Neste, os professores responderam: Para quem ensino? Por que eu ensino? Por que ensino como eu ensino?

– trabalhos de elaboração do "esboço" do projeto público pedagógico de suas escolas:

• avaliação dos alunos-mestres elaborada ao final de cada etapa:

– se os temas abordados foram importantes; se cresceu enquanto profissional;

– o que gostaria de acrescentar e/ou salientar;

– sobre o desempenho do docente de didática;

– sobre seu próprio aproveitamento no processo de ensino; como era e como passou a ser após essa etapa do curso; sobre a programação das disciplinas didática I e II.

Ao iniciar as etapas das disciplinas, apresentava aos alunos-mestres a minha proposta de trabalho, e nesta sempre trazia um poema para ser lido e refletido em sala de aula. A arte (literatura nesse caso) mobiliza a apreensão afetiva do tema em foco, possibilitando a revelação de novos aspectos.

Registro do processo de pesquisa-ensino

Na primeira etapa da didática I, comecei com o poema "Muletas", de Bertold Brecht:

> Há sete anos, eu não dava nem um passo.
> Quando a um bom médico fui consultar,
> Ele indagou: – Para que essas muletas?
> E eu disse: – Não posso andar.
> Ele disse: – Com esses dois trambolhos
> a atrapalhá-lo, não é de se estranhar.
> Pois ande, caia, rasteje, engatinhe,
> tenha a bondade de experimentar!...

Em seguida, pedi que me indicassem a mensagem do poema. Muitos fizeram colocações e, na maioria das vezes, interpretaram como "uma lição para nós professores, que ficamos acomodados no nosso dia a dia, fazendo as coisas sempre iguais, com medo de quebrarmos a muleta e sairmos andando com as próprias pernas; não buscando a nossa autonomia dentro da sala de aula, não transgredindo regras". Alguns entendiam que o curso de pedagogia de que estavam participando fazia o papel do médico que quebrou as muletas. Algumas vezes de forma dócil, outras com crueldade, já que muitas convicções anteriores foram jogadas por terra, surgindo outras novas, ou nem tão novas, mas sempre suscitando a reflexão.

A segunda etapa da didática I começou com a reflexão do poema de Thiago de Mello:

> Não, não tenho caminho novo.
> O que tenho de novo é o jeito de caminhar,
> Aprendi (o caminho me ensinou) a caminhar,
> Cantando como convém a mim e aos que vão comigo,
> Pois já não sou mais sozinho.

Os alunos-mestres disseram que, embora o caminho fosse o mesmo de sempre, deveria ser percorrido com alegria e, principalmente, com o outro. Eu comentei que havia colocado aquele poema como nossa reflexão inicial para dizer-lhes que não existe um caminho novo para a aula, que aula é aula. No entanto, há novos companheiros ou (novos alunos) que sempre oportunizam uma forma nova e própria de fazer esse caminho, essencialmente pela motivação sempre renovada a cada nova turma, como a que me movia a eles, fundamentalmente, porque agora já não era sozinha, pois tinha neles pares, companheiros dessa jornada.

Comecei a docência da didática II com o poema de Edson Marques, "Mude":

> Mude, mas comece devagar,
> porque a direção é mais importante que a velocidade.
> [...] Veja o mundo de outras perspectivas.
> [...] Não faça do hábito um estilo de vida.

[...] Tente o novo todo dia.
[...] Se você não encontrar razões para ser livre,
invente-as.
Seja criativo.
[...] Você certamente conhecerá
coisas melhores e coisas piores do que as já conhecidas,
mas não é isso o que importa.
O mais importante é a mudança,
o movimento, o dinamismo, a energia.
Só quem está morto não muda!
Repito por pura alegria de viver:
a salvação é pelo risco,
sem o qual a vida não vale a pena!!!!

Iniciei o trabalho dizendo a eles: vou "ousar". "Ousar" exatamente porque os conhecia. Então resolvi mudar... Mudar o quê? Mudar como? Fazendo uma proposta de trabalho em que teoria e prática estariam intimamente ligadas: em que a prática iria informar a teoria e esta seria alimentada pela prática em uma espiral sem fim.

A partir dessas reflexões introdutórias, procurei sempre realizar trabalhos coletivos que levassem os meus alunos-mestres a refletirem sobre a sua própria prática pedagógica, para que, ao pensarem sobre ela, pudessem teorizá-la à luz de um referencial já sistematizado, sugestivo de mudanças em sua docência. Essa dinâmica de trabalho me propiciou conhecer cada vez mais os meus alunos, os alunos deles, a realidade deles, as suas concepções, os seus medos e anseios. Para tanto, amparei-me em diferentes textos acadêmicos, assim como em textos literários, filmes e figuras.

Registrando o processo de pesquisa-ensino: didática I

A partir do primeiro dia de aula, fiz um registro intenso de todas as atividades realizadas, assim como um arquivo dos trabalhos elaborados e das avaliações realizadas ao final de cada etapa, a fim de que pudesse ter material que me fornecesse dados para afirmar que a minha experiência docente constituiu uma modalidade de pesquisa-ensino, uma vez que Penteado afirma:

Denomina-se pesquisa-ensino a pesquisa realizada, durante e como ato docente, pelo profissional responsável por essa docência. Essa atuação visa à vivência de condutas investigativas no exercício da docência, que permitem exercê-la como um processo criativo do saber docente (2006, p. 3).

Um exemplo que caracteriza bem essa situação foi quando, para dar início às nossas atividades da disciplina e para conhecer a concepção de didática dos alunos-mestres, pedi que respondessem, por escrito, espontaneamente, e em grupo: O que entende por didática? O que espera dessa disciplina?

Informei a eles que esse questionamento era feito porque precisava me situar na concepção de didática que nutriam, para tomá-la como ponto de partida de nosso trabalho. As respostas foram recolhidas para posterior exame.

A análise das respostas deixa entrever uma dupla compreensão da didática: ora como técnica, como "receita de como ensinar bem", ora como método. Ilustram essa afirmação as seguintes respostas: "É o conjunto de técnicas sistematizadas que usamos para aplicar no ensino-aprendizagem", "Um método para se aprender a trabalhar a prática e a teoria juntas", "Na parte educacional, essa disciplina dará suporte para que os profissionais em educação consigam estudar diversas técnicas e pô-las em prática de forma a obter resultados de forma segura e consciente", "Esperamos que venha a aperfeiçoar e enriquecer os nossos conhecimentos e que traga novos métodos para a nossa vida profissional".

A partir da concepção levantada junto a eles, a partir do que entendiam por didática, foi que conduzi o trabalho que se deu posteriormente. Depois de um dia de aula, devolvi as folhas de respostas já lidas e com os meus comentários por escrito.

Fizemos uma discussão a respeito do conceito de didática e, com base nessa reflexão coletiva, pedi que reescrevessem suas respostas.

Recolhi os trabalhos para novo exame. Fiz a avaliação do novo texto atribuindo conceitos que variaram de A a D. Aqueles que receberam o conceito D tiveram a incumbência de reescrever o texto. As respostas que resultaram dessa atividade revelaram um conceito em transformação, comparado com o explicitado na atividade inicial do curso, como ilustram as seguintes respostas:

> Didática é uma disciplina inserida na pedagogia, que estuda o processo de ensino e assegura o fazer pedagógico na escola, englobando uma dimensão político-social e técnica. É uma matéria indispensável na formação de professores, auxiliando nas atividades de ensino.

> A didática é uma das disciplinas da pedagogia que estuda a organização da situação de aprendizagem e educação para o aluno. Podemos dizer que ela representa, antes de tudo, uma tomada de decisão em torno do que é conveniente para o homem, o aluno, na situação educacional em que ele se encontra.

Com esse novo conceito de didática em construção, destaco na minha ação docente mais uma característica da pesquisa-ensino, que

> ... abrange uma interação docente, do professor com seus alunos, mediada pelo saber escolar, e que é simultaneamente assumida como interação de pesquisa indagativa, problematizadora do ato de ensinar (Penteado, 2006, p. 3).

Propus, então, uma atividade de reflexão sobre fundamentos da didática, seus pressupostos e sua relação com a pedagogia. Os alunos presentes acomodaram-se espontaneamente em grupos para, durante uma hora, ler um texto e destacar a ideia principal que gostariam de que fosse debatida. Distribuí os seguintes textos: "Fundamentos humanos da didática" (Schmitz, 1984); "Pressupostos teóricos da didática" (Candau, 1996); "Pressupostos teóricos para o ensino da didática" (Candau, 1985); "A revisão da didática" (Candau, 1996); "Pedagogia e didática" (Ghiraldelli, 1996).

A seguir, os grupos com textos iguais se juntaram para o debate das ideias selecionadas e a definição do que deveria ser mostrado a toda a classe, dispondo de uma hora para isso. Foi escolhido um representante de cada grupo para a apresentação dos resultados à classe.

Uma segunda atividade proposta foi estudarmos o texto "Didática: uma retrospectiva histórica" (Veiga, 1995). Fizemos uma leitura em voz alta, o que consistiu em organizar a classe em círculo e cada um ir fazendo a leitura de um trecho. Quando alguém tinha alguma dúvida ou comentário dizia "destaque"; então se interrompia a leitura e procedíamos à discussão da questão levantada.

Escolhi esse texto por causa do enfoque cronológico sobre o desenvolvimento da didática, uma vez que a autora o estrutura em

> duas partes: na primeira, é abordado o papel da disciplina antes de sua inclusão nos cursos de formação de professores em nível superior, compreendendo o período que vai de 1549 até 1930; a segunda parte procura reconstituir a trajetória da didática a partir da década de 1930 até os dias atuais (Veiga, 1995, p. 25).

Em uma terceira atividade, fizemos um seminário de dúvidas. Os alunos, divididos em grupos, leram o texto de Olga Damis (1995), "Didática, suas relações, seus pressupostos", para elaborarem dúvidas ou questões a serem discutidas no grupo classe.

Esse seminário conduziu a uma conclusão unânime nos grupos: em cada período histórico a educação, e por consequência a didática, esteve a serviço de uma dada classe dominante, mas, apesar disso, foi sempre possível um "espaço para a transformação" (Damis, 1995, p. 15).

Essa breve retrospectiva de como tem se dado a educação no Brasil, com ênfase, mais especificamente, na formação didática de professores, foi importante para que os alunos-mestres pudessem ter melhor compreensão dos problemas atuais que enfrenta o sistema escolar, as diferentes posturas que vêm sendo assumidas pelos professores, e até mesmo perceber como, e se, essa formação de professores que se vem realizando tem levado a uma democratização do ensino. A partir daí se pode entender quem, na relação de poderes politicamente estabelecida ao longo da história, foi "beneficiado" ou "penalizado".

Ao propor o estudo da sala de aula, tivemos um momento para reflexão e produção coletiva de conhecimento. Depois, dividimos a classe em oito grupos para a leitura de um dos capítulos do livro organizado por Regis de Morais (1986), – *Sala de aula: que espaço é esse?* –, focalizando os seguintes capítulos: "Sala de aula: uma aprendizagem do humano" (Novaski, pp. 11-16); "Entre a jaula de aula e o picadeiro de aula" (Morais, pp. 17-30); "Sala de aula ou o lugar da veiculação do discurso dos oprimidos" (Araújo, J. C. S., pp. 39-50); "A sala de aula: o lugar da vida?" (Taveira, pp. 51-58); "A sala de aula como espaço para o jogo do saber" (Marcellino, pp. 59-70); "Sala de aula: intervenção no real" (Sanfelice, pp. 83-94); "A turma de trás" (Brandão, pp. 105-122). A esses artigos foi acrescido o texto "Na dinâmica interna da sala de aula: o livro didático" (Caporalini apud Veiga, 1995, pp. 97-129).

Todos os grupos leram e discutiram os textos. Pedi que os relacionassem com as suas salas de aula. Finalizaram expondo à classe um painel que organizaram, registrando as impressões e opiniões tecidas.

Os alunos-mestres, assim como os textos trabalhados, deram muita ênfase ao significado de que "educar é estar com o outro", de que não tem sentido uma educação que estimule a competitividade pela competitividade, afastando as pessoas umas das outras. E, assim, pude aproximar a aula de didática do cotidiano desses professores, trazendo suas salas de aula para serem consideradas e pensadas na universidade, com seus pares, com sua professora, à luz de um referencial teórico já elaborado. A postura de professora-pesquisadora, na perspectiva da pesquisa-ensino:

> ... propicia um tipo de relação dos alunos entre si, com o conhecimento e com o professor, adequada ao ensino de uma conduta indagativa diante do real e do que se afirma sobre o real, introduzindo todos os envolvidos no processo, no exercício de autonomia intelectual e na necessidade de socialização do conhecimento, que vai, desse modo, sendo apreendido como sempre parcial, sempre em construção (Penteado, 2006, p. 3).

O conteúdo da aula sobre a formação do educador e seu papel teve como objetivo (re)pensar a formação, inclusive esta pela qual eles estavam passando: como ocorre, quais as falhas, os pontos positivos. Nesse dia, chamei a atenção dos alunos-mestres para a importância de se cursar o ensino universitário, não só para atender a uma exigência legal que vem sendo imposta para o ingresso na carreira do magistério, mas, principalmente, pela necessidade de se buscar uma transformação na escola que leve a um ensino de qualidade para todos, uma vez que essa formação deve não só chamar "a atenção para a importância da percepção clara e consciente, por parte dos professores, de sua posição e de seu trabalho, dentro da atual composição de forças do processo produtivo" (Lüdke apud Candau, 1996, p. 72), como também para o papel da didática nessa formação.

Após esses comentários introdutórios, foram formados sete grupos para discutir os seguintes textos: "O educador: um profissional?" (Lüdke apud Candau, 1996); "A formação do educador numa perspectiva multidimensional" (Candau, 1996); "O papel da didática na formação do educador" (Luckesi apud Candau, 1985); "A relação teoria/prática na formação do educador" (Candau e Lelis apud Candau, 1996); "A dimensão técnica da prática docente" (Candau, 1996); "A metodologia enquanto ato político" (Candau, 1996); "Formulação de objetivos de ensino" (Reznik e Ayres apud Candau, 1996).

Todos os grupos montaram painéis com as conclusões das discussões e apresentaram para a sala. De forma geral, o que esses painéis trouxeram à tona foi a dicotomia entre teoria e prática na formação do educador.

Essas foram situações de ensino em que me utilizei de textos acadêmicos, mas procurei organizar também outras, que pudessem provocar confrontos com a realidade de sala de aula através de imagens.

Ao trabalhar o conteúdo "o processo de ensino", dividi a sala em duplas, e os alunos se posicionaram de costas um para o outro. Um dos sujeitos da dupla ficava com um desenho basicamente formado por figuras geométricas (eram dois tipos de figura) e o outro com uma folha de sulfite em branco e um lápis. Quem estava com o desenho deveria descrever o mais fielmente possível a figura que tinha em mãos, enquanto o outro teria que desenhá-la (sem ver o original). Para isso, tiveram quinze minutos. Depois, criaram um mural (flanelógrafo – no papel pardo) expondo, lado a lado, a figura referencial e o desenho. Todos se espantaram com as figuras e o desvio, ou não, do original.

Em seguida, fez-se a discussão: Eu ensinei? Como ensinei? Por que a outra pessoa não entendeu? Procuramos transferir esse questionamento para as nossas salas de aula. Surgiu uma discussão rica, na qual pudemos perceber, então, que estávamos assumindo uma postura tradicional de ensino: a de apenas transmitir informações para serem reproduzidas no dia da prova, entendendo que deveríamos, como diz Paulo Freire, "depositar" em nossos alunos os conhecimentos e habilidades que foram acumuladas pela humanidade. E qual não é a nossa decepção quando, na prova, os alunos não correspondem àquilo que estamos esperando? Então nos perguntamos: Por que ele não aprendeu? Mas eu expliquei, falei tanto... Como não entendeu?

Pudemos vivenciar que, na verdade, a postura que estávamos apresentando era a de transmitir – e o aluno deveria apenas assimilar o conteúdo transmitido para então reproduzi-lo –, deixando de lado o verdadeiro papel do educador: de "mediador" entre o aluno e o objeto de conhecimento. Ou seja, o de propiciar aos alunos a aprendizagem/assimilação/produção/(re)construção do conhecimento. Compreendemos que olhávamos o objeto de conhecimento através de nossas "lentes" e queríamos que os alunos se adequassem a nossa visão. Queríamos que eles tivessem as mesmas lentes, para poder ver o conhecimento da mesma forma, como se cada um de nós não possuísse uma história de vida marcada por fatores que nos faziam ter "lentes" diferenciadas e, portanto, olhares diferentes para um mesmo objeto.

Seguramente outras teriam sido as respostas, se os portadores dos desenhos tivessem colocado na mão de quem estava com as folhas em branco as próprias figuras geométricas (objetos do conhecimento), solicitando, por exemplo, que registrassem o que viam e perguntando: Conhecem alguma coisa com essa mesma forma? Qual o nome da figura que veem? etc.

O passo seguinte foi fazer a leitura em voz alta, alternando os leitores, do texto "O pedagogo e a didática" (Balzan apud Resende, 1979). Esse texto relata três situações de ensino-aprendizagem, em três diferentes níveis de ensino, com grupos de indivíduos de idades diferentes. Fizemos, então, a discussão das sensações deixadas pela leitura.

A reflexão sobre a leitura não nos fez perder de vista a atividade anterior (das figuras geométricas) e a discussão por ela gerada: Como ensino? Que uso faço do livro didático? Qual a participação dos alunos no processo de ensino-aprendizagem? Levando-nos a indagar: Que fatores faziam com que a minha aula se parecesse com as tradicionais: "repetitiva, monótona, sem nenhuma ligação com o momento atual"?, conforme consideração de Balzan, em seu texto (p. 37). Que tipo de controle exercia sobre meus alunos? De que recursos me servia para tornar minhas aulas interessantes e significativas? Proporcionava-lhes a possibilidade de levantarem hipóteses sobre determinado assunto? Utilizava e permitia que usassem a criatividade? Estimulava-os a pensarem, problematizando as situações de aprendizagem, ou fazia deles sujeitos passivos e acríticos?

Além disso, o texto procura destacar o significado da didática, indagando inicialmente se a aula expositiva é mesmo imprescindível, ou se pode ser uma 'opção' dentre muitas outras estratégias de ensino. Ressaltando, porém, que não se trata apenas de "renovação pedagógica", mas sim de "construir algo realmente significativo".

Concluímos que "a didática tem como função levar o indivíduo em formação docente a pensar nas alternativas que ele pode ter para ser um mediador da aprendizagem no processo de educação escolar que sirva à causa da transformação".

Além da leitura de textos, também incentivei os alunos-mestres a produzirem seus próprios textos. Procedemos, então, à reflexão sistemática e coletiva da prática pedagógica: em grupo, os alunos-mestres elaboraram um texto, levando em conta as situações concretas vivenciadas em seu cotidiano, respondendo às questões: Para quem ensino? Por que ensino? Como ensino?

Nesse momento estávamos assumindo que tínhamos uma forte motivação que nos levava a querer transformar a prática docente exercida em nossas salas de aula: queríamos uma educação melhor e de qualidade para nossos alunos-mestres, bem como para os alunos da escola onde eles eram professores.

Identifico nesse procedimento outra variável da pesquisa-ensino: "Motiva a pesquisa-ensino desejo de transformação da prática docente, que parece insatisfatória ao professor, sob algum aspecto" (Penteado, 2008, p. 108). Aqui esses aspectos são: 1) os de minha própria docência, enquanto professora universitária da disciplina de didática; 2) os da docência dos alunos-mestres, enquanto professores do Ensino Fundamental.

Nunca abri mão da aula expositiva/dialogada, procurando, nesses momentos, sintetizar as conscientizações já tecidas sobre o processo em estudo; identificamos os fatores que podem interferir nesse processo. Busquei também estabelecer as diferenças entre a concepção de ensino como simples transmissão de conhecimentos e a concepção da construção do conhecimento voltado para a formação cognitiva e para a cidadania. Procurei resgatar a relação da didática com as outras ciências da educação e com as metodologias de ensino.

Os filmes foram recursos considerados imprescindíveis no processo de ensino-aprendizagem proposto.

Na aula em que refletimos sobre a interdisciplinaridade, assistimos ao filme *Colcha de Retalhos* (How to Make an American Quilt), lançado nos Estados Unidos em 1995, sob a direção de Jocelyn Moorhouse, tendo como atriz principal Wynona Ryder, interpretando o papel de Finn Dodd, uma jovem confusa em relação a seu noivado.

Tendo que elaborar uma tese, a moça refugia-se na casa de sua avó. Lá, encontram-se várias amigas da família, que preparam uma colcha de retalhos – cada uma fazia um quadro da colcha – para dar-lhe de presente pelo casamento. Enquanto o trabalho é feito (tanto a tese como a colcha), a jovem Finn ouve o relato de paixões e envolvimentos, nem sempre moralmente aprovados, mas repletos dos sentimentos que aquelas mulheres tiveram e que estavam refletidos em seus trabalhos, portanto, cada quadro era a "cara" de quem o produziu e a colcha, obedecendo a uma organização harmoniosa, tem a "cara" de todas.

Passei esse filme para os alunos-mestres com o intuito de que percebessem que a educação se faz numa "trama" e num trabalho interdisciplinar. A escola é a "cara" do coletivo, porém não perde de vista as subjetividades que o compõem. Com isso, estávamos nos propondo a considerar, naquele momento, o significado de fazer em nossas escolas um trabalho interdisciplinar, mas que levasse em conta as características de nossos alunos, nossas comunidades e nossas próprias histórias de vida, de formação e de profissionalização. Depois de assistirem ao filme, fizemos uma discussão encaminhando para essa percepção.

Além do filme, utilizamos o texto "Ética e interdisciplinaridade", de Terezinha Azeredo Rios (apud Fazenda, 1995), com a finalidade de aprofundar a discussão sobre a questão da interdisciplinaridade.

Depois, trabalhei com o conteúdo avaliação, em que tive o intuito de caracterizar e (re)pensar melhor o que entendemos por avaliação escolar, com vistas a integrá-la ao trabalho pedagógico de forma que assegurasse uma aprendizagem efetiva para todos os alunos, buscando superar a avaliação classificatória, seletiva, autoritária e punitiva.

Para isso, assistimos ao vídeo de uma palestra proferida por Cipriano Luckesi, na V Conferência Brasileira de Educação (CBE), realizada em Brasília de 2 a 5 de agosto de 1988. Nesse vídeo, ele fala sobre o processo de aferização em que caíram os nossos sistemas de ensino: criando uma atitude polarizada de verificação *versus* avaliação, em que mantemos o conceito de avaliação sob a "égide do medo", preocupando-nos apenas com o "mínimo necessário". A seguir, foi feito um debate sobre as ideias apresentadas.

Complementamos a discussão com a leitura dos textos "Planejamento da avaliação escolar", de Berenice Villas Boas (1998), e "A dimensão ética da avaliação", de Terezinha Rios (1998), focalizando a relação entre a avaliação e o projeto político-pedagógico (PPP), considerando a escola como um todo.

Fizemos o fechamento desse conteúdo com o texto da revista *Veja*, "A arqueologia da reprovação" (Castro, 2000).

A proposta da segunda etapa da didática I compreendeu a apresentação presencial de seminários a respeito dos temas trabalhados na primeira etapa, e cuja elaboração ocorreria a distância, pelos alunos-mestres, como atividade extraclasse, sobre os seguintes assuntos: didática e democratização do ensino, o processo de ensino na escola os objetivos e conteúdos de ensino, os métodos de ensino, planejamento escolar, a aula como forma de organização do ensino, relação professor/aluno na sala de aula, uma sociedade sem escola e uma escola sem sociedade, tendência pedagógica tradicional, tendência pedagógica escolanovista, tendência pedagógica tecnicista.

Qual foi a orientação dada para a elaboração desses trabalhos?

Os alunos se dividiram em grupos e ofereci a cada grupo um texto simples sobre o tema a ser trabalhado, a partir do qual deveriam buscar mais material para a realização do trabalho. Esclareci que todos os grupos deveriam: começar pela apresentação do tema e do autor pesquisado, extrair as ideias centrais do texto de referência, elaborar um texto resumo para os colegas, estimular o debate e fechar a discussão. Recomendei que todos do grupo teriam de participar do trabalho e que deveriam elaborar material que enriquecesse o seminário (cartaz, pegadinhas, transparências, reflexões etc.).

Alguns grupos, a exemplo do que eu havia feito na etapa anterior, trouxeram diferentes textos e filmes para um exercício de reflexão conjunta, tendo como referência o conteúdo a ser trabalhado.

Um dos grupos, o que trabalhou o tema "escola tradicional", trouxe o poema "A escola da Mestra Silvina", do livro *Poema dos becos de Goiás e estórias mai*s, de Cora Coralina, e fizeram o que chamaram de leitura compartilhada. Foi interessante, pois, apesar da autora se lembrar com saudades de seu tempo de estudante, aponta características de uma escola muito rígida, com punição física, sem alegria, sem a parte lúdica necessária à infância, sempre com a mesma rotina, características próprias da tendência pedagógica tradicionalista:

> Minha escola primária.../ Escola antiga de antiga mestra./ Repartida em dois períodos para a mesma meninada,/ das 8 às 11, da 1 às 4./ Nem recreio, nem exames./ Nem notas e nem férias./ Sem cânticos, sem merenda.../ Digo mal – sempre havia distúrbios/ alguns bolos de palmatórias.../ A granel? Não, que a mestra era boa,/ velha, cansada, aposentada./ Tinha já ensinado uma geração antes da minha./ A gente chegava "Bença, mestra."/ Sentava em bancos compridos, escorridos, sem encosto./ Lia alto lições de rotina:/ o velho abecedário, lição salteada./ Aprendia a soletrar./ Não se usava quadro-negro./ As contas se faziam em pequenas lousas individuais./ Não havia chamada e sim o ritual/de entradas, compassadas./ "Bença, mestra."/Banco de meninas./ Banco de meninos. Tudo muito sério./ Não se brincava./Muito respeito./ Leitura alta./ Soletrava-se...

Outro grupo, que desenvolveu o tema "tendência pedagógica tecnicista", escolheu o poema "Tecendo a manhã", de João Cabral de Melo Neto, para iniciar a discussão, chamando a atenção para o processo de ensino como um todo; não adianta a atenção ser centrada apenas nos "meios" ou "recursos de ensino":

> Um galo sozinho não tece uma manhã:/ ele precisará sempre de outros galos./ De um que apanhe esse grito/ que ele o lance a outro;/ de um outro galo que apanhe o grito/ de um galo antes e o lance a outro;/

e de outros galos que com muitos outros galos/ se cruzem os fios de sol de seus gritos de galo,/ para que a manhã, desde uma teia tênue,/ se vá tecendo, entre todos os galos./ E se encorpando em tela,/entre todos, se erguendo tenda,/ onde entrem todos, se entretendo para todos,/ no toldo (a manhã) que plana livre de armação./ A manhã, toldo de um tecido tão aéreo que,/ tecido, se eleva por si: luz balão.

Houve grupo que começou a apresentação do trabalho com a dramatização de uma sala de aula que eles chamaram de aula tradicional, em que os componentes se vestiam a caráter:

Personagens: Diretora (D); Professora (P); Narradora (N); Inspetora (I); Alunos (A).

Peça teatral:

(N) A diretora chama a professora e faz as recomendações:

(D) Dona Odete, quero ver se o seu planejamento está de acordo com os livros adotados.

(P) Pois não, dona Severina! Aqui está ele.

(D) Hum! Muito bom! É isso mesmo! Está demonstrando que é uma excelente profissional. Vou dar o visto... Agora pode ir para a sala.

(N) A professora para perto de sua sala, enquanto isso a inspetora coloca os alunos em fila para cantar o Hino Nacional.

(I) Crianças, todos em fila! Em posição de sentido para cantar o Hino Nacional.

(A) Ouviram do Ipiranga...

(N) A professora entra na sala e pede aos alunos que sigam para a sala e se sentem.

(P) Sentem-se! Joãozinho, este é o seu lugar?

(A) Não professora, mas já estou indo.

(P) Silêncio, vou fazer a chamada... Cada aluno responde dizendo: "presente". N. 1 – João da Silva; n. 2 – Maria Escolástica; n. 3 – Catarina Toaregue; n. 4 – Satunino Barroso; n. 5 – Gasparino Sovado; n. 6 – Severino Curisco; n. 7 – Catifunda Tibúrcia; n. 8 – Sebastiana Narcisa; n. 9 – Epamilondas Gutierre; n. 10 – Sumika Fukuya. Silêncio! Passamos para a nossa aula de hoje. Como eu pedi para vocês estudarem a tabuada... irei tomá-la salteada. Quero saber se decoraram, pois hoje é dia de sabatina. Vou chamar de dois em dois, para que venham aqui a frente para começar o debate. Os primeiros a serem chamados vão ser: Catarina e Gasparino. Catarina, quanto é 3 X 3? Gasparino, quanto é 2 X 5? Não estudou, Catarina? Me dê sua mão aqui, vou lhe aplicar a palmatória para você aprender a estudar o que eu pedir. Já para o canto de braços abertos. Epamilondas e Catifunda. Epamilondas, quanto é 5 X 5?

(A) Não sei, professora.

(A) Eu sei quanto é, professora!

(P) Eu perguntei alguma coisa para você?

(A) Mas eu sei quanto é 5 X 5, professora.

(P) Já que você está insistindo, me responda quanto é então. Só que, se você errar, irá direto para o milho, ficar de joelhos.

(A) É 25.

(P) Muito bem, esse é o exemplo de aluno de uma verdadeira sala de aula. Agora vá para o seu lugar e permaneça em silêncio. Maria Escolástica e Saturnino Barroso, aqui na frente... Agora, ficarão de castigo até aprenderem!

(N) E assim termina mais um dia de aula sem abertura para que os alunos exponham seus conhecimentos, criem habilidades de leitura e escrita e desenvolvam sua criatividade.

Assistimos a dois filmes que foram trazidos pelos grupos responsáveis pela apresentação do seminário.

O primeiro deles é O *que é isso, companheiro?*, inspirado na obra homônima do jornalista, escritor e deputado federal, Fernando Gabeira, para contextualizar o cenário político que atravessava o país na implantação da escola tecnicista. Em 1964, um golpe militar derruba o governo democrático brasileiro e, após alguns anos de manifestações políticas, é promulgado, em dezembro de 1968, o Ato Constitucional n. 5. Neste período vários estudantes abraçaram a luta armada, entrando na clandestinidade, e em 1969 militantes do MR-8 (Movimento Revolucionário 8 de outubro) elaboram um plano para sequestrar o embaixador dos Estados Unidos (Alan Arkin), a fim de trocá-lo por prisioneiros políticos. O filme mostra esse grupo de jovens realizando o ousado sequestro como forma de pressionar o governo a atender as suas exigências. Dirigido por Bruno Barreto, recebeu uma indicação ao Oscar, na categoria de Melhor Filme Estrangeiro, em 1997.

E o outro é *Matilda*, filme de Danny Devito que mescla aventura, comédia e conto de fadas. No ano de seu lançamento, 1996, foi uma verdadeira sensação entre as crianças nos Estados Unidos, que se encantaram com o charme de Matilda (Mara Wilson). Os pais da encantadora Matilda não percebem que ela era especial, inteligente e adorava ler, colocando-a num colégio infernal. Mas ela conseguiu remediar a situação: usou seus poderes mágicos para acertar as contas com todos, desde a diretora megera até os colegas indesejáveis. Esse filme foi utilizado pelo grupo que trabalhou o tema "os métodos de ensino", para discutir a questão.

Muito interessante foram os grupos que trouxeram textos em formato de versos para reflexão no final da aula, como frequentemente eu havia feito na etapa anterior, sendo alguns elaborados por eles mesmos, como o que se segue, intitulado "O ensino", apresentado pelo grupo responsável pelo tema "o processo de ensino":

No processo de ensino tradicional/ professores agiam iguais,/ passavam conteúdos dos livros/ sem fugirem dos mesmos jamais!/ Os alunos, antes de irem para a sala,/ duas filas teriam que formar:/uma de meninos e outra de meninas,/ para com os homens não se misturar./ Depois entravam em silêncio,/ sem as carteiras arrastarem./ Sentavam-se devagarzinho/ para a professora não perturbar./ Ela, em seguida, fazia a chamada;/ todos respondiam: "presente!"./ Depois, ia para o quadro e passava os conteúdos pra gente!/ Os "pontos" eram enormes!/Eu tinha que decorar!/ As respostas igualzinhas às do livro./Nem podia questionar!/ A cada resposta certa,/ vinha logo o elogio./Mas, quando a gente errava,/ vinha logo o arrepio!/ A professora vinha perguntando, ordenando:/ "Não sabe? Vá para o canto! Fique com os braços abertos!/ Não adianta ficar em pranto!"./ Para não errar noutro dia, estudava sem parar,/ porque sabia, se errasse,/ de castigo de novo ia ficar!/ Então respondia todos... Ela dizia:/ "Viu como é só ameaçar!/Você respondeu rapidinho,/ sem jamais titubear!"/ No processo de ensino tradicional/ as crianças aprendiam decorando./ Os conhecimentos ficavam restritos,/ somente naquilo que iam falando./ Hoje, a educação difere do tradicional,/ e deve o conhecimento do aluno valorizar,/ dando oportunidade para que o mesmo/ possa o seu mundo transformar./Para isso acontecer,/ sua personalidade deverá formar,/ no aspecto moral, afetivo e físico./ Para que ele possa na sociedade atuar.

O grupo que trabalhou com o tema "escola tecnicista" fechou a discussão com o jogral "Tecnicismo", também elaborado por eles:

Ideologia tecnocrática,/ sua presença na educação é incontestável./Surge a figura tecnocrática da educação./ Também se incluem os pedagogos/Cuidado! Cuidado!/ Tecnicismo é amplo e complexo,/ confunde e mistura./ Se diz apolítico, contudo, a negação da dimensão política significa, em última análise, sua colocação a serviço da ordem política e social existente.

Para fechar essa etapa, trabalhei com eles as tendências pedagógicas que se defrontam no atual cenário educacional brasileiro, a partir de um texto que montei com fragmentos extraídos da minha dissertação de mestrado (Guerra, 1999).

Propus uma autoavaliação a finalização dos seminários. A partir da apresentação do poema de Brecht, "O analfabeto político", solicitei aos alunos-mestres que refletissem sobre os trabalhos dos seminários e respondessem a questões como: O que foi mais importante para você nessa segunda etapa do curso? Das discussões, das reflexões, dos estudos feitos, o que deverá trazer alguma mudança em sua prática cotidiana dentro da sala de aula? O que os seminários revelaram para você?

Registrando o processo de pesquisa-ensino: didática II

Na disciplina de didática II, esclareci que teriam de elaborar dois "planejamentos": o projeto político-pedagógico (PPP) das suas escolas (hipotético) e um projeto de ensino que deveriam elaborar e aplicar.

Procurei operacionalizar uma estrutura de trabalho em que pudéssemos refletir sobre o processo de ensino, ao mesmo tempo que estaríamos nos exercitando na elaboração de um "esboço" do projeto político-pedagógico de nossas escolas. Formaram-se, então, grupos por escola e, após a reflexão teórica, discutimos o que deveria fazer parte do PPP. Para essa reflexão teórica, utilizei os livros de Danilo Gandin: *Planejamento como prática educativa* (1983) e *A prática do planejamento participativo* (1998).

Seguindo a proposta sugerida por Gandin, a organização dos PPPs hipotéticos ficou assim orientada:

- 1ª Parte: marco referencial: (explicação do que pretendiam alcançar):
- 2ª Parte: diagnóstico: (distância que estavam da escola almejada);
- 3ª Parte: programação: (o que fariam para diminuir essa distância?).

Após a elaboração do PPP hipotético, fiz uma aula dialogada sobre a pedagogia de projetos e distribuí os textos: *A organização do currículo por projetos de trabalho: o conhecimento é um caleidoscópio*, de Hernandéz e Ventura (1998), e *Trabalhando com projetos na educação infantil*, de Barbosa (apud Dalla Zen e Xavier, 2000).

Nos dias em que era possível, encerrava as atividades lendo um texto que propiciasse uma reflexão não só presa às questões educacionais, mas à vida como um todo, tal como o texto *A quem educa*, de Artur da Távola (s/d).

A pretensão era provocar os alunos-mestres a descobrir "nas estrelinhas" do texto: Afinal, quem educa?, E como educa ao longo do tempo?, Quem é de fato um educador? E como tinha sempre por horizonte a prática docente, perguntava: E nós, que nos dizemos educadores, educamos? Será? Como os nossos alunos se lembrarão de nós no futuro?

Depois, busquei também aproximar as nossas práticas de ensino – minha, enquanto formadora de professores, e dos alunos-mestres, enquanto professores das séries iniciais do Ensino Fundamental –, com a teoria de Paulo Freire, ao ressaltar no texto de Távola que "educar é educar-se a cada dia", destacando a importância e/ou a insignificância que pode ser atribuída aos valores, à mudança, à flexibilidade, às exigências e/ou às intransigências:

> Eu educo hoje com valores que recebi ontem para pessoas que são o amanhã. Os valores de ontem para pessoas que são o amanhã. Aos valores de ontem, os conheço. Os de hoje, percebo alguns. Os de ama-

nhã, não sei. Educo com os de ontem (os da minha formação)? Perderei os hojes e os amanhãs. Educo com os de hoje? Perderei o que havia de sólido nos de ontem e nada farei pelos de amanhã, que já serão outros? Educo com os de amanhã? Em nome do quê? De adivinhações? Da minha precária maneira de conceber um amanhã que escapa pelos desvãos do meu cérebro? Se só uso os de ontem, não educo? Condiciono. Se só uso os de hoje, não educo: complico. Se só uso os de amanhã, não educo: faço experiências à custa das crianças. Se uso os três, sofro. Mas educo. [...] Educa quem educará. Quem for capaz de fundir ontens, hojes e amanhãs, transformando-os num presente onde o amor e o livre-arbítrio sejam elementos de interpretação dos vários "presentes" que lhes surgirão repletos de "passados" em seus "futuros". [...] E só quem educa transforma, por mais que as pessoas se iludam com o resto... (Távola, s/d).

Para encerrar as atividades de um outro dia, utilizei o texto "Liberdade e disciplina: as lições dessa escola chamada vida", de Moacir Gadotti (1992), com a intenção de que eles percebessem que o fato de muitos terem ido "tarde" para escola, terem chegado "tarde" à universidade, não os impedia de seguirem em frente, apesar de todas as dificuldades: "Os filhos das classes populares precisam fazer muito esforço para enfrentar as desvantagens iniciais em relação aos colegas das classes médias" (p. 16).

Nesse texto, Gadotti relata uma vida que tem muita semelhança com a deles:

Aprendi a ler [...] numa escola rural que ficava a cinco quilômetros de casa [...] Uma escola rural de madeira, com uma só sala, na qual estudavam, ao mesmo tempo, alunos de três séries, com uma única professora. [...] tinha muita vontade de estudar e consegui logo recuperar o "atraso" em relação aos alunos que vinham da cidade (p. 17).

E, como fechamento, realizamos a dinâmica "Tempestade de ideias". Esta consistiu no levantamento, na lousa, dos pontos positivos e negativos da sala de aula, a partir das ideias geradas nas discussões do período vespertino e da leitura de encerramento da aula, efetuada por mim, utilizando um texto publicado na revista *Veja*: "Revolucione a sala de aula!" (Kanitz, 2000).

O artigo chama a atenção para a distribuição do espaço físico da sala de aula. E argumenta que existe uma (des)motivação por parte do aluno em estar numa sala de aula de modelo tradicional, pois

> a grande maioria (das salas de aula) seguia o padrão usual de um monte de cadeiras voltadas para um quadro-negro e uma mesa de professor bem imponente, em cima de um tablado. As aulas eram centradas no professor, o "lócus" arquitetônico da sala, e nunca no aluno. Raramente abrimos a boca para emitir nossa opinião, e a maior parte dos alunos ouve o resumo de algum livro, sem um décimo de emoção e dos argumentos do autor original, obviamente com honrosas exceções (Kanitz, 2000, p. 23).

O autor admite que essa aula ainda hoje existe e suas consequências se refletem

> numa nação facilmente controlada por políticos mentirosos e intelectuais espertos. Nossos arquitetos valorizam a autoridade, não o indivíduo. Nossas salas de aula geram alunos intelectualmente passivos, e não líderes: puxa-sacos e não colaboradores. Elas incentivam a ouvir e obedecer, a decorar, e jamais a ser criativo (Kanitz, 2000, p. 23).

Em outro momento, para encerrar nosso dia, fiz a leitura de um texto que foi veiculado via internet como sendo de Gabriel García Márquez, denominado "Despedida", escrito quando teve a notícia de que iria morrer e que, segundo informações também obtidas na internet, foi divulgado pela primeira vez no Brasil por Marcio Moreira Alves, em sua coluna do jornal O Globo:

> Se, por um instante, Deus se esquecesse
> de que sou uma marionete de trapo
> E me presenteasse com um pedaço de vida,
> Possivelmente não diria tudo o que penso,
> Mas, certamente, pensaria tudo o que digo.
> Daria valor às coisas, não pelo que valem, mas pelo que significam.
> Dormiria pouco, sonharia mais, pois sei que a cada minuto
> que fechamos os olhos, perdemos sessenta segundos de luz.

Andaria quando os demais parassem,
acordaria quando os outros dormem,
Escutaria quando os outros falassem
e gozaria de um bom sorvete de chocolate.
Se Deus me presenteasse com um pedaço de vida,
Vestiria simplesmente, me jogaria de bruços no solo,
Deixando a descoberto apenas meu corpo, como minha alma...

Como já disse, ao final de cada aula presencial, eu fazia uma avaliação escrita sobre a importância das aulas e dos temas abordados no cotidiano da sala de aula, do crescimento intelectual proporcionado ou não a cada aluno-mestre, da troca de experiências e do trabalho em equipe, bem como das possíveis transformações a serem provocadas em suas salas de aula.

Desse material recolhido, fiz um recorte e me debrucei sobre as respostas que me propiciavam identificar o que a disciplina didática, segundo a ótica dos professorandos, deixou de significativo para sua aprendizagem.

Com base nas respostas dadas com relação ao significado dos encontros, pude concluir que estes serviram de fato: para a reflexão da prática pedagógica, uma vez que os levou à avaliação e compreensão da mesma, para uma ampla interação pessoal, social e profissional entre eles, com fecunda troca de experiências; colocarem suas ideias e discutir as ideias dos colegas, se perceberem aprendendo e ensinando. Eles afirmaram:

"Em todo o momento cresci, mesmo que um pouquinho. *Vemos a cada assunto como estamos agindo em sala de aula. Relembrando nós na sala de aula, vemos o que fazemos de certo e o que está errado e precisamos melhorar*" (grifos meus).

"[Foram significativos] no sentido de poder contribuir e ao mesmo tempo receber. *Mas o mais importante para mim foi a oportunidade de poder estar refletindo sobre o nosso trabalho pedagógico, buscando soluções e, também, descobrindo que outros professores, que trabalham em outros municípios, passam por dificuldades iguais às nossas.*"

"Sim [foram significativos]. Porque deu *oportunidade de discutirmos as nossas ideias* [...]."

"Teve muito significado, sim [...] através de um curso *onde trabalhamos em grupo, faz com que troquemos experiências e saiamos mais enriquecidos de conhecimentos.*"

"Sobre essa segunda etapa do curso, para mim foi muito bom, devido ao trabalho que a professora mandou a gente apresentar no seminário. E foi bom porque o conteúdo tinha o melhor: *tinha a ver com a nossa realidade cotidiana.* Então, no meu entendimento, foi muito importante, porque havia possibilidade de todos participarem do debate; *cada um podia falar da realidade de onde trabalha.* E é por aí que devemos crescer, a partir do conhecimento do passado e do presente de cada um, podemos trocar ideias, debater e chegar a um entendimento de todo o processo para poder construir o futuro da nossa educação."

"O tema que mais me chamou atenção foi: A importância do planejamento escolar; me abriu os olhos para a realidade e importância do planejamento partindo da realidade da escola."

Com relação à importância dos temas abordados, os alunos-mestres (re)afirmaram a importância dos mesmos para pensarem na prática pedagógica; destacaram a intensa relação com sua realidade, bem como a construção coletiva de conhecimentos que proporcionaram a partir de discussões participativas:

"Os temas formam o ponto de partida para nos fazer refletir sobre nossa atuação e reavaliar nossas funções, o que, de uma forma descontraída, nos fez crescer."

"Sim, foram importantes. Porque me ensinaram, me esclareceram e me fizeram refletir sobre minha prática e postura perante a escola [...]."

"Para mim, foi de grande importância [os temas] porque têm a ver com a nossa realidade. Os temas abordados foram importantes, pois é o nosso trabalho do dia a dia [...]."

"[...] os temas abordados foram importantes, porque, além de serem atuais, são temas que poderei usar no dia a dia, tirando-me do meu comodismo."

"[...] *não eram temas alheios à nossa realidade, tanto que ocorreram várias discussões e debates.*"

Nesse processo, os alunos-mestres se perceberam como "construtores" de conhecimento sobre a sua realidade educacional, de forma "interativa, participativa, compromissada e responsável", provocando a (re) organização de seu trabalho docente:

"Nesse momento posso dizer que *adquiri com a didática um suporte teórico* que irá orientar, auxiliar e dirigir a minha prática educativa, e *que me ajudou a refletir sobre a minha forma de conduzir o meu trabalho*" (grifos meus).

"No processo de aprendizagem deve haver *interação, participação, compromisso, responsabilidade*. Por isso, acho que fomos muito bem e conseguimos atingir nossos objetivos, cumprindo com nosso dever como educador."

"Eu consegui descobrir vários métodos e *erros que apresentava, e buscarei melhorar* [...]"

Sobre o que poderia trazer mudanças em suas práticas docentes diárias, foi grande o número de professores que se referiu ao planejamento. Porém, não ficaram esquecidas questões como a humanização da educação, a importância de o conteúdo ter relação com a vida do aluno e os métodos de ensino utilizados. Os professores se viam inseguros, acomodados, presos aos livros didáticos, enfim, como professores tradicionais, e hoje acham que são diferentes e que assumem uma outra postura:

"Eu creio que o *planejamento de ensino de agora em diante será mais prático, dinâmico e coerente com a realidade do aluno* [...] Desde a etapa anterior já ocorreram mudanças na minha prática dentro da sala de aula, e foi muito gratificante. Saber que você pode transformar, ajudar seu aluno, dando atenção, carinho e até abraço" (grifos meus).

"Nós somos tão preocupados com o tempo, que esquecemos que nossos alunos não são adultos e que também possuem problemas, às vezes até mais graves que os nossos. Estou consciente disso e, particularmente, estou amando *trabalhar mais próxima dos meus alunos*."

"A mudança que poderei introduzir em minha prática na sala é a de mostrar aos alunos, de uma forma mais contundente, que os *conhecimentos adquiridos naquele espaço podem e deverão ser utilizados em sua vida cotidiana fora da escola*, e que devem visualizar a possibilidade de transformações neste mundo injusto através das nossas atitudes."

"Já mudei a prática na sala de aula, *hoje ouço mais as crianças*."

"Tive oportunidade de aprender *outros métodos, mais criativos, que possibilitam a criatividade, o senso crítico*, e que provavelmente vão contribuir para mudar esta sociedade cruel em que vivemos."

"Primeiramente *fazer um bom planejamento*, estar disposta a mudar sempre que necessário, valorizar mais o aluno, reconhecer sua 'bagagem' [...]."

"Me sentia insegura e não me desprendia dos livros didáticos. Hoje já me sinto mais preparada para dialogar com meus alunos e utilizo os livros didáticos somente como material de apoio. Trabalho com técnicas e metodologias bastante diversificadas."

"Eu era muito apegada aos livros didáticos, e hoje já estou mais ousada; não digo que não uso mais livros didáticos, só que aprendi e continuo aprendendo a fazer uma análise do que estou realizando... Uso para saber se vai ou não contribuir, e até que ponto contribuirá no aprendizado dos meus alunos."

"Com certeza, pois ele veio na hora em que mais precisamos. Estamos passando nesse momento pela elaboração do PPP, e esta foi a melhor oportunidade que tive de obter alguns esclarecimentos do mesmo, deixando claro quais as decisões que devemos tomar e a importância do envolvimento da comunidade na escola."

"Com o estudo do marco referencial, situacional, doutrinal e operativo, descobri a importância do PPP... Em todo o conteúdo da didática II eu senti a necessidade do planejamento de uma forma mais realista, tendo em vista os conteúdos de cada área dentro da realidade do aluno."

"Ao escrever, pude (re)viver a minha prática educacional. Fiz um esforço, uma (re)leitura, no sentido de refletir sobre essa experiência vivida."

UMA CONCLUSÃO PROCESSUAL

Por conta de ter sido essa pesquisa parte de um processo de formação, a minha própria formação contínua, bem como a dos alunos-mestres, estou chamando esta conclusão de processual, pois ela foi se fazendo em todo o percurso e certamente estará sempre inacabada.

É preciso ressaltar e começar dizendo que proceder ao relato desta experiência de pesquisa-ensino significou revisitar caminhos já percorridos, significativos, envolventes, emocionantes e apaixonantes.

Significou uma oportunidade única de novamente olhar para uma época que foi marcante na minha vida profissional e pessoal, em que pude rememorar emoções, ansiedades, dúvidas, questionamentos, incertezas e conquistas. Sentimentos que sempre irão acompanhar a busca do conhecimento no processo de docência investigativa que se quer humanizado, fruto de um envolvimento intenso.

Foi sempre um desafio o desenrolar dessa pesquisa, que tinha como eixo a experiência vivida: a partir dela e de meus questionamentos encontrei um problema, ou alguns problemas. Apaixonar-me por eles, definir-me por eles, penso ter sido o ponto de partida para que pudesse trilhar o caminho da ciência e da produção de conhecimento através da pesquisa-ensino, procurando a superação da vivência parcelar dos papéis de "pesquisador-professor" formador de docentes e de "professor-pesquisador de sua própria prática", buscando, assim, caminhar para além do "professor acadêmico que ensina a pesquisar", rumo ao *professor criador da cultura docente*, juntamente com meus alunos-mestres.

Os dados preservados por meus registros de aulas e os colhidos junto aos alunos-mestres me permitiram proceder à análise de minha prática docente e me identificar como uma professora-pesquisadora. Permitiram-me, também, entender que, através da pesquisa-ensino, foi possível:

- relacionar, nos cursos de formação, os saberes dos docentes com os conhecimentos das ciências humanas, bem como com todos os demais saberes, na compreensão das situações de ensino com que lidarão os nossos professorandos;

- formar um professor sensível, que se inquiete diante de sua realidade profissional;
- encaminhá-lo da compreensão à intervenção participativa.

Contudo, registro que escrever, relembrar, (re)visitar essa minha experiência pedagógica, permitiu-me perceber pontos fortes, mas também minhas fragilidades. Admito que fui tomada por certo medo ao assumir o compromisso de ministrar aulas para professores que já exercem o magistério; e esse medo ficou concretizado na elaboração de meu plano de trabalho.

Assustava-me o que iria fazer por um período tão longo de aula. Afinal, em um curso dito "regular" as aulas não acontecem uma atrás da outra, existe um tempo, seja semanal, seja de um dia para o outro, que permite que se (re)elabore o plano de ação, que se planeje outras estratégias para dar conta do que está sendo proposto. Mas, naquela situação, não, pois as aulas duravam de oito a dez horas seguidas, no mesmo dia e em dias seguidos. Caso algo planejado não desse "certo", como faria para (re)estruturar isso? O que iria propor e fazer com os alunos por um tempo tão longo?

Assim, planejei tudo minuciosamente, montando um esquema de trabalho que incluía até os intervalos.

Assustava-me, também, o fato de que iria trabalhar com alunos que, por já exercerem o magistério, inevitavelmente sabiam muitas coisas que eu não sabia. Como iria lidar com as situações desconhecidas?

Foi aí que resolvi fazer dessa insegurança um fator de aprendizagem; havia muitas coisas que aqueles professores sabiam e eu não, mas também sabia coisas das quais eles não tinham conhecimento. Resolvi que deveria preocupar-me muito mais com o "como iria fazer", do que propriamente com aquilo que seria ensinado e/ou aprendido, a fim de poder ensinar e também aprender com eles.

Compreendi que, a partir de uma postura de abertura, poderia aprender e ensinar. Hoje, consigo perceber que *assumi uma postura e desenvolvi uma atitude comunicacional* de ensino, ao preferir investir na criação de condições, através das dinâmicas de trabalho planejadas, que encaminhavam interações comunicacionais de ensino.

As situações de aprendizagem criadas, de alguma forma, puderam favorecer o questionamento, a pesquisa e a tomada de decisão pelos próprios alunos, conforme esclarecem Peralta e Rodrigues (apud Figari, 2006, p. 234):

> Esta abordagem projecta-se, assim, para além do enunciado nos objectivos e políticas institucionais, para se abrir à experiência e às estratégias dos actores, transpondo, portanto, os horizontes oficiais e procurando alcançar o domínio do realizado e do vivido, para lá do formalmente anunciado, procurado, ou previsto.

No momento em que me propus a pensar e organizar um curso para professores em exercício de sua profissão, tinha como preocupação propiciar um momento e um espaço em que, juntamente com aqueles alunos-mestres, pudéssemos construir um processo de formação contextualizado e que servisse de apoio para (re)estruturarem suas práticas pedagógicas. Portanto, cheguei à conclusão que, para estruturar a disciplina de forma que interagisse com as práticas cotidianas dos docentes, era preciso uma sistemática que oportunizasse "dar a palavra aos alunos, e a expressão das suas vivências e expectativas". Logo, optei por dar voz aos alunos-mestres e ouvir, também, as suas experiências pedagógicas. Como confirma Canário (2000, p. 42): "Dar a palavra aos alunos tem como atitude complementar, lógica e necessária uma atitude de escuta, por parte dos professores [...]".

Fiz isso ao deixá-los expor suas vivências através das dinâmicas de ensino utilizadas, das leituras de textos sugeridos, bem como não exigindo deles uma postura acrítica e passiva, em que apenas tivessem que escutar e, posteriormente, de alguma forma mecânica, repetissem aquilo que ouviram. Com minha postura, pude propiciar ao aluno-mestre que tivesse a sua "capacidade criadora" estimulada. E, ao se descobrir "construtor da docência", iniciava a recuperação de sua autoestima:

> [...] (descobrir-se) "construtor da docência", é recuperar a autoestima do professor, a partir da própria situação de ensino em que se prepara para o exercício do magistério. O que também o fortalece e energiza para relações comunicacionais reivindicativas do reconhecimento oficial do valor que reconhece em si, a partir de uma autoestima não ufanista meramente, ou corporativista, mas crítico-construtivista, que

decorre do seu conhecimento e do "saber fazer" docente com esse conhecimento, e da consciência disto (Penteado, 2007, p. 12).

Ao fazer a observação da prática dos professores, após terem terminado o curso de pedagogia, constatei no exercício de sua docência uma transição rumo a condutas docentes apoiadas em uma nova concepção de ensino, que incluía:

- valorizar a iniciativa do aluno;
- criar espaço para expressão das experiências dos alunos;
- ter com eles uma relação respeitosa;
- considerar a realidade local;
- não se limitar ao uso do livro didático;
- servir-se de recursos de ensino variados;
- condutas alternativas como, por exemplo, problematização do tema trabalhado pela classe, criando assim espaços de reflexão coletiva.

Senti também, nas aulas observadas, um clima alegre, comunicativo, com os alunos expressando o que pensavam, perguntando, trocando ideias, se comunicando, em reais momentos de troca entre si e com os professores.

No entanto, ainda persistiam momentos em que as respostas às perguntas dos alunos eram imediatamente dadas pelo professor, sem encaminhar uma reflexão da classe, numa conduta que configura o modelo de "professor que sabe", e não de "professor que ajuda a construir o conhecimento".

Também, ainda era preciso que vencessem determinadas distorções, distinguindo educação libertadora e comunicacional de indisciplina.

A situação de transição entre a conduta explicitamente tradicional que revelaram no curso, em suas representações sobre suas práticas anteriores, e as novas condutas que declararam estar adotando, já durante as aulas de didática e, segundo eles, em função delas, pôde ser confirmada. A mudança de conduta é um processo e, como tal, vai se fazendo, entre avanços e recuos.

Percebi que houve reflexos dos ensinamentos das aulas de didática na prática pedagógica dos professores do município de Nioaque: os professores, de forma geral, apreenderam que é preciso um novo "fazer" educacional, tornando a escola pública mais lúdica, um lugar de desenvolvimento agradável, constituindo assim um verdadeiro espaço democrático de formação para o exercício pleno da cidadania.

Da mesma que o fenômeno de ensino-aprendizagem é um processo contínuo, assim também é a conclusão que deixo aqui esboçada: uma conclusão processual, contínua, sem-fim, inacabada... Pois as conclusões e reflexões que faço hoje estarão modificadas amanhã, justamente por a docência fazer parte de "uma vida profissional em constante movimento", pessoal e coletiva, de encontros comunicacionais.

Também estou certa de que outras possibilidades didáticas poderão vir a ser construídas, na sincronia da ampliação de espaços de liberdade, em que confluam diferentes linhas de pensamento, talvez até mais livres do que as aqui consideradas, abertas e conciliadoras, procurando formas de fazer uma educação cada vez mais respeitadora de valores da democracia e da tolerância, anunciando sempre a possibilidade de "tempo novo".

REFERÊNCIAS BIBLIOGRÁFICAS

ARAUJO, J. C. S. Sala de aula ou o lugar da veiculação do discurso dos oprimidos. In: MORAIS, R. (org.). *Sala de aula*; que espaço é esse? Campinas: Papirus, 1986.

BALZAN, N. C. O pedagogo e a didática. In: REZENDE, A. M. de. (org.). *Iniciação teórica e prática às ciências da educação*. Petrópolis: Vozes, 1979.

BARBOSA, M. C. S. Trabalhando com projetos na educação infantil. In: DALLA ZEN, M. I. H.; XAVIER, M. L. M. (orgs.). *Planejamento em destaque*; análises menos convencionais. Porto Alegre: Cadernos de Educação Básica, n. 5, 2000.

BRANDÃO, C. R. A turma de trás. In: MORAIS, R. (org.). *Sala de aula*; que espaço é esse? Campinas: Papirus, 1986.

CANÁRIO, Rui. *A prática profissional na formação de professores*. Texto apresentado no Colóquio Formação Profissional de Professores no Ensino Superior. INAFOP: Aveiro, 2000.

_____. O papel da prática profissional na formação inicial e contínua de professores. In: MEC, Secretaria de Educação Fundamental, *Congresso Brasileiro de Qualidade na Educação e Formação de Professores*. Brasília, 15 a 19 de outubro de 2001.

CANDAU, V. M. (org.). A didática em questão. 4. ed. Petrópolis: Vozes, 1985.

_____. (org.). *Rumo a uma nova didática*. 8. ed. Petrópolis: Vozes, 1996.

_____; LELIS, I. A. A relação teoria/prática na formação do educador. In: CANDAU, V. M. (org.). *Rumo a uma nova didática*. 8. ed. Petrópolis: Vozes, 1996.

CAPORALINI, M. B. S. C. Na dinâmica interna da sala de aula: o livro didático. In: VEIGA, I. P. A. A. (coord.). *Repensando a didática*. Campinas: Papirus, 1995, pp. 97-129.

CASTRO, C. de M. A arqueologia da reprovação. *Veja* on-line, São Paulo, ed. 1678. Disponível em: <www.veja.com.br>. Acesso em: 6 de dez. 2000.

DAMIS, Olga Teixeira. Didática: suas relações, seus pressupostos. In: VEIGA, Ilma P. A. (coord.). *Repensando a didática*. Campinas: Papirus, 1995.

GADOTTI, M. Liberdade e disciplina: as lições dessa escola chamada vida. In: GADOTTI, M. *Escola vivida, escola projetada*. Campinas: Papirus, 1992.

GANDIN, D. *A prática do planejamento participativo*. 6. ed. Petrópolis: Vozes, 1998.

_____. *Planejamento como prática educativa*. São Paulo: Loyola, 1983.

GHIRALDELLI, P. *O que é pedagogia*. São Paulo: Brasiliense, 1996.

GUERRA, M. D. S. *A reflexão de um processo vivido em estágio supervisionado*; dos limites às possibilidades. (Dissertação de mestrado.) Campinas: Unicamp, 1999.

HERNANDÉZ, F.; VENTURA, M. *A organização do currículo por projetos de trabalho*; o conhecimento é um caleidoscópio. Porto Alegre: Artes Médicas, 1998.

KANITZ, S. Revolucione a sala de aula. *Veja*, São Paulo, p. 23, 18 out. 2000.

LUCKESI, C. C. O papel da didática na formação do educador. In: CANDAU, V. M. (org.). *Rumo a uma nova didática*. 8. ed. Petrópolis: Vozes, 1996.

LÜDKE, M. O educador: um profissional? In: CANDAU, V. M. (org.). *Rumo a uma nova didática*. 8. ed. Petrópolis: Vozes, 1996.

MARCELLINO, N. C. A sala de aula como espaço para o jogo do saber. In: MORAIS, R. (org.). *Sala de aula*; que espaço é esse? Campinas: Papirus, 1986.

MORAIS, R. (org.). *Sala de aula*; que espaço é esse? Campinas: Papirus, 1986.

NOVASKI, A. J. C. Sala de aula: uma aprendizagem do humano. In: MORAIS, R. (org.). *Sala de aula*; que espaço é esse? Campinas: Papirus, 1986.

PENTEADO, H. D. *Pesquisa-ensino e a formação do professor-pesquisador*. Texto xerografado, 2007.

_____. *Pesquisa-ensino: uma modalidade de pesquisa-ação*. São Paulo, 2006. Não publicado.

PERALTA, M. H. M. C.; RODRIGUES, P. Programas comunitários de intercâmbio universitário: aprendizagens e desenvolvimento de competências. Estudo exploratório na Universidade de Lisboa. In: FIGARI, G. et al. (org.). *Avaliação de competências e aprendizagens experienciais*. Lisboa: Educa, 2006.

REZNIK, T.; AYRES, A. C. B. M. Formulação de objetivos de ensino. In: CANDAU, V. M. (org.). *Rumo a uma nova didática*. 8. ed. Petrópolis: Vozes, 1996.

RIOS, T. A. A dimensão ética da avaliação. *Pro-posições*, Campinas, v. 9, 3(27), pp. 94-101, nov. 1998.

_____. Ética e interdisciplinaridade. In: FAZENDA, I. C. A. (org.). *A pesquisa em educação e as transformações do conhecimento*. Campinas: Papirus, 1995, pp. 121-136.

SANFELICE, José Luis. Sala de aula: intervenção no real. In: MORAIS, R. (org.). *Sala de aula*: que espaço é esse? Campinas: Papirus, 1986.

SCHMITZ, E. F. *Didática moderna: fundamentos*. Rio de Janeiro: LTC, 1984.

TAVEIRA, A. S. N. A sala de aula: o lugar da vida. In: MORAIS, R. (org.). *Sala de aula*; que espaço é esse? Campinas: Papirus, 1986.

VEIGA, I. P. A. A. (coord.). *Repensando a didática*. Campinas: Papirus, 1995.

VILLAS BOAS, B. M. de F. Planejamento da avaliação escolar. *Pro-posições*, Campinas, v. 9, 3(27), pp. 19-27, 1998.

ZEICHNER, K. M. *A formação reflexiva de professores*; ideias e práticas. Lisboa: Educa, 1993.

TEXTOS LITERÁRIOS

BRECHT, B. Muletas. In: *Poemas e canções*. São Paulo: Civilização Brasileira, 1966.

CORALINA, C. A escola da Mestra Silvina. In: CORALINA, C. *Poema dos becos de Goiás e estórias mais*. 16. ed. São Paulo: Global, 1999.

MARQUES, E. *Mude*. Disponível em: <http://www.artelivre.net/html/literatura/al_literatura_edson_marques.htm>. Acesso em: 23 de maio 2001.

MÁRQUEZ, G. G. *Despedida*. Disponível em: <http://precisoviver.blog.dada.net/post/509935/Despedida+-abriel+Garcia+Marquez>. Acesso em: 5 de jan. 2000.

MELO NETO, J. C. *Tecendo a manhã*. Disponível em: <http://www.jornaldepoesia.jor.br/joao02.html>. Acesso em: 3 de mar. 2000.

MELLO, T. de. *Não tenho caminho novo*. Disponível em: <http://www.anovademocracia.com.br/index2.php?option=com_content&do_pdf=1&id=1972>. Acesso em: 14 de abr. 2000.

TÁVOLA, A. da. *A quem educa*. Disponível em: <http://almeidarog.blogspot.com/2008/05/quem-educa-artur-da-tvola.html>. Acesso em: s/d.

FILMOGRAFIA

Colcha de retalho, dirigido por Jocelyn Moorhouse, 1995.

Matilda, dirigido por Danny Devito, 1996.

O que é isso, companheiro?, dirigido por Bruno Barreto, 1997.

CAPÍTULO 14

Uma prática de pesquisa-ensino:[1] articulando linguagens artísticas na formação docente

TANIA MARIA ESPERON PORTO

> *Por isso é que agora vou assim no meu caminho...*
> *O que tenho de novo é o jeito de caminhar.*
> *Aprendi (a partir do caminho) a caminhar cantando,*
> *como convém a mim e aos que vão comigo.*
> *Pois já não vou mais sozinho.*
>
> (Thiago de Mello)

INTRODUÇÃO

Pretendemos trazer neste texto algumas reflexões realizadas a partir de uma prática de pesquisa-ensino colaborativa com as alunas do curso de pedagogia.[2] Cabe salientar que usamos os termos colaboração e cooperação como complementares para designar o trabalho coletivo que rejeita o autoritarismo e promove a socialização não só pela aprendizagem, mas, principalmente, na aprendizagem.

Mais do que uma abordagem metodológica de ação docente, focalizaremos um recorte de uma prática de ensino com pesquisa realizada na disciplina práticas educativas V, oferecida ao quinto semestre do curso de pedagogia da UFPel, no início do ano letivo de 2007, tendo como

---

[1] Essa prática de ensino foi apresentada no XIV Endipe em Porto Alegre, de 27 a 30 de abril de 2008, no Simpósio Educação e Artes: Desafio para o Ensino frente às Mídias.
[2] Neste trabalho referimo-nos às alunas do sexo feminino, uma vez que na turma havia quarenta e nove alunas e um aluno do sexo masculino.

destaque o processo registrado em observações da professora e nos cadernos de aprendizagem escritos pelas alunas. É importante salientar que o recorte não evidencia o trabalho com todos os objetivos percorridos na disciplina.

A EXPERIÊNCIA: ARTICULANDO LINGUAGENS ARTÍSTICAS

Na experiência aqui relatada, adotamos uma postura epistemológica de valorização da ação, vivência e resolução de problemas intermediada pelas teorias estudadas e produzidas pela professora e pelas alunas em processos colaborativos e interativos com brinquedos e linguagens comunicacionais.

A experiência propiciou que as alunas trouxessem suas falas, seus conceitos, saberes e impressões sobre os temas abordados e sobre as brincadeiras realizadas, através de uma aproximação com seus mundos e da explicitação de suas subjetividades.

Um dos componentes fundamentais na realização desse trabalho, para Larrosa (2002), é sua potencialidade formativa. A experiência é aquilo que nos passa ou que nos toca, ou que nos acontece, e ao passar nos forma e nos transforma. Somente o sujeito dessa experiência está, portanto, aberto à sua própria transformação.

Mais do que oferecer às futuras professoras modelos e respostas a seus questionamentos, esse tipo de formação possibilitou-lhes múltiplas oportunidades para elaboração de esquemas de reflexão, relacionando fundamentos teóricos com conhecimentos práticos.

A disciplina em questão – práticas educativas V – faz parte do eixo que estuda propostas metodológicas para as séries iniciais do Ensino Fundamental e foi, nos últimos dois meses, de responsabilidade de dois professores (Tania Porto e Rogério Würdig), uma vez que o trabalho coletivo é uma prática adotada no curso de pedagogia da UFPel.

Essa disciplina tinha como objetivos

> realizar vivências e reflexões para desenvolver a criatividade da futura professora, a percepção do seu corpo e dos espaços de sala de aula;

vivenciar e refletir sobre as culturas de infância, resgatando as marcas deixadas nos corpos de professoras em formação; reinventar brinquedos e linguagens expressivas para trabalhar o corpo e as artes; e elaborar projetos pedagógicos articulando linguagens de música, poesia, dança, teatro e pinturas.

A construção do planejamento da disciplina aconteceu após alguns encontros entre professora e alunas para conhecimento mútuo. Mesmo assim, o planejamento estava sempre sofrendo alterações e/ou adaptações aos contextos que surgiam. Para deixar isso evidente, explicitamos no plano que as alunas

> têm liberdade para trazer textos e situações para discussão em sala de aula, assim como para sugerir metodologias de trabalho e/ou alterações no programa. Como nos propomos a trabalhar numa abordagem democrática e participativa, o êxito (ou o fracasso) da disciplina dependerá de todos nós.

Ainda no plano estava presente que elas, como participantes do processo, deveriam fazer anotações diárias no *caderno de aprendizagem*, constando as reflexões e aprendizagens dos processos individuais e grupais, as descobertas, as teorias construídas, as dúvidas, os bilhetes, realizar trabalhos e leituras sobre as temáticas vivenciadas e refletidas na sala de aula e exercícios pedagógicos para crianças, e produzir um texto reflexivo considerando os objetivos da disciplina.

Nos primeiros dias de aula, conversamos sobre a disciplina e explicamos nossa proposta de tê-las como parceiras nas brincadeiras, na construção dos conhecimentos e na escrita de suas percepções e aprendizagens de sala de aula. Para tal, apresentamos a necessidade de terem um *caderno de registros de aprendizagem*. Em que consiste esse caderno?

O caderno de aprendizagem é o testemunho escrito, gráfico e sensorial do que as alunas aprendem cada dia a partir da aula, servindo como ajuda à memória. Para Gutiérrez e Prado (2000), no caderno de anotações são registradas as reflexões, os sentimentos e as atividades vinculadas ao processo de aprendizagem; ele também pode conter recortes e dados extraídos de jornais, revistas, livros e manifestações artísticas e culturais relacionadas com o que a aluna está aprendendo. As primeiras linhas dos cadernos de Juliana e de Charlise evidenciam a compreensão que tiveram dessa tarefa a ser realimentada, diariamente, com suas emoções e aprendizagens: "Neste pequeno *diário* estão presentes não apenas um relato das aulas, mas *sentimentos e emoções* que cada uma delas me causou" (Juliana, grifos nossos). "*Querido diário*, escolhi começar desta forma porque me lembra minha infância e adolescência. Na aula de hoje tivemos..." (Charlise, grifos nossos e da aluna).

Entendemos o caderno de aprendizagem não como um auxiliar no cumprimento das tarefas e dos exercícios de classe, mas como um apoio na aprendizagem que está em construção diária, uma vez que possibilita o conhecimento a partir da reflexão e escrita (de próprio punho) sobre os acontecimentos diários vividos pelos sujeitos em aprendizagem. Como disse Charlise, é um diário que auxilia na construção do conhecimento pela própria estudante. Ela escreve para si sobre o que vê, ouve e sente a sua volta. De acordo com Gutiérrez e Prado (2000), a aprendizagem é um processo enriquecedor que se constrói a partir da própria cotidianidade.

Além disso, no caderno podem ser registradas as dificuldades, êxitos e fracassos da caminhada educativa. Nos cadernos das alunas constam reflexões, aprendizagens, descobertas, teorias, dúvidas, bilhetes, recortes de revistas e excertos de teorias. Para os autores,

> testemunhar o processo diário no caderno de aprendizagem é animar-se a continuar aprendendo, a continuar na busca de tudo o que tem a ver com o tema de estudo. Numa palavra: é estar e viver em atitude de aprendizagem (ibid., p. 70). Elisabete e Amanda registraram seus sentimentos, dificuldades e descobertas de aprendizagem.

"Confesso que estou me sentindo meio boba brincando com adultos na sala de aula, claro que com as crianças será diferente (Elisabete).

"Confesso que logo no início pensei: *teria sido melhor ficar em casa*, mas, ao longo da tarde, percebi sentido naquilo que estávamos fazendo. Normalmente pensamos que brincar serve para distrair, divertir e, quem sabe, até descansar... Na aula de hoje não havia crianças, pelo menos visivelmente não, já que a criança que habita em nós pode se libertar um pouco. Percebi resistência da maioria das colegas, inclusive eu, acho que talvez por vergonha e por não ver sentido naquilo" (Amanda, grifos da aluna).

Os relatos destacam a pertinência de práticas pedagógicas que problematizam questões do cotidiano das alunas e evidenciam, ainda, as percepções das alunas sobre os movimentos da aula, os sentimentos e sentidos construídos individual e/ou coletivamente.

Levamos para a faculdade diferentes temáticas e possibilidades de criação de brinquedos e brincadeiras. Propiciamos um processo de aprendizagem tendo como suporte para a análise e produção de conhecimentos, observações, leituras da realidade, reflexões sobre textos de diferentes linguagens (entende-se aqui textos escritos, sonoros, táteis, visuais e artísticos, como músicas, poesias, crônicas, e recursos, como, por exemplo, cordas, bolas, máscaras), jogos dramáticos, escritura de cartas e relatos sobre as aulas que fizeram aflorar saberes, sentimentos, emoções e lembranças, muitas vezes distantes do cotidiano universitário. Convidamos diferentes professores-pesquisadores a apresentarem suas experiências de ensino com pesquisa nas séries iniciais do Ensino Fundamental para desmistificar o conceito de que a prática de pesquisa seja privilégio de professores da universidade.

Num ensino articulado à pesquisa, o estudo da prática pedagógica não se restringe apenas ao conhecimento do que se passa no cotidiano, mas envolve um processo de ação, reflexão e reconstrução das práticas, desvelando as dimensões, apontando contradições e recuperando o vigor do ambiente educativo. Esse tipo de formação com pesquisa traz para discussão práticas individuais e coletivas de professores e de alunos que ocorrem no contexto escolar, político, cultural e social (Porto, 2003).

Os relatos a seguir mostram a percepção das alunas sobre as práticas individuais e coletivas por nós realizadas desde o primeiro encontro:

"Neste primeiro encontro somente nos apresentamos e falamos um pouco sobre a proposta da disciplina para o semestre. A professora ainda nos indagou sobre o que era brincar e de quais brincadeiras mais gostávamos quando éramos crianças. Foi então que me vieram à memória várias, como amarelinha, ovo podre... E muitas outras que ficaram nas *minhas lembranças de infância*" (Alessandra, grifos nossos).

"Nosso primeiro encontro com a professora Tania Porto foi um momento de ansiedade. Por exemplo, a professora *pesquisa implicitamente* como é a turma, seu ritmo no andamento da aula, para, dessa forma, tentar desvendar como efetuar o conteúdo que fora planejado; e do lado avesso estão as alunas tentando revelar através de observações da aula e da professora como ela está organizando o conteúdo, os recursos linguísticos, as linguagens utilizadas e *os dispositivos que atuam ocultamente* na sala de aula. Pensa-se também: *será que os conteúdos abordados serão valorativos para exercer em nossa prática futuramente?*" (Mara, grifos nossos e da aluna).

Essas reflexões evidenciam algumas particularidades. Por exemplo: as duas alunas contaram o que aconteceu no primeiro encontro e revelaram aspectos que mais as marcaram: Alessandra refere-se às memórias de infância e Mara destaca sua ansiedade em relação ao que a professora está "pesquisando" sobre elas, bem como a dúvida sobre a valorização desses conteúdos para sua prática de ser professora. Nesse momento, apesar de ambas evidenciarem reflexões sobre si mesmas e sobre a prática pedagógica, elas ainda não têm a percepção de que são parceiras no processo de pesquisa e de ensino que ocorre na disciplina.

Adotamos o termo prática pedagógica, concordando com Larrosa (2000, p. 36), ao assinalar que a aprendizagem pressupõe elaboração ou reelaboração de "alguma forma de relação reflexiva do 'educando' consigo mesmo" e não uma aprendizagem de um corpo de conhecimentos exterior a si. Para o autor, as teorias e práticas pedagógicas são produtoras dos sujeitos e não meras "mediadoras, onde se dispõem os recursos para o desenvolvimento dos indivíduos" (ibid., p. 37).

Com essas práticas, vimos realizando um trabalho colaborativo em que as envolvidas – professora e alunas – participam de todas as etapas do processo como sujeitos da situação em estudo, com o objetivo não só de conhecer a realidade, mas de intervir sobre a situação considerada um problema ou merecedora de estudos e investigação.

Os sujeitos – professora e alunas – ressaltam uma participação ativa e consciente nas decisões-ações que contribuem tanto para a reflexão de si mesmos quanto para a elaboração conjunta de ações e decisões. É uma forma de ensino que possibilita aos alunos assumirem seu próprio destino. É uma forma de ensino que valoriza a expressão deles.

Para Gutiérrez e Prado (2000), o processo educativo é rico e frutífero se possibilitar a expressão dos alunos, pois o educando que não consegue se expressar, provavelmente viveu (ou ainda vive) processos de repressão. Segundo esses autores, "dar e expressar sentido não é apenas questão de compreensão, mas, sobretudo, de expressão" (ibid., p. 71), e eu acrescento, expressão de si e de seus contextos.

A comunicação vivencial e a expressão pessoal e grupal geram um clima propício para o comprometimento, desinibição e iniciativa do aluno, além de valorização de sua autoestima, autoconfiança e autorregulação.

Para Larrosa, as formas de relação do sujeito consigo mesmo podem

> ser expressas quase sempre em termos de ação, com um verbo reflexivo: conhecer-se, estimar-se, controlar-se, regular-se [...] na medida em que designam componentes que estão mais ou menos implícitos naquilo que para nós significa ser humano: ser uma "pessoa", um "sujeito" ou um eu (2000, p. 38, grifos do autor).

As alunas viveram situações de expressão de suas experiências. Viver a poesia, a música, a dança, o ser criança é muito mais importante do que falar delas, do que escrever e ler sobre elas, do que aprender sobre elas. Viver é sentir, é deixar-se envolver, é brincar e se "lambuzar" com essas linguagens. Essa era nossa proposta. Então, levamos para as aulas vários convidados/as que trouxeram linguagens artísticas, escolhidas pelas alunas-professoras para serem "estudadas". Mas selecionamos não uma temática ou um caminho de estudo através da cognição. E, sim, um caminho de vivências em linguagens artísticas, de maneira que despertassem (nelas e em mim) o prazer, o sorriso, as lágrimas, a vontade de brincar, cantar, dançar, fazer poesia, enfim, de despertar o imaginário, a criatividade e a criança que existe em nós. No entanto, a capacidade de brincar, sonhar, criar e perceber a criança também precisa ser apreendida. Não pelo raciocínio, mas pelo corpo, pelos sentidos, pelos desejos, que precisam ser despertados para serem percebidos (Porto, 2006).

Além disso, as práticas vivenciadas com as alunas de pedagogia possibilitaram a problematização de situações vividas por elas na infância, ajudando-as a entenderem seu corpo, sua identidade, seus contextos de vida.

Assim, tivemos como objetivo auxiliar na formação do professor reflexivo, capaz de examinar e reexaminar a si e as ações empreendidas. A autopercepção, autoanálise, autocrítica, autoconscientização e auto-organização estiveram presentes em seus depoimentos na sala de aula e nos registros dos cadernos de aprendizagem, evidenciando aspectos afetivos, emotivos e corporais em suas aprendizagens, conforme depoimentos a seguir:

> "A verdade é que, apesar da vergonha inicial, achei muito legal pular corda. Penso que é necessário experimentar algumas atividades que já não fazem parte de nossa rotina, pois nos fazem *retornar à infância* e, assim, entender melhor as ações das crianças a nossa volta... Penso que houve algumas mudanças muito positivas em mim a partir dos estudos propostos. Hoje procuro me colocar no lugar das minhas filhas, deixando-as mais livres. Até incentivá-las a dar cambalhotas eu fiz... Consegui *resgatar um pouco da Cínara menina*, e hoje me dou a liberdade de 'brincar' um pouco mais" (Cínara, grifos nossos).

> "Refletindo sobre o semestre, percebi que as aulas me ajudaram muito, que me mostraram que meu corpo pode movimentar-se *sem medo de ser ridículo*" (Juliane, grifos nossos).

Algumas alunas, na prática relatada nesse texto, perceberam a importância da reflexão e da pesquisa no processo de ensinar, expressada, também, na forma de poesia.

> *Na faculdade*
> Na faculdade cada dia é uma experiência.
> Cada um é singular,
> Cada um faz sua vivência.
> Discutimos, refletimos...
> Uns mais outros menos...
> Identidade e diferença.
> (Poesia de Lílian)

Larrosa, referindo-se ao trabalho com adultos, entende que a reflexão auxilia-os "a modificarem a imagem que eles têm de si mesmos e de suas relações com o mundo, o que no vocabulário de adultos se chama de 'tomada de consciência'" (2000, p. 47).

Carla, refletindo sobre suas dificuldades na escrita, anotou em seu caderno um depoimento sobre o envolvimento dela e das companheiras no processo educativo vivido numa aula, cuja temática era poesia:

"Após o período de confecção de poesias, quem quisesse, poderia lê-las. Saíram poesias maravilhosas. Eu fiquei pensando: será que todas e todos foram podados nas escolas, não tiveram suas escritas valorizadas (assim como eu), ou será que alguém disse que nós não sabíamos fazer poesia? Que isto é obra dos grandes e famosos poetas? Eu achei esta aula muito importante para *resgatar esse poeta que está dentro de nós*, e expressar o que estamos sentindo através da arte e despertar e valorizar isto em nossos alunos" (Carla, grifos nossos)

A aluna falou de si a partir de uma prática pedagógica com poesias. Além da temática (poesia) possibilitar o falar de si, através da reflexão de sua história pessoal ela sentiu-se à vontade para expressar-se por escrito sobre práticas institucionalizadas vividas num passado escolar (Porto, 2006).

As práticas dominantes vivenciadas em suas formações anteriores muitas vezes são tomadas como modelos de ação, fazendo-as sentirem-se deslocadas com relação a essa modalidade de ensino, conforme relato a seguir:

"Confesso que, às vezes, tenho certa resistência (referindo-se às brincadeiras)... Acho que é por estar no meio de adultos; e isso dificulta me remeter ao mundo das brincadeiras" (Cristina).

As alunas, parceiras naturais das práticas aqui relatadas, evidenciaram algumas dificuldades para entender a ideia de que eram participantes ativas nessa modalidade de ensino. A princípio, observamos atitudes de rejeição a esse envolvimento, talvez por não estarem habituadas a realizar leituras em todas as aulas (que, quando feitas, auxiliavam na composição teórica), por terem que fazer anotações reflexivas a partir das aulas, ou por não entenderem a universidade como espaço de brincadeiras. Mas, aos poucos, percebemos mudanças em suas atitudes. Elas ficaram mais receptivas, intensificaram as leituras e respondiam aos estímulos que levávamos. As estudantes descobriram, aos poucos, o prazer de perceber seu corpo e as sensações sentidas através do tato, audição e visão. Incorporaram à aula a escrita no caderno de aprendizagem, sem precisarmos lembrá-las dessa tarefa.

Com o tempo, o prazer de brincar, movimentar-se e divisar diferentes possibilidades de ensinar e aprender fez com que elas se envolvessem mais nas aulas e se permitissem desfrutar os momentos vividos, como evidenciam as seguintes anotações:

"Gostei muito da experiência de ter aulas com vocês" (professor Rogério e Tania).

"As aulas exploraram a corporeidade e atividades lúdicas, utilizando os *múltiplos sentidos e sentimentos*. Gostei muito da experiência e admiro a sensibilidade de vocês para dar aulas. Obrigada por tudo" (Carla, grifos nossos).

Nos processos vividos tivemos a preocupação de auxiliá-las a descobrir e/ou a produzir a teoria presente nas brincadeiras, além de perceberem a importância de professoras e professores (eu, elas e o Rogério) permitirem-se brincar. As brincadeiras tinham um propósito teórico-metodológico, o que foi percebido pelas alunas, conforme relato de Rogéria:

"A interferência teórica da professora Tania estava sempre presente... O que ficou de importante para mim foi pensar que é preciso observar o ritmo da brincadeira para mudar a atividade proposta... Na aula de hoje houve realmente uma *ruptura* do esperado" (Rogéria, grifo nosso).

Essas reflexões evidenciam os movimentos da aula, apesar de em nosso contexto a temática movimento estar sempre presente. Nas anotações de Rogéria os movimentos vividos na aprendizagem indicam desde a breve percepção sobre as aulas, até as descobertas teóricas que evidenciam uma ruptura paradigmática.

Em aula, auxiliávamos as alunas a questionarem e problematizarem ideias, teorias, conceitos, modelos e representações de seus corpos no trabalho docente. A proposta da disciplina incluía descobrir o prazer de brincar, de inventar brinquedos e brincadeiras refletindo sobre os processos e caminhos vividos em contato com as pessoas.

Se quisermos dar sentido ao que fazemos, devemos vivenciar e sentir os processos e caminhos com nossos sentidos. Para Gutiérrez e Prado, os sentimentos, emoções, intuições, vivências e experiências são essenciais na construção de caminhos para a formação docente. O sentido, o nosso e o dos demais, se faz e refaz nesse caminhar. "O sentido não se dá, nem traspassa e nem se impõe. O sentido é o motor do processo e é peculiar a cada processo" (2000, p. 63).

Amanda conseguiu perceber o sentido das práticas artísticas vividas na disciplina. Ela assim se expressou: "Por incrível que pareça, eu havia esquecido o que são as artes nas séries iniciais. As crianças gostam tanto de desenhar, pintar, brincar... E a pesquisa mostrou que esta questão é pouco considerada na escola... As artes são, frequentemente, tidas como desnecessárias...".

Assim, nesse contexto, vivemos uma prática de comunicação com os conhecimentos, com as alunas, considerando diferentes linguagens comunicacionais: poesias, músicas, jogos teatrais, brincadeiras de infância. Mais do que ferramentas, as linguagens foram potencializadoras de sentidos e mediações nos processos de ensinar e aprender.

Cada experiência, e todas juntas, valorizou brincadeiras, histórias de infância, ludicidade, cotidianidade e prazer de estar na escola e de ser professora. Para tal, buscamos resgatar os corpos brincantes que existem em nós, para poder, então, significar o brinquedo, a sensibilidade das professoras e das crianças, e brincar com o estudante na escola, respeitando seus interesses e necessidades. Isso porque entendemos a escola e a universidade segundo uma concepção dinâmica, criadora e relacional; escola e universidade como lugares de movimento, flexibilidade e abertura às realidades.

Assim, essas instituições, aproximando-se das linguagens comunicacionais, permitem mudanças na maneira de o professor pensar, ser e estar no mundo, pressupondo, também, transformações nos relacionamentos de professores e alunos e de ambos com os conhecimentos, saberes e linguagens contemporâneas.

Em nossa prática pedagógica, procuramos criar e desocultar possibilidades de uso de diferentes linguagens comunicacionais, afinando o aprendizado de ouvir, ver, sentir e brincar, ainda tão distantes da maioria dos cursos de formação docente. Algumas experiências pelas quais passamos valorizaram estudos e vivências corporais com ênfase nas brincadeiras, jogos e movimentos dos indivíduos (da professora e das alunas) e das instituições (escola e universidade), integrando as diferentes linguagens numa perspectiva que se propõe romper com modelos de coerção e obediência, contrários à livre expressão pessoal e à auto-organização grupal.

ALGUMAS CONCLUSÕES

Não há uma teoria única ou sequer melhor, assinala Brandão, embora haja uma teoria através da qual pessoas e equipes podem pensar melhor. "Os métodos são pontes, são caminhos de dupla mão que convergem em uma mesma e múltipla praça simbólica de convergências, diferenças e divergências" (2003, pp. 107-108).

Ao realizarmos uma prática educativa comunicacional com convergências, diferenças e divergências, procuramos ampliar o leque de métodos de ensino e de linguagens através dos quais podem ser abordados os conhecimentos e viabilizada a comunicação humana, por entendermos que a maioria das linguagens utilizadas nos textos pedagógicos e na escola em geral não valoriza as emoções, o humor, a ironia, os sentimentos (Porto, 2005).

Para Penteado, "cumpre-nos refinar o uso da linguagem oral e escrita com que tradicionalmente trabalhamos... E explorar outras linguagens, como a pictórica, a musical, a literária, a expressão corporal, a cinematográfica, a televisual" (2002). Essas linguagens envolvem diferentes formas de comunicação, além de possibilitarem a manifestação de sentimentos, saberes e conhecimentos.

O processo educativo permeado pela comunicação traz o diálogo, a partilha e a consideração ao outro que pensa e age igual ou diferente de nós. No entender da autora, é um processo que admite a recusa, o ponto de vista diferente e a problematização. Orienta-se pelo princípio da alteridade, que considera a presença do outro em cada atitude profissional como sujeito de posicionamentos e comprometimentos.

Na prática com as alunas da pedagogia esteve presente o diálogo problematizador (Freire, 1979), que propicia um ambiente estimulante à construção de conhecimentos. O diálogo faz parte do ser humano como ser de comunicação. Esse diálogo problematizador desperta no aluno (e no professor) a leitura do mundo e a conscientização para a percepção da realidade.

Assim, o diálogo, independentemente do conteúdo, "é a *problematização* do próprio conhecimento em sua indiscutível relação com a *realidade concreta na qual* se gera e sobre a qual incide, para melhor compreendê-la, explicá-la e transformá-la" (ibid., p. 52, grifos nossos).

As relações democráticas construídas entre professora e alunas emergiram do diálogo, respeito, interlocução e consideração aos diferentes. É o que Maturana (2001) chama de aceitação do outro como legítimo, nas suas vicissitudes e alteridades, levando em conta os diversos espaços e tempos de formação. Assim, a relação humana é entendida como movimento, sendo estabelecida com e pelos sujeitos em função das demandas educativas e comunicacionais. Comunicamos para deixarmo-nos transparecer ao outro, para sermos aceitos ou incluídos em determinado grupo ou, ainda, para resolvermos os problemas de existência de sentido e crescimento (Porto, 2008).

A prática de ensino aqui relatada auxilia os sujeitos escolares a serem responsáveis e conhecedores de suas dificuldades. Não pesquisamos as alunas. Vivemos com elas uma prática de ensino com pesquisa, articulando professor e aluno, pesquisador e pesquisado, pois acreditamos que o desenvolvimento profissional acontece a partir dos contextos e saberes dos dois seguimentos, através de percursos de renovação permanente que definem essa profissão como reflexiva, científica e impregnada de sentidos e significados.

Compete à professora e à aluna (pesquisadoras) o uso da investigação como ponto de reflexão, indo além de conclusões apressadas que, muitas vezes, conduzem a explicações superficiais, de senso comum e desconectadas do cotidiano concretamente pesquisado. A sala de aula supõe um olhar mais acurado sobre a realidade didática para apreensão de fatos até então "escondidos". A realidade, que muitas vezes se apresenta rotineiramente, pode e deve ser analisada e ressignificada pela investigação.

Na universidade, um ensino pautado na pesquisa torna possível o contato direto dos pesquisadores (professora e aluno) com as situações estudadas, no sentido de levantar, conhecer e reconstruir processos e relações presentes nas vivências escolares diárias, tentando apreender a realidade no seu todo e ajudar na formação significativa do professor em formação.

Nóvoa (1992) e Perrenoud (1993) têm se debruçado sobre a pesquisa como princípio educativo, ou com propósitos didáticos, realizada no cotidiano escolar. Entendem os autores que a prática proporciona novas dimensões ao conhecimento científico-social essencial para a construção da sociedade possível e desejada. Expressando de outra forma, a prática reflexiva torna a teoria mais produtiva porque é utilizada para explicação da própria prática, coloca-se a serviço da (re)construção da realidade. É o que Perrenoud chama de prática refletida, a ser adotada a partir da análise individual ou coletiva pelo docente "para pensar, decidir e agir" (p. 129).

Vivenciamos um ensino com pesquisa que propiciou movimentos, ampliando os espaços e tempos de aprendizagem, os processos de educação e de comunicação, as vivências com linguagens variadas, sem perder de vista a reflexão sobre a construção dos processos significativos de formação. Uma vivência que, conforme conceitos de Brandão (2003), transforma o sentido da pesquisa no trabalho docente, pois ele constitui um instrumento a mais na trajetória de transformação de pessoas e mundos sociais.

Assistimos a uma prática que valoriza o professor e o aluno como pessoas, como sujeitos que têm histórias e vivências. Somos pessoas e grupos humanos que criam suas vidas com rostos, histórias e sentidos.

O sentido nosso de caminhar e dos que conosco percorrem os processos de ensinar e aprender faz-se e refaz-se nesse caminhar. Caminhar com sentido é descobrir o sentido do que fazemos, compartilhando com os outros as práticas da vida cotidiana que, muitas vezes, estão presentes em nossa caminhada, sem serem percebidas e/ou valorizadas.

A aluna de pedagogia da UFPel descobriu-se, descobrindo a subjetividade da estudante em que antes havia a função sociopedagógica e didática de ser aluna. Ela descobriu que há corpos, desejos e percepções que não estão distantes da profissão de ser professora.

Nessas descobertas aprendemos muito. Aprendemos (eu e elas) que ser professora é mais que compreender, conceituar e caminhar pelas certezas das racionalidades da profissão. Ser professora é permitir-se à alegria e à intuição que dormem escondidas nas caminhadas, uma vez que a teoria e a prática dessa ação pressupõem ouvir, sentir, rir, brincar e deixar fluir em si a aprendizagem não só da profissão, mas a aprendizagem da vida, explorando novas sensibilidades e jeitos de caminhar, e agregando a estes interações e interlocuções com os sujeitos e entornos que nos envolvem, pois nos ensina a poesia de Antônio Machado (2003, p. 222, tradução livre):

> Caminhante, não há caminho, o caminho se faz ao andar.
> Se olho para trás, não vejo as marcas que eu deixei na trilha.
> Mas, dentro de mim, eu sinto o sinal que a trilha me deixou.
> Caminhante, o caminho se faz ao andar...

REFERÊNCIAS BIBLIOGRÁFICAS

BRANDÃO, C. R. *A pergunta a várias mãos*; a experiência da pesquisa no trabalho do educador. São Paulo: Cortez, 2003.

FREIRE, P. *Extensão ou comunicação*. 4. ed. Rio de Janeiro: Paz e Terra, 1979.

GUTIÉRREZ, F.; PRADO, C. *Ecopedagogia e cidadania planetária*. São Paulo: Cortez, 2000.

LARROSA, J. Notas sobre a experiência e o saber da experiência. *Revista Brasileira de Educação*, São Paulo, n. 19, pp. 20-28, jan./abr. 2002.

_____. Tecnologias do eu e educação. In: SILVA, T. T. (org.). *O sujeito da educação*; estudos foucaultianos. 5. ed. Petrópolis: Vozes, 2000.

MACHADO, A. *Campos de Castilla*. 14. ed. Madrid: Cátedra, 2003.

MATURANA, H. *Cognição, ciência e vida cotidiana*. Organização e tradução de Cristina Magro e Victor Paredes. Belo Horizonte: Ed. UFMG, 2001.

NÓVOA, A. *Os professores e a sua formação*. Lisboa: Dom Quixote, 1992.

PENTEADO. H. D. *Comunicação escolar*; uma metodologia de ensino. São Paulo: Salesiana, 2002.

PERRENOUD, P. O papel de uma investigação na formação de base dos professores. In: PERRENOUD, P. (org.). *Práticas pedagógicas, profissão docente e formação*; perspectivas sociológicas. Lisboa: Dom Quixote, 1993.

PORTO, T. M. E. Teoria e práticas de ensino com mídias na universidade. In: PORTO, T. M. E. (org.). *Práticas de ensino*; a pesquisa como reflexão *na* e *sobre* a ação docente. Pelotas: Seiva, 2008, pp. 39-62.

_____. Cartas de quem ensina. Uma mirada na trajetória docente. In: PORTO, T. M. E.; PERES, L. M. V. (orgs.). *Tecnologias da educação*; tecendo relações entre imaginário, corporeidade e emoções. Araraquara: Junqueira & Marin Editores, 2006.

_____. Adolescentes e meios de comunicação: espaços de aprendizagem e comunicação. *Comunicar*, n. 24, pp. 133-141, 2005.

_____. A comunicação na escola e a formação do professor em ação. In: PORTO, T. M. E. (org.). *Redes em construção*; meios de comunicação e práticas educativas. Araraquara: Junqueira & Marin Editores, 2003, pp. 79-110.

CAPÍTULO 15

Contribuição da pesquisa-ensino colaborativa: análise de dissertações e teses

RINALDO MOLINA

> As práticas colaborativas propiciam as trocas de saberes, principalmente se conduzidas pelo diálogo. E geram um potencial emancipatório, na medida em que as ações são conceitual e criticamente orientadas para a mudança e, neste movimento, realça-se o significado das ações coletivas, talhando transformações no essencial, ou seja, no espírito dos participantes, deste modo, transformam-se as pessoas e com elas as instituições.
>
> (Azevedo, 2002, p. 54)

Este texto tem por objetivo apresentar os resultados da análise de pesquisas acadêmicas produzidas em programas de pós-graduação em educação no Brasil, fundamentadas na pesquisa-ensino colaborativa. Nossa intenção foi desvelar seus processos, sinalizar os caminhos percorridos, descrever as estratégias de atuação, destacar as conquistas e avanços dos grupos e apontar as dificuldades encontradas.

No Brasil a perspectiva da pesquisa-ensino colaborativa teve como importante base teórica as ideias propostas por Ken Zeichner (1992, 1993, 1998). Segundo o autor, a importância desse tipo de pesquisa educacional reside no seu potencial de mudar as práticas curriculares. Sendo assim, esse processo é favorecido pela reflexão do professor sobre sua atuação docente, estimulada pelo parceiro pesquisador.

Nessa perspectiva, o professor passa a transformar seu trabalho de ensinar em pesquisa. Observa e registra os interesses e as dificuldades de seus alunos, como subsídios para reformular e experimentar novas propostas de ensino. Nesse processo ganha autonomia e confiança.

Zeichner (1993) valoriza a pesquisa realizada pelo professor:

> [...] a prática de todo professor é o resultado de uma ou outra teoria, quer seja reconhecida quer não. Os professores estão sempre a teorizar, à medida que são confrontados com os vários problemas pedagógicos, tais como a diferença entre as suas expectativas e os resultados. Em minha opinião, a teoria pessoal de um professor sobre a razão por que uma lição de leitura correu pior, ou melhor, do que esperado, é tanto teoria como teorias geradas nas universidades sobre o ensino da leitura: ambas precisam ser avaliadas quanto à sua qualidade, mas ambas são teorias sobre a realização de objetivos educacionais. Em minha opinião, a diferença entre teoria e prática é, antes de qualquer coisa, um desentendimento entre a teoria do observador e a do professor, e não um fosso entre a teoria e a prática (p. 21).

Segundo o autor, a maioria das pesquisas feitas nas escolas ainda é "sobre" os professores e seus saberes, tomados como "objetos" de pesquisa, em vez de se configurarem como pesquisas colaborativas, em que o pesquisador e os professores trabalham e investigam juntos, como parceiros e "sujeitos" da pesquisa.

O autor sugere três estratégias principais para romper com a separação entre pesquisadores e professores:

- pela via do envolvimento dos profissionais das escolas em discussões sobre o significado e a importância das investigações desenvolvidas nas universidades e demais instituições de pesquisa;
- pelo desenvolvimento de projetos de pesquisa em colaboração com os professores nas escolas, em que antigos modelos hierárquicos são realmente superados;
- e por meio do apoio a projetos de pesquisa-ensino desenvolvidos pelos educadores e da valorização do conhecimento produzido nesse processo.

No Brasil, vários autores têm não só desenvolvido projetos de pesquisa com base na perspectiva zeichneriana, como também discutido esse tipo de pesquisa do ponto de vista conceitual e metodológico: Fiorentini, 2004; De Bastos, 2000; Dias-da-Silva, 2001; Garrido, 2000; Garrido, Moura e Pimenta, 2000a; Garrido, Moura, Pimenta, Fusari e Molina, 1999; André, 2008; Molina, 2003, 2007; Molina e Mizukami, 2005; Mizukami et al., 2002; Geraldi, Fiorentini e Pereira, 1998; Maldaner, 2000; Marin, 1998; Mion e Saito, 2001; Ibiapina, 2008; Passos, 2007, entre outros.

Além disso, em 2000, a revista *Pro-posições* dedicou um número a projetos de pesquisa-ensino colaborativos desenvolvidos no Estado de São Paulo e financiados pela Fundação de Amparo à Pesquisa do Estado de São Paulo (Fapesp).

A amostra que compôs este estudo foi selecionada a partir do levantamento dos resumos de dissertações de mestrado e de teses de doutorado, defendidas nos programas de pós-graduação em educação do Brasil entre 1966 e 2002. Dos 236 estudos tipo pesquisa-ensino, 121 foram classificados por nós como pesquisa-ensino colaborativa (Molina, 2007a). A intenção de realizar uma análise em profundidade fez com que limitássemos a amostra a estudos publicados entre 1997 e 2002, num total de 89 pesquisas. Para aprofundarmos as características que marcaram cada uma dessas experiências, selecionamos 32 trabalhos para análise, pertencentes a dez universidades do País – dezessete são teses de doutorado e quinze, dissertações de mestrado:

- A Universidade Estadual de Campinas (Unicamp) contribuiu com dez estudos: Guido, 1997; Nacarato, 2000; Messias, 2000; Rosa, 2000; Palma, 2001; Berger, 2001; Dickel, 2001; Cardoso, 2001; Crisóstomo, 2002; Garcia, 2002.

- A Universidade Federal de Santa Maria – RS (UFSM) colaborou com sete pesquisas: Borba, 1998; Ternes, 1998; Silva, 2000; Costa, 2000; Andrade, 2000; Azevedo, 2002; Azevedo, E., 2002.

- A Universidade de São Paulo (USP) com seis estudos: Passos, 1997; Araújo, 1998; Itacarambi, 2000; Nikitiuk, 2000; Tavares, 2001; Barcelos, 2001.

- A Universidade do Estado de São Paulo (Unesp), *campus* de Marília, contribuiu com: Raphael, 1999; Souza, 1999. E a Pontifícia Universidade Católica de São Paulo (PUC-SP) cooperou com: Borba, A., 1999; Carvalho, 2001. Portanto, cada uma delas apresentou dois trabalhos.

- As demais universidades participaram com um estudo cada uma: Unesp de Araraquara (Avellar, 2002); PUC-RS (Piccoli, 2002); Universidade Federal de Santa Catarina (Auth, 2002); Universidade Federal de Goiás (Lima, 1998) e Fundação da Universidade Federal do Piauí (Nunes, 1998).

Metade das pesquisas teve duração de seis meses a um ano. Como o intervalo de tempo é muito pequeno para projetos mais abrangentes, os pesquisadores trabalharam com poucos professores e se concentraram em uma ou outra disciplina do currículo (ciências, matemática, alfabetização, educação ambiental, educação física...). Houve, entretanto, nove pesquisas cuja parceria se estendeu por mais de dois anos, possibilitando um trabalho muito mais amplo e significativo. Nesses casos o pesquisador era coordenador da escola ou pertencia a um grupo de pesquisa da faculdade com larga experiência em parcerias com professores da escola básica.

Metade das pesquisas trabalhou com pequenos grupos de um a sete professores. Por outro lado, houve doze estudos que desenvolveram projetos de pesquisa-ensino colaborativa envolvendo 14 a 38 professores. A maioria das pesquisas (23) se desenvolveu em apenas uma escola (pública estadual), e o período de funcionamento preferido foi o diurno. Quanto ao nível de ensino, houve um número significativo de trabalhos (23) que abordaram somente um nível de ensino, prevalecendo o Ensino Fundamental I (14).

Este texto está dividido em seis partes: na primeira parte, destacamos os focos temáticos que centralizaram as atenções dos professores e pesquisadores envolvidos; na segunda, descrevemos os espaços de reflexão, as formas como as propostas de trabalho conjunto se desenvolveram; a terceira parte trata das mudanças acontecidas em professores e pesquisadores; o quarto tópico aborda as dificuldades e limitações do processo; e o quinto tópico trata do potencial e possibilidades das pesquisas-ensino examinadas. O artigo se encerra com algumas considerações finais que procuram discutir o que seria pesquisar e ensinar para os professores.

FOCOS DAS PESQUISAS-ENSINO COLABORATIVAS

De modo geral, os objetivos das pesquisas centraram-se em repensar as práticas de ensino dos professores, para melhorá-las, de modo que os alunos pudessem aprender melhor. Cada uma delas, entretanto, focalizou uma determinada temática.

O pesquisador, antes de sair a campo, estabeleceu seu eixo de referência. Devia desenvolver uma pesquisa acadêmica, vinculada a um programa de pós-graduação. Tinha prazos determinados para sua finalização. Sendo assim, precisou centralizar seus esforços em focos específicos. Havia, portanto, expectativas em relação aos professores. Por sua vez, os professores também tinham expectativas próprias.

Entretanto, devido à natureza da pesquisa-ensino colaborativa, as decisões precisam ser tomadas em comum acordo entre pesquisador e professores. Envolvem, portanto, negociações entre as expectativas dos diferentes participantes.

Crisóstomo (2002) mostrou como o pesquisador pode incorrer em erro, ao propor objetivos e atividades, focando em si e não no grupo as tomadas de decisão.

[Com o] objetivo de apresentar a problemática que eu gostaria que elas trabalhassem no projeto de pesquisa, solicitei que [...] Percebi, pelas expressões faciais, que quase não me entendiam, impressão esta reforçada pelo silêncio que reinava quando eu me calava. Tirei outro texto da maleta [...] expus-lhes minha ideia da "pesquisa" que poderia ser desenvolvida. [...] após minha exposição sobre a proposta do tema a ser tratado no projeto, só me recordo daquele silêncio acompanhado de olhares cruzados e repletos de cumplicidade [...]. Nada perguntaram ou questionaram em relação ao meu discurso. Deixei-lhes um livro que tratava como organizar um projeto de pesquisa [...]. A proposta era, na minha concepção, inovadora. Fui embora tranquila em relação ao andamento dos trabalhos, deixando antecipadamente tudo programado: o que pesquisar, os caminhos a serem seguidos e procedimentos metodológicos "facilmente aplicáveis" no cotidiano escolar, seguidos de textos teóricos que fundamentariam a pesquisa. Foi desse modo que pretendi, inicialmente, torná-las pesquisadoras (p. 71).

No entanto, na reunião seguinte, as professores se fizeram ouvir.

Foi logo no segundo encontro [...] que as professoras iniciaram a reunião expondo que estavam apreensivas, pois não sabiam como me contar que haviam se reunido e decidido que a temática que gostariam de desenvolver na pesquisa era sobre o uso intensivo de agrotóxicos na região e as consequências do uso inadequado do mesmo. Esse era um grave problema enfrentado [pelos alunos da] escola nas quais elas eram professoras e relatavam casos de envenenamento em suas famílias [...] (pp. 71-72).

Os pressupostos da pesquisa colaborativa se fizeram valer já que, em decorrência da necessidade apontada pelos professores, o pesquisador foi obrigado a questionar e rever sua postura.

A minha proposta de pesquisa tinha sido descartada. Naquele momento, me dei conta de que minhas leituras sobre formação de professor-pesquisador [...] não davam conta das questões de ordem prática que começavam a surgir. Entre essas: como sistematizar uma pesquisa a partir da escolha de um tema tão abrangente como o escolhido pelas professoras? Até que ponto os parâmetros de pesquisa de um trabalho científico convencional as auxiliaria? [...] O que fazer com os meus conhecimentos, meu projeto inicial, com o direcionamento pretendido? (p. 72).

No exemplo anterior o tema central partiu do desejo dos professores de propor um projeto interdisciplinar que esclarecesse os alunos sobre o mau uso de agrotóxicos, problema agudo vivido pela comunidade local.

Nas pesquisas analisadas as temáticas, sobre as quais os pesquisadores e professores centraram o processo de reflexão e transformação do ensino, dividiram-se em três grupos:

- O primeiro focalizou aspectos metodológicos do ensino: avaliação (Raphael, 1999; Souza, 1999; Avellar, 2002); ensino e aprendizagem por meio de projetos (Garcia, 2002; Piccoli, 2002); uso da informática no ensino (Tavares, 2001; Costa, 2000), processos de aprendizagem (Lima, 1998; Andrade, 2000) e interdisciplinaridade (Azevedo, E., 2002). Nesse grupo, o enfoque da pesquisa concentrou-se na discussão da avaliação e dos métodos de ensino usados, na produção e utilização de novos materiais, no uso de computadores.

- O segundo grupo ateve-se em conteúdos específicos: análise das práticas pedagógicas de ciências (Auth, 2002; Guido, 1997; Rosa, 2000), educação física (Palma, 2001), educação ambiental (Nunes, 1998; Crisóstomo, 2002; Azevedo, 2002), matemática (Araújo, 1998; Itacarambi, 2000; Nacarato, 2000), biologia (Carvalho, 2001) e alfabetização (Silva, 2000). A partir da problematização e da análise crítica do ensino centrado no conteúdo das disciplinas, o grupo deu início à elaboração e experimentação de alternativas interdisciplinares, tendo em vista a aprendizagem significativa pelo aluno.

- No último grupo as questões abordadas foram a profissionalização docente (Passos, 1997; Borba, 1998; Ternes, 1998; Borba, A., 1999; Messias, 2000; Barcelos, 2001; Nikitiuk, 2000; Dickel, 2001; Cardoso, 2001) e a identidade do professor (Berger, 2001). Os professores questionaram a desvalorização do professor, as condições de trabalho e a importância da atuação reflexiva, crítica e coletiva, com vistas à transformação da realidade escolar.

A seguir, iremos nos dedicar ao entendimento das reuniões que se revelaram como o espaço privilegiado para acontecer a parceria colaborativa. Foi nesse espaço que as temáticas ganharam vida.

ESPAÇOS DE REFLEXÃO SOBRE O ENSINO E DE PRODUÇÃO DA PESQUISA

As reuniões foram o espaço de partilha, estudo, pesquisa, deliberação e trabalho.

Nessas reuniões, criaram-se condições para que os professores pudessem entender os problemas da sua forma de atuar, ao mesmo tempo que se desenvolveram novas atividades a serem testadas, objetivando a melhor aprendizagem dos alunos. "A partir das conclusões que formávamos nos encontros de discussão de grupo, preparávamos as atividades e observávamos as atitudes das crianças em sala de aula" (Azevedo, E., 2002, p. 43).

O papel das reuniões foi assim descrito por Garcia (2002).

> Nesse movimento entre o cuidado para se evitar a dispersão e o desejo de unir e integrar o grupo, considero importante o papel das reuniões [...] fazendo em conjunto uma reflexão do trabalho: planejávamos os passos seguintes, enfrentávamos a insegurança em relação ao novo. Em sua dinamicidade interna, enquanto grupo, muitas vezes tínhamos opiniões divergentes, mas nem por isso essas opiniões deixavam de acrescentar contribuições ao mesmo. Ao invés disso, elas atuavam como uma força contrária que obrigava o grupo a deslocar o foco do olhar para outros aspectos até então não percebidos. Eram as leituras de mundo de cada um permeando nossas reflexões e colaborando para o fortalecimento do grupo [...] (pp. 143-144).

As reuniões aconteceram em espaços variados: na escola, na universidade, na casa dos participantes (professor ou pesquisador), em bibliotecas etc. E em momentos variados como, por exemplo, no horário de trabalho pedagógico coletivo obrigatório (HTPC), nas reuniões pedagógicas ou em horário de aula (uma aula semanal) nas escolas ou, até mesmo, fora do horário de trabalho dos professores, inclusive nos finais de semana.

Quanto à sua regularidade, verificou-se que existia uma diversidade muito grande. Os grupos apresentavam dificuldades em manter uma periodicidade nos encontros e, quando mantinham, isso acontecia ou por imposição da direção da escola (no caso, do pesquisador que solicitava ao diretor espaço para a pesquisa), ou porque as reuniões aconteciam no HTPC.

Os pesquisadores apresentaram diferentes estratégias para a condução dos processos. Piccoli (2002) lançou provocações para oportunizar vivências dos desajustes e das diferenças entre os professores. Palma (2001) e Araújo (1998) estabeleceram momentos de perturbação e desequilíbrio sociocognitivo nos professores participantes. Nikitiuk (2000) preparou uma apostila a fim de incitar a discussão sobre os saberes dos professores. Avellar (2002) valorizou o relato das vivências bem-sucedidas. Em Garcia (2002), um professor se encarregava de coordenar a reunião. Em Lima (1998), os professores apresentavam avaliações sobre o assunto que era discutido. Em Berger (2001), os encontros se organizavam em três momentos articulados entre si: o primeiro de sensibilização; o segundo de desenvolvimento de uma temática definida anteriormente; e o terceiro de síntese, trabalhando a união entre os participantes.

Para além dessas peculiares, as reuniões revelaram

"a dificuldade de todas as professoras em superar práticas arraigadas. Entretanto, o conflito de ideias e questionamentos sinalizava o desabrochar da conscientização e da sensibilização sobre a necessidade de uma melhor compreensão das ações que deveriam ser desenvolvidas para a transformação e aprimoramento da prática [...] A necessidade de reverter a situação levou à investigação e à experimentação, transformando práticas e possibilitando a descoberta de novas formas de fazer as coisas [...]" (Avellar, 2002, pp. 67-68).

"A intenção de dar voz aos professores, para que expressassem suas opiniões e, coletivamente, identificassem situações problemáticas e as superassem, contando com as ideias e apoio do colega. O que se observou foi muito mais do que isso [...] o espaço para o debate permitiu que os professores tivessem segurança na exposição de suas ideias e na exigência de providências para resolução dos problemas identificados" (Tavares, 2001, p. 134).

A aprendizagem nesse espaço aconteceu de forma coletiva e participativa pela via da socialização das ideias e das experiências de ensino em sala de aula.

"[...] As professoras eram encorajadas a falar de suas experiências, suas dúvidas, conflitos e tensões. Muitas vezes a dúvida de uma ajudava a outra a se encorajar" (Nacarato, 2000, p. 274).

"Depois que as ações planejadas ocorreram, as professoras relataram para o grupo o que conseguiram observar nas aulas, trouxeram também as produções dos alunos e desenvolveram reflexões acerca dessa observação" (Rosa, 2000, p. 117).

O diálogo foi o instrumento que possibilitou a socialização e troca de experiências e constituiu um dos pontos fundamentais do processo de questionamento (Zeichner, 1993).

"Um conjunto de informações ia sendo tecido à medida que o diálogo se estabelecia" (Nikitiuk, 2000, p. 101).

"O diálogo mediava a articulação entre as exigências do contexto e o que efetivamente desejávamos" (Borba, A., 1999, p. 184).

Havia cuidado na exposição dos aspectos tratados, e os professores apresentavam as situações e a "cara" de suas aulas e da escola de acordo com a necessidade e confiança que construíram com o pesquisador.

Um dado relevante e que precisa ser mencionado era que as socializações em alguns momentos foram marcadas pela descontração por meio de confraternizações, festas de aniversários, situações que fortaleciam os laços de amizade e confiança entre os participantes.

Manifestações de resistências também foram relatadas: problemas de compreensão em relação ao objetivo da pesquisa e ao significado da abordagem metodológica, dificuldades para pensar coletivamente, dúvidas em relação ao tema a ser pesquisado e diferenças pessoais de entendimento entre os professores.

Nosso próximo passo será mostrar o processo de transformação das práticas docentes.

CICLOS E ESTRATÉGIAS DE AÇÃO

A análise das pesquisas evidenciou um movimento com a característica de ciclos, isto é, as ações que se sucederam no tempo evoluíram não numa progressão retilínea, mas de forma espiralada.

No material analisado detectamos cinco ciclos. Cada um deles possuía internamente as seguintes etapas: identificados e assumidos os problemas que envolviam o trabalho dos professores – *etapa de conscientização* –, novas formas de entendimento eram pensadas e elaboradas, suscitando a construção de novas propostas curriculares e de novas estratégias pedagógicas – *planejamento* – que, por sua vez, desencadeavam novas formas de ação pedagógica – *ação* –, descritas e documentadas posteriormente ou durante a ação – *registro* –, que favoreciam o movimento de repensar o processo vivido – *conscientização* –, desencadeando um novo planejamento... Retomando-se o processo e, assim, sucessivamente.

O *primeiro ciclo* foi organizador. "Um período de definição da estrutura, do alicerce do trabalho desenvolvido pela equipe" (Carvalho, 2001, p. 127).

Nele, foi elucidado o que cada um dos parceiros pretendia e se explicitou o denominador comum para que todos pudessem trabalhar num mesmo sentido, ou seja, "o objetivo maior sempre foi o esforço para fornecer aos alunos melhores condições de aprendizagem e um ambiente propício à integração dos saberes" (Azevedo, E., 2002, p. 120).

Ainda nesse primeiro ciclo ocorreu a formulação da agenda de pesquisa, a definição e organização dos papéis e da dinâmica das reuniões, bem como as formas de registro do processo (diários, audiogravações e videogravações realizadas principalmente pelo pesquisador).

Os registros visam colaborar na construção da consciência crítica do educador, porque implicam a exploração de nossas práticas; sendo, portanto, uma investigação sobre elas; possibilitam-nos autorrefletir. É, também, uma possibilidade de escrevermos: produzirmos textos, compreendermos melhor a nossa forma de escrever; e pode também propiciar a obtenção de poder através do desenvolvimento, da confiança na utilização da palavra escrita e oral (Borba, 1998, p. 72).

A aproximação entre o(s) professor(es) e o(s) pesquisador(es) foi nesse momento fundamental, já que deu suporte a todo desenvolvimento do processo. Caso não existisse empatia e confiança, o projeto de pesquisa-ensino colaborativa tenderia a não se consolidar.

O *segundo ciclo* se caracterizou pela concretização do processo de parceria. Foram utilizadas para isso: dinâmicas de grupo, estudos de caso retirados da própria prática dos professores, de suas histórias de vida etc. A importância do investimento pessoal e profissional se reafirmou.

Foi aberto espaço para que o professor desabafasse, expressando aquilo que o incomodava, explicitando suas frustrações, inseguranças, limitações, expectativas e medos. As dificuldades emergiram: "[foi] possível perceber a angústia e o desconforto das professoras no enfrentamento das resistências" (Borba, A., 1999, p. 203).

Dificuldades de compreensão em relação ao objetivo do projeto e ao significado da abordagem metodológica estiveram presentes. Os obstáculos começaram a ser tomados como apoio para

> [...] mobilizar e sensibilizar os educadores [...], [para desenvolver projetos] que exigiam uma nova postura de ensino e de avaliação [...] Somente a partir da experiência deles parecia haver espaço para pensar o novo, representado pelas reformas e pelas teorias (Barcelos, 2001, p. 66).

Nesse ponto iniciou-se o *primeiro nível de pesquisa do professor*, ou seja, o direcionamento do olhar para o próprio trabalho em sala de aula. As aulas começaram a assumir timidamente a característica de campo de pesquisa. Assim, foram preparadas atividades diagnósticas e feitas sondagens com a construção de instrumentos de coleta e análise de dados do desempenho dos alunos. Com isso, o primeiro objetivo da aula foi alcançado: ela passou a ser fonte de reflexões, dúvidas, questionamentos.

"Foi solicitado que [as professoras] levantassem alguns tópicos relativos aos saberes e habilidades que identificavam nas falas [dos alunos e], comparassem com o que se ensina na escola, de modo que pudéssemos pensar como esse conteúdo de vida poderia ser referenciado na estrutura disciplinar" (Azevedo, 2002, p. 148).

"Os professores desenvolveram atividades para identificar se os alunos conseguiam ou não significar determinado conceito. Por exemplo, 'foram passadas trinta palavras e eles tiveram que escrever um texto sobre a ligação que uma palavra tinha com a outra, e isso foi uma avaliação muito interessante'. Essa dinâmica propiciou aos professores perceberem o que os alunos conseguiram relacionar e o que precisava ser retomado e, ainda, serviu como avaliação com fins de atribuição de notas. Para além da avaliação quantitativa, havia a intenção de entender como pensavam e se expressavam os estudantes para poder respeitar as diferenças e orientá-los sem prejudicar o exercício da sua criatividade, da sua autonomia" (Auth, 2002, p. 117).

A implantação de registros se deu com muitas dificuldades. Para vencer a resistência inicial à escrita, foram introduzidos a troca e o debate de textos.

O registro oferecia suporte para discutir a atividade de ensino experimentada, favorecendo o processo de replanejamento, mudança e aperfeiçoamento das novas atividades em sala de aula. Esses registros eram realizados em cadernos ou diários de campo, sendo complementados por produções dos alunos, videogravações etc.

> Registrávamos situações tal como decorriam, nossas impressões pessoais a respeito e elaborações teóricas preliminares como pistas de continuidade da investigação, no sentido de encaminhar a continuidade das leituras, discussões e elaboração de propostas de trabalho. [...] fazíamos isso por escrito. [...] Sempre havia possibilidade de reler as anotações, repensar os sentimentos gerados nas ações, reposicionando-nos em relação a eles, e propormos encaminhamentos como produtos reflexivos e não impulsos primeiros ou descuidados [...] se nos [registros] coletivos anotávamos a decorrência das atividades, nos [registros] individuais [...] anotávamos impressões sobre o próprio desempenho, tecíamos questões que pretendíamos responder, ou problemas a resolver, além de relações para construir entendimentos (Andrade, 2000, p. 132).

Outra estratégia importante foi a introdução de *leituras e estudos*.

> Todas as leituras propostas [...] tinham a preocupação de promover inter-relações entre o fazer pedagógico e os objetivos traçados por eles para serem alcançados pelos alunos e, que ainda, estavam sendo refletidos e analisados. [...] [Possibilitavam-nos] compreender o quanto é importante o fazer pedagógico fundamentado em uma teoria [...] (Andrade, 2000, p. 76).

No *terceiro ciclo* desenvolveram-se projetos investigativos voltados para o entendimento do que acontecia em classe, elaboração de projetos para a superação dos problemas encontrados e implementação de novas ações pedagógicas em sala de aula.

O pesquisador trabalhou como apoio, para que o professor tivesse maior segurança ao mergulhar em sua própria prática, ao mesmo tempo que continuava seu papel como questionador e provocador de mudanças.

As estratégias de formação usadas foram a formação de pequenos grupos, o uso de mapas conceituais,[1] a videogravação de aulas, as leituras e a partilha de experiências.

A proximidade do pesquisador com a prática docente e com os alunos foi intensificada. Participou através de observação em sala de aula; desenvolveu atividade docente em sala de aula, ao trabalhar conhecimentos que os professores tinham dificuldades de ensinar, e também fora dela, promovendo oficinas etc.

Iniciou-se o *segundo nível de pesquisa do professor*: a transformação da atividade de ensino e de aprendizagem em pesquisa.

> Passaram a perceber que estavam diante de situações em que precisavam atuar de outra maneira, ou seja, tomar decisões, pensar soluções, respeitar opiniões, oferecer exercícios antes não praticados e que envolvessem a reflexão sobre a temática trabalhada no momento (Piccoli, 2000, p. 55).

Intensificaram-se as leituras sobre metodologia de pesquisa. Aprenderam a construir categorias de análise dos dados, a fazer gráficos. Elaboraram fichas de acompanhamento e de avaliação sobre as produções dos alunos, e itens para orientar as observações das atividades em sala de aula etc.

Paralelamente, leituras e estudos (sobre o ensino dos conteúdos disciplinares, noções de desenvolvimento e de aprendizagem, documentos oficiais, didática, avaliação etc.) foram feitos com a intenção de fundamentar e contribuir para a proposição de novas experiências pedagógicas.

---

[1] O conceito de mapa conceitual tem forte aporte na teoria da aprendizagem significativa de David Ausubel. É um esquema que visa representar um conjunto de conceitos sobre determinado assunto, organizador da estrutura cognitiva da obra de um autor. Ele pode ser entendido como uma representação visual utilizada para partilhar significados, pois explicita como o autor entende as relações entre os conceitos enunciados (Tavares, 2007).

A sala de aula passou a ser o lugar em que foram experimentadas novas hipóteses e estratégias de ensino. Foi primordial, nessa fase, os participantes buscarem ou construírem seus próprios materiais pedagógicos e produzirem pequenos projetos, em forma de atividades. A implantação dessas novas ações foi em sua maioria via ensino por projetos e feiras culturais.

Os registros ganharam um salto qualitativo. Nesses escritos, os progressos e as dificuldades dos alunos constituem preocupação central, pois eles expressam o impacto da ação pedagógica no estudante.

"Uma professora de matemática (M1) passou a dar exercícios em classe para serem discutidos e resolvidos em grupo. A professora observava as atividades dos alunos e atendia às solicitações dos grupos com dificuldade em entender o exercício. A professora procurava, pela observação e acompanhamento, diagnosticar as dificuldades e ir além delas, detectando a causa das dificuldades de cada aluno e formulando alternativas de solução" (Raphael, 1999, p. 102).

"Comecei a acompanhar o aluno, verificar se não está bem. Uso o trabalho de grupo e observo em sala de aula, não uso só a prova" [...] (C1). "Em matemática, mando o aluno na lousa e comento os acertos e erros com a classe. Dou exercícios, os alunos discutem e fazem às vezes em grupo, às vezes individual. Entregam e eu já vou avaliando, às vezes levo para casa e faço levantamento de erros [...] (M1)" (fala de professores em Raphael, 1999, p. 195).

Segundo Palma (2001), os professores procuravam constantemente fazer os alunos verbalizarem suas ações e conceitos, provocando o surgimento de posições diferentes e/ou contrárias, geradoras de perturbação cognitiva. Através dessa verbalização, buscavam também fazer um diagnóstico dos conhecimentos prévios e cotidianos dos alunos sobre o conteúdo que estava sendo estudado.

Nas aulas analisadas, podemos perceber muitos avanços no trabalho da professora, pois esta começou a levar em consideração algumas estratégias de ensino discutidas nas reuniões entre ela e a pesquisadora, tais como: resgatar o conhecimento anterior quando iniciar um novo assunto, realizando movimentos nas hierarquias conceituais, com base nos princípios de diferenciação progressiva e de reconciliação integrativa; aproveitar a fala dos alunos para explicar e introduzir novos assuntos (Guido, 1997, p. 106).

O *quarto ciclo* iniciou-se com a análise e avaliação das atividades educativas implementadas: as novas práticas foram socializadas, sistematizaram-se os resultados das experiências desenvolvidas, os desempenhos alcançados foram avaliados.

Houve maior apropriação dos conhecimentos vividos, discutidos e teorizados pelos professores. As aprendizagens de pesquisa dos professores evoluíram. Começaram a dar mais importância às leituras, para além daquelas definidas nas reuniões, indicando maior autonomia dos participantes em relação ao próprio desenvolvimento profissional.

Graças à observação, diagnóstico e acompanhamento das dificuldades dos alunos, foram feitos ajustes nos conteúdos curriculares: os projetos de ensino coletivos passaram a atender às necessidades e interesses do alunado.

Os professores investigaram, juntamente com os alunos, os conceitos que estes últimos possuíam sobre os temas que seriam trabalhados, sendo, então, elaborados conceitos e reorganizados os temas de estudo para que atendessem as reais necessidades dos alunos. Como consequência foram desenvolvidas atividades que os desafiassem. Diante de uma situação problema, buscavam respostas às suas dúvidas e questionamentos, estruturando, com isso, os conhecimentos educacionais (Ternes, 1998, p. 57).

"Tenho procurado compreender a natureza das dificuldades dos alunos. Para diagnosticá-las é importante o acompanhamento do processo que a criança utiliza para realizar a atividade, ou seja, como encaminha seu raciocínio" (Prof. C).

"Tenho procurado verificar em que momento da aprendizagem se deu a ruptura, procurando retomar o conteúdo, trabalhando individualmente com o aluno" (Prof. E) (Avellar, 2002, p. 105).

Uma professora de história (H1) passou a trabalhar material de jornais e revista em grupos. Os alunos confeccionaram cartazes, produziram textos, fizeram comentários de filmes relacionados aos temas econômicos e sociais e construíram maquetes de cidades antigas, de recursos naturais e de outros construídos pelo homem... Mesclava avaliações pontuais e avaliação contínua: depois de algumas aulas, necessárias à exposição, ela aplicava um instrumento escrito, através do qual localizava dificuldades. A partir daí, passava a trabalhar com exercícios em sala de aula, individuais ou em grupo, passíveis de observação, e, nos casos de dificuldade, acompanhava individualmente em classe e mediante as tarefas (P1). Além disso, selecionava monitores e agregava a eles os alunos com dificuldade (Raphael, 1999, p. 102).

Com isso, o professor propôs novas formas de ação, na tentativa de melhorar o seu ensino, com maior consciência na escolha e no trabalho didático-pedagógico dos conteúdos.

Houve consistência entre o que acontecia na sala de aula e o que estava explícito nas leituras. Introduziram-se definitivamente novas formas de trabalho em sala de aula, valorizando-se também a participação, a autonomia e a criticidade dos alunos.

Uma situação que ilustra a participação dos alunos nas aulas com uma postura mais crítica, que acabou surpreendendo a professora, foi assim relatada [...]. Tivemos uma pessoa passando agrotóxicos no pátio da escola sem nenhum tipo de equipamento. Isso chamou a atenção de nossos alunos de 3ª e 4ª séries que estavam estudando sobre o uso adequado dos agrotóxicos. Utilizamos o exemplo para discutir o uso incorreto dos agrotóxicos naquela situação. Como era um funcionário mandado pela prefeitura, nossos alunos nos cobraram como aquele fato era possível. Não foi nada fácil reverter àquela situação (Profa. 2) (Crisóstomo, 2002, p. 143).

O compromisso com a consolidação de uma nova prática como conquista individual e coletiva (atividades interdisciplinares) tornou-se uma realidade. A pesquisa consolidou-se como uma prática cotidiana na sala de aula.

Os registros dos professores, que evoluíram no decorrer do processo, passaram a incluir os próprios pensamentos e crenças a respeito do assunto pesquisado. Fato que se deu em decorrência da melhor compreensão dos movimentos em sala de aula.

Também construíram coletivamente textos escritos e realizaram apresentações de seminários entre si. Elaboraram relatórios de pesquisa e organizaram os melhores momentos do processo em portfólios.

Com a efetivação da prática de ouvir os alunos e introduzir conteúdos a partir de conhecimentos já apreendidos, eles foram solicitados a participar da avaliação de todas as etapas das atividades de ensino.

Os discentes participaram das decisões, das escolhas sobre *o que* e *como* trabalhar. Tanto é que muitas sugestões, procedimentos e atitudes partiram deles próprios, alguns a partir dos trabalhos de sala de aula [...]. Sobre isso, a professora de química diz: "Nem todas as atividades foram planejadas por nós, algumas aconteceram porque foram questionamentos dos alunos. A partir da pergunta de um aluno sobre quanto oxigênio o homem consumia por dia e o interesse da turma sobre isso, a gente acabou fazendo a atividade da capacidade respiratória. Mas foi uma iniciativa que partiu deles e, nesse momento, a gente usou muita física, química e biologia, e muita fisiologia inclusive. Tivemos que entrevistar muitos colegas, doutores inclusive" (Auth, 2002, p. 138).

"Diante da empolgação dos alunos, o professor investe em trabalhos extraclasse e amplia os conceitos a serem estudados, através de situações próximas do cotidiano do aluno" (Itacarambi, 2000, p. 82).

Muito importante nesse momento foi a preocupação com a formação de habilidades investigativas entre os alunos. Para isso, foram desenvolvidos com eles trabalhos de pesquisa de campo, estudos sobre metodologia de pesquisa, organização e sistematização dos dados coletados, elaboração e distribuição de textos, socialização dos resultados obtidos por meio de seminários e avaliação do processo.

"Os alunos, de fato, desenvolveram pesquisas investigando problemas da realidade, tendo como ferramenta de trabalho os conteúdos escolares dos diversos campos do conhecimento [...]" (Garcia, 2002, p. 94).

"Inicialmente, as alunas registravam em poucas linhas suas compreensões sobre os assuntos que estavam sendo pesquisados em sala de aula [...]. O que inicialmente existia, que era apenas a cópia literal das leituras realizadas, passou a diminuir gradativamente, cedendo lugar a produções próprias, cada vez mais elaboradas e construídas pelas alunas, com a argumentação das suas próprias ideias. [...] o trabalho com pesquisa [...] evoluiu na argumentação, elas mudaram do discurso vazio [...] para o discurso com autoria [...]. O segundo aspecto, que foi também gradual, foi a melhora da escrita [...]" (Piccoli, 2002, pp. 82-85).

O *quinto ciclo* iniciou-se com a busca de melhor qualificação e a divulgação das experiências realizadas.

Investiu-se na carreira profissional. Para isso, os professores não só procuraram cursos de graduação (Costa, 2000; Nikitiuk, 2000; Auth, 2002) e de pós-graduação em nível de especialização ou mestrado (Palma, 2001; Cardoso, 2001; Avellar, 2002; Andrade, 2000; Costa, 2000), como também participaram de concursos públicos (Palma, 2001; Carvalho, 2001).

Houve também uma preocupação com a divulgação do trabalho desenvolvido. Os professores participaram de eventos científicos e redigiram boletins informativos de divulgação das atividades de pesquisa-ensino colaborativa (Palma, 2001); elaboraram relatórios de pesquisa (Garcia, 2002; Crisóstomo, 2002); participaram da escrita de livros (Borba, 1998; Carvalho, 2001; Crisóstomo, 2002); publicaram artigos e propuseram novos projetos (Palma, 2001; Barcelos, 2001; Dickel, 2001; Auth, 2002).

Professores e alunos fizeram apresentações em eventos científicos locais, regionais e estaduais ou via WWW (Messias, 2000; Rosa, 2000; Andrade, 2000; Silva, 2000; Itacarambi, 2000; Palma, 2001; Barcelos, 2001; Garcia, 2002; Auth, 2002; Crisóstomo, 2002; Azevedo, 2002).

Finalizamos o tópico trazendo uma síntese desse processo cíclico apresentada por Rosa (2000). Apesar da citação ser um pouco extensa, retoma os passos que orientaram o professor na pesquisa em seu processo de investigar a prática.

1. Problema prático: como fazer com que os alunos se expressem de maneira mais clara durante o desenvolvimento de processos de ensino?

2. Análise do problema e planejamento: um caminho para compreender esta questão seria estimulá-los a explicitar suas ideias sobre algum tema relevante em ciências. O tema foi clonagem e os conceitos envolvidos seriam aqueles relativos à reprodução dos seres vivos. Foi planejada

uma atividade onde os alunos leriam uma história em quadrinhos e, a partir dela, produziriam pequenos textos, expondo suas ideias sobre a problemática em questão.

3. Ação: a atividade foi desenvolvida com alunos da 8ª série.

4. Observação: [o professor] observou seus alunos durante a atividade e procurou identificar as dificuldades, relatando-as para o grupo de professores.

5. Reflexão: [o professor] refletiu sobre as dificuldades encontradas pelos alunos durante a leitura, e também pôde perceber nas suas produções que suas concepções não estavam muito relacionadas ao aspecto biológico do tema.

6. Replanejamento: a partir da reflexão com o grupo de professores [...] [o professor] planejou outra atividade na qual solicitaria que os alunos escrevessem sobre suas concepções a respeito de reprodução de seres vivos. Contudo, utilizaria, agora, como estratégia organizadora das ideias dos alunos, a exposição de um filme.

7. Nova ação: alunos assistem ao filme *Blade Runner* e produzem respostas para questões colocadas [pelo professor].

8. Observação: [o professor] observa que agora as concepções dos alunos se relacionam com os aspectos biológicos do tema. Percebe que seus alunos atribuem à palavra sexuada o mesmo significado da palavra sexo no senso comum.

9. Reflexão: [o professor] percebe que precisa intervir nas ideias de seus alunos, discutindo os diferentes significados da palavra sexo e apresentando a eles os conceitos científicos de reprodução sexuada e reprodução assexuada.

10. Replanejamento: [o professor] planeja uma aula na qual discutirá as concepções alternativas dos alunos e as formas de reprodução nas plantas.

11. Ação: [o professor] desenvolve a aula planejada.

12 Observação: a aula [do professor] é registrada em vídeo. Nesta aula, negocia com os alunos o significado das expressões sexuada e assexuada, mostrando, principalmente, como estes conceitos se aplicam aos processos de reprodução em plantas.

13. Reflexão: [o professor] expõe o vídeo no encontro com o grupo de professores e discute suas intervenções durante a aula filmada (pp. 175-176).

TRANSFORMAÇÕES NOS PROFESSORES E NOS PESQUISADORES

Discutimos, na sequência, o impacto dessas pesquisas nos professores e pesquisadores. Para os professores,

> aprender foi gostoso, porque brincamos a sério. As atividades nos envolveram e sensibilizaram, nos fizeram pensar sobre nossas ações e tentar mudar porque não gostávamos do que víamos em nós, nos fizeram rir dos absurdos e chorar na descoberta de um eu mais sensível e humano. Mas tudo isso aconteceu entre muitos textos e discussões, que eram apresentados, sempre respondendo a uma pergunta ou resolvendo um problema (Souza, 1999, p. 269).

O processo de aprendizagem ocorrido com os professores foi transformador, não cumulativo. A participação nas ações de pesquisa sobre seu ensino levou-os a mobilizar suas concepções, ideologias, crenças, valores, interesses e necessidades, o que impulsionou a revisão das verdades e certezas corporificadas em sua prática profissional.

O professor, contando com o suporte do pesquisador, pôde superar o medo de se expor, de questionar e de rever suas práticas e produzir fecundas transformações nas propostas pedagógicas e na compreensão de seu lugar institucional.

As mudanças ganharam o campo do pensamento e da prática de acordo com as possibilidades de percepção e abertura de cada professor. Tais mudanças foram favorecidas, em grande parte, pelo caráter desafiador, interativo, coletivo e deliberativo das reuniões. Os professores "foram adquirindo mais confiança em si mesmos e nas suas capacidades, embora os passos das caminhadas fossem diferenciados, devido às suas individualidades" (Piccoli, 2002, p. 51).

Houve uma mudança essencial na capacidade de autoavaliação do próprio trabalho particularmente em relação às ações empreendidas em sala de aula.

A pesquisa colaborativa proporcionou maior aproximação entre os envolvidos. Aprenderam a ouvir a si mesmos e aos outros, abrindo espaços para a permuta e intercâmbio de experiências e de conhecimentos. Essas trocas geraram construções curriculares que contaram com o envolvimento coletivo na elaboração e implementação de projetos de ensino conjuntos. O trabalho docente configurou-se como obra coletiva.

Como efeito importante dessas ações, verificou-se a incorporação de novas propostas para conduzir a aula com o uso de novas metodologias pedagógicas (jornal, música, poesia, filmes, elaboração de livros, textos ou histórias, pintura, passeio pelo bairro, recorte/colagem, pesquisa de campo, experimentos, visitas monitoradas, atividades experimentais, oficinas, debates, passeios, trabalhos em dupla e em grupo, uso de computadores, de histórias em quadrinhos etc.) e a realização de ajustes na prática pedagógica em decorrência de necessidades advindas do contato de sala de aula, não se prendendo ao planejado ou aos livros didáticos, que passaram a ser vistos como um recurso e não mais como suporte das aulas.

Outra consequência importante foi a necessidade reconhecida e assumida de ampliação da própria formação, bem como a de realizar relatos e teorizações das práticas. Essas conquistas desembocaram em ganhos acadêmicos e profissionais apresentados no quinto ciclo, que geraram nos professores sentimentos de gratificação pelo próprio trabalho, valorização pessoal e grupal, aumento da exigência sobre as próprias ações, coesão da equipe, necessidade de maior divulgação das práticas efetivadas.

Paralelamente à descentralização do processo pedagógico na sala de aula, produziu-se uma proximidade entre professor/aluno. O professor criou condições para o diálogo. Passou a ouvir a demanda dos alunos e a comprometer-se com suas dificuldades e problemas. Passou a respeitar suas ideias e posicionamentos, criando espaço para que pudessem expor seus pontos de vista, refletir e elaborar seus próprios significados. Passou a estimular a iniciativa individual e a da classe, favorecendo com isso o processo de autonomia dos alunos.

O processo colaborativo, entretanto, não atingiu o mesmo impacto entre os participantes. Barcelos (2001) oferece uma interpretação para as diferenças individuais de envolvimento e de transformação nos professores:

[...] no processo da pesquisa fui identificando *três tipos de profissional-professor* em relação às intervenções [...]: *aquele que aceita de imediato a intervenção*, sem nenhum tipo de argumentação. O novo conhecimento parece não encontrar obstáculos, como se o Saber do Outro fosse a solução para aprimorar o Saber da Prática, pela conexão imediata; *aquele que aparentemente não aceita o convite*, comporta-se como inflexível e ainda diz que os obstáculos no processo educativo decorrem dos alunos, do sistema, das propostas, dos pais, da televisão, da sociedade etc. [...] É melhor resistir ao convite do que assumir uma necessidade que me ameaça enquanto pessoa e profissional. Com o tempo percebe-se que esse profissional acaba também pensando diferente; *aquele que aparentemente ignora o convite*, não escuta e nem argumenta, preferindo não se expor, mantendo-se, permanentemente, nesse lugar. Este último tipo de professor representa a minoria da comunidade pesquisada, um indicador que mostra uma escola em ação (p. 68).

Por outro lado, a pesquisa-ensino colaborativa também propiciou mudanças no pesquisador. Elas passaram a ser mencionadas nas pesquisas desenvolvidas a partir de 2000.

Nesse tipo de pesquisa, o pesquisador interveio sobre os professores, e vice-versa. Os professores levaram o pesquisador, pelas decisões e ações, a interpelar-se sobre as formas que assumiu na parceria: suas certezas teóricas, seu lugar de detentor da verdade do saber, de produtor de conhecimento.

"Sentimos certa angústia quando não conduzimos o processo de formação. Nesse momento nos deparamos com sentimentos difíceis de serem administrados: insegurança e incompetência" (Crisóstomo, 2002, p. 102).

"Na relação com as professoras, múltiplas tensões foram enfrentadas. Aprendi a negociar sentidos, a tornar-me frágil e forte, a desconstruir respostas preconcebidas" (Dickel, 2001, p. 315).

"Precisava fugir à tendência histórica à dominação e assumir os obstáculos naturais à participação. Não poderia ter o controle total do processo, porque só o diálogo aberto entre todos os interessados nos tornaria sujeitos na pesquisa" (Nikitiuk, 2000, p. 102).

"A investigação, aliada ao desenvolvimento do projeto junto aos professores e professoras, ajudou a transformar-me como profissional da educação: o encontro com suas dúvidas e inseguranças, que muitas vezes, em níveis diferentes, eram também as minhas, a busca de uma literatura que respondesse aos nossos anseios mútuos, a alegria indescritível de ver alunos e professores exercendo sua autonomia intelectual fizeram de mim uma profissional mais segura e, com certeza, mais autônoma intelectualmente [...]. Isso nos gratifica e valoriza-nos como pessoas e como profissionais, dando um sentido maior à nossa atuação docente" (Garcia, 2002, p. 195).

Outro aspecto importante foi o repensar das relações entre o pesquisador e a realidade escolar.

Levar à escola arbitrária e descontextualizadamente um saber externo, teórico, pouco ou nada contribuiria para a melhoria do ensino. Ao contrário, a elaboração teórica faz sentido a partir de um conhecimento advindo do interior da escola (Crisóstomo, 2002, p. 75).

"Apesar de ter uma série de leituras sobre como formar o professor reflexivo, pesquisador e produtor de conhecimento, possuía uma prática diretiva tradicional e reprodutivista" (Crisóstomo, 2002, p. 111).

Esse trabalho de *investigar junto com o professor* levou ao questionamento e à reconfiguração das práticas solitárias tanto do pesquisador quanto do professor.

"[O pesquisador] deve estar aberto a reformular seus objetivos e sua atuação de acordo com as necessidades dos professores que participam da formação, bem como a encarar como sua uma dificuldade que o grupo eleger, mesmo que para ele não o seja, e agir de forma a encontrar soluções para essa dificuldade" (Tavares, 2001, p. 163).

"Na trajetória formativa do grupo de estudo investigado nesta tese ocorreram mudanças significativas em relação a meu estilo de atuação enquanto formadora de professoras em exercício. Os movimentos progressivos de autonomia por parte das professoras, presentes em diferentes momentos do processo educativo, fizeram com que eu revisse minha prática enquanto formadora. Nesse sentido, não havia certezas, uma vez que eu não detinha o poder de conduzir o processo formativo nessa experiência que durou quatro anos. Para assinalar esse posicionamento, retomo alguns aspectos que foram determinantes para minha mudança de estilo enquanto interventora nesse processo de formação continuada. A princípio, a interlocução junto às professoras teve características de uma formação diretiva tradicional, ou seja, não me preocupava *a priori* com a autonomia e o desenvolvimento profissional das professoras envolvidas. Mas isso foi sofrendo mudanças e, com o tempo, foi se consolidando outro tipo de relação com as professoras, modificando o caráter da diretividade adotada e recebendo novos contornos a relação universidade/escola. Nesse movimento, ao deixar de ser interventora diretiva tradicional, e adotando a postura de mediadora do processo formativo, passei a atuar por meio de uma intervenção interativa democrática. Esse foi um dos fatores que contribuíram para que a relação assumisse a diretriz de autonomia [...]. Meu depoimento em um dos diários de campo revelava: não é fácil administrar autonomia. Esses sentimentos só são superados ao revermos nossas representações e concepções sobre o que é coordenar um programa de formação continuada. Temos que descartar algumas certezas, dentre elas, a de que o representante da universidade é o único responsável pela produção e divulgação do conhecimento. Esse olhar introspectivo sobre nossa prática enquanto formador, por ser um processo educativo, leva tempo e é permeado de resistências e rupturas. Paradoxalmente, tais angústias foram minimizadas pelo posicionamento autônomo manifestado pelas seis professoras pesquisadas, que acabou definindo os rumos principais da trajetória do grupo [...]. Esta constatação deixa implícito que a relação autonomia/dependência no processo em questão foi marcada por contradições, oscilações entre dois polos, superados por inúmeros momentos de negociação entre os representantes da escola e da universidade. Embora diversos fatores intervenientes no processo tivessem atuado no sentido de preservação da postura de dependência, outros atuaram com maior intensidade no sentido oposto, determinando a tendência progressiva no sentido da autonomia. Nesse cenário contextual em que este trabalho de tese foi construído, partimos da premissa de que as professoras [...] produziram conhecimentos a partir do cotidiano escolar" (Crisóstomo, 2002, pp. 102-104).

"Estabelecemos entre nós uma relação de colaboração: fui para elas e elas foram para mim a ajuda necessária ao desenvolvimento do trabalho a que nos propúnhamos [tanto que] na leitura da versão final, [as professoras] desculpavam-se por não poderem ajudar a perceber os problemas existentes, pois se sentiam dentro do trabalho" (Dickel, 2001, p. 314).

Ao pesquisador colocou-se a situação de acompanhar e auxiliar o professor no gerenciamento de questões inusitadas em suas práticas diárias. Em seu novo papel, não cabia a ele decidir sobre o que seria feito, colocando-se em xeque sua função de detentor do saber a ser transmitido aos professores. Em vez de ditar as regras, ele passou a ouvir o professor, procurando entender o contexto em que atuava para melhor responder às suas necessidades. Aprendeu a ser disponível, aberto, respeitando os professores e seu tempo ante as tentativas de melhor entender suas práticas e de investir em seu aperfeiçoamento profissional.

Alguns pesquisadores explicitaram de forma cuidadosa sua posição ética diante dos professores parceiros e a própria condução do processo de pesquisa.

"Sempre pairava uma dúvida que incomodava: será que meus sentimentos estão corretos? Não estarei sendo tendenciosa? Então anotava minhas percepções duvidosas e procurava confrontá-las com os pressupostos teóricos de que dispunha. Mesmo compreendendo a impossibilidade de neutralidade e assumindo claramente minha posição teórica e político-ideológica quanto à educação, e particularmente quanto à formação de professores, preocupava-me em não cometer equívocos que resultassem em (pré)juízos para as companheiras de pesquisas" (Araújo, 1998, p. 38).

"A dimensão ética implica adoção de uma postura respeitosa diante das crenças, valores e limites que porventura venham a emergir da interação entre os sujeitos que integram a pesquisa. Em hipótese alguma, depoimentos, informações e conhecimentos construídos poderão trazer prejuízo ou constrangimento a qualquer um deles, ou virem a ser usados, pelo pesquisador, para fins político-partidários ou pessoais. O rigor, por sua vez, se expressa a partir da transparência que se confere às conquistas experimentadas pelos sujeitos, tanto ao nível do conhecimento quanto ao nível das relações estabelecidas entre eles" (Carvalho, 2001, p. 121).

DIFICULDADES VIVENCIADAS

As dificuldades encontradas foram de diferentes ordens e tiveram diferentes origens.

Nos primeiros encontros, os professores demonstraram receio com relação às atitudes do pesquisador, ao considerar que seriam usados como objeto de estudo e fonte de dados e que, depois de realizada a coleta de dados, não teriam mais notícias sobre seus resultados. "Muitos já vieram aqui, fizeram pesquisa, nós servimos de cobaias e não ficamos sabendo dos resultados" (fala de um professor em Borba, A., 1999, p. 127).

Não viam, de início, a importância das leituras e discussões teóricas. O mesmo aconteceu com o registro das práticas e a produção de textos.

Apareceram também resistências ao trabalho coletivo e à implantação de projetos coletivos ou à implementação do trabalho interdisciplinar.

O trabalho solitário, a centralização da aula na figura do professor, o desenvolvimento da aula de forma expositiva e o uso do livro didático eram aspectos do trabalho pedagógico aos quais os professores estavam afeitos e os quais foi difícil superar.

"As ações que os professores praticavam estavam definidas em livros ou manuais e a eles cabia somente aplicá-las, indistintamente da realidade e dos tipos de alunos. Na sua concepção, bastava seguir os passos que o 'sucesso' estaria garantido, mesmo que esse sucesso se restringisse a alguns alunos apenas. Ainda, nesse processo, os outros eram considerados 'alunos problemas' ou 'desinteressados', isentando, com isso, a responsabilidade do professor com a aprendizagem de todos" (Piccoli, 2002, p. 56).

"Há toda uma dificuldade, que é inerente à formação e às experiências tidas nos vários anos de exercício profissional, e certo apego aos livros didáticos tradicionais. Alguns mantêm uma preocupação excessiva com o ensino, de forma linear, dos conteúdos tradicionais" (Auth, 2002, p. 202).

Os alunos também tiveram atitudes de resistência à participação, à autonomia e ao compromisso com a aprendizagem, expressas sob a forma de indisciplina, agressividade, cansaço (período noturno), ausência de desejo de mudar, comodismo. Apresentaram, ainda, dificuldade de expressão oral, limitações para compreender as novas propostas de mudança, trabalhar em grupo, registrar e compreender textos.

"Relatos das professoras, em reuniões do grupo de estudo, denunciavam que os alunos, no começo, não entendiam o que elas queriam com a nova maneira de 'conduzir' as aulas. Estas eram, até aquele momento, ministradas de forma expositiva, nas quais o aluno pouco se manifestava, e se o fazia era para responder a questões formuladas pelas professoras. A inovação implementada passava pela adoção de trabalhos em grupo, com intenso envolvimento dos alunos. E isso, com certeza, não foi um movimento tranquilo, tanto para os alunos como para as professoras. Os alunos demonstraram um pouco de resistência às mudanças propostas, mesmo porque as próprias professoras ainda estavam muito inseguras [...]" (Crisóstomo, 2002, p. 142).

"Os alunos têm dificuldades de colocar no papel sua concepção sobre a aula que viveu, suas críticas, seus entendimentos. Os registros, na maioria das vezes, são breves demais e quase sempre procuram agradar ao professor [...]" (Borba, 1998, p. 113).

"Convivemos com a negligência das instituições formadoras, que privilegiam a presença de automatismos, favorecem as atividades mecânicas e não as habilidades reflexivas e analíticas. Num ambiente que aprendeu a conviver com o linear, o invariável, foi difícil levar a efeito, junto com os alunos, atividades mais criativas que pudessem propiciar a reflexão, o pensamento, a aprendizagem significativa, pois estes se habituaram a 'copiar o ponto', a responder o questionário, a realizar atividades rotineiras, mecânicas e repetitivas. Os problemas decorrentes do precário domínio da língua, do restrito vocabulário, da falta de flexibilidade de pensamento, foram sérios obstáculos ao trabalho de intervenção que se pretendeu desenvolver. As fragilidades, criadas ao longo da vida escolar, impuseram limites ao ensino que se pretendia significativo. Dificuldade para compreender e formar conceitos, dificuldade na compreensão da linguagem verbal, oral e escrita, da leitura, na expressão verbal e escrita, em pensar sobre o que o autor escreve, inviabilizavam o pensamento autônomo dos alunos" (Lima, 1998, pp. 154-155).

Um dos maiores entraves à implementação, continuidade e consolidação da pesquisa-ensino colaborativa nas escolas teve origem na falta de compromisso dos gestores com a pesquisa, manifesta pelo alheamento, falta de suporte e até manifestações de confrontação explícita, incluindo o boicote. Vários deles perceberam o projeto de pesquisa como uma ameaça a seu lugar organizacional.

Não foram raras as vezes em que chegávamos à escola e nos deparávamos com outra reunião imposta pela direção. Era uma reunião com pais, um dia de estudo, uma reunião pedagógica. Enfim, mudança de calendário que nos pegava de surpresa, exigindo do grupo urgente redimensionamento [...]. Se nos possibilitam trabalhar na sala de vídeo e lá nos instalamos, no meio do trabalho aparece uma turma querendo fazer uso da sala. Assim, nos faltou, na maioria das vezes, espaço físico para podermos trabalhar. Chegamos a iniciar o trabalho na biblioteca e terminarmos no laboratório. Iniciamos o trabalho inclusive na biblioteca da universidade local, porém as regras das bibliotecas nos impossibilitaram de entrar com nossas pastas e materiais, o que dificultou bastante nosso trabalho. Desta forma, a questão do espaço físico tem se constituído, para nós, em uma limitação, mas não uma impossibilidade (Borba, 1998, p. 141).

O fato de a direção não participar deixa evidente o quanto é importante e imprescindível os sujeitos terem consciência de seus papéis nas representações sociais. Enquanto as professoras revelavam-se impotentes, "reclamonas" e não faziam nada para saírem da mesmice, a diretora tinha o poder e conseguia dirigir a escola sem maiores problemas. No momento em que essas professoras mostraram-se interessadas em mudar, comprometidas com o processo e problematizando suas práticas, por meio de uma postura ativa e crítica, representavam, simbolicamente, uma ameaça imaginária para a diretora (Silva, 2000, p. 93).

As pesquisas examinadas também encontraram muitos obstáculos criados pelos órgãos administrativos centrais da educação. Entre eles destacamos: falta de autonomia da escola para fazer sua própria programação de apoio pedagógico; reformas que mudam completamente a forma de condução e gerenciamento das escolas; competitividade no momento de atribuição de aulas; obrigatoriedade de formação de salas com muitos alunos; falta de apoio às experiências, determinando a mudança de professores da escola no meio do processo etc.

A rotatividade foi grande, o que levou à descaracterização da proposta até então gerada por todos os professores. Acrescentam-se a este fato outras condições de ordem estrutural (falta de condições materiais, burocracia, falta de professores e tempo dispensado à qualificação dos professores) que dificultavam o trabalho coletivo que se direciona às práticas educativas [...] (Nikitiuk, 2000, p. 63).

Outros aspectos encontrados foram a não participação de todos os professores da escola, falta de espaço físico apropriado para as reuniões, calendário escolar *versus* tempo da pesquisa, número de alunos por classe, problemas nas instalações (por exemplo, falta de computadores).

Um último fator foi a questão salarial: os baixos salários obrigaram os professores a realizar jornada de trabalho dupla ou tripla, inviabilizando sua presença e participação no projeto de pesquisa.

As dificuldades aqui apontadas retratam, de um lado, o difícil cotidiano de muitos dos nossos professores e, de outro, a complexidade com que se defrontaram esses jovens pesquisadores, premidos pela necessidade de produzirem em tempo seus trabalhos acadêmicos.

Apesar de tantos obstáculos e resistências, não foi relatado nenhum caso em que a desistência de professores tenha sido motivada pelas dificuldades encontradas na trajetória da pesquisa colaborativa. Mais do que isso, mesmo com tantos obstáculos colocados pela hierarquia do sistema público educacional brasileiro e pela nossa cultura escolar, ainda assim os projetos de pesquisa-ensino colaborativos tiveram impacto decisivo na vida dos professores, na relação professor/alunos e na melhoria do ensino, como vimos no tópico anterior.

CONSIDERAÇÕES FINAIS

Os processos de pesquisa-ensino colaborativos estudados indicam que essa estratégia constitui uma proposta fecunda para a pesquisa aplicada em educação e para a formação continuada de professores, numa demonstração de que a ação reflexiva compartilhada favorece os processos de aprendizagem e desenvolvimento profissional dos professores.

A reflexão sobre as práticas docentes aproximou os professores da pesquisa. E ela modificou não só as práticas de ensino, mas também a visão do professor sobre os processos de pesquisa desse ensino. A respeito das transformações ocorridas no ensino cabe ressaltar entre outras: a atitude de pensar criticamente as próprias queixas, deslocando-as do foco do lamento para o da responsabilidade coletiva; a passagem de uma prática isolada para ações conjuntas; maior clareza sobre a finalidade das ações empreendidas em sala de aula, compromisso com a aprendizagem dos alunos. Quanto à nova visão dos professores sobre a importância da pesquisa na melhoria do ensino e da aprendizagem dos alunos ressaltamos entre outras: a inclusão da pesquisa como parte integrante do ensino, como prática cotidiana na sala de aula e como nova atitude diante da produção dos alunos, voltada não só para a atribuição de notas, mas sobretudo como material de análise sobre os processos e as dificuldades de aprendizagem; a realização de discussões teóricas mais acirradas com teor mais profundo; a fundamentação das atividades de ensino propostas; o aumento da capacidade argumentativa do professor; a busca por aprofundamento em cursos de graduação e pós-graduação.

A pesquisa-ensino colaborativa desloca o *locus* da pesquisa educacional da universidade para a escola. Para Stenhouse (1987), a teoria educacional se faz a partir da realidade da sala de aula. É nela que o professor dá corpo às novas atividades curriculares. Ele é parceiro natural do pesquisador. Ambos são sujeitos da pesquisa. Os professores não são meros executores de propostas elaboradas por especialistas. São eles que selecionam os problemas nos quais pretendem investir, são eles que desenvolvem novas propostas curriculares e novas estratégias de ação, avaliando-as e aperfeiçoando-as. Eles têm voz, mantêm o controle sobre a pesquisa em curso na escola e têm seus saberes respeitados.

O pesquisador oferece suporte importante para que esse processo ganhe em qualidade, clareza, profundidade, abrangência. Enquanto "outro", observador, tem uma atitude mais distanciada e crítica sobre as questões vividas pelos professores. Enquanto profissional afeito à atividade acadêmica favorece a apropriação pelos professores de ferramentas teóricas e investigativas, colaborando para o professor tornar-se não apenas um profissional que executa com competência sua ação docente, mas um investigador e um produtor de conhecimento sobre questões curriculares.

Imbricam-se ensino e pesquisa num processo que leva o professor a entender com maior rigor sua prática, a fim de mudar para melhor sua atuação profissional.

A tarefa é sempre inacabada, provisória, sempre submetida a revisão. A escola torna-se uma comunidade de aprendizagem e produção de ensino.

REFERÊNCIAS DAS TESES E DISSERTAÇÕES ANALISADAS

ANDRADE, Simone Girardi. *Ações colaborativas na escola*; re-interfaceando educação e psicologia. (Dissertação de mestrado em Educação.) Santa Maria: UFSM, 2000.

ARAÚJO, Elaine Sampaio. *Matemática e formação em Educação Infantil*; biografia de um projeto. (Dissertação de mestrado em Educação.) São Paulo: USP, 1998.

AUTH, Milton Antonio. *Formação de professores de ciências naturais na perspectiva temática e unificadora*. (Tese de doutorado em Educação.) Florianópolis: UFSC, 2002.

AVELLAR, Rosa Maria Gentil de. *A avaliação como eixo do projeto pedagógico*; construindo uma nova qualidade de ensino. (Tese de doutorado em Educação.) Araraquara: Unesp, 2002.

AZEVEDO, Carla Juny Soares. *Educação ambiental*; ações compartilhadas escola e comunidade. (Dissertação de mestrado em Educação.) Santa Maria: UFSM, 2002.

AZEVEDO, Elisabete Bohrer de. *Inglês, língua materna e informática na educação infantil*; um esforço pela didática interdisciplinar. (Dissertação de mestrado em Educação.) Santa Maria: UFSM, 2002.

BARCELOS, Nora Ney Santos. *A prática e os saberes docentes na voz de professores do Ensino Fundamental na travessia das reformas educacionais*. (Dissertação de mestrado em Educação.) São Paulo: USP, 2001.

BERGER, Maria Virginia Bernardi. *Educação transpessoal*; integrando o saber ao ser no processo educativo. (Tese de doutorado em Educação.) Campinas, Unicamp, 2001.

BORBA, Amândia Maria de. *Identidade em construção*; investigando professores das séries iniciais do Ensino Fundamental na prática da avaliação escolar. (Tese de doutorado em Educação.) São Paulo: PUC, 1999.

BORBA, Osmarilda de. *A potencialidade da investigação-ação educacional emancipatória para criar e transformar a realidade escolar.* (Dissertação de mestrado em Educação.) Santa Maria: UFSM, 1998.

CARDOSO, Américo de Oliveira. *Da infância à docência*; leitura e formação num grupo de estudos. (Dissertação de mestrado em Educação.) Campinas: Unicamp, 2001.

CARVALHO, Wanderley. *O componente estético no currículo de biologia do ensino médio*; recuperando o fascínio de aprender e ensinar a ciência da vida. (Tese de doutorado em Educação.) São Paulo: PUC, 2001.

COSTA, Luíza Mendonça da. *Formação dos profissionais da educação em informática*; a via da investigação-ação educacional. (Dissertação de mestrado em Educação.) Santa Maria: UFSM, 2000.

CRISÓSTIMO, Ana Lucia. *Relação sujeito-conhecimento em uma experiência de formação continuada em educação ambiental*; a busca do gesto musical autônomo. (Tese de doutorado em Educação.) Campinas: Unicamp, 2002.

DICKEL, Adriana. *Inventário de sentidos e práticas*; o ensino na periferia sob o olhar de professoras-pesquisadoras em formação. (Tese de doutorado em Educação.) Campinas: Unicamp, 2001.

GARCIA, Maria de Fátima. *A produção do conhecimento na escola pública por meio da pesquisa*; o Projeto Ciência na Escola. (Tese de doutorado em Educação.) Campinas: Unicamp, 2002.

GUIDO, Lucia Fátima Estevinho. *A evolução conceitual na prática pedagógica do professor de ciências das séries iniciais.* (Dissertação de mestrado em Educação.) Campinas: Unicamp, 1997.

ITACARAMBI, Ruth Ribas. *A formação de professores comunicadores de matemática*; da sala de aula à rede da Internet. (Dissertação de mestrado em Educação.) São Paulo: USP, 2000.

LIMA, Soraiha Miranda de. *O professor como profissional crítico-reflexivo*; possibilidades e limites de um projeto de formação contínua na escola. (Dissertação de mestrado em Educação.) Goiânia: UFG, 1998.

MESSIAS, Maria da Glória Martins. *Aventurando-se no conhecimento*; a construção de uma partitura "porvir". (Tese de doutorado em Educação.) Campinas: Unicamp, 2000.

NACARATO, Adair Mendes. *A educação continuada sob a perspectiva da pesquisa-ação*; currículo em ação de um grupo de professoras ao aprender ensinando geometria. (Tese de doutorado em Educação.) Campinas: Unicamp, 2000.

NIKITIUK, Sonia Maria Leite. *Um processo coletivo de formação continuada pelos caminhos da história local.* (Tese de doutorado em Educação.) São Paulo: USP, 2000.

NUNES, Maria de Lourdes Rocha Lima. *A educação ambiental e o ensino de ciências em escolas do Ensino Fundamental em Teresina-PI e Timon-MA*; uma pesquisa de intervenção. (Dissertação de mestrado em Educação.) Teresina: FUFPI, 1998.

PALMA, Ângela Pereira Teixeira V. *A educação física na educação básica e o construtivismo*; a busca de um caminho na formação continuada de professores. (Tese de doutorado em Educação.) Campinas: Unicamp, 2001.

PASSOS, Laurizete Ferragut. *A colaboração professor-pesquisador no processo de formação em serviço dos professores da escola básica.* (Tese de doutorado em Educação). São Paulo: USP, 1997.

PICCOLI, Sonia Maria. *Ensinar e aprender*; uma possibilidade de transformação do fazer docente de um grupo de professores. (Dissertação de mestrado em Educação.) Porto Alegre: PUC, 2002.

RAPHAEL, Hélia Sonia. *Avaliação como ponto de mediação na construção do projeto pedagógico*; um processo de pesquisa-ação. (Tese de doutorado em Educação.) Marília: Unesp, 1999.

ROSA, Maria Inês Freitas P. dos Santos. *A pesquisa educativa no contexto da formação continuada de professores do professor de ciências.* (Tese de doutorado em Educação.) Campinas: Unicamp, 2000.

SILVA, Leisa Maria Sangoi da. *Em direção à formação de uma comunidade critica de professores das séries iniciais do Ensino Fundamental (ou: na escola também se aprende!).* (Dissertação de mestrado em Educação.) Santa Maria: UFSM, 2000.

SOUZA, Nadia Aparecida de. *A avaliação da aprendizagem na construção do saber e do fazer docente.* (Tese de doutorado em Educação.) Marília: Unesp, 1999.

TAVARES, Neide Rodriguez Barea. *Formação continuada de professores em informática educacional*. (Dissertação de mestrado em Educação.) São Paulo: USP, 2001.

TERNES, Ione. *Investigação-ação, conhecimento e educação fundamental*. (Dissertação de mestrado em Educação.) Santa Maria: UFSM, 1998.

REFERÊNCIAS BIBLIOGRÁFICAS

ANDRÉ, M. E. D. A. Pesquisas sobre a escola e pesquisas no cotidiano da escola. *Revista Científica*, v. 10, pp. 133-145, 2008.

DE BASTOS, F. da P. Por que não temos investigação-ação nas escolas? Revista eletrônica *Paideias*, Santa Maria/Porto Alegre, v. 3, n. 1, 2000.

DIAS-DA-SILVA, M. H. G .F. A cultura da escola pública e a pesquisa colaborativa com professores: alguns conflitos. *Perspectiva* (Erexim), Florianópolis, v. 19, n. 1, pp. 149-167, 2001.

ELLIOTT, J. *El cambio educativo desde la invetigación-acción*. Madrid: Morata, 2000.

FIORENTINI, D. Pesquisar práticas colaborativas ou pesquisar colaborativamente? In: BORBA, M. C.; ARAÚJO, J. L. (orgs.). *Pesquisa Qualitativa em Educação Matemática*. Belo Horizonte: Autêntica, 2004.

GARRIDO, E. *Pesquisa universidade-escola e desenvolvimento profissional do professor*. (Tese de livre-docência em Educação.) São Paulo: USP, 2000, 111 pp.

_____; MOURA, M. O.; PIMENTA, S. G. Pesquisa colaborativa na escola: uma maneira de facilitar o desenvolvimento profissional de professores In: MARIN, A. (org.). *Formação continuada*. Campinas: Papirus, 2000a.

_____ et al. Collaborative research as an approach to foster teacher development, teacher's production of knowledge and changes in school practices. *Educational Action Research Journal*, London, v. 7, n. 3, 1999.

GERALDI, C. M. G.; FIORENTINI, D.; PEREIRA, E. de A. (orgs.). *Cartografias do trabalho docente*. Campinas: Mercado de Letras/ALB, 1998.

IBIAPINA, I. M. L. M. *Pesquisa colaborativa*; investigação, formação e produção de conhecimentos. Brasília: Liber Livros, 2008.

MALDANER, O. A. *A formação inicial e continuada de professores de química*. Ijuí: Unijuí, 2000.

MARIN, A. J. Investigando com os professores na escola pública: algumas reflexões. In: Anais do IX Endipe, Águas de Lindoia, vv. 1/2, pp. 471-489, 1998.

MION, R. A.; SAITO, C. H. *Investigação-ação*; mudando o trabalho de formar professores. Ponta Grossa: Fundação Araucária/UEPG, 2001.

MIZUKAMI, M. G. N. et al. *Escola e aprendizagem da docência*; processos de investigação e formação. São Carlos: EDUFSCar, 2002.

MOLINA, R. A pesquisa-ação/investigação-ação no Brasil; *mapeamento da produção (1966-2002) e os indicadores internos da pesquisa-ação colaborativa*. (Tese de doutorado em Educação.) São Paulo: USP, 2007, 177 pp.

_____. A pesquisa-ação colaborativa e suas contribuições para o desenvolvimento profissional de professores da rede pública de ensino. (Dissertação de mestrado em Educação.) São Carlos: UFSCar, 2003, 140 pp.

_____; MIZUKAMI, M. G. N. A pesquisa-ação colaborativa e suas contribuições para o desenvolvimento profissional de professores da rede pública de ensino. In: REALI, A. M. M. R.; MIZUKAMI, M. G. N. (orgs.). *Escola*; aprendendo a ensinar e a ser professor. São Carlos: EDUFSCar, 2005, pp. 220-254.

PASSOS, L. F. A relação professor-pesquisador: conquistas, repercussões e embates da pesquisa colaborativa. *Horizontes*, (Bragança Paulista), v. 25, pp. 55-62, 2007.

PRO-POSIÇÕES, Revista da Faculdade de Educação/Unicamp, v. 11, 1(31), mar. 2000.

TAVARES, R. Construindo mapas conceituais. *Ciências & Cognição*, v. 12, pp. 72-85, 2007. Disponível em: <http://www.cienciasecognicao.org>. Acesso em: fev. 2008.

ZEICHNER, K. Para além da divisão entre professor-pesquisador e pesquisador acadêmico. In: GERALDI, C. M. G.; FIORENTINI, D.; PEREIRA, E. M. de A. (orgs.). *Cartografias do trabalho docente*. Campinas: Mercado de Letras/ALB, 1998.

_____. *A formação reflexiva dos professores*; ideias e práticas. Lisboa: Educa, 1993.

_____. Novos caminhos para o *practicum*: uma perspectiva para os anos 90. In: NÓVOA, Antonio. *Os professores e a sua formação*. Porto: Porto Editora, 1992.

SOBRE OS AUTORES

Antonio Costa Andrade Filho: (Antonio Caffi), formado em Educação Artística pela Faculdade de Belas Artes de São Paulo, foi professor desta disciplina por quinze anos na rede pública estadual de São Paulo. Cursou o mestrado em Arte, Educação e História da Cultura pela Universidade Presbiteriana Mackenzie (UPM), possui especialização em Gestão Escolar pela Universidade Estadual de Campinas (Unicamp) e cursa o doutorado em Educação pela Faculdade de Educação da Universidade de São Paulo (FE-USP).

Além disso, é artista plástico, trabalha como professor coordenador de Arte na oficina pedagógica da Diretoria de Ensino de Carapicuíba (SP) na formação continuada de professores de diferentes disciplinas e atua no ensino universitário nos cursos de pedagogia e de educação artística e artes visuais, da Faculdade Mozarteum de São Paulo. Participa do grupo de pesquisa Pedagogia da Comunicação/Formação de Professores, do CNPq.

E-mail: <antoniocaffi@gmail.com>.

Blog: <www.folio-scopio.blogspot.com>.

Benedita de Almeida: graduada em Letras e mestra em Educação Escolar pela Unesp de Araraquara, é doutora em Educação pela USP. Lecionou português no Ensino Fundamental e Médio e, atualmente, é professora adjunta do curso de pedagogia da Universidade Estadual do Oeste do Paraná/Unioeste, *campus* de Francisco Beltrão, trabalhando nas disciplinas fundamentos teóricos e metodológicos da alfabetização e da língua portuguesa e fundamentos teóricos e metodológicos da educação infantil. Nessa instituição, participou da criação do curso Pedagogia para Educadores do Campo.

Além disso, há sete anos colabora em projetos de formação continuada de professores da rede municipal de ensino. Desenvolve, também, pesquisas sobre processos e políticas de formação de professores, processos e políticas de alfabetização e leitura e escrita como modos de produção de conhecimento. É membro do grupo de pesquisa Representações, Espaços, Tempos e Linguagens em Experiências Educativas (Unioeste) e do grupo de pesquisa Pedagogia da Comunicação/Formação de Professores, do CNPq.

E-mail: <beneditaalmeida@yahoo.com.br>.

Textos na internet: <http://www.alb.com.br/anais16/sem12pdf/sm12ss03_05.pdf>; <http://www.anped.org.br/reunioes/29ra/trabalhos/trabalho/GT08-1690--Int.pdf>; <http://www.teses.usp.br/teses/disponiveis/48/48134/tde-05102007-155154/>.

Elsa Garrido: é formada em Filosofia pela USP, tendo lecionado essa disciplina no Ensino Médio. É mestra, doutora e livre-docente em Educação pela Faculdade de Educação da Universidade de São Paulo. No doutorado pesquisou programas de filosofia em escolas paulistanas e a questão da dificuldade de compreensão da leitura de textos filosóficos para os alunos do Ensino Médio. Na livre-docência investigou questões sobre a pesquisa da prática docente e a formação do professor-pesquisador, tendo desenvolvido um trabalho de quatro anos de pesquisa colaborativa com uma escola pública. Como professora da FE-USP, lecionou didática para os cursos de pedagogia e licenciatura e participou dos programas de formação continuada de professores da rede pública oferecidos pela instituição.

Atualmente é professora orientadora no Programa de Pós-graduação em Educação da FE-USP e vice-líder do grupo de pesquisa Pedagogia da Comunicação/Formação de Professores, do CNPq. Têm publicações em revistas e livros.

E-mail: <egarrido@uol.com.br>.

Heloísa Dupas Penteado: é normalista, licenciada em Ciências Sociais, mestra em Sociologia e doutora em Didática pela Universidade de São Paulo. Cursou pós-doutorado na PUC-RJ, trabalhando com o tema "Formação de professores". Foi professora do Ensino Fundamental e Médio. Na Faculdade de Educação da USP deu aulas no curso de licenciatura, atuando na formação de professores de sociologia.

Atualmente é professora orientadora no Programa de Pós-graduação em Educação da FE-USP, trabalhando com os temas "Ensino de ciências humanas, formação de professores, pedagogia da comunicação". Além disso, é líder do grupo de pesquisa Pedagogia da Comunicação/Formação de Professores, do CNPq. É autora de livros e artigos.

E-mail: <dupaspenteado@hotmail.com>.

Maria Alexandre de Oliveira: licenciada em Pedagogia e Filosofia, especializou-se em Ação Cultural com Crianças e Adolescentes pela Escola de Comunicação e Artes da ECA-USP. É doutora em Didática pela Faculdade de Educação da USP, tendo trabalhado com o tema "Ensino de Literatura Infantil". Sobre esse tema dá cursos, palestras e oficinas para professores das séries iniciais do Ensino Fundamental em todo o Brasil, tendo ministrado mais de quinhentos cursos. É membro do grupo de pesquisa Pedagogia da Comunicação/Formação de Professores, do CNPq.

Publicou os seguintes livros: *Leitura prazer: a interação participativa da criança com a Literatura Infantil na escola*; *Dinâmicas em Literatura Infantil* e *Literatura para crianças e jovens no Brasil de ontem e de hoje: caminhos de ensino*.

E-mail: <maria.alexandre@paulinas.com.br>.

Maria Alice de Rezende Proença: graduada em História, mestra em Didática e Prática de Ensino pela FE-USP e doutora em Educação e Currículo pela PUC-SP, foi professora, coordenadora e diretora de educação da rede particular de São Paulo por mais de trinta e cinco anos. Além disso, exerceu a função de supervisora de estágio no curso de especialização da FE-USP e foi professora da Pós-graduação em Educação Infantil da UniFMU e também videoconferencista do PEC.

Atualmente é orientadora da Pós-graduação em Linguagens Lúdicas do Instituto Superior de Educação Vera Cruz (Isevec), membro da Aliança pela Infância, formadora de diretores e coordenadores de CEIs e EMEIs da SME-DOT (educação infantil) no programa Rede em Rede, assessora de educação infantil da rede particular de São Paulo, bem como especialista na construção de projetos pedagógicos e formação de professores. É membro do grupo de pesquisa Pedagogia da Comunicação/Formação de Professores, do CNPq.

E-mail: <alice@netship.com.br>.

Textos na internet: site da revista *Pátio* <www.artmed.com.br> e da aliança pela infância www.aliancapelainfancia.org.br.

Miriam Darlete Seade Guerra: licenciada em Psicologia pela Pontifícia Universidade Católica de Campinas (PUCC) e em Pedagogia pela Faculdade de Ciências e Letras de Urubupungá (FCLU), é mestra em Educação pela Universidade de Campinas (Unicamp) e doutora em Edu-

cação pela Universidade de São Paulo (USP). No mestrado e no doutorado desenvolveu pesquisas sobre a formação de professores. Durante dez anos lecionou no curso de magistério em nível médio. Desde 1993 é professora e pesquisadora da Universidade Federal de Mato Grosso do Sul, onde participou do Programa Nacional de Educação na Reforma Agrária (Pronera) e do Programa Interinstitucional de Formação de Professores em Serviço (PIFPS). Atualmente ministra disciplinas no curso de pedagogia do *campus* de Três Lagoas (MS) e desenvolve pesquisa sobre a história de normalistas nessa mesma cidade. Além disso, é coordenadora do Grupo de Estudos e Pesquisas em Filosofia, História e Educação (GEPEFHE) e membro do grupo de pesquisa Pedagogia da Comunicação/Formação de Professores, do CNPq.
E-mail: <miriamseade@hotmail.com>.

Olavo Pereira Soares: formou-se em História pela Unesp/Assis, em 1990. No ano seguinte ingressou no magistério e passou a lecionar em escolas públicas e privadas da cidade de São Paulo. Preocupado com as questões teóricas que se relacionam com a prática do ensino de história, em 1998 iniciou o mestrado em Educação pela USP e, nesta mesma instituição, concluiu o doutorado em 2005.

Desde 2001 trabalha em cursos voltados para a formação de professores, tendo trabalhado na Universidade Mackenzie em São Paulo e na PUC-MG. Atualmente é professor da Universidade Federal de Alfenas, onde coordena projetos de extensão e pesquisa sobre ensino de história e cultura escolar. É membro do grupo de pesquisa Pedagogia da Comunicação/Formação de Professores, do CNPq.
E-mail: <opsoares@unifal-mg.edu.br>.

Rinaldo Molina: licenciado em Psicologia pela Universidade Estadual Paulista (Unesp-Assis/SP), é mestre em Educação pela Universidade Federal de São Carlos (UFSCar) e doutor em Educação pela Universidade de São Paulo (USP). Realizou estudos sobre desenvolvimento e aprendizagem da docência principalmente a partir da pesquisa-ensino e da pesquisa colaborativa. Foi professor da rede pública estadual de ensino de São Paulo por quinze anos.

Além disso, é professor do curso de psicologia da Universidade Presbiteriana Mackenzie, atuando nas áreas de psicologia escolar e psicologia institucional. Atualmente estuda as interfaces entre educação e psicologia com ênfase em processos de intervenção na escola e em formação dos

professores. É membro do Grupo de Pesquisa Pedagogia da Comunicação/Formação de Professores, do CNPq.
E-mail: <rmolina@pop.com.br>.

Tania Maria Esperon Porto: graduada em Pedagogia pela Fundação Universidade do Rio Grande (FURG), onde trabalhou por quase vinte anos, possui mestrado em Tecnologia Educacional pelo INPE (São José dos Campos/SP) e doutorado em Educação pela USP.
Atualmente é professora, pesquisadora e orientadora em Educação no Programa de Pós-graduação em Educação – mestrado e doutorado – da Faculdade de Educação da UFPel, trabalhando com o tema formação de professores e tecnologias. É bolsista do CNPq (pós-doutorado na UFSC). Além disso, coordena o grupo de pesquisa Educação, Comunicação e Formação Docente e é membro do grupo de pesquisa Pedagogia da Comunicação/Formação de Professores, do CNPq. É, também, artista plástica.
Publicou os seguintes livros: *A TV na escola, afinal que pedagogia é esta?* e *Práticas de ensino: a pesquisa como reflexão na e sobre a ação docente*.
E-mail: <taniaporto@terra.com.br>.

Vânia Maria Nunes dos Santos: licenciada em Ciências Sociais pela Unicamp, mestra em Educação pela FE-USP e doutora em Ensino e História de Ciências da Terra pelo Instituto de Geociências da Unicamp, foi professora do Ensino Fundamental e Médio. Coordenou o Programa de Educação Ambiental desenvolvido junto a escolas municipais de São José dos Campos, em parceria com o Instituto Nacional de Pesquisas Espaciais (INPE). Em 2007 publicou o livro *Escola, cidadania e novas tecnologias*.
Trabalha na área de educação e meio ambiente desde 1994, com assessoria e consultoria técnica para a elaboração, desenvolvimento e coordenação de programas de educação ambiental e de formação continuada de professores em parceria com universidades, institutos de pesquisas e órgãos governamentais em prefeituras municipais. É membro do grupo de pesquisa Pedagogia da Comunicação/Formação de Professores, do CNPq. Atualmente é professora participante do Programa de Pós-graduação em Ensino e História de Ciências da Terra do Instituto de Geociências da Unicamp e faz pós-doutorado na Faculdade de Educação da USP.
E-mail: <vânia.mns@uol.com.br>.

Impresso na gráfica da
Pia Sociedade Filhas de São Paulo
Via Raposo Tavares, km 19,145
05577-300 - São Paulo, SP - Brasil - 2010